ऐनी फ्रैंक

एक युवा लड़की की डायरी

ऐनी फ्रैंक

एक युवा लड़की की डायरी

अनुवाद : डॉ. अंकिता जैन

ऐनी फ्रैंक
एक युवा लड़की की डायरी

ऐनी फ्रैंक का जन्म जर्मन शहर के फ्रैंकफर्ट में वर्ष 1929 में हुआ था। ऐनी की बहन मार्गोट उससे तीन साल बड़ी थी। उस समय जर्मनी में बेरोजगारी और गरीबी की समस्या काफी गंभीर थी। उस समय हिटलर और उसकी पार्टी को अत्याधिक लाभ हो रहा था। हिटलर यहूदियों से नफरत करता था और देश की समस्याओं के लिए उन्हें जिम्मेदार ठहराता था। उन्होंने जर्मनी में उस समय व्याप्त यहूदी विरोधी भावना का लाभ उठाया। यहूदियों से नफरत और अपनी माली हालत की वजह से ही ऐनी के माता-पिता ऑटो और एडिथ फ्रैंक ने एम्सटर्डम में जाने का फैसला लिया। वहां, ऑटो ने एक कंपनी की स्थापना की, जो पेक्टिन (खाद्य पदार्थों में उपयोग) का कारोबार करती थी।

ऐनी ने अपने नीदरलैंड के घर में सुकून महसूस किया, उसने वहां पर भाषा सीखी, नए दोस्त बनाए और अपने घर के पास ही एक डच हाईस्कूल में दाखिला ले लिया। उसके पिता ने अपने व्यवसाय को स्थापित करने में कड़ी मेहनत की, लेकिन यह उतना आसान नहीं था। ऑटो ने इंग्लैंड में एक कंपनी स्थापित करने की भी कोशिश की, लेकिन योजना असफल हो गई। उसने वहाँ पेक्टिन के अलावा जड़ी-बूटियों और मसालों को बेचना शुरू कर दिया।

जब ऐनी 10 साल की थी, तब 1 सितंबर, 1939 को नाज़ी जर्मनी ने पोलैंड पर आक्रमण किया और द्वितीय विश्व युद्ध शुरू हो गया। कुछ समय बाद ही 10 मई, 1940 को नाजियों ने नीदरलैंड पर भी आक्रमण किया। पांच दिन बाद डच सेना ने आत्मसमर्पण कर दिया। धीरे-धीरे नाजियों ने अधिक से अधिक ऐसे कानून और नियम बनाए, जिससे यहूदियों का जीना दूभर हो गया। उदाहरण के लिए यहूदी अब पार्क, सिनेमा या गैर यहूदी दुकानों में नहीं जा सकते थे। इन नियमों का साफ मतलब था कि अधिक से अधिक स्थान ऐनी के लिए पहुंच से बाहर हो गए। उनके पिता को अपनी कंपनी पर ताला मारना पड़ा। चूँकि यहूदियों को अब अपना व्यवसाय चलाने की अनुमति नहीं थी। ऐनी सहित सभी यहूदी बच्चों को अलग-अलग यहूदी स्कूल में जाना पड़ा।

नाजियों ने एक और कड़ा कदम उठाया। यहूदियों के लिए अपने कपड़ों पर डेविड का स्टार लगाना अनिवार्य कर दिया गया। इस दौरान ऐसी अफवाहें भी फैली कि सभी यहूदियों को नीदरलैंड छोड़ना होगा। 5 जुलाई, 1942 को नाज़ी जर्मनी में जब मार्गोट को तथा कथित 'श्रम शिविर' के बारे में सूचित करने के लिए कॉल अप मिला, तब उसके माता-पिता पर नाजियों को संदेह हो गया था। उन्हें विश्वास नहीं था कि कॉल-अप काम के बारे में था और उत्पीड़न से बचने के लिए अगले दिन उन्होने छिपने का फैसला किया।

1942 के वसंत में, प्रिंसेंग्राचट 263 में अपने व्यावसायिक परिसर के एक उपभवन को ऐनी के पिता ने छिपने की जगह बनाना शुरू कर दिया था। इसके लिए उन्हें अपने पूर्व सहयोगियों से मदद भी मिली। छिपने की जगह तंग थी। ऐनी को अक्सर बहुत चुप रहना पड़ता था और डर लगता था।

अपने तेरहवें जन्मदिन पर, छिपने से ठीक पहले ऐनी को एक डायरी भेंट की गई। छिपने के दो वर्षों के दौरान ऐनी ने गुप्त उपभवन में घटनाओं, उसकी भावनाओं और विचारों के बारे में भी लिखा। इसके अलावा उसने लघु कथाएं लिखी, एक उपन्यास शुरू किया और पढ़ी गई किताब से अपनी बुक ऑफ ब्यूटीफुल सेंटेंस में अंशो की नकल की। लिखने से उसे समय बिताने में मदद मिली।

जब इंग्लैंड में डच सरकार के शिक्षा मंत्री ने रेडियो ऑरेंज पर युद्ध डायरी और दस्तावेजों को रखने की अपील की, तो ऐनी को हेड अचरहुइस (गुप्त उपभवन) नामक एक चल रही कहानी में अपनी व्यक्तिगत डायरी को फिर से लिखने के लिए प्रेरित किया गया।

ऐनी ने अपनी डायरी को फिर से लिखना शुरू कर दिया, लेकिन ऐसा करने से पहले, उसे और अन्य छिपे हुए लोगों को 4 अगस्त, 1944 को जर्मन अधिकारियों ने गिरफ्तार कर लिया। पुलिस ने दो सहायकों को भी गिरफ्तार किया। पुलिस की छापेमारी का कारण आज तक पता नहीं चल पाया है।

छापे के बावजूद ऐनी के लेखन का हिस्सा संरक्षित किया गया था। गुप्त उपभवन को नाजियों के आदेश से खाली करने से पहले दो अन्य सहायकों ने दस्तावेज ले लिए।

सिचेरहेत्सिडेनस्ट कार्यालयों के माध्यम से (जर्मन सुरक्षा पुलिस), एम्स्टर्डम की जेल और वेस्टरमार्क पारगमन शिविर गुप्त अनुबंधन से लोगों को ऑशवित्ज बिरबाऊ यातना और तबाही शिविर में ले जाया गया। ट्रेन की यात्रा में तीन दिन लगे, इस दौरान ऐनी और हजार से अधिक लोग एक साथ मवेशियों के झुंड में

एक साथ बंद कर दिए गए। वहां बहुत कम भोजन और पानी उपलब्ध था और शौचालय के लिए केवल एक बैरल था।

ओशवित्ज में पहुंचने पर, नाजी डॉक्टरों ने यह देखने के लिए जांच की कि कौन भारी श्रम करने में सक्षम होगा और कौन नहीं होगा। ऐनी के परिवहन से लगभग 350 लोगों को तुरंत गैस चैंबर में ले जाया गया और उनकी हत्या कर दी गई। ऐनी, मार्गोट और उनकी मां को महिलाओं वाले श्रम शिविर में भेजा गया था।

नवंबर, 1944 की शुरुआत में, ऐनी को फिर से कहीं और ले जाया गया। उसे मार्गोट के साथ बेर्गन-बेलसन से यातना शिविर में भेज दिया गया था। उसके माता-पिता ओशवित्ज में पीछे रखे गए। बेर्गन-बेलसन में स्थितियाँ भयानक थीं। वहाँ भोजन की कमी थी, वहाँ ठंड, नमी और संक्रामक रोग थे। ऐनी और मार्गोट भी टाइफस महामारी की जकड़ में आ गए। फरवरी, 1945 में वे दोनों इसके प्रभाव के कारण मर गए, पहले मार्गोट की मौत हुई, इसके बाद ऐनी की।

ऐनी के पिता ओटो गुप्त उपभवन के लोगों में से एकमात्र ऐसे व्यक्ति थे, जो गुप्त युद्ध से बच गए थे। उन्हें रूसियो द्वारा ओशवित्ज में मुक्त किया गया था और नीदरलैंड में अपनी लंबी यात्रा के दौरान उन्हें पता चला कि ऐनी और मार्गोट अब जीवित नहीं थे।

ऐनी के लेखन ने ओटो पर गहरी छाप छोड़ी। उन्होंने पढ़ा कि ऐनी एक लेखक या पत्रकार बनना चाहती थी और उसने गुप्त उपभवन में अपने जीवन की कहानियों को प्रकाशित करने का इरादा किया था : जून, 1947 में दोस्तों ने ओटो को इस डायरी को प्रकाशित करवाने के लिए राजी कर लिया जिसके परिणाम स्वरूप 3,000 प्रतियाँ हेड अचरहुइस (गुप्त उपभवन) के नाम से छपी।

इसके बाद पुस्तक को बाद में लगभग 70 भाषाओं में अनुवादित किया गया और मंच और स्क्रीन के लिए तैयार किया गया। दुनिया भर में लोगों को ऐनी की कहानी से परिचित कराया गया और 1960 में छिपने की जगह संग्रहालय बन गई: ऐनी फ्रैंक हाउस। ओटो 1980 में अपनी मृत्यु तक ऐनी फ्रैंक हाउस और संग्रहालय के साथ निकटता से जुड़े रहे : उन्होंने आशा व्यक्त की कि डायरी के पाठकों को भेदभाव, नस्लवाद और यहूदियों से घृणा के खतरों के बारे में पता चलेगा।

12 जून, 1942

मैं उम्मीद करती हूं कि मैं तुम्हें अपनी सारी गोपनीय बातें बताने लायक हो जाऊंगी, क्योंकि मैं कभी किसी पर विश्वास नहीं कर पाई, और मुझे पूरी आशा है कि तुम मेरे लिए राहत और सहारे का जरिया बनोगी।

रविवार, 14 जून, 1942

मैं उस पल से शुरू करूंगी, जब तुम मुझे मिली, जिस पल मैंने तुम्हें अपने जन्मदिन के अन्य उपहारों के बीच टेबल पर पड़ा देखा था। (तुम्हें खरीदने के लिए मैं साथ गई थी, लेकिन इसकी गिनती नहीं है।)

शुक्रवार 12 जून को मैं छः बजे जाग उठी थी, जो हैरानी की बात नहीं है, क्योंकि उस दिन मेरा जन्मदिन था। लेकिन मुझे उस समय उठने की इजाजत नहीं थी, इसलिए मुझे अपनी उत्सुकता को पौने सात बजे तक दबाना पड़ा। जब मुझ से और अधिक प्रतीक्षा नहीं हुई तो मैं भोजन कक्ष में गई, जहां मुर्तजे (बिल्ली) ने मेरे पैरों से लिपटकर मेरा स्वागत किया।

सात बजे के थोड़ी देर बाद, मैं पापा और मम्मी के पास गई और फिर अपने तोहफो को खोलने के लिए बैठक कक्ष में गई और तुम्हें मैंने सबसे पहले देखा, तुम शायद मेरे सबसे अच्छे तोहफों में से एक थी। फिर मैंने गुलाब, पियोनी का गुच्छा और गमले में लगा एक पौधा देखा। पापा और मम्मी से मुझे एक नीले रंग का ब्लाउज, एक गेम, अंगूर के रस की एक बोतल, जिसका स्वाद मुझे बेहद पसंद है, कुछ-कुछ शराब की तरह (आखिरकार अंगूर से ही शराब बनाई जाती है), एक पहेली, कोल्ड क्रीम का एक जार, 2.50 गिल्डर और दो किताबों के लिए एक उपहार कूपन मिला था। मुझे एक और किताब भी मिली, कैमरा ऑब्स्कुरा (लेकिन मार्गोट के पास पहले से ही यह है, इसलिए मैंने अपना वाला किसी और चीज से बदल दिया), घर पर बनी कुकीज़ की एक थाली (जो मैंने खुद बनाया, बेशक क्योंकि मैं कुकीज बनाने में काफी उस्ताद बन गई हूं), बहुत सारी कैंडी और माँ से एक तीखी स्ट्राबेरी और सही समय पर ग्रैमी का एक पत्र, उसी समय जर्मनी से एक पत्र आया, जहिर है कि वह सिर्फ एक सहयोग था।

फिर हनेली मुझे लेने आई और हम स्कूल चले गए। छुट्टी के दौरान, मैंने अपने शिक्षकों और अपनी कक्षा को कुकीज़ दी, और फिर काम पर वापस जाने का समय हो गया। मैं पांच बजे तक घर नहीं गई, क्योंकि मैं बाकी कक्षा के साथ जिम गई थी (मुझे भाग लेने की अनुमति नहीं थी, क्योंकि इससे मेरे कंधे और कूल्हे अव्यवस्थित हो जाते हैं) जैसा कि मेरा जन्मदिन था, और मुझे यह तय करना था कि मेरे सहपाठी किस खेल को खेलेंगे, और मैंने वॉलीबॉल चुना, बाद में वे सभी मेरे चारों ओर एक चक्र में नाचते और "हैप्पी बर्थडे" गाते हैं। जब मैं घर गई तो पहले से ही शेनी लैडरमैन वहां मौजूद थे। इल्स वागनर, हनेली गॉस्लार और जैकलीन फ़ॉन मार्सन जिम के बाद मेरे साथ घर आए थे, क्योंकि हम एक ही कक्षा में थे। हनेली और सने मेरी सबसे अच्छी सहेलियां हुआ करती थी। लोग हमें एक साथ देखते हुए कहते थे।"

वो जा रही हैं, ऐन, हनेली और सने " मैंने जब यहूदी लिसेयुम (संस्थान) जाना शुरु किया, तो वहाँ मैं जैकलीन फ़ॉन मार्सन से मिली थी, और अब वह मेरी सबसे अच्छी दोस्त है। इल्स, हनेली की सबसे अच्छी दोस्त है, और सने दूसरे स्कूल में जाती है और वहां उसके कई दोस्त हैं। उन्होंने मुझे एक खूबसूरत किताब दी, डच सागाज़ ऐंड लेजेंड्स, लेकिन उन्होंने मुझे गलती से वॉल्यूम टू दे दिया, इसलिए मैंने वॉल्यूम वन के लिए दो अन्य पुस्तकों का आदान प्रदान किया। आंटी हेलेन ने मुझे एक पहेली, आंटी स्टेफनी ने एक प्यारी ब्रोज, और आंटी लेनी ने अच्छी पुस्तक दी : डेज़ी गोज़ टू द माउन्टेन्स।

आज जब मैं बाथटब में लेटे हुए नहा रही थी तो यह सोच रही थी कि काश मेरे पास भी रिन टिन टिन जैसा कुत्ता होता है तो कितना अच्छा होता है। मैं भी उसे रिन टिन टिन बुलाती और अपने स्कूल साथ ले जाती है। जहाँ वह चौकीदार के कमरे में, या मौसम अच्छा होने पर साइकिल रैंक से बंधा रहता।

सोमवार, 15 जून, 1942

रविवार दोपहर को मेरी जन्मदिन की पार्टी थी। रिन टिन टिन फिल्म मेरे सहपाठियों को बहुत पसंद आई थी। मुझे दो ब्रोच, एक बुकमार्क और दो किताबें मिली।

मैं अपने स्कूल और अपनी कक्षा के बारे में कुछ बातें शुरू करूंगी, जिसकी शुरुआत अन्य बच्चों के साथ होगी।

बेट्टी ब्लोमेंडल बहुत बेकार सी लग रही है, और मुझे लगता है कि वह शायद ऐसी ही है। वह पश्चिम एम्सटर्डम में एक गुमनाम सड़क पर रहती है और हम में से

कोई भी नहीं जानता कि यह स्थान कहां है, वह स्कूल में बहुत अच्छा काम करती है, लेकिन ऐसा इसलिए है, क्योंकि वह बहुत मेहनत करती है, इसलिए नहीं कि वह बहुत चालाक है। वह बहुत शांत है।

जैकलिन वैन मारसन मेरी सबसे अच्छी दोस्त मानी जाती है, लेकिन मेरा कोई सच्चा दोस्त नहीं है। पहले मैंने सोचा कि जेक उनमें से एक होगा, लेकिन मैं गलत थी।

डी. क्यू. एक बहुत ही घबराई हुई सी लड़की है, जो हमेशा चीजों को भूल जाती है, इसलिए शिक्षक उसे अतिरिक्त होमवर्क सजा के रूप में देते रहते हैं। वह बहुत दयालु है, विशेष रूप से जी.जेड के प्रति।

ई.एस. बहुत बातें करती है, जो कि मजेदार नहीं होती है। जब वह आपसे कुछ पूछती है तो वह हमेशा आपके बालों को छूती है या आपके बटन से छेड़छाड़ करती है। वह कहती है कि वह मुझे बर्दाश्त नहीं कर सकती, लेकिन मुझे परवाह नहीं, क्योंकि मैं भी उसे ज्यादा पसंद नहीं करती हूं।

हैनी मेट्स हंसमुख स्वभाव वाली एक अच्छी लड़की है, सिवाय इसके कि वह तेज आवाज में बात करती है और वास्तव में बहुत बचकानी बन जाती है, जब हम बाहर खेल रहे होते हैं। दुर्भाग्य से, हेनी की एक सहेली है जिसका नाम बप्पी है जिसका उस पर बहुत बुरा प्रभाव पड़ा है, क्योंकि वह गंदी और अशिष्ट है।

जे आर- मैं उसके बारे में एक पूरी पुस्तक लिख सकती हूँ। जे एक घृणित, डरपोक, चिपकू, दो अर्थी गपबाज है, जो खुद को बड़ी समझती है। वास्तव में उसने जैक्स को अपने जादू से बस में कर लिया है और यह शर्म की बात है। जे मुझसे बात-बात पर नाराज हो जाती है और जरा सी बात पर आंसू बहाने लगती है और सबसे बड़ी बात वह बहुत दिखावा करती है। मिस जे हमेशा सही होना चाहती है। वह बहुत अमीर है और उसके पास बहुत प्यारी कपड़ों से भरी एक अलमारी है जो उसके लिए बहुत पुरानी है। वह सोचती है कि वह बहुत खूबसूरत है, लेकिन वह है नहीं। जे और मैं एक दूसरे को फूटी आंख नहीं भाते। इलसी वेगनर एक हंसमुख स्वभाव वाली एक अच्छी लड़की है, लेकिन वह बहुत नकचढ़ी है और किसी भी चीज के बारे में रोने बिलखने में घंटो खर्च कर सकती है। वह काफी चालाक है, लेकिन आलसी है।

हनेली गोसलर या लाइज़ जैसा उसे स्कूल में बुलाया जाता है, कुछ अजीब सी है। वह आमतौर पर शर्मीली है - घर पर मुखर/स्पष्टवादी, लेकिन अन्य लोगों के साथ संकोची। आप उसे जो कुछ भी बताते हो, वह सब कुछ अपनी माँ को बता

देती है। लेकिन जैसा वह सोचती है वह वही बताती है और हाल ही में मुझे उसकी बहुत प्रशंसा करनी पड़ी।

नैनी वैन प्राग -सिगार, छोटी, मजाकिया और समझदार है। मुझे लगता है कि वह अच्छी है। वह बहुत चतुर है। नैनी के बारे में कुछ कहने के लिए आपके पास ज्यादा कुछ नहीं होता है।

एफ़्रिया डे यॉन्ग जबरदस्त है। हालांकि वह केवल बारह वर्ष की है, लेकिन वह काफी हद तक एक महिला जैसी है। वह मुझसे एक बच्चे के जैसे व्यवहार करती है। वह बहुत मददगार है, और मुझे वह पसंद है।

जी.जेड. हमारी कक्षा की सबसे सुंदर लड़की है। उसका चेहरा बहुत सुंदर है, लेकिन वह थोड़ी बेवकूफ है। मुझे लगता है कि वे उसे एक साल रोकने जा रहे हैं, लेकिन निश्चित रूप से मैंने उसे यह नहीं बताया।

हम बारह लड़कियों में से आखिरी में जी. जेड के बगल में बैठने वाली मैं हूं।

लड़कों के बारे में बहुत कुछ कहा जा सकता है, या शायद इतना सब होने के बाद भी नहीं।

मौरिस कोस्टर मेरे कई प्रशंसकों में से एक है, लेकिन बहुत ज्यादा परजीवी (दूसरों पर आश्रय लेने वाला) हैं।

सैली स्प्रिंगर गंदे दिमाग वाला है और उसके सारे काम अफवाहों से चलते हैं। फिर भी वह मुझे बहुत अच्छा लगता है, क्योंकि वह बहुत विनोदी है।

एमियल बोनविट जीजेड को पसंद करता है, लेकिन वह परवाह नहीं करती है। वह बहुत उबाऊ है।

रॉब कोहेन भी मुझसे प्यार करता था। लेकिन मैं अब उसे और बर्दाश्त नहीं कर सकती। वह एक अप्रिय, दोहरे चरित झूठ बोलने वाला, रिरियाने वाला, निंदा करने वाला, जो भयानक रूप से खुद की राय को सबसे ऊपर रखता है।

मैक्स फॉन डे वेलडे, मेदेमब्लिक के एक किसान का बेटा है। लेकिन वह सभ्य है। मार्गोट के मन के मुताबिक, वह भला लड़का है।

हरमन कोपमैन भी जोपी डी ऐबियर की तरह एक गंदी मानसिकता वाला व्यक्ति है, जो एक भयानक इश्कबाज और लड़कियों का पीछा करने वाला है।

लियो ब्लॉम, जोपी ड़ी बीयर का सबसे अच्छ दोस्त है, लेकिन अपने गंदे दिमाग की वजह से बहुत बुरा है।

अल्बर्ट डी मेस्क्विटा मोंटेसरी स्कूल से आया है। उसने एक साल में दो कक्षाएं पास की हैं। वह वास्तव में होशियार है।

लियो स्लेगर भी उसी स्कूल से आया था, लेकिन वह उतना होशियार नहीं है।

आरयू स्टॉपेलोमन, अलमेलो से आया एक छोटा, नासमझ लड़का है जो साल के मध्य में इस स्कूल में स्थानांतरित हुआ था।

सी.एन. वह सब कुछ करता है, जिससे उसकी उम्मीद नहीं होती है।

जैक्स कोसरनूट, सी. एन. के बगल में और हमारे (जी और मैं) पीछे बैठता है, और खुद की बेवकूफियों पर हंसता रहता है।

हैरी स्कैप, हमारी कक्षा का सबसे शिष्ट लड़का है। वह बहुत अच्छा है।

वर्नर जोसेफ भी बहुत अच्छा है, लेकिन पिछले कुछ समय में हुए बदलाव से वह बहुत खामोश हो गया है, इसलिए वह उबाऊ लगता है।

सेम सालोमन शहर के अशांत इलाके से आने वाले एक सख़्त किस्म का लड़का है। वह बिगड़ैल है।

एपी रीम बहुत रूढ़ीवादी है, लेकिन वह भी बिगड़ैल है।

शनिवार, 20 जून, 1942

डायरी में लिखना मेरे जैसे किसी के लिए भी वास्तव में अजीब सा अनुभव है। केवल इसलिए नहीं कि मैंने पहले कभी कुछ नहीं लिखा है बल्कि इसलिए भी, क्योंकि मुझे लगता है कि बाद में न तो मैं और ना ही कोई और तेरह साल की छात्रा के चिंतन में दिलचस्पी लेगा। ओह, कोई बात नहीं। मुझे लिखने का मन करता है और मुझे अपने दिल से बातों के बोझ को कम करना है।

"कागज में लोगों की तुलना में बहुत अधिक धैर्य होता है।" मैंने उन दिनों इस एक कहावत के बारे में सोचा था, जब मैं अपनी ठोड़ी को अपनी हथेली पर टिकाए बैठी ऊबी और उदास होकर सोच रही थी कि अंदर रहना है या बाहर जाना है। अंत में मैं वहीं रुक गई, जहां मैं थी। हां कागज में अधिक धैर्य होता है, और मैं किसी और के द्वारा इस कठोर समर्पित नोटबुक को "डायरी" के रूप में पढ़ने की योजना नहीं बना रही हूं, जब तक कि मैं कभी एक वास्तविक दोस्त को ना ढूंढ लूं, यह मेरी थोड़ी मदद करेगा।

अब मैं उस मुद्दे पर वापस आती हूं, जिसने मुझे एक डायरी को पहले स्थान पर रखने के लिए प्रेरित किया : मेरा कोई दोस्त नहीं है।

मुझे इसे और स्पष्ट रूप से कहना चाहिए, क्योंकि किसी को भी यकीन नहीं होगा कि एक तेरह वर्षीय लड़की दुनिया में पूरी तरह से अकेली है। लेकिन मैं नहीं

हूं। मेरे पास प्यारे माता पिता और सोलह साल की बहन है, और लगभग ऐसे तीस लोग हैं, जिन्हें मैं दोस्त कह सकती हूं। मेरे पास प्रशंसकों का एक समूह है, जो अपनी आंखों से मुझे कभी दूर नहीं रख सकते है और जिन्हें कभी-कभी कक्षा में मेरी एक झलक देखने की कोशिश करने के लिए एक टूटी हुए दर्पण का प्रयोग उपयोग करना पड़ता है। मेरा एक प्यारा परिवार है, प्यारी चाची, और एक अच्छा घर है। पर कभी कभी मुझे लगता है कि मेरे पास एक सच्चे दोस्त को छोड़कर सब कुछ है। मैं जब दोस्तों के साथ होती हूं तो बस मजे करना चाहती हूं। मैं अपने आप को हर दिन की, लेकिन साधारण चीजों के अलावा और किसी चीज के बारे में बात करने के लिए तैयार नहीं कर पाती। हम अधिक करीब हो जाने में सक्षम होते हुए नहीं लगते हैं, और यही समस्या है। शायद यह मेरी गलती है कि हम एक दूसरे में भरोसा नहीं करते हैं। किसी भी मामले में, वे बस चीजें है, और दुर्भाग्य से, वे बदलने वाली नहीं हैं।

यही कारण है कि मैंने डायरी लिखना शुरू किया है।

मेरी कल्पना में लंबे समय से एक दोस्त की छवि बनी हुई है, मैं अधिकतर लोगों की तरह डायरी में बस आंकड़े नहीं लिखना चाहती, बल्कि मैं चाहती हूं कि वह मेरी दोस्त बने, इसलिए मैं अब तुम्हें किटी कहकर पुकारूंगी।

चूंकि किटी को मेरी कहानियों का कोई भी शब्द समझ नहीं आएगा, तो मैं अपने जीवन का एक संक्षिप्त विवरण प्रदान करूँगी, क्योंकि इसके बिना कोई भी एक शब्द नहीं समझेगा और यह बात मैं पसंद नहीं करती हूं।

मेरे पिता जितना प्यारा इंसान मैंने कभी नहीं देखा। मेरे पिता ने 36 साल की उम्र में मेरी माँ से शादी की, जो उस समय 25 साल की थीं। मेरी बहन मार्गोट का जन्म 1926 में जर्मनी में फ्रैंकफर्ट में हुआ था। मेरा जन्म 12 जून, 1929 को हुआ था। मैं चार साल की उम्र तक फ्रैंकफर्ट में रही, चूंकि हम यहूदी हैं, इसलिए मेरे पिता 1933 में हॉलैंड आ गए, जब वह ओपेकटा कंपनी के प्रबंध निदेशक बन गए, जो जैम बनाने में उपयोग किए जाने वाले उत्पादों का निर्माण करता है। मेरी माँ, एडिथ हॉलैंडर फ्रैंक सितंबर में उनके साथ हॉलेंड चली गई थी, जबकि मार्गोट और मुझे दादी के साथ रहने के लिए आशेन भेजा गया था। मार्गोट दिसंबर में हॉलैंड चली गई थी, और मैं फरवरी में जब मुझे मार्गोट के जन्मदिन पर उपहार के रूप में मेज पर पटक दिया गया था।

मैंने उसी समय मोंटेसरी नर्सरी स्कूल में जाना शुरु किया। मैं छ: साल की उम्र होने तक वहां रही, उस समय मैंने पहली कक्षा जाना शुरु किया। छठी कक्षा

में मेरी शिक्षिका श्रीमती कूपरुस थी, जो की प्रिंसिपल थी। वर्ष के अंत में विदा लेते समय हम दोनों की आंखें नम थीं। मेरा दाखिला यहूदी स्कूल में हो गया था, जहां पर मार्गोट भी जाती थी।

हमारा जीवन चिंता मुक्त नहीं था, क्योंकि जर्मनी में हमारे रिश्तेदार हिटलर के यहूदी विरोधी कानूनों के तहत पीड़ित थे। 1938 में हत्याकांड के बाद, मेरे दो चाचा (मेरी माँ के भाई) उत्तरी अमेरिका में सुरक्षित शरण पाने के लिए जर्मनी से भाग गए। मेरी बुजुर्ग नानी हमारे साथ रहने आई थी। वह उस समय पचहतर साल की थी।

मई, 1940 के बाद अच्छे समय बहुत कम और काफी दूर थे : पहले युद्ध था, फिर समर्पण, और फिर जर्मनों का आगमन और तब यहूदियों के लिए मुसीबत शुरू हो गई थी। यहूदी विरोधी फरमानो की एक श्रृंखला द्वारा हमारी स्वतंत्रता पर गंभीर रूप से रोक लगा दी गई थी : यहूदियों को एक पीला सितारा पहनना आवश्यक था। यहूदियों को अपने साइकिल पर लिखना आवश्यक था; यहूदियों को सड़क-कारों का उपयोग करने की मनाई थी; यहां तक कि यहूदियों को निजी कारों में सवारी करने की मनाई थी; यहूदियों को अपनी खरीदारी करने की अनुमति शाम के तीन और पांच बजे के बीच थी; यहूदियों को केवल यहूदी स्वामित्व वाले नाई की दुकान और ब्यूटी पार्लर की अनुमति थी; यहूदियों को रात आठ से सुबह के छ के बीच सड़कों पर निकलने की मनाई थी; यहूदियों को थियेटर, सिनेमा या मनोरंजन के किसी अन्य रूप में जाने में मनाई थी; यहूदियों को स्विमिंग पूल, टेनिस कोर्ट, हॉकी क्षेत्र या अन्य एथलेटिक क्षेत्र का उपयोग करने की मनाई थी; यहूदियों को नौकायन जाने की मनाई थी; यहूदियों को सार्वजनिक रूप से किसी खेल गतिविधि में भाग लेने की मनाई थी; यहूदियों को शाम के आठ बजे के बाद अपने बागानों या अपने दोस्तों के साथ बैठने की मनाई थी; यहूदियों को अपने घरों में ईसाइयों से मिलने की मनाही थी; यहूदियों को यहूदी स्कूलों में भाग लेना जरूरी था। आप ऐसा नहीं कर सकते, आप वैसा नहीं कर सकते, बस जिंदगी चल रही थी। जैक हमेशा मुझसे कहता रहता था कि मुझे अब कुछ भी करने की हिम्मत नहीं होती, क्योंकि मुझे डर है कि इसकी इजाजत नहीं है।

1941 की गर्मियों में, दादी बीमार हो गई और उनका ऑपरेशन कराना पड़ा, इसलिए मेरा जन्मदिन नहीं मनाया गया। 1940 की गर्मियों में भी हमने अपने जन्मदिन पर बहुत कुछ नहीं किया था, क्योंकि हॉलैंड में लड़ाई अभी-अभी खत्म हुई थी। जनवरी, 1942 में दादी की मृत्यु हो गई। कोई नहीं जानता कि

मैं उनके बारे में कितना सोचती हूं और अभी तक उनसे कितना प्यार करती हूं। 1942 में आए इस जन्मदिन पर हमने बाकी जन्मदिनों की कमी पूरी करनी चाही और बाकी मोमबत्तियों के साथ नानी माँ की भी मोमबत्ती जलाई गई।

हम चारों अब भी मजे में हैं और अब मैं फिर से आज के दिन 20 जून, 1942 पर वापस आती हूं और अपनी डायरी में औपचारिक निवेदन करती हूं।

शनिवार, 20 जून, 1942

सबसे प्रिय किटी!

तो मैं सीधे शुरू हो जाती हूं। यहाँ अब अच्छा और शांत है। पिताजी और माताजी बाहर गए हैं और मार्गोट अपने दोस्त ट्रीज के पास कुछ अन्य युवाओं के साथ पिंग-पोंग खेलने गई हैं। मैं हाल ही में बहुत सारे पिंग-पोंग खेल रही हूं। इतना कि हम में से पांच लड़कियों ने एक क्लब बनाया है। इसे "द लिटिल डीपर माइनस टू" कहा जाता है। वास्तव में यह मूर्खतापूर्ण नाम है, लेकिन यह एक गलती पर आधारित है। हम अपने क्लब को एक विशेष नाम देना चाहते थे, और क्योंकि हम में से पांच के मन में लिटिल डीपर का विचार आया, हमने सोचा था कि इसमें पांच सितारे शामिल है, लेकिन हम गलत निकले।

यह सप्त ऋषि की तरह है, जो "माइनस टू" बताता है। इलसी वैगनर के पास एक पिंग-पोंग सेट है और जब भी हम चाहते हैं वैगन हमें अपने बड़े भोजन कक्ष में खेलने देते हैं। हम पांच टेनिस खिलाड़ियों को आइसक्रीम बहुत पसंद है, खासकर गर्मियों में और टेनिस खेलते हुए आप गर्म हो जाते हो, इसलिए हमारे खेल आमतौर पर निकटतम आइसक्रीम पार्लर की एक यात्रा के साथ समाप्त हो जाते थे, जो कि सिर्फ यहूदियों को इजाजत देता है : या तो ओएसिस या डेल्फी। हमने लंबे समय से अपने पर्स या पैसे का इस्तेमाल करना बंद कर दिया है - ओएसिस में अधिकतर समय इतनी भीड़ रहती है कि हमें अपनी जान पहचान का कोई लड़का या प्रशंसक मिल ही जाता है। जो हमें इतनी आइसक्रीम दिला देता है कि पूरे एक सप्ताह के लिए काफ़ी होती है।

आप शायद मुझे इस तरह की छोटी उम्र में प्रशंसकों के बारे में बात करते हुए सुनकर थोड़ा आश्चर्यचकित होंगे। जैसे ही कोई लड़का पूछता है कि क्या वह मेरे साथ साइकिल से घर तक चल सकता है और हम बातें करना शुरू कर देते हैं, दस में से नौ बार मुझे विश्वास होता है कि वह मौके पर ही आसक्त हो जाएगा और

मुझे एक क्षण के लिए भी अपनी नजर से दूर नहीं जाने देगा। उसकी ललक अंत में ठंडी हो जाएगी, खासकर तब जब मैं उसकी भावुक नजर की उपेक्षा कर दूंगी और आनंद से अपने रास्ते पर चलती रहूंगी। यह इतना बुरा हो जाता है कि वह "पिता की इजाजत माँगने के" बारे में सोचना शुरू कर देता है," मैं अपनी साइकिल थोडी सी लहरा देती हूं, मेरा स्कूल का बैग गिरता है और लड़का अपनी बाइक से उतरने और मुझे बैग सौंपने के लिए मजबूर हो जाता है। उसी समय मैं बातचीत के विषय को बदल देती हूं। यह सब कुछ मासूम प्रकार का होता है। हां, कुछ ऐसे लोग भी होते हैं, जो आपको हवाई चुंबन देते हैं या आपकी बांह थामना चाहते हैं, लेकिन वे गलत दरवाजे पर दस्तक दे रहे होते हैं। मैं अपनी साइकिल से उतर जाती हूं या तो मैं आगे से उनके साथ जाने से इनकार कर देती हूं या मैं ऐसा दिखाती हूं कि जैसा मेरा अपमान किया गया हो या उन्हें साफ साफ शब्दों में मेरे साथ के बिना घर जाने के लिए कह देती हूं।

ते यह हुई न बात! अब हमारी दोस्ती की बुनियाद पड़ गई है। अब कल मिलेंगे।

तुम्हारी, ऐनी

रविवार, 21 जून, 1942

सबसे प्रिय किटी,

हमारी पूरी कक्षा काँप रही है। इसका कारण आगामी बैठक है, जिसमें शिक्षक तय करते है कि अगली कक्षा में कौन जाएगा और किसे वापस पुरानी कक्षा में रहना पड़ेगा। आधी कक्षा शर्त लगा रही थी। जी.जेड. और मैं हमारे पीछे दो लड़कों सी. एन. और जैक कॉकरनॉट की मूर्खता पर आपस में हंस रहे हैं, जिन्होंने छुट्टियां की अपनी पूरी बचत को शर्त के दांव पर लगा दिया है। सुबह से रात तक, "तुम पास होने जा रहे हो, नहीं, मैं नहीं।" "हां," "तुम हो," "नहीं, मैं नहीं हूं।" यहां तक कि जी की दलीलें और मेरा क्रोध भी उन्हें शांत नहीं कर सकता। यदि आप मुझसे पूछते हैं, तो पूरी कक्षा में बहुत सारे मूर्ख है, कि लगभग एक चौथाई कक्षा को रोक देना चाहिए, लेकिन शिक्षक पृथ्वी पर सबसे अप्रत्याशित प्राणी है। शायद इस बार उनका यह स्वभाव सही दिशा में अप्रत्याशित हो।

मैं अपनी दोस्त और अपने बारे में बहुत चिंतित नहीं हूं, हम कर लेंगे। एकमात्र विषय जिसके बारे में मुझे यकीन नहीं है, वह गणित है। वैसे भी हम

केवल प्रतीक्षा कर सकते हैं। तब तक हम एक दूसरे को हिम्मत ना हारने के लिए कह सकते हैं।

मैं अपने सभी शिक्षकों के साथ बहुत अच्छी तरह से घुली मिली हुई हूं। उन नौ में से, सात पुरुष और दो महिलाएं है। श्रीमान कीसिंग, बूढ़े दकियानूसी जो कि गणित सिखाते हैं, मुझसे लंबे समय से नाराज थे, क्योंकि मैं बहुत ज्यादा बात करती हूं। कई चेतावनियों के बाद, उन्होंने मुझे अतिरिक्त होमवर्क सौंपा। "एक गप्पी" विषय पर एक निबंध लिखना है। "एक गप्पी" आप इस बारे में क्या लिख सकते? इस बारे में मैं बाद में चिंता करूंगी, मैंने निर्णय किया। मैंने शीर्षक अपनी नोटबुक में लिख लिया और उसे अपने बैग में डाल दिया, और चुप रहने का प्रयास किया।

उस शाम, जब मैंने अपना बाकी होमवर्क पूरा कर लिया, तब निबंध के बारे में नोट पर मेरी नजर पड़ी। मैंने अपने फाउंटेन पेन की नोक चबाते हुए, इस विषय के बारे में बहुत सोचना शुरू किया। बात करने की जरूरत को साबित करने की तरकीब तो ठोस तर्कों के साथ ही आती है। मैंने सोचा और सोचती रही, और अचानक मुझे एक विचार आया। श्रीमान कीसिंग ने जो मुझे सौंपा था, मैंने उस पर तीन पेज लिखे और मैं संतुष्ट थी। मैंने तर्क दिया कि बात करना एक महिला की विशेषता है और मैं इसे नियंत्रण में रखने का पूरा प्रयास करूंगी, लेकिन मैं कभी भी खुद को इस आदत से अलग नहीं कर पाऊंगी, क्योंकि मेरी माँ अधिक नहीं लेकिन जितना मैं बात करती हूं, उतनी ज्यादा तो बात करती ही है, और आप विरासत में मिले लक्षणों के बारे में कुछ नहीं कर सकते।

श्रीमान कीसिंग मेरे तर्कों पर खूब हंस रहे थे, लेकिन जब मैं अगले पाठ पर अपने तरीके से बात करने के लिए आगे बढ़ी तो उन्होंने मुझे एक दूसरा निबंध सौंपा। इस बार यह 'एक कभी न सुधरने वाली गप्पी' पर था। मैंने इसे स्वीकार कर लिया और श्रीमान कीसिंग के पास दो पूरे पाठों की शिकायत करने के लिए कुछ भी नहीं था। हालांकि तीसरे पाठ के दौरान उनके पास पर्याप्त मैटर था। 'ऐनी फ्रैंक, कक्षा में बात करने के लिए सजा के रूप में "मिस बातूनी की शेख़ियां" पर एक निबंध लिखो'।

पूरी कक्षा ठहाके लगाने लगी। मैं भी हंस पड़ी, हालांकि मैंने गप्पी के विषय पर अपनी सारी चतुराई का इस्तेमाल कर चुकी थी। इसलिए अब कुछ और सोचने का समय था, कुछ मौलिक। मेरी दोस्त सने, जो कविता लिखने में अच्छी है, ने मेरी मदद की पेशकश की और कहा कि हम पद्य में निबंध लिखेंगे। मैं खुशी से उछल पड़ी। श्रीमान कीसिंग इस हास्यास्पद विषय के साथ मुझ पर एक मजाक उड़ाने की

कोशिश कर रहे थे। लेकिन मुझे यकीन है कि यह खुद उन पर ही मजाक था। मैंने, अपनी कविता समाप्त की और यह सुंदर थी! वह एक माँ बतख, पिता और उसके तीन बच्चों के बारे में थी। जिन्हें पिता ने काट-काटकर इसलिए मार डाला, क्योंकि वे बहुत शोर मचाते थे। सौभाग्य से, श्रीमान कीसिंग ने मजाक को सही तरीके से लिया। उन्होंने कक्षा में कविता पढ़ी, अपनी टिप्पणियों को जोड़ा, और कई अन्य कक्षाओं में भी इसे पढ़ा। तब से मुझे बात करने की इजाजत दे दी गई और मुझे कोई अतिरिक्त होमवर्क नहीं सौंपा गया। अब ठीक उलट, श्रीमान कीसिंग हमेशा इन दिनों मजाक करते रहते हैं।

तुम्हारी, ऐनी

बुधवार, 24 जून, 1942

सबसे प्रिय किटी,

आज बहुत गर्मी है! हर कोई हांफ रहा है। और इस गर्मी में मुझे हर जगह पैदल जाना है। अब मुझे एहसास हुआ कि एक ट्राम कितना सुखद है, लेकिन हम यहूदियों को अब इस विलासिता का उपयोग करने की इजाजत नहीं है, हमारे अपने दो पैर हमारे लिए काफी हैं। कल दोपहर के भोजन के समय यान लुयकेनस्ट्राट पर दंत चिकित्सक के पास जाना था। यह स्टैडस्टिमेरटुनिनन पर हमारे स्कूल से एक लंबा रास्ता है। उस दोपहर मैं लगभग अपनी मेज पर सो गई थी। सौभाग्य से, लोग खुद ही आपको पीने के लिए कुछ प्रस्तावित करते हैं। दंत चिकित्सा सहायक वास्तव में दयालु है।

हमारे लिए परिवहन का एकमात्र तरीका नौका है। जोसेफ इजरायलके में नाविक हमारे कहने पर हमें पार ले जाता है। यह डच लोगो की गलती नहीं है कि हम यहूदी लोग इस तरह का एक बुरा समय बिता रहे हैं।

मैं स्कूल नहीं जाना चाहती थी। ईस्टर की छुट्टियों के दौरान मेरी साइकिल चोरी हो गई, और पिता ने माँ की साइकिल को सुरक्षित रखने के लिए अपने किसी ईसाई मित्र को दे दी। शुक्र है गर्मी की छुट्टियाँ लगभग आ गई; एक और सप्ताह निकल जाएगा और हमारी मुसीबत समाप्त हो जाएगी।

कल सुबह कुछ अप्रत्याशित हुआ। जैसे ही मैं साइकिल रैक से गुजर रही थी, मैंने अपना नाम पुकारते हुए सुना। मैं घूम गई और सामने एक प्यारा सा लड़का था, जिससे मैं पहले शाम को अपने दोस्त विल्मा के साथ मिली थी। वह विल्मा का

दूसरा चचेरा भाई है। मुझे लगता है कि विल्मा अच्छी है, जो वह है, लेकिन वह कभी भी बात करती है तो वह सब लड़कों के बारे में ही होती है और वह बोर करता है। वह कुछ हद तक शरमाते हुए मेरी ओर आया और खुद को हेलो सिलबरबर्ग के रूप में पेश किया। मैं थोड़ा हैरान थी और मुझे नहीं पता था कि वह क्या चाहता है लेकिन मुझे यह पता लगाने में देर नहीं लगी। उसने पूछा कि क्या मैं उसे अपने साथ स्कूल तक चलने की इजाजत दूंगी। "जब तक आप उस रास्ते पर चल रहे हैं, मैं आपके साथ चलूंगी," मैंने कहा और हम एक साथ चलने लगे। हेलो सोलह साल का है और सभी प्रकार की मजेदार कहानियों को सुनाने में माहिर है।

वह आज सुबह फिर से मेरा इंतजार कर रहा था, और मुझे उम्मीद है कि वह आगे भी करेगा।

ऐनी

बुधवार, 1 जुलाई , 1942

सबसे प्रिय किटी,

आज तक मैं ईमानदारी से तुम्हें लिखने का समय नहीं निकाल सकी। मैं गुरुवार को पूरे दिन दोस्तों के साथ व्यस्त थी, शुक्रवार को भी ऐसा चलता रहा और इसी तरह से आज का दिन भी बीत गया।

हेलो और मैं पिछले सप्ताह से एक दूसरे को बहुत अच्छी तरह से जानने लगे हैं, और उसने मुझे अपने जीवन के बारे में बहुत कुछ बताया है। वह गेल्सेंकिशेन से है और अपने दादा दादी के साथ रह रहा है। उसके माता-पिता बेल्जियम में है, लेकिन उसके पास वहां जाने का कोई रास्ता नहीं है। हेलो की उज़्ूला नामक की एक प्रेमिका है। मैं उसे भी जानती हूं। वह बहुत प्यारी और नीरस भी है। मुझसे उसकी मुलाकात होने के बाद से हेलो को एहसास हुआ है कि वह उज़्ूला से बोर होता जा रहा है। मैं एक स्फूर्ति टॉनिक के जैसे बन गई हूं। आप कभी नहीं जान सकते हैं कि आप किसके लिए अच्छे हैं।

जैक ने शनिवार की रात यहां बिताई। रविवार की दोपहर वह हनेली के साथ था और मैं ऊब गई थी।

हेलो उस शाम को आने वाला था, उसने लगभग छ: बजे फोन किया। मैंने फोन का जवाब दिया, और उसने कहा, "मैं हेल्समथ सिल्बरबर्ग हूं। क्या मैं ऐनी से बात कर सकता हूं?",

'ओह हेलो। मैं ऐनी ही हूं।'

'ओह, हेलो, ऐनी। क्या हाल है?'

'बहुत अच्छी धन्यवाद'।

"मैं सिर्फ यह कहना चाहता हूं कि मुझे खेद है, लेकिन मैं आज रात नहीं आ सकता, हालांकि मैं आपसे कुछ बात करना चाहता हूं। क्या यह ठीक होगा अगर मैं अभी दस मिनट में आपको अपने साथ ले जाने के लिए आता हूं?

"हां, यह ठीक है। अलविदा।"

"ठीक है, मैं अभी आता हूं। अलविदा।"

मैंने फोन रख दिया, जल्दी से मैंने अपने कपड़े बदल दिए, और अपने बाल ठीक कर लिए। मैं बहुत घबरा रही थी, मैं उसे देखने के लिए खिड़की की तरफ गई थी। आखिरकार वह आ गया। चमत्कार यह था कि, मैं सीढ़ियों से नीचे नहीं गई, बल्कि उसके घंटी बजाने का चुपचाप इंतजार किया। मैं दरवाजा खोलने के लिए नीचे गई और उसे ठीक अपने सामने पाया।

'ऐनी, मेरी दादी को लगता है कि उम्र के लिहाज़ से तुम मुझसे बहुत छोटी हो और मुझे तुमसे नियमित रूप से नहीं मिलना चाहिए। वह कहती है कि मुझे लोवेनबाख में जाना चाहिए, लेकिन आप शायद जानते हैं कि मैं उज़्ज़ूला के साथ बाहर अब और नहीं जा रहा हूं।'

"नहीं, मुझे नहीं पता था। क्या हुआ? क्या आप दोनों के कोई बीच बहस हुई है?"

'नहीं, ऐसा कुछ नहीं है। मैंने उज़्ज़ूला से कहा कि हम एक-दूसरे के अनुकूल नहीं है और इसलिए हमारे लिए अब एक साथ ना रहना ही बेहतर था, लेकिन मेरे घर पर उसका स्वागत किया जाएगा और मैंने भी उम्मीद की है कि उसके घर पर मेरा भी स्वागत किया जाएगा। दरअसल, मुझे लगता था कि उज़्ज़ूला किसी और लड़के के प्रेम में पड़ गई है और मैंने उसके साथ उसके जैसा ही व्यवहार किया। लेकिन यह सच नहीं था। और फिर मेरे चाचा ने कहा कि मुझे उससे माफी माँगनी चाहिए, लेकिन निश्चित रूप से, मुझे ऐसा नहीं लगा, और इसलिए मैंने उनका साथ छोड़ दिया। लेकिन यह सिर्फ एक कारण था।

मेरी दादी अब मुझे उज़्ज़ूला के साथ देखना चाहती है तुम्हारे साथ नहीं, लेकिन मैं इस बात से सहमत नहीं हूं और मैं नहीं जा रहा हूं। कभी-कभी बूढ़े लोगों के पास वास्तव में पुराने जमाने के विचार होते हैं, लेकिन इसका मतलब यह नहीं है कि मुझे उनके साथ जाना है। मुझे अपने दादा दादी की आवश्यकता है, लेकिन

एक निश्चित अर्थ में उन्हें भी मेरी आवश्यकता है। अब से मैं बुधवार की शाम तक स्वतंत्र हो जाऊंगा। आप जा सकती हो, मेरे दादा दादी ने मुझे लकड़ी की नक्क़ाशी की कक्षा में डाल दिया है, लेकिन वास्तव में मुझे जायोनिवादियों द्वारा आयोजित एक क्लब में जाना है। मेरे दादा दादी नहीं चाहते कि मैं जाऊं, क्योंकि वह जायोनि विरोधी है। मैं एक कट्टर यहूदी नहीं हूं लेकिन इसमें मुझे दिलचस्पी है। वैसे भी, हाल ही में एक ऐसी गड़बड़ हो गई कि मैं क्लब छोड़ने की योजना बना रहा हूं। तो अगले बुधवार को मेरी बैठक होगी। इसका मतलब है कि मैं आप को बुधवार शाम, शनिवार दोपहर, शनिवार शाम, और रविवार दोपहर और शायद उससे भी अधिक मिल सकता हूं।"

"लेकिन अगर आपके दादा-दादी आपको यह नहीं करना देना चाहते तो आप को उनके खिलाफ नहीं जाना चाहिए।"

"प्रेम और युद्ध में सब चलता है।

बस फिर हम ब्लैंकेवॉर्ड की पुस्तकों की दुकान से गुजरे और पीटर शिफ़ दो अन्य लड़कों के साथ वहां था, यह पहली बार था, जब उन्होंने मुझे नमस्ते कहा था, और यह वास्तव में मुझे अच्छा लगा था।

सोमवार शाम हेलो पिता और माँ से मिलने आया था। मैंने एक केक और कुछ कैंडी खरीदी थी, हमने चाय और कुकीज़ लिया था, लेकिन न हेलो को और न ही मुझे ऐसा लगा जैसे हम अपनी कुर्सियों पर बैठे हो। इसलिए हम टहलने के लिए बाहर गए, और उसने मुझे साढ़े आठ बजे तक मेरे दरवाजे तक नहीं पहुंचाया। पिता गुस्से में थे। उन्होंने कहा कि समय पर घर वापस नहीं आना मेरे लिए बहुत गलत था। मुझे भविष्य में आठ बजे से दस मिनट पहले घर में होने का वादा करना पड़ा था। मैंने हेलो को शनिवार को मिलने के लिए कहा है।

विल्मा ने मुझे बताया कि एक रात जब हेलो उसके घर पर था, तो उसने उससे पूछा, "तुम्हें सबसे अच्छा कौन लगता है, उज़ूला या ऐनी?"

उसने कहा, "इससे तुम्हें कोई मतलब नहीं है।"

लेकिन जैसे ही वह जाने लगा था (उन्होंने बाकी शाम एक-दूसरे से बात नहीं की थी), उसने कहा, "मुझे ऐनी ज्यादा अच्छी लगती है, लेकिन किसी को भी मत बताना, अलविदा।" और हूँश... वह दरवाजे से बाहर था।

वह जो कुछ भी कहता है या करता है, मैं देख सकती हूं कि हेलो मेरे साथ प्यार में है, और यह एक बदलाव के लिए एक प्रकार से अच्छा है। मार्गोट कहेगी कि हेलो एक सभ्य व्यक्ति है। मुझे भी ऐसा लगता है लेकिन वह इससे कहीं

अधिक है। माँ भी उसके प्रति प्रशंसा से भरी हैं : "वह एक अच्छा दिखने वाला लड़का है। अच्छा और विनम्र।" मुझे खुशी है कि वह सभी के साथ बहुत लोकप्रिय है। सिवाय मेरी सहेलियों के। उसे लगता है कि वे सब बचकानी हैं और वह सही भी है। जैक अभी भी मुझे उसके बारे में चिढ़ाता है, लेकिन मुझे उससे प्यार नहीं है। सच में नहीं है। मेरे लिए लड़कों को दोस्त बनाना ठीक है। इससे किसी और को कोई फर्क नहीं पड़ता।

माँ हमेशा मुझसे पूछती रहती है कि जब मैं बड़ी हो जाऊंगी तो मैं किस से शादी करूंगी? लेकिन मुझे यकीन है कि वह कभी भी पीटर का अनुमान नहीं लगाएगी, क्योंकि मैंने उसे उस विचार से बाहर निकाल, बिना कोई भाव दर्शाए, उससे बात की थी। मैंने पीटर को इतना प्यार किया है जितना कि मैंने कभी किसी को नहीं किया और मैंने अपने आप को बताया, कि वह केवल मेरे प्रति अपनी भावनाओं को छिपाने के लिए उन सभी लड़कियों के चारों ओर घूमता रहता है। शायद वह सोचता है कि हेलो और मैं दूसरे के साथ प्यार में हैं जो हम नहीं हैं। वह सिर्फ मेरा एक दोस्त है, जैसा कि माँ कहती है, वह शादी करने का इच्छुक लड़का।

तुम्हारी, ऐनी

रविवार, 5 जुलाई, 1942

प्रिय किटी,

यहूदी रंगमंच में शुक्रवार को परीक्षा परिणाम की घोषणा की गई थी। मेरा रिपोर्ट कार्ड बहुत बुरा नहीं था। मुझे दो बी+ और दो बी- को छोड़कर, एक में डी, एक में सी, बीजगणित में और बाकी सब में बी मिला था। मेरे माता-पिता प्रसन्न है, लेकिन जब ग्रेड की बात आती हैं, तो वे अन्य माता-पिता की तरह नहीं होते हैं। वे अच्छे या बुरे रिपोर्ट कार्ड के बारे में कभी चिंता नहीं करते हैं। जब तक मैं स्वस्थ और खुश हूं और ज्यादा शरारत नहीं करती, वे संतुष्ट रहते हैं। अगर ये तीन चीजें ठीक हैं, तो बाकी सब अपने आप ठीक हो जाएगा।

मैं इसके ठीक विपरीत हूं। मैं एक बुरी छात्र नहीं बनना चाहती। मुझे यहूदी स्कूल में कुछ शर्तों पर लिया गया था। मुझे मोंटेसरी स्कूल में रहना था, लेकिन यहूदी बच्चों को यहूदी स्कूलों में ही जाना जरूरी था, आखिरकार काफी मिन्नतें करने के बाद श्रीमान एल्टे मुझे और लाइज़ गॉसलर को स्कूल में लेने के लिए तैयार

हो गए। इस साल लाइज़ गॉसलर भी उत्तीर्ण हो गई, हालांकि उसे अपनी ज्यामिति परीक्षा को दोहराना होगा।

बेचारी लाइज़, घर पर अध्ययन करना उसके लिए आसान नहीं है, उसकी दो साल की एक बिगड़ैल छोटी बहन, पूरे दिन उसके कमरे में खेलती है। अगर गैबी उसके तरीके से नहीं चलता है, तो वह चिल्लाना शुरू कर देती है, और अगर लाइज़ उसकी देखभाल नहीं करती है तो श्रीमती गॉसलर चिल्लाने लगती हैं। इसलिए लाइज़ के पास होमवर्क करने का बहुत कम समय रहता है, और जब तक यह मामला ऐसा ही रहता है तो उसे जो अतिरिक्त ट्यूशन मिल रहा है, वह भी उसकी ज्यादा मदद नहीं करेगा। गॉसलर का पूरा घर वास्तव में देखने लायक है। मिसेज गॉसलर के माँ-बाप पड़ोस में रहते हैं, लेकिन उसके साथ ही खाना खाते हैं। वहां एक नौकरानी है, एक बच्ची, अपने ख़यालों में खोए और वहां मौजूद न रहने वाले श्रीमान गॉसलर और हमेशा घबराई हुई और चिड़चिड़ी मिसेज़ गॉसलर हैं, जो फिर से माँ बनने वाली हैं। इस हलचल के बीच अनाड़ी लाइज़ कहीं खो जाती है।

मेरी बहन मार्गोट ने भी अपना रिपोर्ट कार्ड प्राप्त किया है।

हमेशा की तरह शानदार। अगर हमारे पास "सम्मान के साथ" जैसी बात है, तो वह यह कि वह सम्मान के साथ उत्तीर्ण हो गई थी। वह बहुत होशियार है।

पिताजी हाल ही में बहुत ज्यादा ही घर पर रहने लगे हैं। कार्यालय में करने के लिए उनके पास कुछ भी काम नहीं हैं। आपकी आवश्यकता नहीं है, यह महसूस करना बहुत ही भयानक होता है। श्रीमान क्लेइमन और श्रीमान कुगलर ने गीज़ एंड कं, जो मसाले और मसाले के विकल्प से संबंधित कंपनी है, पर अधिकार कर लिया गया है।

कुछ दिन पहले जब हम अपने पड़ोस के चौराहे पर टहल रहे थे, तब पिताजी छिपने की बात करने लगे। उन्होंने कहा कि हमारे लिए बाकी दुनिया से कट कर जीना बहुत कठिन होगा। मैंने उनसे पूछा कि वह अभी ऐसा क्यों कह रहे हैं।

"ठीक है, ऐनी," उन्होंने जवाब दिया, "तुम जानती हो कि एक वर्ष से अधिक समय से हमने अन्य लोगों के पास अपने कपड़े, भोजन और फर्नीचर भेज दिया है। हम नहीं चाहते कि हमारा सामान जर्मनों द्वारा जब्त किया जाए। और न ही हम खुद उनके चंगुल में पड़ना चाहते हैं। इसलिए हम खुद की इच्छा से ही चले जाएंगे और घसीटे जाने की प्रतीक्षा नहीं करेंगे।"

"लेकिन कब पिताजी?" वह इतने गंभीर लग रहे थे कि मुझे डर लग रहा था।

"तुम चिंता मत करो। हम सब कुछ संभाल लेंगे। तुम जितना हो सके, सिर्फ अपनी चिंता मुक्त जीवन का आनंद लो।"

ओह शायद ये निराशाजनक शब्द अधिकतम संभव लंबे समय तक हमारे लिए सच ना बनें।

दरवाजे की घंटी बज रही है, हेलो यहां है, रुकने का समय है।

तुम्हारी, ऐनी

बुधवार, 8 जुलाई , 1942

सबसे प्रिय किटी,

रविवार की सुबह के बाद से यह सालों जैसा लग रहा है। ऐसा बहुत कुछ हुआ है जिससे कि लगता है कि जैसे पूरी दुनिया उलट-पुलट गई हो। लेकिन जैसा कि आप देख सकते हैं कि किटी और मैं अभी भी जीवित हूं, और यही बात मुख्य है, ऐसा पिताजी कहते हैं। मैं बिल्कुल सही हूं, जीवित हूं, लेकिन यह मत पूछो कि कहां या कैसे। तुम्हें एक शब्द भी समझ नहीं आएगा जो भी मैं आज कह रही हूं, इसलिए मैं तुम्हें शुरुआत से बता कर शुरू करूंगी कि रविवार दोपहर क्या हुआ था।

तीन बजे (हेलो जा चुका था, लेकिन बाद में उसके वापस आने की आशा थी), दरवाजे की घंटी बजी। मैंने इसे नहीं सुना, क्योंकि मैं बालकनी में आराम से धूप में पढ़ रही थी। थोड़ी देर बाद मार्गोट रसोई में दिखाई दी वह बहुत उत्तेजित दिखाई दे रही थी। "पिता को एस एस से एक कॉल-अप नोटिस मिला है, उसने फुसफुसया। "माँ श्रीमान फॉन डान को देखने चली गई थी।" (श्रीमान फॉन डान पिताजी के व्यापारिक भागीदार और एक अच्छे दोस्त हैं)

मैं दंग रह गई थी। कॉल-अप : हर कोई जानता था कि इसका क्या मतलब है। यातना शिविरों और एकांत कोठरियो का नजारा हमारे दिमाग में गुजर रहा था। हम पिता को ऐसे तकदीर के लिए कैसे जाने दे सकते हैं? "बेशक वह नहीं जा रहे हैं। "मार्गोट ने घोषणा की कि हम बैठक कक्ष में माँ की प्रतीक्षा कर रहे हैं। माँ श्रीमान फॉन डान से यह पूछने के लिए गई थी कि क्या हम कल अपने छिपने के स्थान पर जा सकते हैं। श्रीमान फॉन डान हमारे साथ जा रहे हैं। कुल मिलाकर हम सात लोग जाएंगे" । खामोश। हम बोल नहीं सकते। पिता ने यहूदी अस्पताल में किसी से मिलने का विचार बनाया है और जो कुछ भी हो रहा है उससे पूरी तरह

से अनजान, माँ की लंबी प्रतीक्षा, गर्मी, रहस्य-इन सब ने हमें चुप रहने के लिए मजबूर कर दिया था।

अचानक दरवाजे की घंटी फिर से बच गई है। "वह हेलो है," मैंने कहा।

"दरवाजा मत खोलो।" मार्गोट ने मुझे रुकने के लिए कहा। लेकिन यह जरूरी नहीं था, क्योंकि हमने माँ और श्रीमान फॉन डान को हेलो से बात करते हुए सीढ़ियों से उतरते हुए सुना, और फिर उन दोनों ने अंदर आकर उनके पीछे का दरवाजा बंद कर दिया। हर बार जब घंटी बजती है, या तो मार्गोट या मैं, छिपकर नीचे देखने के लिए जाते थे कि क्या यह पिताजी थे, और हमने किसी और को अंदर नहीं जाने दिया। मार्गोट और मुझे कमरे से बाहर भेजा गया, क्योंकि श्रीमान फॉन डान माँ से अकेले बात करना चाहते थे।

जब वह और मैं हमारे बेडरूम में बैठे थे, मार्गोट ने मुझे बताया कि कॉल-अप पिता के लिए नहीं था, बल्कि उसके लिए था। इस दूसरे झटके से मैंने रोना शुरू कर दिया। मार्गोट सोलह वर्ष की है - जाहिर है, वे उसकी उम्र की लड़कियों को दूर भेजना चाहते थे। लेकिन भगवान का शुक्र है कि वह नहीं जा रही थी, माँ ने इतना ही कहा था, जो पक्का पिता के कहने का मतलब था, जब वह हमारे छिपने के बारे में मुझसे बात कर रहे थे। भूमिगत... हम कहां छुपेंगे? शहर में? देश में? एक घर में? झोपड़ी में? कब, कहां, कैसे...? ये ऐसे प्रश्न थे जिन्हें मुझे पूछने की इजाजत नहीं थी, लेकिन वे अभी भी मेरे दिमाग में चल रहे थे।

मार्गोट और मैंने अपने सबसे महत्वपूर्ण सामान को एक स्कूल बैग में पैक करना शुरू कर दिया। पहली चीज जो मैंने रखी थी, वह थी यह डायरी, और फिर रंग, रुमाल, स्कूल की पुस्तकें, एक कंघी और पुराने पत्र। गुप्त जगह में जाने के विचार के साथ, मैंने बैग में पागलपन से भरी चीजें भर दी, लेकिन मुझे खेद नहीं है। यादें मेरे लिए कपड़ो से ज्यादा मायने रखती हैं।

पिता आखिरकार पांच बजे के आसपास घर आए और हमने श्रीमान क्लेमन से यह पूछने के लिए फोन किया कि क्या वह आज शाम तक आ सकते हैं। श्रीमान फॉन डान ने विदा ली और मीप को लेने चले गए। मीप पहुंची और उस रात बाद में वापस लौटने का वादा किया, वह अपने साथ जूते, कपड़े, जैकेट, अंडरवियर और स्टॉकिंग्स से भरा बैग ले कर आ गई। उसके बाद हमारे फ्लैट में शांति थी; हममें से किसी को खाने का मन नहीं था। अभी भी बहुत गर्मी थी और सब कुछ बहुत अजीब था।

हमने अपने ऊपर के बड़े कमरे को श्रीमान गोल्डस्मिट, अपने तीसवें दशक में एक तलाकशुदा आदमी, को किराए पर दे दिया था। जिनके पास स्पष्ट रूप से उस शाम को करने के लिए कुछ भी नहीं था, क्योंकि हमारे सभी विनम्र इशारों के बावजूद वह दस बजे तक वहीं रुके रहे।

मीप और यान गीज़ ग्यारह बजे आए थे। 1933 से पिताजी की कंपनी के लिए काम करने वाली मीप, उनकी एक करीबी दोस्त बन गई है, और उसके पति यान भी। एक बार फिर जूते, मौजे और पुस्तकें, मीप के बैग और जान की गहरी जेब में गायब हो गए। 11:30 बजे वे भी गायब हो गए।

मैं थक गई थी, और भले ही मुझे पता था कि यह मेरे अपने बिस्तर में आखिरी रात होगी, मैं तुरंत सो गई और तब तक नहीं उठी, जब तक की माँ ने मुझे अगली सुबह 5:30 बजे तक नहीं उठाया। सौभाग्य से आज रविवार की तरह गर्मी नहीं थी; दिन भर अच्छी बारिश होती रही। हम चारों को कपड़ों की इतनी परतों में लपेटा गया था कि ऐसा लग रहा था जैसे हम एक रेफ्रिजरेटर में रात बिताने के लिए रवाना हो रहे हैं, और अभी तो हम अपने साथ और कपड़े ले सकते हैं। हमारी स्थिति में कोई भी यहूदी कपड़े से भरे सूटकेस के साथ घर छोड़ने की हिम्मत नहीं करेगा। मैंने दो अंडरशर्ट, तीन जोड़ी अंडरपैंट्स, एक ड्रेस पहनी हुई थी, और उस पर एक स्कर्ट एक जैकेट एक रेनकोट, दो जोड़ी स्ट्राकिंग्स, भारी जूते, एक टोपी, एक दुपट्टा और बहुत कुछ। घर छोड़ने से पहले ही मेरा दम घुट रहा था, लेकिन किसी ने मुझसे यह पूछने की जहमत नहीं उठाई कि मुझे कैसा लग रहा है?

मार्गोट ने अपने स्कूल की किताबों को स्कूली बस्ते में भर लिया, अपनी साइकिल ली और मीप के पीछे-पीछे किसी अनजानी जगह पर चली गई। मुझे अभी भी नहीं पता था कि हमारे छिपने का स्थान कहां था।

सात तीस पर हमने भी अपने पीछे का दरवाजा बंद कर दिया; मोर्तें, मेरी बिल्ली, एकमात्र जीवित प्राणी थी, जिसे मैंने अलविदा कहा था। हमारे द्वारा श्रीमान गोल्डस्मिथ के लिए छोड़े गए एक नोट के अनुसार, उसे पड़ोसियों के पास ले जाया गया था, जो उसे एक अच्छा घर देंगे। मुड़ी तुड़ी बेड, मेज पर नाश्ते की चीजें, रसोई में बिल्ली के लिए आधा किलो माँस- इन सभी ने यह धारणा बनाई कि हम जल्दी में चले गए थे, लेकिन हम छापों में दिलचस्पी नहीं ले रहे थे। हम बस वहां से निकलना चाहते थे और कहीं दूर सकुशल अपने मंजिल तक पहुंचना चाहते थे। अभी इसके अलावा और कुछ भी मायने नहीं रखता।

और अधिक कल।

तुम्हारी, ऐनी

गुरुवार, 9 जुलाई , 1942

सबसे प्रिय किटी,

पिताजी, माँ और मैं, हम में से प्रत्येक सबसे जरूरी विविध सामानों से पूरा भरा एक बैग और एक शॉपिंग बैग लिए हुए, घनघोर बारिश में घूम रहे थे। इतनी सुबह काम करने के लिए अपने रास्ते जाने वाले लोग हमें सहानुभूति दिखा रहे थे, आप उनके चेहरों से बता सकते हैं कि उन्हें खेद है कि वह हमें किसी प्रकार का परिवहन नहीं दे सकते; विशिष्ट पीला सितारा खुद ही सब कुछ बता रहा था।

जब हम सड़क के नीचे चल रहे थे तो पिता और माता ने थोड़ा-थोड़ा करके ज़ाहिर किया कि उनकी योजना क्या थी। महीने भर पहले से ही हम, जितना हम कर सकते हैं, अपने फर्नीचर और परिधान को अपार्टमेंट से बाहर ले जा रहे हैं। यह सहमति हुई कि हम 16 जुलाई को छिपने की जगह में चले जाएंगे। लेकिन मार्गोट की कॉल-अप नोटिस के कारण, योजना को 10 दिन पहले सरकाना पड़ा, जिसका मतलब था कि हमें कम व्यवस्थित कमरों में रहना पड़ेगा।

छिपने का स्थान पिता के कार्यालय भवन में स्थित है। बाहरी लोगों के लिए यह समझना थोड़ा कठिन है, इसलिए मैं समझाती हूं। पिता के पास अपने कार्यालय में काम करने वाले बहुत से लोग नहीं थे, बस श्रीमान कुगलर, श्रीमान क्लेमेन, मीप और एक तेईस वर्षीय टाइपिस्ट जिसका नाम बेप वुश्कल है। इन सभी को हमारे आने की सूचना दे दी गई थी। बेप के पिता, श्रीमान वुश्कल, दो सहायकों के साथ, गोदाम में काम करते हैं, जिनमें से किसी को भी कुछ भी नहीं बताया गया था।

यहां भवन का विवरण दिया गया है। भूतल पर बड़े गोदाम का उपयोग एक कार्यशाला और गोदाम के रूप में किया जाता है और इसे कई अलग-अलग वर्गों में विभाजित किया जाता है, जैसा कि गोदाम और पिसाईरूम, जहां दालचीनी, लौंग और काली मिर्च की जगह इस्तेमाल होने वाली चीजों को पीसा जाता था।

गोदाम के दरवाजे के बगल में एक और बाहरी दरवाजा है, जो कार्यालय में आने के लिए एक अलग से दरवाजा है। कार्यालय के दरवाजे से अंदर आते ही एक दूसरा दरवाजा है, और उसके पीछे एक सीढ़ी है। सीढ़ी के शीर्ष पर एक और दरवाजा है, जिसमें एक तुषारित (पाले से ओढ़ लिया) खिड़की है, जिस पर "कार्यालय" शब्द काले अक्षरों में लिखा गया है। यह एक बड़ा फ्रंट कार्यालय है- बहुत बड़ा, बहुत हल्का और बहुत भरा हुआ। बेप, मीप और श्रीमान क्लेमन दिन के दौरान वहां काम करते हैं। एक सेफ, कपड़ों की एक अलमारी और स्टेशनरी

की एक बड़ी अलमारी युक्त एक गुफा से गुजरने के बाद, आप छोटे, अंधेरे, घुटन भरे बैक ऑफिस में आते हैं। इसका श्रीमान कुगलर और श्रीमान फॉन डान द्वारा इस्तेमाल किया जाता है, लेकिन अब श्रीमान कुगलर अकेले ही इसका उपयोग कर रहे हैं। श्रीमान कुगलर के कार्यालय में गलियारे से होकर भी पहुंचा जा सकता है, लेकिन केवल एक कांच के दरवाजे के माध्यम से जिसे अंदर से खोला जा सकता है, लेकिन बाहर से आसानी से नहीं खोला जा सकता है। यदि आप श्रीमान कुगलर के कार्यालय को छोड़कर लंबे, संकरे गलियारे में कोयला स्टोर के पीछे से होकर आगे बढ़ते हैं और चार क़दम ऊपर जाते हैं, तो आप खुद को निजी कार्यालय में पाते हैं, जो पूरी इमारत की सजावटी वस्तु है। सुरुचिपूर्ण महोगनी फर्नीचर, गलीचे से ढका एकलिओनियम फर्श, एक रेडियो, एक फैंसी दीपक, सब कुछ प्रथम श्रेणी का, अगले दरवाजे में पानी के एक हीटर और दो गैस बर्नर के साथ एक विशाल रसोईघर है, और इसके बगल में एक बाथरूम है। यह दूसरी मंजिल है।

एक लकड़ी की सीढ़ी, नीचे के गलियारे से तीसरी मंजिल पर जाती है। सीढ़ियों के शीर्ष पर एक लैंडिंग है, जिसमें दोनों तरफ दरवाजे हैं। बाई ओर का दरवाजा, आपको मसाला भंडारण क्षेत्र, घर के सामने के हिस्से में अटारी और मचान तक ले जाता है। आम तौर पर डच, बहुत तेज ढाल, टखने मोड़ देती उड़ान वाली सीढ़ियां घर के सामने के हिस्से से सड़क पर खुलने वाले एक और दरवाजे से भी निकलती है।

लैंडिंग के दाई ओर का दरवाजा घर के पीछे "गुप्त उपभवन" की ओर जाता है। किसी को कभी भी शक नहीं होगा कि उस सादे ग्रे दरवाजे के पीछे इतने सारे कमरे थे।

दरवाजे के सामने सिर्फ एक छोटा कदम, और फिर आप अंदर है। आपके सामने सीधी खड़ी सीढ़ियां हैं। बाई ओर एक संकरी दालान है जो एक में कमरे खुलता है जो फ्रैंक परिवार के बैठक कक्ष और बेडरूम के रूप में कार्य करता है। अगला दरवाजा एक छोटा कमरा है, जो परिवार की दो युवा महिलाओं का बेडरूम और अध्ययन कक्ष है। सीढ़ियों के दाई ओर, एक सिंक के साथ, एक खिड़की रहित, बाथरूम है। कोने में दरवाजा, शौचालय की ओर खुलता है और दूसरा मार्गोट और मेरे कमरे में आता है। यदि आप सीढ़ियों से ऊपर जाते हैं और शीर्ष पर दरवाजा खोलते हैं, तो आप इस तरह के एक पुराने नहर के किनारे के घर में इतने बड़े, हल्के और विशाल कमरे को देखकर आश्चर्यचकित हो जाएंगे। इसमें एक गैस कुकर (इस तथ्य के लिए धन्यवाद कि यह श्रीमान कुगलर की प्रयोगशाला

के रूप में इस्तेमाल हुआ करता था) और एक सिंक है। यह श्रीमान कुग्लर और मिसेज फ्रॉन डान की रसोई और बेडरूम, साथ ही साथ हम सब के लिए सामान्य बैठक कक्ष, भोजन और अध्ययन कक्ष होगा। एक छोटा सा कमरा पीटर फ्रॉन डान का बेडरूम है। फिर, इमारत के सामने के हिस्से की तरह, एक अटारी और एक मचान है। तो तुम अब समझ गईं। मैंने अपनी प्यारी सी जगह का पूरा परिचय तुम्हें दे दिया है।

तुम्हारी, ऐनी

शुक्रवार, 10 जुलाई , 1942

सबसे प्रिय किटी,

मैंने शायद आपको हमारे घर के लंबे विवरण के साथ बोर कर दिया है, लेकिन मुझे अभी भी लगता है कि आपको पता होना चाहिए कि मैंने कहां खत्म किया है; और कैसे खत्म किया है और इसे आप मेरे अगले पत्रों से समझेंगे।

लेकिन पहले, मुझे अपनी कहानी जारी रखने दें, क्योंकि जैसा कि आप जानते हैं, मैंने अभी खत्म नहीं किया है। हमारे 263 प्रिंसेंग्राचट में आने के बाद, मीप हमें जल्दी से लंबे गलियारे से होकर और अगली मंजिल के लिए लकड़ी की सीढ़ी तक और उप भवन में लेकर गई। उसने हमें अकेला छोड़कर, हमारे पीछे का दरवाजा बंद कर दिया। मार्गोट अपनी साइकिल पर बहुत पहले से आ गई थी और हमारी प्रतीक्षा कर रही थी।

हमारा बैठक कक्ष और अन्य सभी कमरे सामानों से पूरी तरह से भरे हुए थे कि मुझे उसका उल्लेख करने के लिए शब्द भी नहीं मिल सकते हैं। पिछले कुछ महीनों में कार्यालय में भेजे गए सभी गत्ते के सभी बक्से फर्श और बिस्तर पर ढेर हो गए थे। छोटा कमरा फर्श से छत तक लेनेन से भरा था। अगर हम उस रात अच्छी तरह से बिस्तरों में सोना चाहते थे, तो हमें जाना होगा और अव्यवस्था को सही करना होगा। माँ और मार्गोट अपने माँस पेशियों को हिलाने तक में सक्षम नहीं थे। वे अपने बड़े गद्दे पर थके हारे, दुखी लेट गए और मुझे कुछ नहीं पता हैं। लेकिन पिताजी और मैं, परिवार में दो सफाई कर्मी, फौरन ही शुरू हो गए।

दिनभर हम बॉक्स खोलते, अलमारी भरते, कील ठोंकते और बिखरे सामान बांधते साफ करते रहते, तब तक जब तक कि हम रात में अपने स्वच्छ बिस्तर में

थक कर गिर नहीं गए। हमने पूरे दिन कुछ भी गर्म खाना नहीं खाया था, लेकिन हमने इसकी परवाह नहीं की; माँ और मार्गोट बहुत थक गए थे और खाने के लिए तनाव की स्थिति में थे, और पिता और मैं व्यस्त थे।

मंगलवार की सुबह हमने वहीं से काम शुरू किया, जहाँ हमने रात को छोड़ दिया था। बेप और मीप हमारे राशन कूपन के साथ किराने के सामान की खरीदारी करने गई थी, पिता ने ब्लैकआउट स्क्रीन यानी कमरे अंधेरा रखने वाली जाली पर काम किया, हमने रसोई के फर्श को साफ किया और एक बार फिर सुबह से देर रात तक व्यस्त थे। बुधवार तक, मुझे अपने जीवन में भारी बदलाव के बारे में सोचने का एक मौका तक नहीं मिला। फिर गुप्त उपभवन में हमारे आने के बाद पहली बार, मुझे वक्त मिला कि मैं तुम्हें उसके बारे में सब कुछ बताऊं और यह समझूं कि मेरे साथ क्या हुआ था और क्या कुछ आगे होने वाला था।

तुम्हारी, ऐनी

शनिवार, 11 जुलाई , 1942

सबसे प्रिय किटी,

पिताजी, माताजी और मार्गोट अभी भी वेस्टरटोरेन घड़ी के घंटें के आदी नहीं हुए हैं, जो हमें हर 15 मिनट के अंतराल पर समय बताती रहती है। मुझे यह शुरू से ही पसंद आया, यह बहुत आश्वस्त लगता है, खासकर रात में। इसमें कोई शक नहीं है कि आप वह सुनना चाहते जो मैं छिपने की शुरुआत में सोच रही थी। खैर, मैं केवल इतना कह सकती हूं कि मैं सही में अभी तक कुछ नहीं जानती हूं। मुझे नहीं लगता कि मैं कभी भी इस घर में घर जैसा महसूस कर पाऊंगी, लेकिन इसका मतलब यह नहीं है कि मुझे इससे घृणा है। यह कुछ आवासीय घर में छुट्टी पर होने के जैसा है। भूमिगत जीवन को देखने का यह एक अजीब तरीका जैसा है। छिपने के लिए उपभवन एक आदर्श स्थान है। यह नम और असंतुलित हो सकता है, लेकिन पूरे एम्सटर्डम में शायद इससे अधिक आरामदायक छिपने का स्थान कोई और नहीं है। पूरे हॉलैंड में भी नहीं।

अब तक हमारे बेडरूम, इसकी खाली दीवारों के साथ, बहुत बदसूरत थे। पिताजी को इसके लिए धन्यवाद - जो पहले से ही मेरे पूरे पोस्टकार्ड और फिल्म-स्टार संग्रह को यहां लाए हुए थे - और एक ब्रश और गोंद की एक शीशी भी, मैं

दीवारों को चित्र से सजाने में कुशल थी। यह बहुत अधिक सुंदर दिख रहा था। जब श्रीमान फॉन डान पहुंचेंगे, तो हम अलमारी और अन्य बेहतरीन चीजों को ठीक ठाक करने और अटारी में लकड़ी के ढेर को साफ करने में समर्थ हो जाएंगे।

मार्गोट और माँ कुछ हद तक ठीक हो गए हैं। कल माँ ने पहली बार मटर का सूप पकाने में काफी अच्छा महसूस किया, लेकिन फिर वह सीढ़ी पर जाकर बात करने लग गई और इसके बारे में भूल गई। मटर झुलस कर काले पड़ गए और पैन में जरा सा कुछ भी बचा हुआ नहीं मिल सका।

पिछली रात हम चारों निजी कार्यालय में गए और रेडियो पर इंग्लैंड की बात सुनी। मैं इतना डर गई थी कि मैंने सचमुच पिता से मुझे वापस ऊपर ले जाने के लिए प्रार्थना की। माँ ने मेरी चिंता को समझा और मेरे साथ चली गई। हम जो कुछ भी करते है, हमें बहुत डर लगता है कि पड़ोसी हमें सुन या देख सकते हैं। हमने पहले दिन से ही परदे की सिलाई शुरू कर दी। वास्तव में आप शायद ही उन्हें पर्दे कह सकते है, क्योंकि वह आकार गुणवत्ता और पैटर्न में बहुत भिन्न कपड़े के स्क्रैप के अलावा कुछ भी नहीं थे, जिसे पिताजी और मैंने अकुशल उंगलियों के साथ अनगढ़ रूप से सिले थे। कला के इन कार्यों को खिड़कियों पर लटका दिया था, जहां वे तब तक रहेंगे जब तक हम अपने गुप्त स्थान से बाहर आकर नहीं रहेंगे।

हमारे दाईं ओर की इमारत पीपा कंपनी, जो जन्दाम की एक फर्म की शाखा है, और बाईं ओर एक फर्नीचर कार्यशाला है। हालांकि जो लोग वहां काम करते हैं, वे काम करने के बाद परिसर में नहीं रुकते हैं, लेकिन हम जो भी आवाज करते हैं, वह दीवारों के माध्यम से फैल सकती है। हमने मार्गोट को रात में खांसने से मना किया है, भले ही उसे सर्दी हो, और उसे कोडीन की बड़ी खुराक दे रहे हैं।

मैं श्रीमान फॉन डॉन के आगमन की प्रतीक्षा कर रही हूं, जो मंगलवार को आने वाले हैं। उनके आने से बहुत अधिक मजा आएगा और इतनी चुप्पी भी नहीं होगी। आप समझ सकते हैं, कि शाम और रात के दौरान मौन मुझे बहुत परेशान करता है।

वास्तव में यहां बुरा नहीं है, क्योंकि हम अपना खाना बना सकते हैं और पिताजी के कार्यालय में रेडियो सुन सकते हैं। श्रीमान क्लेमेन, मीप और बेप वुश्कल, भी हमारी बहुत सहायता करते हैं

हमने पहले ही बहुत से रूबार्ब, स्ट्रॉबेरी और चेरी के फल डिब्बों में बंद कर लिए हैं, इसलिए मुझे संदेह है कि हम बोर हो जाएंगे। हमारे पास पठन सामग्री पर्याप्त है, और हम बहुत सारे गेम खरीदने जा रहे हैं। बेशक, हम खिड़की से बाहर

नहीं देख सकते या बाहर नहीं जा सकते। और हमें शांत रहना होगा ताकि नीचे के लोग हमें सुन न सकें।

हमने श्री कुगलर के लिए चेरी के दो बॉक्स संरक्षित करने के लिए गड्ढे में रख दिया था। हम किताबों की अलमारी बनाने के लिए खाली बक्से का इस्तेमाल करने जा रहे हैं।

कोई मुझे बुला रहा है।

तुम्हारी, ऐनी

रविवार, 12 जुलाई, 1942

मेरे जन्मदिन के कारण वे सब पिछले महीने मेरे प्रति बहुत विनम्र थे, और फिर भी मैं हर दिन खुद को माँ और मार्गोट से दूर जाती हुई महसूस करती हूं। मैंने आज कड़ी मेहनत की और उन्होंने केवल पाँच मिनट के लिए मेरी तारीफ की।

आप मार्गोट के साथ व्यवहार करने के तरीके और मेरे साथ व्यवहार करने के तरीके के बीच के अंतर को आसानी से देख सकते हैं। उदाहरण के लिए मार्गोट ने वैक्यूम क्लीनर को तोड़ दिया, और इस वजह से हमें पूरे दिन प्रकार के बिना लाइट के रहना पड़ा। माँ ने कहा, "ठीक है, मार्गोट, तुमको काम करने की आदत नहीं है; बाकी प्लग बाहर निकलने के लिए तारों से झटका देने की तुलना में तुम्हें बेहतर तरीका पता होता"। मार्गोट ने कुछ उत्तर नहीं दिया, और यह कहानी का अंत था।

लेकिन आज दोपहर, मैं माँ की खरीदारी सूची में फिर से कुछ लिखना चाहती थी, क्योंकि उनकी लिखावट को पढ़ना बहुत कठिन होता है, उन्होंने मुझे नहीं लिखने दिया। उन्होंने मुझे फिर से गुस्सा दिला दिया और पूरा परिवार इसमें शामिल हो गया।

उनके साथ मेरा मेल नहीं बैठता और मैंने पिछले कुछ हफ्तों में इसे स्पष्ट रूप से महसूस किया है। वे एक दूसरे के साथ बहुत भावुक होते हैं, लेकिन इसके विपरीत मैं खुद के प्रति भावुक रहती हूं। वह हमेशा कहते रहते हैं कि हम चारों का साथ होना कितना अच्छा है, और बिना एक पल भी व्यर्थ किए हम एक साथ इतने अच्छे तरीके से रहते हैं। वे एक पल को भी यह नहीं सोचते कि मुझे वैसा महसूस नहीं होता।

पिताजी एकमात्र ऐसे व्यक्ति हैं जो मुझे समझते हैं, हालांकि वह आमतौर पर माँ और मार्गोट के साथ रहते हैं।

एक और बात जो मैं बर्दाश्त नहीं कर सकती, वह यह है कि वे मेरे बारे में बाहरी लोगों के सामने बात करते है, उन्हें यह बताना कि मैं कैसे रोती हूं, या मैं कितनी समझदारी से बर्ताव करती हूं। यह भयानक है और कभी-कभी वे मोर्ते के बारे में बात करते है और मैं इसे बिलकुल सहन नहीं कर सकती। मोर्ते मेरी कमज़ोरी है। मुझे उसकी दिन के हर मिनट याद आती है, और कोई नहीं जानता कि मैं कितनी बार उसके बारे में सोचती हूँ; जब भी मैं उसे याद करती हूँ, मेरी आँखे आंसूओं से भर जाती हैं। मोर्ते बहुत प्यारी है, और मैं उससे बहुत प्यार करती हूं, मैं सपने देखती रहती हूं कि वह हमारे पास वापस आएगी।

मेरे बहुत सारे सपने हैं, लेकिन वास्तविकता यह है कि युद्ध ख़त्म होने तक हमें यहाँ रहना होगा। हम कभी भी बाहर नहीं जा सकते हैं, और हमारे आगंतुको में केवल मीप, उनके पति यान, वेप वुश्कल, श्री कुगलर, श्री क्लेमन ही हैं, हालांकि वे नहीं आते हैं, क्योंकि उन्हें लगता है कि यह बहुत खतरनाक है।

शुक्रवार, 14 अगस्त , 1942

प्रिय किटी,

मैंने तुम्हें पूरे एक महीने के लिए छोड़ दिया है, लेकिन इतनी कम घटनाऐं हुई हैं कि मुझे हर एक दिन से संबंधित बताने लायक कोई आइटम नहीं मिल सका। फॉन डान 13 जुलाई को पहुंचे। हमने सोचा कि वे चौदह को आ रहे हैं, लेकिन तेरहवीं से सोलहवीं तक जर्मन दाएं और बायें कॉल-अप नोटिस भेज रहे थे और यह बहुत अशांति पैदा कर रहे थे, इसलिए उन्होंने निर्णय लिया कि एक दिन बहुत देर की तुलना में बहुत सुबह छोड़ना सुरक्षित होगा।

पीटर फॉन डान सुबह 9:30 बजे पहुंचे (जब हम अभी भी नाश्ता कर रहे थे)। पीटर सोलह साल का, एक शर्मीला, अजीब लड़का है। जिसकी बहुत ज़्यादा लोगों से दोस्ती नहीं होगी। श्रीमान और श्रीमती फॉन डान आधे घंटे बाद आए थे। श्रीमती फॉन डान अंदर बड़े चैंबर पॉट वाला एक हैटबॉक्स लिए हुए थी। हमारे लिए यह बहुत ही मनोरंजक था। "मुझे अपने चेंबर पॉट के बिना घर घर नहीं लगता है" उन्होंने कहा, और दीवान के नीचे एक स्थाई स्थान खोजने वाला यह पहला आइटम था। एक नंबर पॉट की बजाय, श्री फॉन डान अपने हाथ में एक फोल्डिंग चाय के मेज़ दबाए हुए थे।

हमने अपना भोजन एक साथ खाया और तीन दिन बाद यह महसूस किया कि हमारा सात लोगों का एक बड़ा परिवार बन गया है। स्वाभाविक रूप से फॉन डान के पास पूरे हफ़्ते के बारे में बताने के लिए बहुत कुछ था, हम सभ्यता से दूर कर दिए गए थे। इसलिए हम विशेष रूप से रुचि रखते थे कि हमारे और श्री गोल्डशिमट के फ्लैट का क्या हुआ था?

श्री फॉन डान ने हमें बताया : "सोमवार सुबह नौ बजे, श्री गोल्डस्मिथ ने फ़ोन किया और पूछा कि क्या मैं आ सकता हूं। मैं सीधे चला गया और श्री गोल्डस्मिथ को एक बहुत व्याकुल स्थिति में पाया। उन्होंने मुझे एक नोट दिखाया कि फ्रैंक परिवार ने चुपके से घर छोड़ दिया था। जैसा कि निर्देश दिया गया था, कि वे बिल्ली पड़ोसियों की देने की योजना बना रहे थे, जिससे मैं सहमत था कि यह एक अच्छा विचार है। उन्हें भय था कि घर की तलाशी होने वाली है, इसलिए हम सभी कमरों में गए और यहाँ-वहाँ सफाई की और मेज़ से नाश्ते की चीज़ों को साफ़ किया। तभी अचानक मैंने श्रीमती फ्रैंक के मेज़ पर एक नोटपैड देखा। जिस पर मास्ट्रिच का एक पता लिखा हुआ था। भले ही श्रीमती फ्रैंक का इसे लिख कर छोड़ देने का इरादा मैं जानता था, तो भी मैंने हैरान और भयभीत होने का नाटक किया और कागज़ के उस बरामद टुकड़े को जलाने के लिए श्री गोल्डस्मिथ से प्रार्थना की। मैंने पूरी संभव ताकत से दिखाया कि मुझे आप के गायब होने के बारे में कुछ भी नहीं मालूम था, लेकिन उस नोट ने मुझे एक अनुमान दिया था।' श्री गोल्डस्मिथ, 'मैंने कहा,' मुझे पता है कि यह पता क्या संदर्भित करता है। लगभग छह महीने पहले एक उच्च पदस्त अधिकारी कार्यालय आया था। ऐसा लगता है कि वह और श्री फ्रैंक एक साथ बड़े हुए थे। अगर ज़रूरत पड़ी तो उन्होंने श्री फ्रैंक की सहायता करने का वादा किया था। जैसा कि मुझे याद है वह मास्ट्रिच में तैनात था। मुझे लगता है कि इस अधिकारी ने अपनी बात रखी है और किसी भी प्रकार से उन्हें बेल्जियम की सीमा पार करने और उसके बाद स्विट्ज़रलैंड जाने की योजना बनाने में सहायता की होगी। फ्रैंक्स के किसी भी दोस्त की यह बताने में कोई बुराई नहीं है जो उनके बारे में पूछते है। बेशक, आपको मास्ट्रिच के बारे में भाग का उल्लेख करने की जरूरत नही है। और उसके बाद, मै चला आया। यह वह कहानी है जो मैंने आपके अधिकांश दोस्तों को बतायी गयी है, क्योंकि मैंने इसे बाद में कई अन्य लोगों ने सुना है।

"हमने सोचा कि यह बहुत मज़ेदार था, लेकिन जब श्री फॉन डान ने हमें बताया कि कुछ लोगो की ज्वलंत कल्पनाएँ होती हैं। उदाहरण के लिए, हमारे चौक पर रहने वाले एक परिवार ने दावा किया कि उन्होंने हम चारों को सुबह-सुबह

अपनी साइकिल पर सवार देखा था, और एक अन्य महिला इस बात को लेकर आश्वस्त थी कि हमें आधी रात को किसी फौजी गाड़ी में ले जाया गया था।

तुम्हारी, ऐनी

शुक्रवार, 21 अगस्त , 1942

प्रिय किटी,

अब हमारा गुप्त उपभवन हकीकत में रहस्यमय बन गया है, क्योंकि कई घरों में छिपी हुई साइकिलों का पता लगाया जा रहा है, श्री कुगलर ने सोचा कि हमारे छिपने के स्थान के प्रवेश द्वार के सामने एक पुस्तकों की अलमारी का निर्माण करना बेहतर होगा। वह कब्ज़ों पर हिलती है और दरवाजे की तरह खुलती है। श्री वुश्कल ने बढ़ईगिरी का काम किया है। (श्री वुश्कल को बताया गया है कि हम सात छिपे हुए हैं, और वह सबसे ज़्यादा सहायक है)

अब जब भी हम नीचे जाना चाहते हैं तो हमें बतख की तरह चलना और फिर कूदना होगा। पहले तीन दिनों के बाद हम सभी लोग छोटे दरवाज़े से हमारे सिर के टकराने से अपने माथे पर सूजन लिए घूम रहे थे। फिर पीटर ने लकड़ी की छीलन भर कर दरवाजे की चौखट में एक तकिए की तरह ठोक दिया। देखते है कि क्या यह मदद करता है।

मै ज़्यादा स्कूलवर्क नहीं कर रही हूँ। मैंने सितम्बर तक खुद को छुट्टी दे दी है। पिताजी मुझे ट्यूशन देना शुरू करना चाहते है, लेकिन हमें पहले सभी पुस्तके खरीदनी होंगी।

हमारे जीवन में यहाँ बहुत कम परिवर्तन हुआ है। पीटर के बाल आज धोए गए थे, लेकिन यह कुछ खास नहीं है। फॉन डान और मैं हमेशा एक दूसरे से आपस में भिड़े रहते हैं। माँ हमेशा मेरे साथ एक बच्चे के जैसे व्यवहार करती हैं, जिसे मैं बर्दाश्त नहीं कर सकती हूं। बाकी सब बेहतर हो रहा है। मुझे नहीं लगता कि पीटर ने कोई अच्छा काम किया है। वह एक बेकार लड़का है जो पूरे दिन बिस्तर पर पड़ा रहता है, अपनी झपकी पर लौटने से पहले केवल थोड़ा बहुत बढ़ईगिरी का काम करने के लिए गर्म जोशी दिखाता है।

माँ ने आज सुबह मुझे एक और बेकार सी सीख दी। हम हर चीज़ पर एक दूसरे से उलट विचार रखते हैं। पिताजी बहुत प्यारे हैं; वे मुझ पर गुस्सा हो सकते हैं, लेकिन यह कभी भी पांच मिनट से ज्यादा समय तक नहीं रहता है।

यह एक सुन्दर दिन है,अच्छा और गर्म है, लेकिन उसके बावजूद ऐसा मौसम हम अटारी पर बिस्तर में पड़े रहकर गुज़ार देते हैं।

तुम्हारी, ऐनी

बुधवार, 2 सितम्बर, 1942

सबसे प्यारी किटी,

श्री और श्रीमती फॉन डान की भयानक लड़ाई हुई है। चूंकि माँ और पिताजी ने कभी भी एक दूसरे पर चिल्लाने का सपना भी नहीं देखा होगा, मैंने ऐसा कुछ कभी भी नहीं देखा था। यह तू तू मैं मैं कुछ इतने तुच्छ विषय पर आधारित थी, इसलिए इस पर एक भी शब्द बर्बाद करने लायक नहीं था। ओह ठीक है, सबका अपना नजरिया है।

बेशक, पीटर के लिए यह बहुत मुश्किल है, जो बीच में फँस जाता है, लेकिन कोई भी पीटर को गंभीरता से नहीं लेता है, क्योंकि वह अति संवेदनशील और आलसी है। कल वह खुद के लिए परेशान था, क्योंकि उसकी जीभ गुलाबी रंग की बजाय नीली थी। यह दुर्लभ घटना जितनी जल्दी आई, उतनी ही जल्दी गायब भी हो गई। आज वह एक मोटा दुपट्टा लपेटे हुए घूम रहा है, क्योंकि उसकी गर्दन में अकड़न आ गई है। महामहिम को कमर दर्द की भी शिकायत हो रही है। उसके दिल, गुर्दें और फेफड़ों में दर्द और पीड़ा भी लगातार बनी हुई है। वह पूरी तरह से रोगभ्रमी यानी रोगों के वहम से पीड़ित है! (यह सही शब्द है, या यह नहीं है?)

माँ और श्रीमती फॉन डान बहुत अच्छी तरह से एक दूसरे से घुल मिल नहीं पा रहे हैं। तकरार की काफी वजह हैं। आपको एक छोटा सा उदाहरण देने के लिए, श्रीमती फॉन डान ने हमारी सांप्रदायिक लिनन कोठरी से उनकी तीन चादरें हटा दी। वह मानती है कि माँ की चादरों का उपयोग दोनों परिवारों के लिए किया जा सकता है। जब उन्हें पता चलेगा कि माँ ने भी वैसा किया है, तो उन्हें बहुत झटका लगेगा।

इसके अलावा, श्रीमती फॉन डान नाराज़ हैं, क्योंकि हम खुद की बजाय उनके चीनी मिट्टी के बर्तन का इस्तेमाल कर रहे हैं। वे अभी भी पता लगाने का प्रयास कर रही है कि हमने अपनी प्लेटों के साथ क्या किया है; वे उनकी सोच की तुलना में बहुत करीब हैं, क्योंकि वे ओपेक्टा विज्ञापन सामग्री के पीछे अटारी में कार्टबोर्ड बॉक्स में गैक है। जब तक हम छुप रहे हैं, प्लेटें उनकी पहुँच से बाहर

रहेंगी। चूंकि मेरे साथ हमेशा दुर्घटनाए होती हैं, तो ऐसा भी हो गया! कल मैंने श्रीमती फॉन डान के सूप के कटोरों में से एक को तोड़ दिया।

"ओह!" उन्होने गुस्से में कहा! "क्या तुम थोड़ा ध्यान नहीं रख सकती हो? यह आखिरी एक बचा था।"

कृपया किटी को ध्यान में रखें, दो महिलाएं घटिया डच बोलती हैं (मैं सज्जनो पर टिप्पणी करने की हिम्मत नहीं करती : वे बहुत अपमानित होंगे)। यदि आप उनके गड़बड़ कोशिशों को सुन लो, तो आप हंसते हुए लोटपोट हो जायेंगे। हमने उनकी लुटियों को इंगित करने के बाद, उन्हें सही करने में उनकी मदद नहीं की है। जब भी मैं माँ या श्रीमती फॉन डान को उद्धृत करूंगी, उनके भाषण की नकल करने का प्रयास करने के बजाय मैं उचित डच लिखूंगी।

पिहले सप्ताह हमारी नीरस दिनचर्या में एक संक्षिप्त रुकावट आ गई थी। यह पीटर और उसके पास महिलाओं के बारे में एक पुस्तक द्वारा हुई। मुझे यह स्पष्ट करना चाहिए कि मार्गोट और पीटर को श्री क्लेमेन द्वारा दी गई लगभग सभी किताबों को पढ़ने की इजाजत दी गई है। लेकिन वयस्क इस विशेष किताब को अपने पास रखना ही पसंद करते हैं। इसने तुरंत पीटर की जिज्ञासा को बढ़ा दिया। इसमें कौन सा ऐसा छिपाने लायक था? जब उसकी माँ सीढ़ियों पर बैठे बात कर रही थी, वह इसे छिपकर ले गया और इसे लेकर अटारी पर चला गया। दो दिनों तक सब सही रहा। श्रीमती फॉन डान को पता था कि वह क्या कर रहा है, लेकिन वह तब तक चुप रहीं, जबकि तक कि श्री फॉन डान को इसका पता नहीं चल गया। उन्होंने गुस्सा किया, उस पुस्तक को ले लिया, और मान लिया कि बात अब खत्म हो गई। हालाँकि, उन्होंने अपने बेटे की जिज्ञासा को ध्यान में रखने की उपेक्षा की। पीटर, अपने पिता की त्वरित कारवाई से जरा भी परेशान नहीं हुआ था, वह इस अत्यंत दिलचस्प पुस्तक के बाकी हिस्सों को पढ़ने के तरीके सोचने लगा।

इस बीच, श्रीमती फॉन डान ने माँ से उनकी राय पूछी। माँ को नहीं लगता था कि वह विशेष पुस्तक मार्गोट के लिए उपयुक्त थी, लेकिन उन्होंने उसे अन्य पुस्तकों को पढ़ने देने में कोई बुराई नहीं देखी।

"आप समझ सकती है, श्रीमती फॉन डान" माँ ने कहा, मार्गोट और पीटर के बीच एक बड़ा अंतर है। सबसे पहले, मार्गोट एक लड़की है, और लड़किया हमेशा लड़कों की तुलना में अधिक परिपक्व होती है। दूसरा, वह पहले से ही कई गंभीर किताबे पढ़ चुकी है और उन की तलाश में नहीं है, जिसकी अब मनाही नहीं

है। तीसरा, मार्गोट एक उत्कृष्ट स्कूल में उसके चार वर्षो के परिणाम स्वरूप बहुत अधिक समझदार और बौद्धिक रूप से उन्नत है।

श्रीमती फॉन डान उनसे सहमत थी, लेकिन वे युवाओ को वयस्कों के लिए लिखी गयी किताबों को पढ़ने देने को, सिद्धांत के रूप में गलत महसूस करती थी।

इस बीच, पीटर ने एक उपयुक्त समय के बारे में सोचा था, जब कोई भी उसमे या पुस्तक में दिलचस्पी नहीं लेगा। शाम को सात-तीस बजे, जब पूरा परिवार निजी कार्यालय में रेडियो सुन रहा था, उसके अपना खजाना चुरा लिया और फिर अटारी के लिए रवाना हो गया। उसे आठ-तीस बजे से पहले वापस आना चाहिए था, लेकिन वह किताब में इतना मग्न था कि वह समय भूल गया और जब वह सीढ़ियों से नीचे आ रहा था तब उसके पिता कमरे में दाखिल हुए।

उसके बाद का दृश्य आश्चर्यजनक नहीं था : एक थप्पड़, खूब धुनाई और उठा पटक और युद्ध जैसा नजारा, किताब मेज़ पर पड़ी थी और पीटर मचान में था।

खाना खाने के समय हालात इस तरह थे। पीटर ऊपर ही रहा। किसी ने उसके बारे में एक क्षण भी नहीं सोचा; उसे अपने खाने के बिना ही बिस्तर पर जाना होगा। दुखी हो कर और बहुत कम बाते करते हुए हम खाना जारी रखे हुए थे, तभी अचानक हमने सीटी की एक तीखी आवाज़ सुनी। हमने अपने कांटे रख दिए है और हम एक दूसरे को घूरते हैं, हमारे मुरझाए चेहरों पर दहशत साफ तौर पर दिख रही थी।

फिर हमने चिमनी के माध्यम से पीटर की आवाज़ सुनी : "मैं नीचे नहीं आऊंगा।"

श्री फॉन डान जोर से उछल पड़े, उनका नेपकिन फर्श पर गिर गया, उनका चेहरा खून की तरह लाल हो उठा और चिल्लाए "बस बहुत हुआ।"

जो कुछ भी हो सकता था, पिताजी उससे डर गए, उन्होंने उनका हाथ पकड़ लिया और दोनों अटारी पर चले गए। बहुत संघर्ष करने और लात मारने के बाद, पीटर को उसके कमरे में पहुंचा दिया गया था। दरवाज़ा बंद कर दिया गया था, और हम खाना खाने चले गए।

श्रीमती फॉन डान अपने प्यारे बेटे के लिए रोटी का एक टुकड़ा बचाना चाहती थी, लेकिन श्री फॉन डान अटल थे "अगर वह अभी माफ़ी नहीं माँगता है, तो उसे अटारी पर सोना होगा।"

हमने विरोध किया कि रात के खाने के बिना रहना पर्याप्त दंड है। क्या होगा अगर पीटर को ठंड लग जाएगी? हम डॉक्टर नहीं बुला पाएंगे।

पीटर ने माफ़ी नहीं मांगी और अटारी में लौट आया। श्री फॉन डान ने उसे पूरी तरह से अकेले छोड़ देने का निर्णय लिया, हालाँकि उन्होंने अगली सुबह ध्यान दिया कि पीटर बिस्तर पर सो गया था। सात बजे पीटर फिर से अटारी में चला गया लेकिन जब पिताजी ने कुछ दोस्ताना शब्दों में उससे बात की तो वह नीचे आने के लिए तैयार हो गया था। तीन दिन तक उदास दिखने और ज़िद भरी चुप्पी के बाद, सब कुछ वापस से सामान्य हो गया था।

तुम्हारी, ऐनी

सोमवार, 21 सितम्बर, 1942

सबसे प्रिय किटी,

आज मैं आपको यहां की सामान्य खबरें बताऊंगी। मेरे दीवान बिस्तर के ऊपर एक लैम्प लगाया गया है ताकि भविष्य में गोलियों की आवाज सुनकर मैं तार खींचकर उसे ऑन कर सकूं। मैं इस समय इसका उपयोग नहीं कर सकती, क्योंकि हम अपनी खिड़की को दिन-रात खुला रखते है।

फॉन डान परिवार के पुरुष सदस्यों ने वास्तविक स्क्रीन युक्त, लकड़ी के रंग की, भोजन रखने के लिए एक अलमारी बनायीं है। अब तक यह शानदार अलमारी पीटर के कमरे में स्थित थी, लेकिन ताज़ी हवा आने के लिए, इसे अटारी में स्थानांतरित कर दिया गया है। जहाँ यह पहले खड़ी थी, वहां अब एक शेल्फ रख दी गयी है। मैंने पीटर को शेल्फ के नीचे अपनी मेज़ लगाने, एक अच्छा गलीचा बिछाने, और जहाँ अभी मेज़ है, वहाँ अपनी अलमारी रखने की नसीहत दी। यह उसके छोटे कमरे को और अधिक आरामदायक बना सकता है। हालाँकि निश्चित रूप से मैं वहाँ नहीं सोना चाहूंगी।

श्रीमती फॉन डान को झेलना मुश्किल है। जब मैं ऊपर होती हु, मुझे लगातार अपनी बकबक के लिए डांट पड़ती रहमी है। मैं बस उनके शब्दों को अपने सर के ऊपर से गुजार देती हूँ। मैडम ने अब एक नई चाल चली है : बर्तन धोने के काम से बाहर निकलने का प्रयास कर रही हैं। यदि पैन के निचले हिस्से में थोड़ा सा भोजन बच जाता है, तो वह इसे ग्लास डिश में स्थानांतरित करने के बजाय ख़राब करने के लिए छोड़ देती है। फिर दोपहर में जब मार्गोट सभी बर्तनो की सफाई में

जुट जाती है, तो मैडम कहती हैं, "ओह्, बेचारी मार्गोट, तुम्हारे पास करने के लिए बहुत काम है!"

हर दूसरे सप्ताह श्री क्लेमन मुझे अपने उम्र की लड़कियों के लिए लिखी गई कुछ किताबें लाते है। मैं यूप ते होयुल श्रृंखला के बारे में बहुत उत्साहित रहती हूं। मैंने सिस्सी वैन मार्कसवेलट की सभी किताबों का बहुत ज्यादा आनंद लिया है। मैंने जनिएस्ट समर चार बार पढ़ी है और ऊट-पटांग स्थितियां मुझे अभी भी हंसाती है।

पिताजी और मैं आजकल हमारे वंश वृक्ष पर काम कर रहे हैं, और वह मुझे हर व्यक्ति के बारे में कुछ ना कुछ बताते हैं।

मैंने अपना स्कूलवर्क शुरू कर दिया है। मैं हर दिन अपने दिमाग में पांच अनियमित क्रियाओ को रटते हुए फ्रेंच में कड़ी मेहनत कर रही हूँ, लेकिन मैंने स्कूल में जो कुछ भी सीखा था, उनमें से मैं बहुत सी चीज़ें भूल गई हूँ।

पीटर ने बड़ी अनिच्छा के साथ अपनी अंग्रेजी पुस्तक उठाई हैं। कुछ स्कूली किताबें अभी आई है, और मैं घर से नोटबुक, पेंसिल, रबर और लेबल ले आई थी। पिम (यह पिता के लिए हमारा प्यार का नाम है) चाहते हैं कि मैं उनके डच पाठों में उनकी सहायता करूँ। मैं फ्रेंच और अन्य विषयों में उनकी मदद करने के बदले में उन्हें डच सिखाने के लिए पूरी तरह से तैयार हूँ, लेकिन वह सबसे अविश्वसनीय गलतिया करते हैं।

मै कभी कभी लंदन से डच प्रसारण सुनती हूं। राजकुमार बर्नार्ड ने हाल ही में घोषणा की कि राजकुमारी जुलियाना जनवरी में एक बच्चे की उम्मीद कर रही है, जो मुझे लगता है कि अद्भुत है। यहाँ कोई नहीं समझता कि मैं शाही परिवार में इतनी दिलचस्पी क्यों लेती हूँ।

कुछ रातों पहले मैं चर्चा का विषय थी, और हम सभी ने फैसला किया कि मैं अज्ञानी थी। नतीजन, मैंने अगले दिन स्कूल के काम में खुद को झोंक दिया, क्योंकि मुझे चौदह या पंद्रह साल की उम्र में अभी भी एक नए व्यक्ति बनने की बहुत कम इच्छा है। हकीकत यह है कि मुझे कुछ भी पढ़ने की मुश्किल से इजाजत मिलती है और उस पर भी बहस हो जाती है। फ़िलहाल, माँ आजकल जेंटलमेन, वाइव्स ऐंड सर्वेंट्स पढ़ रही हैं। और निश्चित रूप से मुझे इसे पढ़ने की इजाजत नहीं है (हालाँकि मार्गोट को है) पहले मुझे मेरी बहन की प्रतिभा के जैसे बौद्धिक रूप से और अधिक विकसित होना होग। फिर हमने दर्शन, मनोविज्ञान और शरीर विज्ञान की मेरी अज्ञानता पर चर्चा की (मैंने तुरंत शब्दकोश में इन बड़े शब्दों को

देखा)। यह सच है, मैं इन विषयों के बारे में कुछ नहीं जानती। लेकिन शायद मैं अगले साल तक सीख जाऊँ।

मैं चौंकाने वाले निष्कर्ष पर आई हूँ कि मेरे पास सर्दियों में पहनने के लिए केवल एक लंबी आस्तीन वाली एक पोशाक और तीन कार्डिगन है। पिताजी ने मुझे एक सफेद ऊन स्वेटर बुनने की इजाजत दी; ऊन बहुत सुन्दर नहीं है, लेकिन यह गर्म होगा, और यही मायने रखता है। हमारे कुछ कपडे दोस्तों के पास छोड़ दिए गए थे, लेकिन दुर्भाग्य से, हम युद्ध के बाद तक इसे प्राप्त करने में सक्षम नहीं थे। बशर्ते वे अभी भी वहाँ मौजूद हों।

मैं अभी-अभी श्रीमती फॉन डान के बारे में ही कुछ लिख रही थी और वह कमरे में आई हैं। फटाक, मैंने किताब को झटके से बंद कर दिया

"अरे, ऐनी, क्या मैं एक झलक भी नहीं देख सकती?"

"नहीं, श्रीमती फॉन डान"

"बस आखिरी पेज?"

"नहीं, आखिरी पेज भी नहीं, श्रीमती फॉन डान"

बेशक, मेरी तो जान निकलने वाली थी, क्योंकि उस पन्ने पर तो मैंने उनके बारे में जो कुछ लिखा था, वह अच्छा नहीं था।

हर दिन कुछ ना कुछ हो रहा था लेकिन यह सब लिखने में मैं बहुत थक गई हूँ और आलस महसूस कर रही हूँ।

तुम्हारी, ऐनी

शुक्रवार, 25 सितम्बर , 1942

सबसे प्रिय किटी,

पिताजी के एक मित्र हैं, 75 के आसपास के श्रीमान ड्रेअर, जो बीमार, गरीब, और पूरी तरह से तरह से बहरे हैं। उनके साथ पूंछ की तरह लगी रहती हैं, उनकी 27 साल छोटी पत्नी, जो उनके जैसी गरीब हैं, जिनके हाथ और पैर समृद्ध दिनों के बचे हुए असली और नकली कंगन और अंगूठियों से भरे हुए रहते हैं। श्री ड्रेअर पहले से ही पिता के लिए एक बड़ा सिरदर्द रहे हैं, और उन्होंने जैसे पुण्य आत्मा की तरह धैर्य के साथ फ़ोन पर इस दयनीय बूढ़े आदमी को संभाला है, मैंने हमेशा इसकी प्रशंसा की है। जब हम घर पर रह रहे थे, तो माँ उन्हें रिसीवर के सामने एक

ग्रामोफोन लगाने की सलाह देती थी, किसी एक को हर तीन मिनट में दोहराना होता था, "हाँ श्री ड्रेअर "और" नहीं श्री ड्रेअर, "क्योंकि उस बूढ़े आदमी को वैसे भी पिता के लंबे उत्तरों का एक शब्द भी कभी भी किसी तरह समझ से नहीं आ सकता था।

आज श्रीमान ड्रेअर ने कार्यालय में फ़ोन किया और और श्री कुगलर को आने और उन्हें देखने के लिए कहा। श्री कुलगर मूड में नहीं थे और उन्होंने कहा कि वह मीप को भेजेंगे, लेकिन मीप ने मुलाकात रद्द कर दी। श्री ड्रेअर ने तीन बार कार्यालय में फ़ोन किया क्योंकि मीप कथित तौर पर पूरी दोपहर बाहर थी, इसीलिए उसे बेप की आवाज़ की नकल करनी पड़ी। कार्यालय में नीचे के साथ-साथ ऊपर एनेक्सी में भी बहुत प्रफुल्लितता थी। अब हर बार फ़ोन बजता है, बेप कहती है "यह श्रीमती ड्रेअर है" और मीप को हँसना पड़ता है और लाइन के दूसरे छोर पर स्थित लोग भी एक असभ्य हंसी के साथ स्वागत करते। क्या आप इसकी तस्वीर नहीं खींच सकते? यह पूरी दुनिया में सबसे बड़ा कार्यालय बन गया है। मालिक और कार्यालय की लड़कियाँ एक साथ इस तरह मज़े कर रहे हैं।

किसी-किसी शाम मैं एक छोटी सी बातचीत के लिए फॉन डान के पास जाती थी। हम "मोथबल कुकीज" खाते है (मोथबल कुकीज जो एक अलमारी में संग्रहित की गई थी जो की मोथप्रूफ थीं) और हम एक अच्छा समय बिताते थे। हाल ही में हुई बातचीत पीटर के बारे में थी। मैंने कहा कि वह अक्सर मेरे गाल पर थपथपाता है, जो मुझे पसंद नहीं है। उन्होंने मुझसे आमतौर पर व्यस्क के तरीके से पूछा क्या मैं कभी पीटर को एक भाई की तरह प्यार कर सकती हूँ, क्योंकि वह मुझे बहन की तरह प्यार करता है। "अरे नहीं!" मैंने कहा, लेकिन मैं यही सोच रही थी।" ओह, उह ! "सिर्फ कल्पना कीजिए!" मैंने कहा कि पीटर थोड़ा कठोर है, शायद इसीलिए क्योंकि वह शर्मीला है। जो लड़के लड़कियों के आस पास मंडराने के आदी नहीं होते हैं वे इसी प्रकार के होते हैं।

मुझे कहना होगा कि उपभवन समिति (पुरुषों का खंड) बहुत रचनात्मक है। वह योजना सुनिए जिसे उन्होंने श्री ब्रोक्स, ऑप्टीका कंपनी के एक ब्रिकी प्रतिनिधि और दोस्त, को एक सन्देश देने के लिए बनाया, जिन्होंने हमारी कुछ चीजों को हमारे लिए चुपके से छिपा दिया है। वे दक्षिणी ज़ीलैण्ड में एक स्टोर के मालिक को एक पत्र टाइप करने, जो अप्रत्यक्ष रुप से, ओपेक्टा के ग्राहकों में से एक है और उससे फार्म भरने और स्वयं को संबोधित संलग्न लिफाफे में इसे वापस भेजने के लिए पूछने जा रहे हैं। एक बार जब पत्र ज़ीलैण्ड से वापस आ

जाता है, तो फॉर्म को हटाया जा सकता है और यह पुष्टि करता है कि पिता जीवित हैं, एक हस्तलिखित सन्देश लिफाफे में डाला जा सकता है। इस तरह श्री ब्रोक्स एक चाल के संदेह के बिना पत्र पढ़ सकते हैं। उन्होंने ज़ीलैण्ड प्रांत को चुना, क्योंकि यह बेल्जियम के करीब है (एक पत्र आसानी से सीमा पर तस्करी किया जा सकता है) और क्योंकि किसी को भी विशेष इजाजत के बिना वहाँ यात्रा करने की इजाजत नहीं है। एक साधारण सेल्समेन जैसे श्री ब्रोक्स को कभी इजाजत नहीं दी जाएगी।

पिछले दिन पिताजी ने एक और अभिनय किया। सोने के साथ मदहोशी, वे ठोकर खाकर बिस्तर पर गिर गए। उनके पैर ठन्डे हो गए थे तो मैंने उन्हें अपने सोने के मोज़े पहना दिए। पाँच मिनट बाद उन्होंने उसे फर्श पर फेंक दिया। फिर उन्होंने अपने सिर पर कम्बल खींच लिया, क्योंकि रोशनी उन्हें परेशान कर रही थी। रोशनी को बंद कर दिया और वह कातरता से अपने ढके हुए सर पर मुक्के मार रहे थे। यह सब बहुत मनोरंजक था। हमने इस तथ्य के बारे में बात करना शुरू कर दिया कि पीटर कहता है कि मार्गोट एक "बिजी बी" है। "अचानक पिताजी की आवाज़ गहराई से सुनी गई :" तुम्हारा मतलब है एक व्यस्त शरीर"।

जैसे-जैसे समय बीतता जा रहा है, मूशी, बिल्ली, मेरे लिए अच्छी बनती जा रही है, लेकिन मैं अभी भी उससे कुछ हद तक डरती हूँ।

तुम्हारी, ऐनी

रविवार, 27 सितम्बर, 1942

सबसे प्रिय किटी,

माँ और मेरे बीच आज एक तथाकथित "बहस" हो गई थी, लेकिन कष्टप्रद बात यह है कि मैं फूट-फूट के रो पड़ी। इसमें मैं कुछ भी नहीं कर सकती। पिताजी हमेशा मेरे साथ अच्छे होते हैं, और वह मुझे बहुत बेहतर समझते हैं। इस तरह के पलों में, मैं माँ को बर्दाश्त नहीं कर सकती। यह स्पष्ट है कि मैं उनके लिए एक अजनबी हूं ; वह यह भी नहीं जानती कि मैं सबसे साधारण चीज़ों के बारे में क्या सोचती हूँ।

हम लोग नौकरानियों के बारे में बात कर रहे थे और यह बात कि उन्हें घरेलू सहायिका कहा जाना चाहिए। वे यही पुकारा जाना चाहेंगी। मैंने इसे उस तरह से नहीं देखा। फिर उन्होंने कहा कि मैं प्रायः "बाद में" के बारे में बात करती हूँ और मैं

ऐसे व्यवहार करती थी, जैसे कि मैं एक औरत थी, भले ही मैं नहीं हूं, लेकिन मुझे नहीं लगता कि हवा में रेत के किले बनाने का निर्माण करना इतनी भयानक बात है, जब तक कि आप इसे बहुत गंभीरता से नहीं लेते हैं। पिताजी आमतौर पर मेरे बचाव में आते हैं। उनके बिना मैं यहाँ इसे सहन करने में समर्थ नहीं हो पाती हूं।

मैं मार्गोट के साथ बहुत अच्छी तरह से मिलकर नहीं रह पाती हूं। भले ही हमारे परिवार में कभी भी ऐसा नहीं रहा है जैसे ऊपरी मंज़िल वालो का है, मुझे यह ख़ुशी से दूर लगता है। मार्गोट और माँ के व्यक्तित्व मेरे लिए बहुत अलग हैं। मैं अपनी दोस्त को अपनी माँ से बेहतर समझती हूं। क्या यह शर्म की बात नहीं है?

श्रीमती फॉन डान लंबे समय से नाराज़ है। वह बहुत मूडी है और अपने सामान को अधिक से अधिक निकाल रही है और उन्हें ताले में बंद कर रही है। यह बुरा है कि माँ फॉन डान की इन हरकतों का सही जवाब नहीं दे पाती।

कुछ लोग, जो फॉन डान की तरह, न केवल बच्चों की परवरिश करने में बल्कि दूसरों को उनके अपने बच्चों की परवरिश में सहायता करने में भी विशेष आनन्द लेते है। मार्गोट को इसकी आवश्यकता नहीं है, क्योंकि वह स्वाभाविक रूप से अच्छी, दयालु, चतुर, और खुद में निपुण है, लेकिन मुझे लगता है कि मैं हम दोनों के लिए पर्याप्त नटखट हूँ। फॉन डान की चेतावनी और मेरे मुखर जवाबों से एक से अधिक बार हवा भर दी गई थी। पिता और माँ हमेशा उग्रता पूर्वक मेरा बचाव करते थे। उनके बिना मैं अपने सामान्य धैर्य के साथ मैदान में वापस कूद जाने में समर्थ नहीं हो पाती हूँ। वे मुझे कहते रहते है कि मुझे कम बात करनी चाहिए, अपने काम से काम रखना चाहिए और विनम्र होना चाहिए। लेकिन मैं विफलता के लिए अभिशप्त लगती हूँ। यदि पिता इतने धैर्यवान नहीं होते तो मैंने बहुत पहले ही माता-पिता की काफी उदारवादी अपेक्षाओं को पूरा करने की उम्मीद छोड़ दी होती।

अगर मैं थोड़ी सी सब्ज़ी लेती हूं, मैं आलू खाने की बजाय उस से नफरत प्रकट करती हूं। फॉन डान, विशेष रूप से श्रीमती फॉन डान इसे भुला नहीं सकती कि मैं कितनी ख़राब हूं। "चलो ऐनी, कुछ और सब्जियां खाते हैं।" वह कहती हैं।

मैं जवाब देती हूं, "नहीं, मैम धन्यवाद आलू पर्याप्त से अधिक हैं।

"सब्जियां तुम्हारे लिए अच्छी हैं; तुम्हारी माँ भी ऐसा ही कहती हैं। कुछ और लो," वह तब तक ज़ोर देती है जब तक की पिता हस्तक्षेप नहीं करते और मेरे द्वारा नापसंद किये गए व्यंजन को अस्वीकार करने के मेरे अधिकार की पुष्टि नहीं करते।

फिर श्रीमती फॉन डान वास्तव में गुस्से में हत्थे से उखड़ जाती है : "तुम्हें हमारे घर में होना चाहिए था, जहां बच्चों को वैसी परवरिश दी जाती है जैसा उन्हें होना चाहिए। मैं इसे एक उचित परवरिश नहीं मानती हूँ। ऐनी बहुत ख़राब है। मैं कभी इसकी इजाजत नहीं देती। यदि ऐनी मेरी बेटी होती..."

इस कड़ी निंदा से वह हमेशा बात शुरू करती है और समाप्त करती है : "अगर ऐनी मेरी बेटी होती..." ईश्वर का शुक्र है कि मैं नहीं हूँ।

लेकिन बच्चों की परवरिश के विषय पर कल श्रीमती फॉन डान के छोटे से भाषण के समाप्त होने के बाद एक चुप्पी छा गई। फिर पिता ने उत्तर दिया "मुझे लगता है कि ऐनी की बहुत अच्छी परवरिश हुई है। कम से कम उसने आपके अनंत उपदेशों का जवाब देना नहीं सीखा है। जहां तक सब्ज़ियों का सवाल है, मुझे केवल इतना कहना है कि उल्टा चोर कोतवाल को डांटे।"

श्रीमती फॉन डान को मुंह की खानी पड़ी। उल्टा चोर कोतवाल को डाटे का मतलब खुद मैडम को संदर्भित करता है, क्योंकि वह शाम को सेम या किसी भी प्रकार की बंदगोभी को बर्दाश्त नहीं कर सकती, क्योंकि उससे उनको गैस होती है। लेकिन मैं भी यह कह सकती थी। क्या तिरस्कार है, तुम्हें नहीं लगता? आशा है कि वह मेरे बारे में बात करना बंद कर देगी।

यह देखना बहुत मज़ेदार होता है कि श्रीमती फॉन डान कितनी जल्दी लाल हो जाती हैं। मैं नहीं होती हूं, और गुप्त रूप से उन्हें यह बहुत चिढ़ाता है।

तुम्हारी, ऐनी

सोमवार, 28 सितम्बर, 1942

सबसे प्रिय किटी,

मुझे कल लिखना बंद करना पड़ा, हालाँकि बातें बहुत थी। मैं तुम्हें हमारी एक और लड़ाई के बारे में बताने के लिए बहुत बेचैन हो रही हूँ, लेकिन ऐसा करने से पहले मैं यही कहना चाहूंगी कि मुझे यह अजीब लगता है कि वयस्क अक्सर इस तरह के छोटे-छोटे मामलो में इतनी आसानी से लड़ाई कर लेते है ऐसी चीज़े जो बच्चे करते हैं। निश्चित रूप से, कभी कभी एक वास्तविक झगड़े का कारण होता है, लेकिन यहाँ होने वाले मौखिक आदान-प्रदान केवल सादे मनमुटाव हैं।

मुझे इस तथ्य का आदी हो जाना चाहिए कि यह तू तू मैं मैं हर दिन होने वाली घटनाएँ है, लेकिन मैं नहीं कर रही हूं और तब तक मैं करूंगी भी नहीं जब तक

'मैं' लगभग हर चर्चा का विषय रहती हूं। (वे 'झगड़े' के बजाय 'चर्चा' के रूप में इनका उल्लेख करते हैं, लेकिन जर्मन लोग अंतर नहीं जानते हैं।) वे सब चीजों की आलोचना करते हैं, और मेरा मतलब है सब चीजों की, मेरे बारे में, मेरा व्यवहार, मेरा व्यक्तित्व, मेरे शिष्टाचार; मेरे हर इंच, सिर से पैर तक और फिर से, गपशप और बहस का विषय बना रहता है। कठोर शब्द और चीखे लगातार मेरे सिर पर पटकी जा रही है। हालांकि मैं बिल्कुल भी इसकी आदी नहीं हूं। बड़े लोगों के हिसाब से, मुझे हंसना और इसे सहन करना चाहिए, लेकिन मैं यह नहीं कर सकती! उनके अपमान को स्वीकार करने का मेरा कोई इरादा नहीं है। मैं उन्हें दिखा दूंगी कि ऐनी फ्रैंक कल ही पैदा नहीं हुई थी। वे उठ बैठेंगे और ध्यान देंगे और अपने बड़े मुंह बंद रखेंगे जब मैं उन्हें दिखाऊंगी कि उन्हें मेरे बजाय अपने स्वयं के शिष्टाचार पर ध्यान देना चाहिए। उनकी हिम्मत कैसे हुई इस तरह का व्यवहार करने की। यह केवल बर्बरता है। मैं इस तरह के अशिष्टता पर बार-बार हैरान होती हूं और सबसे अधिक ऐसी मूर्खता पर (श्रीमती फॉन डान की), लेकिन जैसे ही मैं विचार करने की आदी हो जाती हूं, और इसमें ज्यादा समय नहीं लगना चाहिए, मैं उनके साथ उनके जैसा ही व्यवहार करूंगी और फिर वे अपने विचार बदल देंगे! क्या मैं वास्तव में इतनी अशिष्ट, हठी, जिद्दी, अतिमहत्त्वाकांक्षी, मूर्ख, आलसी आदि हूं जैसा कि फॉन डान कहती हैं कि मैं हूं? नहीं, बिल्कुल नहीं। मुझे पता है कि मुझ में दोष और कमियां है, वे उन्हें बढ़ा चढ़ाकर अधिक गंभीरता से कहती है! काश उन्हें पता होता कि किटी मैं कितने गुस्से से खौलती हूं। जब वे मुझे डांटते हैं, चिढ़ाते हैं। मुझे गुस्सा उतारने में ज्यादा समय नहीं लगेगा।

लेकिन बहुत हुआ मैंने काफी समय से अपने झगड़ों से तुम्हें बोर कर दिया है, और अभी भी मैं एक बेहद दिलचस्प डिनर की बातचीत बताने के लिए अपने आप को रोक नहीं पा रही हूं।

किसी तरह हम पिम की चरम विनम्रता के विषय पर आए। उनकी विनम्रता सर्व विदित तथ्य है, जिस पर कोई मूर्ख व्यक्ति भी सवाल उठाने की बात नहीं करेगा। अचानक श्रीमती फॉन डान, जो खुद को हर बातचीत में लाने की आवश्यकता महसूस करती है, ने टिप्पणी की, "मैं अपने पति की तुलना में बहुत अधिक विनम्र और शर्मीली हूं"।

"क्या तुमने कभी इतना हास्यास्पद कुछ सुना है? यह वाक्य स्पष्ट रूप से दिखाता है कि वो वह बिल्कुल नहीं है, जिसे आप विनम्र कह सकते हैं।

श्री फॉन डान, जिन्होंने खुद को "अपने पति की तुलना में बहुत अधिक" की व्याख्या करने के लिए बाध्य महसूस किया है, ने शांति से जवाब दिया, "मुझे विनम्र

और शर्मीली होने की इच्छा नहीं है। मेरे अनुभव में आप महत्वाकांक्षी बनकर बहुत कुछ पाते हैं। "और मेरी ओर मुड़ते हुए, उन्होंने कहा", ऐनी विनम्र और शर्मीली मत बनना यह तुम्हें कहीं नहीं ले जाएगा"।

माँ इस विचार से पूरी तरह सहमत थी। लेकिन, हमेशा की तरह फॉन डान को अपनी दो बेकार बातें जोड़नी थी। इस बार, हालाँकि मुझे सीधे संबोधित करने के बजाय, वे मेरे माता-पिता की ओर मुड़ी और कहा, "ऐनी से यह कहने में सक्षम होने के लिए जीवन पर आपके पास एक अजीब दृष्टिकोण होना चाहिए। जब मैं बड़ी हो रही थी तो चीजें अलग थी। हालांकि तब से उनमें शायद ज्यादा कुछ नहीं बदला। सिवाय आपके आधुनिक घर के?

"यह माँ के आधुनिक परवरिश के तरीकों पर एक सीधा प्रहार था, जिसका उन्होंने कई अवसरों पर बचाव किया था। श्रीमती फॉन डान इतनी परेशान हो गई थी कि उनका चेहरा चमकदार लाल हो गया। जिन लोगों का चेहरा लाल हो जाता है, वे आसानी से और भी अधिक उत्तेजित हो जाते हैं जब वह खुद को कॉलर के नीचे गर्म महसूस करते हैं, वे जल्दी से अपने विरोधियों से हार जाते हैं।

गैर उत्तेजित माँ, जो अब इस मामले को जितनी जल्दी हो सके खत्म करना चाहती थी, जवाब देने के पहले सोचने के लिए एक क्षण के लिए रुक गई "ठीक है, श्रीमती फॉन डान, मैं मानती हूं कि अच्छा होता यदि कोई अति विनम्र नहीं होता। मेरे पति, मार्गोट और पीटर सभी असाधारण रूप से विनम्र हैं। आपके पति, ऐनी और मैं, हालांकि बिल्कुल विपरीत नहीं है, खुद को इधर-उधर धकेले जाने से नहीं दे सकते"।

श्रीमती फॉन डान "ओह, लेकिन श्रीमती फ्रैंक, मुझे समझ नहीं आ रहा है कि आपका क्या मतलब है! ईमानदारी से, मैं बेहद विनम्र और शर्मीली हूं। आप कैसे कह सकते है कि मैं अति महत्वाकांक्षी हूं?

माँ : "मैंने यह कभी नहीं कहा कि आप अतिमहत्वाकांक्षी है, लेकिन कोई भी आपको 'शर्मीले स्वभाव होने के रूप में उल्लिखित नहीं करेगा"।

श्रीमती फॉन डान "मैं यह जानना चाहती हूं कि मैं किस तरह से अति महत्वाकांक्षी हूं। अगर मैं यहां अपने लिए सावधान ना रहूं, तो कोई और भी नहीं होगा, और मैं जल्द ही भूखी मर जाऊंगी, लेकिन इसका मतलब यह नहीं है कि मैं आपके पति की तरह विनम्र और शर्मीली नहीं हूं"।

माँ के पास इस हास्यास्पद स्वरक्षा पर हंसने के अलावा कोई विकल्प नहीं था, जिसने श्रीमती फॉन डान को परेशान किया। ठीक-ठीक जन्मजात विवादी

नहीं, उसने जर्मन और डच के मिश्रण में अपना शानदार स्पष्टीकरण जारी रखा, जब तक कि वह खुद अपने शब्दों में उलझ नहीं गई और वह अपनी कुर्सी से उठ गई और जैसे ही जाने वाली थी कि उसकी दृष्टि मुझ पर पड़ी। तुम्हें उन्हें देखना चाहिए था। जिस पल श्रीमती फॉन डान मुड़ी मैं करुणा और विडंबना के संयोजन में अपना सिर हिला रही थी। मैं यह किसी इरादे से नहीं कर रही थी लेकिन मैं उन की कड़ी निंदा को इतनी उत्साहपूर्वक समझ रही थी कि मेरी प्रतिक्रिया पूरी तरह से अनैच्छिक थी। श्रीमती फॉन डान झटके से मुड़ी और मुझे कड़ी फटकार लगाई : कठोर, जर्मन में, गंदे और अशिष्ट, बिल्कुल एक मोटी, लाल चेहरे वाली मछली की तरह। यह देखना आनंददायक था। यदि मैं चित्रित कर पाती, तो मैं उनका वैसा चित्र बना चुकी होती जैसा वह उस समय दिख रही थी। उन्होंने मुझे बेहद हास्यास्पद रूप से प्रभावित किया, वह मूर्ख थोड़ी अविवेकी हैं। मैंने एक बात सीखी है : आप केवल एक व्यक्ति को लड़ाई के बाद जानते हैं, तभी आप उनके असली चरित्र का पता लगा पाते हैं।

तुम्हारी, ऐनी

मंगलवार, 29 सितंबर , 1942

सबसे प्रिय किटी,

जब आप छिपे होते तो सबसे अजीब चीजें आपके साथ होती हैं। जरा कल्पना करो। क्योंकि हमारे पास गुसलखाना नहीं है, हम लोग टिन के टब में नहाते हैं, क्योंकि गर्म पानी केवल कार्यालय में होता है (जिसके द्वारा मेरा मतलब है कि पूरी निचली मंजिल), हम में से सात इस अवसर का सबसे अधिक लाभ उठाते हैं। लेकिन क्योंकि हममें से कोई भी एक जैसा नहीं है और सभी की अपनी-अपनी सीमाएं हैं, इसलिए परिवार के हर एक सदस्य ने नहाने के लिए एक अलग जगह को चुना है। पीटर कार्यालय की रसोई में स्नान करता था, भले ही इसका दरवाजा कांच का है। जब उसके स्नान का समय होता, तो वह पहले से ही प्रत्येक के पास जाता और घोषणा करता है कि अगले आधे घंटे के लिए कोई भी रसोई की तरफ नहीं जाना चाहिए। वह इस उपाय को पर्याप्त मानता है। श्री फॉन डान, यह तर्क देकर कि उन सीढ़ियों से पानी ऊपर ले जाने की कठिनाई से ज्यादा कमरे की सुरक्षा महत्वपूर्ण है, ऊपर स्नान करते हैं। श्रीमती फॉन डान ने अभी तक स्नान नहीं किया है, वह देखने के लिए प्रतीक्षा कर रही हैं कि सबसे अच्छी जगह कौन सी

है। पिता ने निजी कार्यालय में स्नान किया और माँ ने रसोई में एक फायर स्क्रीन के पीछे स्नान किया, जबकि मार्गोट और मैंने सामने के कार्यालय को हमारे नहाने की जगह घोषित किया है, क्योंकि शनिवार दोपहर को परदे हटा दिए जाते हैं, इसलिए हम अंधेरे में नहाते हैं, जबकि जो स्नान नहीं कर रहे होते हैं वे परदे की दरार के माध्यम से खिड़की से बाहर देखते है और बेहद मनोरंजक लोगों को हैरानी से घूरते है।

एक सप्ताह पहले मैंने निर्णय किया कि मुझे यह स्थान पसंद नहीं है और मैं अधिक आरामदायक स्थान की खोज में हूं। यह पीटर था जिसने मुझे विशाल कार्यालय के बाथरूम में अपना वॉशटब स्थापित करने का विचार दिया। मैं बैठ सकती हूं, रोशनी कर सकती हूं, दरवाजा बंद कर सकती हूं, और पानी डाल सकती हूं, बिना किसी की सहायता के और बिना किसी के देखे जाने के डर के। मैंने रविवार को पहली बार अपने प्यारे बाथरूम का उपयोग किया और यह अजीब लग सकता है कि मुझे यह किसी भी दूसरे स्थान से बेहतर लगता है।

प्लंबर बुधवार को नीचे कार्यालय के बाथरूम से दालान तक पानी के पाइप और नालियों को स्थानांतरित करने के काम पर था, ताकि ठंड के दौरान पाइप जम ना जाए। प्लंबर का दौरा बिल्कुल सही नहीं था। न केवल हमें दिन के दौरान पानी चलाने की इजाजत नहीं थी, बल्कि शौचालय भी सीमा से बाहर था। मैं आपको बताती हूं कि हमने इस समस्या को कैसे संभाला; मेरा इस बात को उठाना आपको गलत लग सकता है, लेकिन मैं इस तरह के मामलों के बारे में इतनी विवेकपूर्ण नहीं हूं। हमारे आगमन के दिन, पिता और मैंने इस इरादे से एक कैनिंग जार का त्याग करते हुए उसे तात्कालिक मूत्रपात के रूप में उपयोग किया था। प्लंबर के दौरे के दौरान, दिन के समय प्रकृति की पुकार हेतु संरक्षण जारों की सेवा ली गई। जहां तक मेरा सवाल है, पूरे दिन बैठना और एक भी शब्द ना कहने से आधा भी मुश्किल नहीं था। आप सोच सकते हैं कि लगातार भाषण देने वाली महिला का क्या हाल हुआ होगा। साधारण दिनों में हमें कानाफूसी में बोलना पड़ता है; बात ना कर पाना और ना हिल पाना दस गुना ज्यादा बदतर है।

लगातार तीन दिनों तक बैठने के बाद, मेरी पीठ अकड़ गई और दर्द कर रही थी। रात में हल्के व्यायाम ने मदद की थी।

तुम्हारी, ऐनी

गुरुवार, 1 अक्टूबर, 1942

प्रिय किटी,

कल मेरा भयानक झगड़ा हुआ। आठ बजे अचानक दरवाजे की घंटी बज गई। मैंने बस यही सोचा कि कोई हमें लेने आ रहा है, आप जानते हैं कि मेरा मतलब किससे है, लेकिन मैं शांत हो गयी, जब हर कोई यह यकीन दिलाता थाकि यह कोई मजाक करने वाला या डाकिया होगा।

यहां दिन बहुत शांत होते है। श्री लेविनसन, एक छोटे यहूदी फार्मेसिस्ट और रसायनज्ञ थे, जो श्री कुगलर के लिए रसोई में काम कर रहे हैं। क्योंकि वे पूरी इमारत से परिचित है, हम लगातार डरे रहते हैं कि, जहां प्रयोगशाला हुआ करती थी, वहां जाने की और उसे देखने की बात वे सोचेंगे। हम शांत हो गए। किसने तीन महीने पहले अंदाजा लगाया होगा कि एक लगातार हिलने डुलने वाली ऐनी को एक कोने में इतने घंटों तक चुपचाप बैठना होगा और इससे अधिक क्या होगा, जो वह कर सकती थी?

श्रीमती फॉन डान का जन्मदिन उनतीस को था। हालांकि हमारा जश्न बड़ा नहीं था, लेकिन उन्हें फूलों, सामान्य उपहार दिए गए और बढ़िया खाना खिलाया गया। उनके पति की तरफ से लाल गुलनार दिया जाना शायद परिवार की एक परंपरा है।

श्रीमती फॉन डान के विषय पर एक क्षण रुकिए, आपको बता दूं कि पिता के साथ फ्लर्ट जाहिर करने की उनकी कोशिशें मेरे लिए जलन का एक निरंतर स्रोत है। वह उनके गाल और सिर पर थपथपाती है, उनकी स्कर्ट को ऊपर खींचती है, और पिता का ध्यान आकर्षित करने के प्रयास में तथाकथित मजाकिया टिप्पणी करती हैं। सौभाग्य से, वह उन्हें ना तो सुंदर और ना ही आकर्षक लगता है, इसलिए वह उनके इश्कबाजी का जवाब नहीं देते हैं। जैसा कि आप जानते मैं काफी ईर्ष्यालु प्रकार की हूँ और मैं उनका यह व्यवहार बर्दाश्त नहीं कर सकती। आखिरकार, माँ इस तरह से श्री फॉन डान की ओर व्यवहार नहीं करती, यही मैंने श्रीमती फॉन डान को सीधे उनके मुंह पर बोल दिया था।

समय-समय पर पीटर बहुत मनोरंजक हो सकता हैं। उस में और मुझ में एक बात समान हैं : हम एक जैसे कपड़े पहनना पसंद करते हैं जो हर किसी को हंसाती है। एक शाम हमने अपना एक रूप बनाया। पीटर ने अपनी माँ की त्वचा कसी हुई कपड़े पहने और मैंने उसका सूट पहना। उसने एक टोप पहनी थी; मैंने

एक टोपी पहनी थी। दिल खोलकर हंसे, और हमने भी जितना हो सके, हर तरीके से मजा लिया।

बिजनकोफ से बेप ने मार्गोट और मेरे लिए एक नयी स्कर्ट खरीदी। कपड़ा आलू की बोरियों जैसा है। उसी प्रकार की चीज जिसे विभागीय भंडार पुराने दिनों में बेचने की हिम्मत नहीं करते, अब 24.00 गिल्डर (मार्गोट की) और 7, 75 गिल्डर (मेरी) की लागत के हैं।

हमें दुकान में मजा आ रहा है : बेप ने मार्गोट, पीटर और मेरे लिए डाक से शार्टहैंड का एक पत्राचार कोर्स मंगवाया। तुम बस इंतजार करो, अगले साल इस समय तक, हम सही शार्टहैंड लिख सकेंगे। किसी भी मामले में, इस तरह गुप्त कोड लिखना सीखना वास्तव में दिलचस्प है।

मेरी अपनी तर्जनी (मेरे बाएं हाथ की) में भयानक दर्द है, इसलिए मैं इस्त्री नहीं कर सकती, क्या किस्मत है!

श्री फॉन डान चाहते हैं कि मैं उनके बगल में टेबल पर बैठूं, क्योंकि मार्गोट उनके मुताबिक कम खाती। मेरे लिए यह सही है, मुझे बदलाव पसंद है। वहां हमेशा एक छोटी काली बिल्ली यार्ड के चारों ओर घूमती रहती है और यह मुझे मेरे प्यारे मूर्ते की याद दिलाती है। बदलाव का स्वागत करने की दूसरी वजह यह है कि माँ हमेशा मुझ में छोटे-छोटे नुक्स निकालती रहती है, खासकर मेज पर। अब मार्गोट को इसका खामियाजा भुगतना पड़ेगा या फिर नहीं भी, क्योंकि माँ उसके लिए इस प्रकार की व्यंगात्मक टिप्पणी नहीं करती है। नैतिकता के उस नमूने पर नही मैं इन दिनों हमेशा मार्गोट को नैतिकता का नमूना होने के लिए चिढ़ाती रहती हूं और वह इससे नफरत करती है। शायद वह उसके नेकी का दम न भरने वाला बनना सिखा दे। उसके सीखने का यही सही समय है।

श्रीमानमान फॉन डान का मज़ेदार चुटकुला सुनाते हुए मैं खबरों की इस तरह की खिचड़ी को पूरा करती हूं।

निन्यानवे बार कौन चलता है खटखट करके और एक बार कड़ाके से!

ख़राब पैरों वालों कनखजूरा

विदा!

ऐनी

शनिवार, 3 अक्टूबर, 1942

प्रिय किटी,

कल मुझे हर किसी ने काफी छेड़ा, क्योंकि मैं श्रीमान फॉन डान के बगल में बिस्तर पर लेट गई थी। "इस उम्र में! चौकाने वाली बात है"। और उन पंक्तियों के साथ अन्य टिप्पणी। बेवकूफ, बिल्कुल! उनका जो भी मतलब है, मैं श्रीमान फॉन डान के साथ कभी सोना नहीं चाहूंगी।

कल मेरा और माँ का एक बार फिर से झगड़ा हो गया और उन्होंने इस बात का बतंगड़ बना दिया। उन्होंने पिताजी को मेरी सारी बुराईयों को बताया और रोने लगी, जिसने मुझे भी रुला दिया, और मुझे पहले से ही इतना भयानक सिरदर्द था। मैंने आखिरकार पिता से कहा कि मैं माँ से ज्यादा "उनसे" प्यार करती हूं, जिस पर उन्होंने कहा कि यह सिर्फ कहने की बात है, लेकिन मुझे ऐसा नहीं लगता। मैं बस माँ को बर्दाश्त नहीं कर सकती और मुझे हर समय अपने आप को उनकी तस्वीर बनने के लिए मजबूर करना होता है और शांत रहना पड़ता है, जबकि मैं उनके चेहरे पर थप्पड़ मारना चाहती हूं। मुझे नहीं पता कि मैं उन्हें इस भयानक तरह से क्यों पसंद नहीं करती हूं। पिताजी कहते कि जब माँ की तबीयत ठीक ना हो या सिर दर्द हो तो मुझे अपनी खुद की इच्छा से उनकी सहायता करनी चाहिए, लेकिन मैं ऐसा करने वाली नहीं हूं, क्योंकि मैं उनसे प्यार नहीं करती और ऐसा करने मुझे कोई मजा नहीं आता है। मैं किसी दिन माँ की मृत्यु की कल्पना कर सकती हूं, लेकिन पिताजी की मृत्यु कल्पना नहीं कर पाती हूं। यह मेरी बहुत गंदी सोच है, लेकिन मैं ऐसा ही महसूस करती हूं। मुझे आशा है कि माँ इसे या मेरे द्वारा लिखी गई इन चीजों को कभी नहीं पढ़ेगी।

मुझे हाल ही में बड़े लोगों की पुस्तकों को पढ़ने की इजाजत दी गई है। आजकल मैं निको फॉन सश्टेलेन की ईवाज़ यूथ पढ़ रही हूं। मुझे नहीं लगता कि इसमें और बाकी किशोर लड़कियों के लिए लिखी किताबों में बहुत अंतर है। ईवा ने सोचा कि बच्चे सेब की तरह पेड़ों पर उगते हैं, और जब वह पक गए तो सारस ने उन्हें तोड़ा और उन्हें माताओं के पास ले आए। लेकिन उसकी एक सहेली की बिल्ली के बच्चे पैदा हुए थे, तब ईवा ने उन्हें बिल्ली के शरीर से बाहर आते देखा, तो उसने सोचा बिल्लियां मुर्गियों की तरह अंडे देती है और उन्हें सेती हैं, और वह माताएं जो एक बच्चा चाहती थी, वे भी कुछ दिनों पहले अपने अंडे देने और उन्हें सेने का समय आने से कुछ दिन पहले ऊपर के कमरे में चली जाती है। बच्चों के

आने के बाद, माताएं उकंडू बैठे रहने से बहुत कमजोर हो जाती थी। एक समय ईवा भी एक बच्चा चाहती थी। उसने एक ऊनी दुपट्टा लिया और उसे जमीन पर फैला दिया ताकि उसमें अंडा गिर सके, और फिर वह नीचे उकडू होकर बैठ गई और जोर लगाने लगी। इंतजार करते हुए वह कुडकुड़ाई लेकिन कोई अंडा नहीं निकला। अंत में, जब वह लंबे समय से बैठी थी, तब कुछ बाहर आया था, लेकिन यह अंडे के बजाय सॉसेज था। ईवा शर्मिंदा थी। उसे लगा कि वह बीमार है। मजेदार बात है कि नहीं? ईवा की जवानी के कुछ हिस्से हैं जिनमें महिलाओं का गलियों में, भारी राशि के लिए अपने शरीर को बेचने का जिक्र होता है। ऐसे किसी आदमी के सामने मैं शर्मिंदा हो जाती हूं। इसके अलावा, इसमें ईवा के मासिक धर्म के बारे में भी बताया गया है। ओह, मैं अपना मासिक धर्म पाने के लिए तरस रही हूं - फिर मैं सच में बड़ी हो जाऊंगी।

पिताजी फिर से बड़बड़ा रहे हैं और मेरी डायरी छीनने की धमकी दे रहे हैं। ओह, यह तो बड़ी डरावनी बात है! अब से, मुझे इसे छिपाकर रखना होगा।

तुम्हारी, ऐनी

बुधवार, 7 अक्टूबर, 1942

मैं कल्पना करती हूं कि...

मैं स्विट्ज़रलैंड गई हूं। पिताजी और मैं एक कमरे में सोते हैं, जबकि लड़कों के अध्ययन कमरे को एक बैठक कमरे में बदल दिया गया है, जहां मैं मेहमानों का स्वागत कर रही हूं। एक आश्चर्य के रूप में, उन्होंने मेरे लिए एक चाय, एक मेज, आरामकुर्सी और एक दीवान सहित नए-नए फर्नीचर खरीदे है। सब कुछ कमाल है। कुछ दिनों के बाद, पिताजी मुझे 150 गिल्डर देते हैं - हाँ, स्विस पैसे में परिवर्तित, निश्चित रूप से, लेकिन मैं उन्हें गिल्डर कहती हूं- और मुझे वह सब कुछ खरीदने के लिए कहते हैं जो मुझे लगता है कि मुझे आवश्यकता होगी।(बाद में, मुझे एक गिल्डर हर सप्ताह मिलता है, जिसका उपयोग मैं कुछ भी चाहूं उसे खरीदने के लिए कर सकती हूं।) मैं बर्नार्ड साथ प्रस्थान करती हूं और खरीदती हूं।

3 सूती बनियान 0.50 प्रति एक= 1.50

3 सूती निक्कर 0.50 प्रति एक = 1.50

3 ऊनी बनियान 0.75 प्रति एक = 2.25

3 ऊनी निक्कर 0.75 प्रति एक= 2.25

2 पेटीकोट 0.50 प्रति एक= 1.00

2 ब्रा (सबसे छोटा आकार का) 0.50 प्रति एक =1.00

5 पजामा 1.00 प्रति एक =5.00

1 हल्का ड्रेसिंग-गाउन 2.50 प्रति एक= 2.50

1 मोटी ड्रेसिंग गाउन 3.00 प्रति एक =3.00

2 बिस्तर जैकेट 0. 75 प्रति एक= 1.50

1 छोटा तकिया 1.00 प्रति एक = 1.00

हल्के चप्पल की 1 जोड़ी 1.00 प्रति जोड़ा =1.00

गर्म चप्पल की 1 जोड़ी 1.50 प्रति जोड़ा =1.50

गर्मियों के जूते (स्कूल) की 1 जोड़ी 1.50 प्रति जोड़ा =1.50

गर्मियों के जूते की 1 जोड़ी (सर्वश्रेष्ठ) 2.00 प्रति जोड़ी =2.00

1 जोड़ी सर्दियों के जूते (स्कूल) 2.50 प्रति जोड़ी =2.50

सर्दियों के जूते की जोड़ी (सर्वश्रेष्ठ) 3.00 प्रति जोड़ी=3.00

2 एप्रन 0.50 प्रति एक= 1.00

25 रुमाल 0.05 प्रति एक =1.00

रेशम के मोजे के 4 जोड़ी 0.75 प्रति जोड़ा =3.00

4 जोड़ी घुटने के मोजे 0.50 प्रति जोड़ा =2.00

4 जोड़ी मोजे 0.25 प्रति जोड़ा= 1.00

मोटे मोजे के 2 जोड़ी @ 1.00 प्रति जोड़ा= 2.00

3 लच्छे सफेद ऊन (अंडरवियर, कैप)=1.50

3 लच्छे नीले ऊन (स्वेटर, स्कर्ट) =1.50

तीन तरह तरह के धागे (कैप, स्कार्फ) =1.50

स्कार्फ, बेल्ट, कॉलर, बटन=1.25

साथ ही स्कूल के 2 कपड़े (गर्मी के), स्कूल के 2 कपड़े (सर्दियों के), 2 अच्छे कपड़े (गर्मी के), 2 अच्छे कपड़े (सर्दियों के), गर्मियों की 1 स्कर्ट, अच्छी सर्दियों की

1 स्कर्ट, स्कूल की सर्दियों की 1 स्कर्ट, 1 रेनकोट, 1 ग्रीष्मकालीन कोट, 1 शीतकालीन कोट, 2 टोपी, 2 केप. कुल 108.00गिल्डर में।

2 हैंडबैग, 1 आइस-स्केटिंग पोशाक, स्केट्स की 1जोड़ी, 1 डिब्बा (पाउडर, स्किन क्रीम फाउंडेशन क्रीम, क्लींजिंग क्रीम, सनटैन लोशन, रुई, फर्स्ट-एड किट, रूज, लिपस्टिक, आइब्रो पेंसिल, बाथ सॉल्ट, बाद पाउडर, यूडी कोलोन, साबुन, पाउडर पफ)।

साथ ही 4 स्वेटर 1.50 के, 4 ब्लाउज 1.00 के, विविध वस्तुएं 10.00 की और किताबें, 4.50 के उपहार।

शुक्रवार, 9 अक्टूबर, 1942

सबसे प्रिय किटी,

आज मेरे पास बताने के लिए खराब और निराशाजनक खबर के अलावा कुछ नहीं है। हमारे कई यहूदी दोस्तों और परिचितों को झुण्ड में दूर ले जाया जा रहा है। गेस्टापो उनके साथ बहुत बुरा व्यवहार कर रहा है और उन्हें जानवरों वाले ट्रकों में वेस्टरबर्क ले जा रहा है। ड्रेंटे में बड़ा महा शिविर है जिसमें वे सभी यहूदियों को भेज रहे हैं। मीप ने हमें किसी ऐसे व्यक्ति के बारे में बताया जो वहां से भागने में सफल रहा। वेस्टरबर्क में यह भयानक होता होगा। लोगों को खाने के लिए लगभग कुछ भी नहीं मिलता है, पीने के लिए.पानी बहुत कम,क्योंकि पानी दिन में केवल एक घंटे उपलब्ध्य है, और कई हजार लोगों के लिए केवल एक शौचालय और सिंक है। पुरुष और महिला एक ही कमरे में सोते हैं, और महिलाएँ और बच्चों के सिर अक्सर मुंडवा दिए जाते है। भागना लगभग नामुमकिन है; बहुत से लोग यहूदी दिखते हैं; और कतरे हुए बालों से उनकी पहचान होती है।

अगर यह हॉलैंड में इतना खराब है, तो यह बाकी दूरदराज और ऐसी जगहों पर क्या हाल होगा। जहां सभ्यता का नामोनिशान नहीं है। जहां जर्मन उन्हें भेज रहे हैं? हम मानते हैं कि उनमें से अधिकांश की हत्या की जा रही है। अंग्रेजी रेडियो का कहना है कि उन्हें गैस से मारा जा रहा है। शायद यह मारने का सबसे तेज तरीका है।

मैं भयभीत महसूस करती हूं। मीप के नफरत के यह विवरण बहुत मर्मभेदी हैं और मीप भी बहुत व्याकुल है। उदाहरण के लिए एक दिन जब वे कार ढूँढ़ने के लिए रवाना हो रहे थे, गेस्टापो ने मीप के दरवाजे पर एक बुजुर्ग, अंगहीन यहूदी महिला को पकड़ लिया, बूढ़ी महिला चमकदार खोज बत्ती और सिर के ऊपर

अंग्रेजी विमानों पर बंदूकों से गोलीबारी से भयभीत थी। फिर भी मीप ने उसे अंदर आने देने की हिम्मत नहीं की। कोई भी नहीं करता। दंड की बात आने पर जर्मनी काफी उदार होते हैं।

बेप भी बहुत बुझी हुई है। उसके प्रेमी को जर्मनी भेजा जा रहा है। हर बार जब विमान उड़ान भरते हैं, तो उसे डर लगता है कि वे अपने सारे बम बेरतुस के सिर पर गिराने वाले हैं। "ओह, चिंता मत करो, वे सभी उस पर नहीं गिर सकते है, या इसके लिए एक ही बम पर्याप्त है जैसे चुटकुले इस स्थिति में शायद ही उपयुक्त है। बेरतुस केवल जर्मनी में काम करने के लिए मजबूर किए जाने वाला अकेला नहीं है। युवा पुरुषों से भरी रेलगाड़िया रोज प्रस्थान होती हैं। उनमें से कुछ ट्रेन से चुपके से निकलने का प्रयास करते हैं, जब वह किसी छोटे स्टेशन पर रूकती है, लेकिन केवल कुछ ही किसी की नजर में आए बिना बचकर निकल पाने में कामयाब होते हैं और छिपने का स्थान ढूंढ पाते हैं।

लेकिन मेरा यह दुख खत्म नहीं होता। क्या आपने कभी 'बंधक' शब्द सुना है? यह आतंकियों के लिए नवीनतम सजा है। यह सबसे भयानक चीज़ है जिसकी आप कल्पना कर सकते हैं। प्रमुख नागरिको- निर्दोष लोगों -को उनकी फांसी की प्रतीक्षा करने के लिए कैदी बना लिया जाता है। यदि गैस्टापो को कोई देशद्रोही नहीं मिलता तो वे बस पाँच बंधकों को पकड़ लेते हैं और उन्हें दीवार के सामने पंक्ति में खड़ा कर दिया जाता है। आप उनकी मृत्यु की सूचना अखबार में पढ़ते हैं, जहां उन्हें 'घातक दुर्घटनाएं' के रूप में दिखाया जाता है।

मानवता के श्रेष्ठ नमूने, वे जर्मन, और यह सोचने के लिए कि मैं वास्तव में उनमें से एक हूं!

नहीं, यह सच नहीं है, हिटलर ने बहुत पहले हमारी राष्ट्रीयता छीन ली थी और इसके अलावा, जर्मनी और यहूदियों की तुलना में पृथ्वी पर कोई बड़ा शलु नहीं है।

तुम्हारी, ऐनी

बुधवार, 14 अक्टूबर, 1942

प्रिय किटी,

मैं बहुत व्यस्त हूं। कल मैंने *ला बेले निवेने* के एक पाठ के अनुवाद से शुरुआत की और नए शब्द लिखे। फिर गैंने गणित का एक *कठिन* सवाल हल किगा।

और इसके अलावा फ्रेंच व्याकरण के तीन पेजों का अनुवाद किया। आज फ्रेंच व्याकरण और इतिहास। मैंने बस हर दिन उस मनहूस गणित को पढ़ने से इनकार कर दिया। पिताजी को भी ऐसा लगता है। मैं उसमें उनसे बेहतर हूं। हालांकि वास्तव में हम में से कोई अच्छा नहीं है। इसलिए हमेशा मार्गोट की सहायता लेनी पड़ती है। मैं अपने शार्टहैंड पर भी काम कर रही हूं जिसमें मुझे मजा आता है। हम तीनों में से, मैंने सबसे अधिक प्रगति की है।

मैंने द स्टार्म फैमली पढ़ी। यह काफी अच्छा है लेकिन जूप तर हयूल से इसकी तुलना नहीं की जा सकती। वैसे भी, दोनों किताबों में एक ही प्रकार के शब्द पाए जा सकते हैं, जो समझ में आता है क्योंकि वे एक ही लेखक द्वारा लिखे गए हैं। सिस्सी फॉन मार्क्सवेल्ड एक बढ़िया लेखक हैं। मैं निश्चित रूप से अपने बच्चों को उनकी पुस्तकें भी पढ़ने दूंगी।

इसके अलावा मैंने बहुत सारे कॉर्नर नाटक पढ़े हैं। मुझे उनके लिखने का तरीका पसंद है। उदाहरण के लिए, हेडविग, ब्रेमेन से चचेरा भाई, अध्यापिका, ग्रीन डोमिनोस आदि।

माँ, मार्गोट और मैं एक बार फिर से सबसे अच्छे दोस्त बन गए हैं। यह वास्तव में इस तरह से बहुत अच्छा है। कल रात मार्गोट और मैं अपने बिस्तर में कंधे से कंधा मिलाकर लेटे हुए थे। यह अविश्वसनीय रूप से तंग था, लेकिन इसने इसे मजेदार बना दिया। उसने पूछा कि क्या वह एक बार मेरी डायरी पढ़ सकती है?

"इसके कुछ हिस्से", मैंने कहा और उसकी डायरी के बारे में पूछा। उसने भी अपनी डायरी पढ़ने की मुझे इजाजत दे दी।

हम भविष्य के बारे में बात करने लगे, और मैंने पूछा कि वह बड़ी होकर क्या बनना चाहती थी, लेकिन उसने यह नहीं बताया और इसके बारे में काफी रहस्यमयी बनी रही थी। जितना मैं जानती हूं यह शिक्षण करने जैसा कुछ था; बेशक, मुझे पूरा यकीन नहीं है लेकिन मुझे उन पंक्तियों पर कुछ शक है। मुझे वास्तव में इतनी दखलअंदाजी नहीं करनी चाहिए।

आज सुबह मैं पीटर को पहले खूब दौड़ाने के बाद उसके बिस्तर पर लेट गई। वह क्रोध में था, लेकिन मुझे उसकी परवाह नहीं थी। वह समय-समय पर मेरे प्रति थोड़ा अधिक दोस्ताना होने के बारे में सोच सकता है। आखिरकार मैंने कल रात उसे एक सेब दिया था।

मैंने एक बार मार्गोट से पूछा कि क्या वह यह सोचती है कि मैं बदसूरत हूं। उसने कहा कि मैं ठीक ठाक थी और मेरी आंखें अच्छी हैं। यह थोड़ा अस्पष्ट लगता है, क्या तुम्हें नहीं लगता?

खैर, अगली बार तक!

ऐनी फ्रैंक

पश्च लेख : आज सुबह हम सभी का वजन लिया गया। मार्गोट का वजन अब 132 पाउंड है, माँ 136, पिता 155, ऐनी 96 पीटर 14 g, श्रीमती फॉन डान 117, श्रीमान फॉन डान 165 पाउंड हैं। जब से मैं यहां आई हूं, मेरा वजन 19 पाउंड बढ़ा है। यह बहुत है ना?

मंगलवार, 20 अक्टूबर, 1942

सबसे प्रिय किटी,

मेरे हाथ अभी भी कांप रहे हैं, हालांकि हमारे डर जाने के बाद से दो घंटे बीत चुके हैं। मुझे यह समझना चाहिए कि इमारत में पांच आग बुझाने के यंत्र है। कार्यालय के कर्मचारी मूर्खतावश हमें चेतावनी देना भूल गए कि बढ़ई, या जो कुछ भी उसे कहा जाता है, बुझाने वाले यंत्रों को भरने आ रहा था। परिणाम स्वरूप, जब तक मैंने सीढ़ियों (पुस्तको के अलमारी के उस पार से) पर हथौड़ा चलाने की आवाज नहीं सुनी, तब तक हम चुप रहने की जहमत नहीं उठाते। मैंने तुरंत मान लिया कि यह बढ़ई था और, बेप को चेतावनी देनी चली गई कि वह नीचे नहीं जा सकती, जो दोपहर का भोजन कर रही थी। पिता और मैं दरवाजे पर तैनात हो गए ताकि हम सुन सके कि आदमी कब चला जाएगा। लगभग पन्द्रह मिनट तक काम करने के बाद, उसने अपना हथौड़ा और कुछ अन्य उपकरण हमारी पुस्तकों की अलमारी पर रख दिया या हमने ऐसा सोचा!) और हमारे दरवाजे पर धमाका हुआ। हम डर के मारे सफेद हो गए। क्या उसने आखिरकार कुछ सुन लिया था और अब इस रहस्यमयी दिखने वाली किताबों की अलमारी की तलाशी करना चाहता था। ऐसा लग रहा था क्योंकि वह उस पर दस्तक दे रहा था, खींच रहा था, धक्का दे रहा था और मरोड़ रहा था।

मैं बहुत डर गई थी, हमारे अद्भुत छिपने की जगह की खोजने का प्रबंध कर रहे इस अजनबी के बारे में सोचकर लगभग मैं बेहोश हो गई थी। मैं मन ही मन

बस अपने दिनों को गिने जा रही थी, तभी हमने श्रीमान क्लेमन की आवाज को कहते हुए सुना, "खोलो, यह मैं हूं।"

हमने एक ही बार में दरवाजा खोला, क्या हुआ था? किताबों की अलमारी का बंधन हुक अटक गया था, जिसके कारण कोई भी हमें बढ़ई के बारे में चेतावनी देने में सक्षम नहीं था। आदमी के जाने के बाद, श्रीमान कलेमन, बेप को लेने आए थे, लेकिन पुस्तकों की अलमारी खोल नहीं सके थे। मैं आपको बता नहीं सकती कि मैं कितनी राहत महसूस कर रही थी। मेरी कल्पना में जिस आदमी को मैंने सोचा था कि वह गुप्त उपभवन के भीतर आने का प्रयास कर रहा था वह तब तक बड़ा और बड़ा होता जा रहा था जब तक कि वह न केवल एक विशालकाय बल्कि दुनिया का सबसे क्रूर फासीवादी बन गया। वाह! सौभाग्य से, सब कुछ ठीक है, कम से कम इस बार।

हमने सोमवार को बहुत मस्ती की। मीप और यान ने हमारे साथ रात बिताई। मार्गोट और मैं रात भर के लिए पिता और माँ के कमरे में सोए ताकि वे दोनों हमारे बिस्तर में सो सकें। उनके सम्मान में मेनू तैयार किया गया और भोजन स्वादिष्ट था। जब पिता का लैंप शॉर्ट सर्किट हो गया और हम अचानक ही अंधेरे में डूब गए तो उत्सव कुछ हद तक बाधित हो गया। हमें क्या करना था?

हमें फ्यूज लगाने की आवश्यकता थी लेकिन फ्यूज बॉक्स, अंधेरे गोदाम के पीछे था जिसने इसे रात में विशेष रुप से अप्रिय काम बना दिया। फिर भी, पुरुषों ने आगे कदम बढ़ाया और दस मिनट बाद हम मोमबत्तियां लगाने में सक्षम थे।

आज सुबह मैं जल्दी उठ गई थी। यान पहले से ही तैयार हो गए थे। उन्हे 8:30 बजे जाना था, इसलिए वे 8:00 बजे से नाश्ता कर रहे थे। मीप तैयार होने में व्यस्त थी और जब मैं अंदर आई तो उसको बनियान में पाया। जब वह साइकिल चलाती है मेरे जैसा ही लंबा अंडरवियर पहनती है। मार्गोट और मैंने भी अपने कपड़े बदल दिए और सामान्य समय से पहले ही ऊपर आ गए थे। एक सुखद नाश्ते के बाद, मीप नीचे आ गई। बाहर मूसलाधार बारिश हो रही थी और उसे खुशी थी कि उसे काम करने के लिए साइकिल नहीं चलानी थी। पिताजी और मैंने बिस्तर ठीक किया और बाद में मैंने पांच अनियमित फ्रांसीसी क्रिया सीखी। यह काफी मेहनत का काम है, क्या तुम्हें नहीं लगता?

दीवार पर मार्गोट के बगल में शर्मिंदा होकर बैठी मूशी के साथ, मार्गोट और पीटर हमारे कमरे में पढ़ रहे थे। मेरी अनियमित फ्रांसीसी क्रियाओं के बाद

मैं उनके साथ जुड़ गई और द वुड्स आर सिंगिंग फॉर ऑल इटरनिटी पढ़ी। यह काफी खूबसूरत पुस्तक है, लेकिन बहुत ही असामान्य पुस्तक है। मैं उसे लगभग पूरा कर चुकी हूं।

अगले हफ्ते हमारे यहां रात बिताने के लिए बेप की बारी है।

तुम्हारी, ऐनी

गुरुवार, 29 अक्टूबर, 1942

मेरी सबसे प्यारी किटी,

मैं बहुत परेशान हूं। पिताजी बीमार है। ऊँचे तापमान के साथ उनका पूरा शरीर चकतों से ढक गया है। यह खसरा जैसा दिखता है। जरा सोचिए हम डॉक्टर को भी फोन नहीं कर सकते। पसीना बाहर आने के साथ बुखार उतर जाने की उम्मीद में, माँ उन्हें पसीना लाने का प्रयास कर रही थी।

आज सुबह मीप ने हमें बताया कि जुइडर - एमस्टेलायन के अपार्टमेंट से फर्नीचर हटा दिया गया है। हमने श्रीमती फॉन डान को अभी तक नहीं बताया। हाल ही में उन्हें बहुत ज्यादा 'तंत्रिका अवसाद' हो गया था, और हम सभी सुंदर चीन और प्यारी कुर्सियों के बारे में, जिन्हें उनको पीछे छोड़ना पड़ा था, उन्हें फिर से शोक करते और कराहते हुए सुनना नहीं चाहते है। हमें अपनी अधिकांश अच्छी चीजों को भी पीछे छोड़ना पड़ा। लेकिन अब इस बारे में बड़बडाने से क्या फायदा?

पिता चाहते हैं कि मैं हैबेल और अन्य प्रसिद्ध जर्मन लेखकों की किताबें पढ़ना शुरू करूं।

मैं अब जर्मन को अच्छी तरह से पढ़ सकती हूं। सिवाय इसके कि मैं आमतौर पर खुद के मन में पढ़ने की जगह उनको बुदबुदाती रहती हूं। लेकिन यह सब चलता है। पिताजी ने पुस्तकों की बड़ी अलमारी से गेटे और शिलर के नाटकों को चुना हैं और हर शाम मेरे लिए उसे पढ़ने की तैयारी कर रहे हैं। हमने डॉन कार्लोस के साथ शुरुआत की है। पिता के अच्छे उदाहरण से उत्साहित होकर माँ ने अपनी प्रार्थना पुस्तक मेरे हाथों में रख दी। लिहाज़ के तौर पर मैंने जर्मन में कुछ प्रार्थनाएं पढ़ीं। वे सुनने में अच्छी थीं, लेकिन मेरे लिए उनके कुछ खास मायने नहीं थे। वे मुझे इतनी धार्मिक व भक्तिमय बनाने पर क्यों तुली हैं!

हम कल पहली बार अंगीठी को जलाने जा रहे हैं। चिमनी को काफी समय से साफ नहीं किया है, इसलिए कमरा धुएं से भर गया है। उम्मीद है कि बात बन जाएगी!

तुम्हारी, ऐनी

सोमवार, 2 नवंबर, 1942

प्रिय किटी,

बेप शुक्रवार शाम हमारे साथ रही, यह मजेदार था लेकिन वह सही से सो नहीं पाई, क्योंकि उसने कुछ शराब पी ली थी। बाकी बताने के लिए कुछ खास नहीं है। मुझे कल भयानक सिर दर्द हुआ और मैं बिस्तर पर जल्दी चली गई और मार्गोट फिर से खीझ रही थी।

आज सुबह मैंने कार्यालय से एक इंडेक्स कार्ड फ़ाइल को करीने से लगाना शुरु किया, क्योंकि यह गिर गई थी और सब गड़बड़ हो गया था। थोड़ी ही देर बाद मैं पागल हो गई। मैंने मार्गोट और पीटर को सहायता करने के लिए कहा, लेकिन वे बहुत आलसी थे। तो मैंने उनका विचार त्याग दिया।

मैं इतनी पागल भी नहीं कि सारा काम खुद करूं!

ऐनी फ्रैंक!

पश्च लेख : मैं एक जरूरी खबर का जिक्र करना भूल गई। मुझे शायद मासिक धर्म शुरू होने जा रहे हैं। मैं यह बता सकती हूं कि मुझे अपनी पेंटी में एक सफेद धब्बा देखा है और माँ ने भविष्यवाणी की है कि यह जल्द ही शुरू होगा। मैं शायद ही और इंतजार कर सकूं। यह एक महत्वपूर्ण घटना है। बहुत बुरा है, मैं सेनेटरी नैपकिन का इस्तेमाल नहीं कर सकती, अब उनका मिलना मुश्किल है। माँ के टैम्पोन का उपयोग केवल उन महिलाओं के द्वारा किया जा सकता है जिन्हें एक बच्चा हुआ हो।

गुरुवार, 5 नवंबर, 1942

प्रिय किटी,

ब्रिटिश ने आखिरकार अफ्रीका में कुछ कामयाबी हासिल की है और स्टेलिनग्राद अभी तक नहीं हारा है, इसलिए लोग खुश है और हमने आज सुबह कॉफी पी। बाकी बताने के लिए कुछ खास नहीं है।

इस हफ्ते मैंने बहुत अधिक पढ़ाई की और बहुत कम काम किया। चीजों को इसी तरह से होना चाहिए। यह अवश्य ही सफलता की राह है।

माँ और मेरे संबंध हाल ही में बेहतर हो रहे हैं। लेकिन हम कभी भी नजदीक नहीं आएंगे। पिताजी अपनी भावनाओं को खुलकर व्यक्त नहीं करते है, लेकिन वह हमेशा से प्यारे इंसान रहे हैं। हमने कुछ दिन पहले अंगीठी जलाई थी और पूरा कमरा अभी भी धुएं से भरा है। मैं सेन्टल हीटिंग पसंद करती हूं और शायद मैं ही इकलौती नहीं हूं। मार्गोट बदमाश है। (इसके लिए कोई अन्य शब्द नहीं है) और दिन रात चिड़चिड़ाहट पैदा करती है।

ऐनी फ्रैंक

शनिवार, 7 नवंबर, 1942

सबसे प्रिय किटी,

माँ का धैर्य बिल्कुल सीमा पर है, और यह मेरे लिए अच्छा नहीं है। क्या यह सिर्फ एक संयोग है कि पिताजी और माताजी ने कभी भी मार्गोट को नहीं डांटा और हमेशा मुझे हर चीज के लिए दोषी ठहराते रहते हैं। उदाहरण के लिए कल रात मार्गोट सुंदर चित्रों वाली पुस्तक पढ़ रही थी; वह उठी और किताब को बाद में पढ़ने के लिए एक तरफ रख दिया। मैं कुछ भी नहीं कर रही थी, इसलिए मैंने उसे उठाया और चित्रों को देखना शुरु किया। मार्गोट वापस आई तब उसने मेरे हाथों में उसकी पुस्तक देखी, भौंहे चढ़ाई और बुरी तरह से व्यवहार करके पुस्तक वापस माँगी। मैं इसे थोड़ा और ज्यादा देखना चाहती थी। मार्गोट कुछ ही क्षण में गुस्सा हो गई और माँ ने टांग अड़ाई : 'मार्गोट उस पुस्तक को पढ़ रही थी; उसे वापस दे दो।'

पिता अंदर आए और यह जाने बिना कि क्या चल रहा था, उन्होंने देखा कि मार्गोट के साथ अन्याय हो रहा था और मुझ पर जमकर बरसे : "मैं यह देखना चाहता हूं कि अगर मार्गोट तुम्हारी पुस्तक देख रही होती तो तुम क्या करती?"

मैंने तुरंत पुस्तक नीचे रख दी और उनके हिसाब से, कमरे को आवेश में छोड़ दिया। मैं ना तो आवेश में थी और ना ही चिढ़ी, बल्कि केवल दुखी थी।

पिताजी को मुद्दे को जाने बिना निर्णय देना ठीक नहीं था। मैं अपने आप ही मार्गोट को बहुत ही जल्दी किताब दे दी होती, यदि पिता और माँ ने दखल नहीं दिया होता और उसका पक्ष लेने की जल्दी ना दिखाई होती, मानो मार्गोट कितना बेइंसाफी झेल रही है।

बेशक माँ ने मार्गोट का पक्ष लिया; वे हमेशा एक दूसरे का पक्ष लेते हैं। मुझे इसकी आदत है, मैं माँ की फटकार और मार्गोट का चिड़चिड़ेपन के प्रति उदासीन हो चुकी हूं। मैं उन्हें प्यार करती हूं लेकिन केवल इसलिए कि वह माँ और मार्गोट है। मैं लोगों के रूप में उनमें कोई दिलचस्पी नहीं लेती। जहां तक मेरा सवाल है, वे कहीं भी जाकर डूब सकते है। पिता के साथ यह थोड़ीअलग है। जब मैं उन्हें मार्गोट के लिए पक्षपाती होते, उसकी हर कार्रवाई को मंजूर देते हुए, उसकी प्रशंसा करते हुए, उसे गले लगाते हुए देखती हूं, तो मुझे अंदर से एक दर्द महसूस होता है, क्योंकि मैं उनके के लिए पागल हूं, और उनसे ज्यादा प्यार मैं किसी से भी नहीं करती हूं। वे महसूस नहीं करते कि वे मार्गोट के साथ और मुझसे अलग व्यवहार करते हैं : मार्गोट सबसे दयालु, चतुर, सुंदर और अच्छी है, लेकिन मुझे भी गंभीरता से लेने का अधिकार है। मैं हमेशा परिवार की जोकर और शरारत निर्माता रही हूं।

मुझे हमेशा अपने पापों के लिए दोगुना भुगतान करना पड़ा है : एक बार डांट के साथ और फिर निराशा की अपनी भावना के साथ। मैं अब और अर्थहीन स्नेह या गंभीर समझी जाने वाली बातों से संतुष्ट नहीं होती हूं। मैं पिता की तरफ से कुछ इच्छा रखती हूं जो कि वह देने में असमर्थ है। मुझे मार्गोट से जलन नहीं है; मैंने कभी नहीं की है। मुझे उसके दिमाग या उसकी सुंदरता से ईर्ष्या नहीं है। बस सिर्फ इतना है कि मैं यह महसूस करना चाहूंगी कि पिता वास्तव में मुझसे प्यार करते हैं, इसलिए नहीं कि मैं उनकी बेटी हूं, लेकिन इसलिए क्योंकि "मैं" मैं हूं, एनी।

मैं पिता से जुड़ी हुई हूं, क्योंकि माँ के लिए मेरी तिरस्कार भावना दिन-ब-दिन बढ़ रही है और यह सिर्फ उनकी बदौलत है कि मैं परिवार भावना जिसे मैं छोड़ चुकी हूं, की अंतिम कतरे को बनाए रखने में सक्षम हूं। वे नहीं समझते है कि मुझे कभी-कभी माँ के लिए अपनी भावनाओं को बाहर निकालने की आवश्यकता पड़ती है। वे इसके बारे में बात नहीं करना चाहते और माँ की किसी भी कमजोरी के बारे में बातचीत से वे बचते हैं।

और फिर भी माँ अपनी कमियों के साथ, मुझ पर बर्ताव में भारी पड़ती है। मुझे नहीं पता कि मुझे कैसे व्यवहार करना चाहिए। मैं बहुत अच्छी तरह से उनकी लापरवाही, उनकी व्यंग्य और उनकी कठोरता के साथ उनका सामना नहीं कर सकती, फिर भी मैं हर चीज के लिए दोष लेना जारी नहीं रख सकती।

मैं माँ के विपरीत हूं, इसलिए हमारी टक्कर हो जाती है। मेरा मतलब उनका आकलन करना नहीं होता है, मेरे पास वह अधिकार नहीं है। वह मेरे लिए माँ नहीं है- मुझे खुद माँ की तरह अपना ध्यान रखना होगा। मैंने खुद को उनसे अलग कर

लिया है। मैं अपनी खुद की योजना अपना रही है और देखते हैं कि यह मुझे कहां ले जाता है। मेरे पास कोई विकल्प नहीं है, क्योंकि मैं यह देख सकती हूं कि एक माँ और एक पत्नी को कैसा होना चाहिए और मेरा किसी महिला में इस तरह का कुछ भी ढूंढ पाना प्रतीत नहीं होता है, जिसे मुझे माँ कहना चाहिए।

मैं अपने आप को बार-बार माँ के बुरे उदाहरण को नजरअंदाज करने के लिए कहती हूं। मैं केवल उनके अच्छे बिंदुओं को देखना चाहती हूं और खुद के अंदर देखना चाहती हूं कि मुझ में क्या कमी है। लेकिन यह काम नहीं करता है, और सबसे बुरी बात यह है कि पिता और माता को अपनी स्वयं की अपर्याप्तता और मुझे नीचा दिखाने के लिए मैं उन्हें कितना दोष देती हूं, का एहसास भी नहीं होगा। क्या कोई माता-पिता है जो अपने बच्चों को पूरी तरह से खुश रख सकते हैं?

कभी-कभी मुझे लगता है कि भगवान वर्तमान और भविष्य दोनों में मेरी परीक्षा लेने का प्रयास कर रहा है। मुझे अपने दम पर अच्छा व्यक्ति बनना होगा, बिना किसी आदर्श व्यक्ति केया मुझे सलाह देने वालों के, और यह मुझे अंत में मजबूत बना देगा।

मेरे अलावा और कौन इन पत्रों को कभी पढ़ने जा रहा है? मेरे अलावा और किसे मैं आराम से बदल सकती हूं? मुझे अक्सर सांत्वना की आवश्यकता होती है। मैं अक्सर दुर्बल महसूस करती हूं, और आधे से अधिक बार, मैं अपेक्षाओं को पूरा करने में असफल रहती हूं। और हर दिन मैं बेहतर बनने का प्रयास करने का फैसला करती हूं।

मेरे लिए वे अपने व्यवहार में अटल नहीं है। एक दिन वे कहते हैं कि ऐनी एक समझदार लड़की है और उसे सब कुछ जानने का हक है और अगले दिन कहते हैं कि ऐनी एक अल्प बुद्धि है, जो कुछ नहीं जानती है और फिर भी सोचती है कि उसने वह सब सीखा है जो उसे पुस्तकों से सीखने की आवश्यकता है। मैं अब कोई बच्ची नहीं हूं, जिसकी हर बात पर हंसा जा सकता है। मेरे अपने विचार, योजनाएं और आदर्श हैं, लेकिन मैं उन्हें अभी तक स्पष्ट नहीं कर पा रही हूं।

ओह! अच्छा रात में जब मैं अकेली होती हूं तो मेरे दिमाग में बहुत कुछ आता है और दिन के समय मैं ऐसे लोगों को बर्दाश्त करने के लिए मजबूर हो जाती हूं जिन्हें मैं सहन नहीं कर सकती या जो हमेशा मेरे इरादों का गलत अर्थ निकालते रहते हैं। यही कारण है कि मैं हमेशा अपनी डायरी के पास वापस आ जाती हूं- मैं शुरुआत करती हूं और समाप्त करती हूं, क्योंकि किटी हमेशा सहनशील होती है। मैं उससे वादा करती हूं कि कुछ भी हो जाए मैं लगी रहूंगी। मैं अपना रास्ता

खोज लूंगी और अपने आंसुओं को पी जाऊंगी। काश, मैं कुछ परिणाम देख सकूं या केवल एक बार मुझे किसी ऐसे से बढ़ावा मिल सके जो मुझसे प्यार करता हो।

मेरा तिरस्कार मत करो, बल्कि मुझे एक ऐसे व्यक्ति के रूप में सोचो जो कभी भी फटने के बिंदु पर पहुंच सकता है।

तुम्हारी, ऐनी

सोमवार, 9 नवंबर, 1942

सबसे प्रिय किटी,

कल पीटर का सोलहवां जन्मदिन था। मैं 8:00 बजे तक ऊपर थी और पीटर और मैंने उसके उपहारों को देखा। उसे मोनोपॉली की एक गेम मिली थी, एक उस्तरा और एक धूम्रपान लाइटर। ऐसा इसलिए नहीं है कि वह ज्यादा धूम्रपान करता है, बिल्कुल नहीं, यह सिर्फ बस विशिष्ट दिखता है।

सबसे बड़े आश्चर्य की बात है श्रीमान फॉन डान की ओर से आई, उन्होंने एक बजे सूचना दी कि अंग्रेज ट्यूनिस, अल्जीयर्स, कैसाब्लांका और ओरान में उतर गए थे।

यह अंत की शुरुआत है, हर कोई कह रहा था, लेकिन चर्चिल, ब्रिटिश प्रधानमंत्री ने जिन्होंने इंग्लैंड में दोहराई जा रही एक ही बात को जरूर सुना होगा, घोषित किया कि "यह अंत नहीं है यह अंत की शुरुआत भी नहीं है।" लेकिन यह शायद शुरुआत का अंत है। क्या तुम्हें कुछ फर्क नजर आता है, हालांकि आशावादी होने के लिए वजह है। स्टेलिनग्राद, एक रूसी शहर जिस पर 3 महीने से हमले हो रहे हैं, अभी भी जर्मन के कब्जे में नहीं गया है।

उपभवन की सच्ची भावना के मुताबिक, मुझे आपसे भोजन के बारे में बात करनी चाहिए (मुझे यह समझाना चाहिए कि सबसे ऊपरी मंजिल पर वे वास्तविक पेटू है।)

श्रीमान क्लेमन के एक दोस्त, एक बहुत अच्छे नानबाई के द्वारा रोज रोटी वितरित की जाती है। बेशक, हमें उतनी नहीं मिलती थी जितनी घर पर मिलती थी, लेकिन यह पर्याप्त है। हम ब्लैक मार्केट से राशन की किताबें भी खरीदते हैं। कीमत बढ़ती रहती है; यह पहले से ही 27 से 33 गिल्डरों तक बढ़ गया है और वह भी मात्र कागज के मुद्रित पत्र के लिए।

अपने आप को पोषण का एक साधन उपलब्ध कराने के लिए हमने, 300 पाउंडस सेम ख़रीदे हैं, जो हमारे यहां संग्रहित भोजन के 100 डिब्बे से अलग रखे जाएंगे। ना केवल हमारे लिए बल्कि कार्यालय के कर्मचारियों के लिए भी। हमने अपने गुप्त प्रवेश द्वार के अंदर, सेम की बोरियों को बीच में हुकों पर लटका दिया, लेकिन कुछ एक की सिलाई भार की वजह से खुल गई। इसलिए हमने उन्हें अटारी में ले जाने का निर्णय लिया और पीटर को भार उठाने का काम सौंपा गया। वह छ: बोरियों में से पांच को ऊपर ले जाने में सफल रहा और जब वह आखिरी में व्यस्त था, तब बोरी फट गई और सेम की बाढ़ या बल्कि ओलावृष्टि हवा में उड़ती हुई नीचे जा गिरी। चूंकि उस बोरी में 50 पाउंड्स सेम थे, इससे मुर्दों को भी जगाने लायक काफी शोर हुआ। नीचे जो लोग थे उनको यकीन हो गया कि मकान उनके सिर पर गिरने वाला है। पीटर भौचक्का रह गया, लेकिन हंसते-हंसते उसके पेट में दर्द होने लग गया। जब उसने मुझे सीढ़ियों के नीचे देखा, बींस के समुद्र में भूरी लहरों के बीच मैं किसी द्वीप जैसी दिख रही थी। हमने तुरंत उन्हें उठाना शुरू कर दिया, लेकिन सेम इतने छोटे और फिसलन वाले होते हैं कि वे हर कोने और छेद में लुढ़क जाते हैं। अब हर बार जब हम ऊपर जाते हैं, तो हम झुकते हैं और इधर उधर ढूंढ़ते हैं ताकि हम श्रीमती फॉन डान को मुट्ठी भर फलियां पेश कर सके।

मैं यह बताना भूल गई थी कि पिता अपनी बीमारी से उभर चुके हैं।

तुम्हारी, ऐनी

पश्च लेख : रेडियो ने भी ऐलान किया कि अल्जीयर्स हार गया है। मोरक्को, केसलाब्लांका और ओरान कई दिनों से अंग्रेजों के कब्जे में हैं। अब हम ट्यूनिस की प्रतीक्षा कर रहे हैं।

मंगलवार, 10 नवंबर, 1942

सबसे प्रिय किटी,

बढ़िया खबर! हमारे साथ छिपने के लिए आठवां व्यक्ति आ रहा है।

हाँ सचमुच! हमने हमेशा सोचा था कि एक और व्यक्ति के लिए पर्याप्त जगह और भोजन था, लेकिन हम श्रीमान कुगलर और श्रीमान क्लेमन पर और अधिक बोझ डालने से डरते थे। लेकिन जब से यहूदियों के साथ बढ़ते अत्याचार की खबरें दिन ब दिन बढ़ती जा रही हैं, पिता ने इन दोनों सज्जनों के विचार जानने

का प्रयास करने का फैसला लिया और उन्हें लगा कि यह एक उत्कृष्ट योजना है। चाहे सात हो या आठ, यह उतना ही खतरनाक है, उन्होंने सही उल्लेख किया। एक बार जब यह तय हो गया तो हम बैठ गए और एक ऐसे व्यक्ति को ढूंढ निकालने का प्रयास करते हुए जो हमारे विस्तृत परिवार के साथ अच्छे से घुल मिल जाता है, मानसिक तौर पर अपने परिचितों के दायरे में नजर दौड़ाई। यह कार्य कठिन नहीं था। पिता द्वारा फॉन डान के सभी रिश्तेदारों को खारिज करने के बाद हमने अल्फ्रेड डसेल नामक एक दंत चिकित्सक को चुना। वह एक सुंदर ईसाई युवती के साथ रहते हैं, जो उनसे बहुत जवान है। उन्होंने शायद शादी नहीं की है, लेकिन यह बात मुद्दे से अलग है। वह शांत और सुसंस्कृत जाना जाता है, और उसके साथ हमारे ऊपरी परिचय से वह अच्छा मालूम पड़ता है। मीप भी उसे जानती है, इसलिए वह जरूरी व्यवस्था करने में सक्षम होगी। यदि वह आता है तो, श्रीमान डसेल को मार्गोट के बजाय मेरे कमरे में सोना होगा, जिसे फ़ोल्डिंग बिस्तर से काम चलाना पड़ेगा। हम उसे अपने साथ कुछ लाने को कहेंगे, जिससे कैविटीज़ यानि दांतों के छेद को भरा जा सके।

तुम्हारी, ऐनी

गुरुवार, 12 नवंबर, 1942

सबसे प्रिय किटी,

मीप हमें बताने आई थी कि वह डॉक्टर डसेल को मिलने गई थी। जैसे ही वह कमरे में आई, उसने उससे पूछा कि क्या वह छिपने की जगह के बारे में जानती है और वह बहुत प्रसन्न हुआ, जब मीप ने कहा कि उसके दिमाग में एक जगह है। उसने कहा कि उन्हें जल्द से जल्द छिपने की आवश्यकता है, अच्छा होगा अगर शनिवार को ही, लेकिन उन्होंने सोचा कि यह असंभव था, क्योंकि वह अपने लेख प्रमाणों का नवीनीकरण, खातों का भुगतान, और कुछ एक मरीज को मरीजों को देखना चाहता था। मीप ने आज सुबह हमें संदेश भेज दिया। हमें नहीं लगा कि इतने लंबे समय तक प्रतीक्षा करना समझदारी होगी। इन सभी तैयारियों के लिए विभिन्न लोगों को विवरण देने की आवश्यकता है, जिन्हें हम अंधेरे में रखना चाहते हैं। मीप यह पूछने के लिए गई कि क्या डॉक्टर डसेल शनिवार को आने का प्रबंधन नहीं कर सकते, लेकिन उसने कहा कि नहीं, और अब सोमवार को उसका पहुंचना तय है।

मुझे लगता है कि यह अजीब है कि उसने हमारे प्रस्ताव को स्वीकार नहीं किया। यदि वे उसे सड़क पर से उठा लेते है, तो इससे ना तो उसके लेखा प्रमाणों को और ना ही उसके मरीजों को लाभ होगा, तो देर क्यों? अगर आप मुझसे पूछे, तो उसका मजाक उड़ाना पिताजी की मूर्खता है।

वरना, कोई खबर नहीं।

तुम्हारी, ऐनी

मंगलवार, 17 नवंबर, 1942

सबसे प्रिय किटी!

श्रीमान डसेल आ गए है। सब कुछ ठीक-ठाक हो गया है। मीप ने उन्हें सुबह 11:00 बजे डाक घर के सामने एक निश्चित स्थान पर आने के लिए कहा, जहाँ उन्हें एक आदमी मिलेगा और वह निश्चित समय पर निश्चित स्थान पर थे। श्रीमान क्लेमन उनके पास गए, और बताया कि वे जिस व्यक्ति से मिलने की आशा कर रहे हैं, वह आने में असमर्थ है और उन्हें मीप से मिलने के लिए कार्यालय तक छोड़ने के लिए पूछा। श्रीमान क्लेमन ने वापस कार्यालय के लिए ट्राम ली और श्रीमान डसेल ने पैदल अनुसरण किया।

ग्यारह बीस हो गए थे। जब श्रीमान डसेल ने कार्यालय के दरवाजे को खटखटाया। मीप ने उन्हें अपना कोट उतारने के लिए कहा, ताकि पीला सितारा देखा न जा सके और उन्हें निजी कार्यालय में ले आई, जहां श्रीमान क्लेमन ने उन्हें तब तक काम पर लगाए रखा जब तक की सफाई वाली महिला नीचे नहीं चली गई। निजी कार्यालय में किसी और चीज की जरूरत है, इस बहाने से मीप श्रीमान डसेल को ऊपर ले आई, पुस्तकों की अलमारी खोली और अंदर चली गई, जबकि श्रीमान डसेल हैरानी से देखते रह गए।

इस बीच में हम में से सात कॉफी और शराब के साथ, अपने परिवार के नवीनतम संकलन की प्रतीक्षा करने के लिए, खाने की टेबल के चारों ओर बैठ गए। मीप पहले उन्हें फ्रैंक परिवार के कमरे में ले आई। उन्होंने तुरंत हमारे फर्नीचर को पहचान लिया, लेकिन उन्हें पता नहीं था कि हम ऊपर हैं। जब मैंने उन्हें बताया तो वह बहुत हैरान हुए और लगभग बेहोश ही हो गए। ईश्वर का शुक्र है कि उन्हें और अधिक असमंजस में नहीं छोड़ा, और उन्हें ऊपर ले आई। श्रीमान डसेल कुर्सी पर बैठ गए, और उन्होंने भौचक्के सन्नाटे में हमें घूरा, जैसे वे सोच रहे हो कि

वह हमारे चेहरे पर सच्चाई पढ़ सकते हैं। फिर वह हकलाए “अबेर... लेकिन क्या आप बेल्जियम में निट? अधिकारी, ऑटो, वे नहीं आ रहे थे? तुम्हारा भागना काम नहीं कर रहा था?”

हमने उन्हें पूरी बात बताई कि कैसे हमने जानबूझकर अधिकारी, और जर्मन लोगों को फेंकने के लिए कार की और अन्य कोई जो असामान्य तरीके से हमारी तलाशी में आ सकता था, के बारे में अफवाह फैलाई थी। श्रीमान डसेल इस तरह की सरलता के सामने चुप थे, और वह हैरानी से चारों ओर टकटकी लगाए देखने के अलावा कुछ और नहीं कर सकते थे, क्योंकि उन्होंने हमारे प्यारे और अति व्यवहारिक उपभवन को खोजा था। हम सभी ने एक साथ दोपहर का भोजन किया। फिर उन्होंने एक छोटी सी झपकी ली, चाय पर हमारे साथ शामिल हुए, अपने कुछ सामान रखे जिन्हें मीप पहले ही यहां लाने के लिए सफल रही थी और काफी कुछ घर जैसा महसूस करने लगे। खासकर तब हमने उन्हें सीक्रेट उपभवन के नियम कायदों की टाइप की गई सूची (जो फॉन डान द्वारा प्रस्तुत की गई थी) पकड़ाई।

सीक्रेट उपभवन की जानकारी और मार्गदर्शक

यहूदी और अन्य वंचित व्यक्तियों के अस्थाई आवास के लिए
एक अनूठी सुविधा

पूरे साल भर खुला : एमस्टरडम के दिल में सुंदर, शांत, हरे भरे परिवेश में स्थित है। आसपास के क्षेत्र में कोई निजी निवास नहीं है। 13 या 17 की ट्राम से और कार व साइकिल से भी पहुंचा जा सकता है। उन लोगों के लिए जिनके लिए जर्मन अधिकारियों द्वारा इस तरह के परिवहन की मनाही है, पैदल भी पहुंचा जा सकता है। सुसज्जित कमरे और अपार्टमेंट भोजन के साथ या भोजन के साथ बिना, हर समय उपलब्ध है।

मूल्य : निशुल्क।

आहार : कम वसा वाला।

बाथरूम में *लगातार पानी* (माफ कीजिए, स्नान नहीं कर सकते), *अंदर और बाहर की दीवारों* पर भी, गर्मी के लिए आरामदेह चूल्हा।

विभिन्न प्रकार के सामानों के लिए पर्याप्त भंडारण स्थान, दो बड़ी, आधुनिक तिजोरियां।

लंदन, न्यूयॉर्क, तेल अवीव और कई अन्य स्टेशनों के सीधे प्रसारण के साथ निजी रेडियो शाम 6:00 बजे के बाद सभी निवासियों के लिए उपलब्ध है। कुछ निश्चित अपवादों के साथ निषिद्ध प्रसारण सुनने की मनाही, जर्मन स्टेशन केवल शास्त्रीय संगीत सुनने के लिए लगाए जा सकते हैं। जर्मन समाचार बुलेटिनों को सुनना (इस पर ध्यान दिए बिना कि ये कहां से प्रसारित हो रहे हैं) और इसे दूसरों तक पहुँचाना बिल्कुल मना है।

आराम का समय : रात 10:00 बजे से सुबह 7:30 बजे तक; रविवार को सुबह 10:15 बजे तक परिस्थितियों की वजह से, निवासियों को दिन के दौरान आराम घंटों का निरीक्षण करना जरूरी है, जब प्रबंधन द्वारा ऐसा करने का निर्देश दिया जाता है। सभी की सुरक्षा सुनिश्चित करने के लिए, विश्राम घंटों का सख्ती से निरीक्षण होना चाहिए...

खाली - समय की गतिविधियां : अगली सूचना ना मिलने तक बाहर जाने की किसी को भी इजाजत नहीं है।

भाषा का प्रयोग : हर समय धीमी आवाज में बात करना जरूरी है। केवल सभ्य लोगों की बोली जा सकती है, इसलिए 'जर्मन' नहीं

पढ़ना और विश्राम : कोई भी जर्मन किताबें नहीं पढ़ी जा सकती सिवाय, क्लासिक और अध्ययनशील प्रकृति के कार्यों को छोड़कर अन्य पुस्तकें इच्छुक है।

हल्का व्यायाम : रोजाना।

गायन : धीरे और शाम 6:00 बजे के बाद...

फिल्में : पूर्ण व्यवस्था की जरूरत होती है।

शिक्षण : शार्टहैंड में एक साप्ताहिक पत्राचार पाठ्यक्रम दिन या रात किसी भी समय अंग्रेजी, फ्रेंच, गणित, और इतिहास में पाठ्यक्रम पेश किए जाते हैं। ट्यूशन के रूप में भुगतान, उदाहरण डच।

छोटे घरेलू पालतू जानवरों की देखभाल के लिए अलग से विभाग (नाशक जीवों के अपवाद के साथ, जिसके लिए विशेष इजाजत की जरूरत होती है।)

भोजन का समय:

नाश्ता : सुबह 9:00 बजे, सार्वजनिक अवकाश और रविवार को छोड़कर; रविवार और सार्वजनिक छुट्टियों पर सुबह लगभग 11:30 बजे।

दोपहर का भोजन : हल्का भोजन, दोपहर 1:15 से 1:45 बजे तक

रात का भोजन : भोजन गर्म भी हो सकता है अथवा नहीं भी। भोजन का समय समाचार प्रसारण पर निर्भर करता है।

आपूर्ति कोर के संदर्भ में दायित्व : निवासियों को हर समय कार्यालय के काम में सहायता करने के लिए अवश्य तैयार रहना चाहिए।

स्नान : वाशटब रविवार को सुबह 9:00 बजे के बाद से सभी निवासियों के लिए उपलब्ध है। निवासी चाहें अपनी इच्छानुसार निचली मंजिल पर मौजूद शौचालय, रसोईघर, प्राइवेट आफ़िस या फ्रंट आफ़िस का इस्तेमाल कर सकते हैं।

शराब : केवल औषधीय प्रयोजनों के लिए।

समाप्त

तुम्हारी, ऐनी

गुरुवार, 19 नवंबर, 1942

सबसे प्रिय किटी,

जैसा हमने सोचा था कि श्रीमान डसेल बहुत अच्छे आदमी है। बेशक उन्होंने मेरे साथ कमरा साझा करने से मना नहीं किया; इसलिए ईमानदारी से कहूं तो मैं वास्तव में एक अजनबी के साथ अपनी चीजों का इस्तेमाल करने में बिल्कुल खुश नहीं होती हूं, लेकिन आपको अच्छे काम के लिए बलिदान देने पड़ते हैं, और मुझे खुशी है कि मैं यह छोटा सा काम कर सकती हूं। पिताजी ने कहा, "यदि हम अपने दोस्तों में से किसी एक को भी बचा ले, तो बाकी चीज से कोई फर्क नहीं पड़ता", और वह बिल्कुल सही है।

पहले दिन श्रीमान डसेल यहां थे, उन्होंने मुझसे सभी प्रकार के प्रश्न पूछे- जैसे सफाई करने वाली महिला कार्यालय में किस समय आती है, हमने स्नान घर इस्तेमाल करने की व्यवस्था कैसे की है, और हमें कब शौचालय जाने की इजाजत है। आप शायद हंसे, लेकिन यह चीजें एक छिपने के स्थान में इतनी आसान नहीं होती है। दिन के समय हम ऐसी जरा भी आवाज नहीं कर सकते जिसे नीचे की ओर सुना जा सके, और जब कोई और होता है, जैसे कि सफाई वाली महिला, हमें और भी सावधानी बरतनी पड़ती है। मैंने धैर्यपूर्वक यह सब से डसेल को समझाया,

लेकिन मुझे यह देखकर हैरानी हुई कि वह समझने में कितने धीमे है। वह हर बात को दो बार पूछते हैं और फिर भी याद नहीं रख पाते हैं कि आपने उनसे क्या कहा है।

हो सकता है कि वह अचानक हुए परिवर्तन की वजह से परेशानी में है और वह इससे उबर जाएंगे। वरना सब कुछ ठीक चल रहा है।

श्रीमान डसेल ने हमें बाहरी दुनिया के बारे में बहुत कुछ बताया है जिसकी हमने लंबे समय से कमी महसूस की है। उनके पास दुखद समाचार था। अनगिनत दोस्तों और परिचितों को एक भयानक भाग्य के मातहत डाल दिया गया है और रात दर रात, हरे और भूरे रंग के सैन्य वाहन सड़कों पर चलते हैं। वे हर दरवाजे पर दस्तक देते हैं और पूछते हैं कि क्या कोई यहूदी वहां रहता है। यदि हां, तो पूरे परिवार को तुरंत ले जाया जाता है। यदि नहीं, तो वे अगले घर में जाते हैं, जब तक आप छिपते नहीं है, तब तक उनके चंगुल से बचना नामुमकिन है। वे अक्सर सूचियों के साथ चारों ओर घूमते हैं, केवल उन दरवाजों पर दस्तक देते हैं जहां उन्हें लोगों के मिलने की उम्मीद होती है। वे बार-बार हर व्यक्ति के लिए एक इनाम की पेशकश करते हैं। यह पुराने दिनों में गुलामों की खोज करने की तरह है। मेरा इसे महत्वपूर्ण मानने का मतलब नहीं है; उनके लिए यह बहुत दुखद है। शाम को जब अंधेरा होता, मैं अक्सर रोते हुए बच्चों के साथ अच्छे निर्दोष लोगों की लंबी लाइन देखती हूं,लगातार चलते हुए मुट्ठी भर लोगों को आदेश देते हुए, जो उन्हें धमकाते हैं, तब तक पीटते हैं जब तक कि वे लगभग गिर नहीं जाते और किसी को बख्शा नहीं जाता। बीमार, बुजुर्ग, बच्चे, छोटे बच्चे, गर्भवती महिलाएं - सबको उनकी मृत्यु तक पहुंचाया जाता है।

उथल-पुथल से दूर, हम यहां बहुत भाग्यशाली है। हमने एक क्षण के लिए भी इन लोगों के बारे में नहीं सोचा होता यदि यह तथ्य नहीं होता कि हम उनके लिए परेशान हैं, जिन्हें हम ज्यादा महत्व देते हैं, जिनकी हम अब और मदद नहीं कर सकते। गर्म बिस्तर पर सोते हुए मैं पापी महसूस करती हूं, जबकि बाहर कई मेरे दोस्त थकावट से गिर रहे हैं। या जमीन पर गिरा दिए जाते हैं।

जब मैं उन करीबी दोस्तों के बारे में सोचती हूं, जो अब पृथ्वी पर अकड़ कर चलने वाले क्रूरतम राक्षसों की दया पर है, तो मैं डर जाती हूं।

और यह सब इसलिए क्योंकि वे यहूदी हैं।

तुम्हारी, ऐनी

शुक्रवार, 20 नवंबर, 1942

सबसे प्रिय किटी,

हम सही में नहीं जानते कि कैसे प्रतिक्रिया करें। अब तक यहूदियों के बारे में बहुत कम समाचार हमारे यहां पहुंची है, और जितना हो सके हमें उतना हंसमुख रहना सही लगा। हमें समय-समय पर मीप बताया करती थी कि उसके दोस्त के साथ क्या हुआ, और माँ और श्रीमती फॉन डान रोना शुरु कर देती, इसलिए उसने फैसला किया कि अब कुछ भी ना बताना ही सही है। लेकिन हमने श्रीमान डसेल पर प्रश्नों की बमबारी कर दी, और उन्हें जो कहानियां सुनानी पढ़ी, वे इतनी भीषण और भयानक है कि हम उन्हें अपने दिमाग से बाहर नहीं निकाल सकते हैं। एक बार हमने समाचार को पचाने के लिए समय ले लिया, तो हम शायद अपने सामान्य मजाक और चिढ़ाने पर वापस चले जायेंगे। अगर हम जैसे उदास अब हैं, वैसे ही आगे रहते तो इसे ना तो हमारा भला होगा और ना ही उनका जो बाहर रहते हैं। गुप्त उपभवन को एक उदास उपभवन में परिवर्तित करने का क्या मतलब होगा?

कोई फर्क नहीं पड़ता कि मैं क्या कर रही हूं, जो लोग चले गए उनके बारे में मैं सोचकर में उनकी कोई सहायता नहीं कर सकती हूं। मैं अपने आपको हंसते हुए महसूस करती हूं, और याद करती हूं कि इतना हंसमुख होना शर्म की बात है। लेकिन क्या मुझे सारा दिन रोते हुए गुजारना चाहिए? नहीं, मैं ऐसा नहीं कर सकती। यह निराशा एक दिन खत्म हो जाएगी।

इसके अलावा एक और दुख भी है, लेकिन अधिक व्यक्तिगत प्रकृति का है, और यह उस पीड़ा की तुलना में फीका पड़ जाता है जिसके बारे में मैंने अभी आपको बताया, फिर भी मैं आपको यह बताएं बिना नहीं रह सकती कि हाल ही में मैंने उजाड सा महसूस शुरू करना शुरु कर दिया है। मैं एक बहुत बड़े शून्य से घिरी हुई हूं। क्योंकि मेरा दिमाग मेरे दोस्त और बीते हुए अच्छे समय से भरा हुआ था, मैं कभी भी इसके बारे में नहीं सोचती थी। अब मैं या तो उदास चीजों के बारे में सोचती हूं या फिर अपने बारे में। इसमें कुछ समय लगा, लेकिन मुझे आखिरकार एहसास हुआ कि, इससे कोई फर्क नहीं पड़ता कि पिताजी कितने दयालु हो, मेरी पहली वाली दुनिया की जगह नहीं ले सकते। जब मेरी भावनाओं की बात आती है, तो माँ और मार्गोट बहुत पहले ही गिनती में आना बंद कर देते हैं।

लेकिन मैं क्यों इस मूर्खता से तुम्हें परेशान करूँ? मैं बहुत एहसान फरामोश हूं, मुझे पता है किटी। लेकिन जब, मुझे हजारों बार डांटा गया है और बहुत सारी दूसरी मुसीबतों के बारे में सोचती हूं, तो फिर मेरा दिमाग घूमना शुरू कर देता है।

तुम्हारी, ऐनी

शनिवार, 28 नवंबर, 1942

सबसे प्रिय किटी,

हम बहुत अधिक बिजली का इस्तेमाल कर रहे हैं और अब अपने हिस्से से ज्यादा खर्च कर चुके हैं। नतीजा यह है कि अब बिजली कट जाने के डर से हमें बहुत कंजूसी से उसका इस्तेमाल करना पड़ रहा है। चौदह दिनों के लिए कोई बिजली नहीं। यह एक सुखद विचार है या नहीं है? लेकिन कौन जानता है, शायद यह लंबे समय तक नहीं होगा! चार या चार तीस के बाद इतना अंधेरा रहता है कि पढ़ा भी नहीं जा सकता, इसलिए हम अत्यंत उत्साहपूर्ण गतिविधियों में समय बिताते हैं : पहेलियाँ पूछ कर, अंधेरे में हल्की कसरत करके, अंग्रेजी और फ्रेंच बोल कर, पुस्तकों की समीक्षा करके - थोड़ी देर बाद यह सब कुछ उबाऊ हो जाता है। कल मैंने एक नए शौक की खोज की : पड़ोसियों के प्रकाश वाले कमरों में झांकने के लिए दूरबीन की एक अच्छी जोड़ी का उपयोग करना। दिन के दौरान हमारे पर्दे नहीं खोले जा सकते, एक इंच भी नहीं, लेकिन जब खूब अंधेरा हो तो इसमें कोई बुराई भी नहीं है।

मुझे कभी नहीं पता था कि पड़ोसी इतने दिलचस्प हो सकते हैं। मैं कुछेक से रात के खाने पर मिली हूं, एक परिवार सिने फिल्म बना रहा है और दंत चिकित्सक एक भयभीत बूढ़ी औरत पर काम कर रहा है।

श्रीमान डसेल, जिस व्यक्ति को हम बच्चों के साथ इतनी अच्छी तरह से घुल मिल जाने वाला और उनकी पूजा करने वाला कहा जाता था, एक पुराने ढंग के नियमों का पालन करने वाले और शिष्टाचार पर असहनीय रूप से लंबे उपदेश देने वाले निकले। चूंकि मुझे जनाब के साथ अपने बहुत संकीर्ण कमरे को साझा करने की विलक्षण खुशी मिली है, और चूंकि मुझे आमतौर पर तीन युवाओं में सबसे खराब व्यवहार करने वाली माना जाता है, यही सब है जो मैं बारंबार मेरे सिर पर फेंके जाने वाली वही पुरानी डांटों और नसीहत से बचने के लिए और ना सुनने का नहाना करने के लिए कर सकती हूं। यह इतना बुरा नहीं होता है अगर श्रीमान

डसेल इस तरह के चुगलखोर नहीं होते और माँ को अपनी रिपोर्ट का प्राप्तकर्ता होने के लिए नहीं चुना होता। श्रीमान डसेल ने मुझे अभी दंगा अधिनियम पढ़ाया है, माँ एक बार मुझे फिर से व्याख्यान देती है, इस बार पूरी पुस्तक मुझ पर फेंककर और अगर मैं वास्तव में भाग्यशाली हूं, श्रीमती फॉन डान मुझे पाँच मिनट के बाद डांटती है और साथ ही कानून भी निर्दिष्ट करती हैं।

वास्तव में, बेकार की आलोचना करने वाले परिवार के ध्यान का केंद्र, बुरी परवरिश का नमूना होना आसान नहीं होता है।

रात में बिस्तर पर जैसा कि मैंने अपने कई पापों और अतिरंजित कमियों को इंगित किया है, मैं इतनी चीजों को देखकर जिन्हें विचार में लाना है, से इतनी उलझन में आ जाती हूँ, कि मैं या तो हंसती हूँ या रोती हूं, यह सब मेरे मूड़ के ऊपर निर्भर करता है। फिर जो मैं हूं उसे अलग बनने की, या जो मैं बनना चाहती हूं उससे अलग होने की, या शायद जो मैं हूं या जो बनना चाहती हूं उससे अलग व्यवहार करने की इच्छा की अजीब भावना के साथ सो जाती हूँ।

ओह प्रिय, अब मैं तुम्हें उलझन में डाल रही हूं। मुझे माफ कर दो, लेकिन मुझे चीजों को काटना पसंद नहीं है, और कमी के इस समय में, कागज के एक टुकड़े को उछाल फेंकना बिल्कुल मना है। इसलिए मैं तुम्हें ऊपर लिखे लेखांश को वापस से ना पढ़ने की और इसके तह तक ना पहुंचने की सलाह देती हूं, क्योंकि तुम फिर कभी भी अपना रास्ता नहीं खोज पाओगी!

तुम्हारी, ऐनी

सोमवार, 7 दिसंबर, 1942

सबसे प्रिय किटी,

इस साल ऑनेका और सेंट निकोलस डे लगभग साथ-साथ बस एक दिन के अंतर पर आए। हम ऑनेका पर ज्यादा उछल कूद नहीं कर पाए थे, केवल कुछ थोड़े से तोहफों का आदान-प्रदान किया और मोमबत्ती को जलाया। चूँकि मोमबत्तियो की आपूर्ति बहुत कम हो रही है, इसलिए उन्हें हमने केवल दस मिनट के लिए जलाया जब तक हम गीत गाते रहे, लेकिन इससे कोई फर्क नहीं पड़ता। श्रीमान फॉन डान ने लकड़ी से एक मेनोआ बनाया, इसलिए उसका भी ध्यान रखा गया था।

शनिवार को सेंट निकोलस डे और ज्यादा मजेदार था। रात के खाने के दौरान बेप और मीप पिताजी के साथ फुसफुसाने में इतने व्यस्त थे कि उसने हमारे अंदर

जिज्ञासा जगा दी और हमें शक होने लगा कि वे कुछ करने जा रहे थे। 8:00 बजे घोर अंधेरे में हम सब गलियारे से होकर नीचे कुंज में आ धमके (इसने मुझे सिहरन पैदा कर दी और मैं चाहती थी कि मैं सुरक्षित रूप से वापस ऊपर आ जाऊँ) हम प्रकाश के लिए लैंप जला सकते थे क्योंकि इस कमरे में कोई खिड़कियां नहीं है। जब ऐसा किया गया तो पिताजी ने बड़ी कैबिनेट खोल दी।

"ओह कितना कमाल का है "हम सब चीख पड़े!

कोने में रंगीन कागज से सजाई गई एक बड़ी टोकरी और काले पीटर का एक मुखौटा रखा था।

हम जल्दी से टोकरी को अपने साथ ऊपर ले गए। अंदर सभी के लिए छोटा सा तोहफा था जिसमें एक उपयुक्त कविता भी शामिल थी। क्योंकि आप सेंट निकोलस डे पर लोगों द्वारा एक-दूसरे के लिए लिखी जाने वाली कविताओं की बारीकियों से परिचित हैं, मैं आपके लिए उनकी नकल नहीं करूंगी।

मुझे गुड़िया, मेरे पिताजी को बुकऐंड यानि किताबों को सहारा देने वाला खांचा। वैसे भी यह एक अच्छा विचार था, और चूँकि हम में से आठ लोगों ने कभी सेंट निकोलस डे पहले नहीं मनाया था, तो यह शुरू करने का एक अच्छा समय था।

तुम्हारी ऐनी

पश्च लेख: हमारे पास नीचे के सभी लोगों के लिए तोहफे थे, कुछ चीजें अच्छे पुराने दिनों से बची हुई थी; साथ ही पैसे के लिए बेप और मीप हमेशा आभारी हैं।

आज हमने सुना है कि श्रीमान फॉन डान का ऐश ट्रे, श्रीमान डसेल की तस्वीर फ्रेम, और पिताजी का बुकऐंड और कोई नहीं बल्कि श्रीमान वुश्कल के हाथों द्वारा बनाए गए थे। कोई भी अपने हाथों का इतना अच्छा इस्तेमाल कैसे कर सकता है। यह मेरे लिए एक रहस्य है।

गुरुवार, 10 दिसंबर, 1942

सबसे प्रिय किटी,

श्रीमान फॉन डान माँस, सॉसेज और मसाले का व्यापार किया करते थे। उन्हें उनके मसाले के ज्ञान के लिए काम पर रखा गया था और अब हमें इस बात से बहुत खुशी होती है कि सॉसेज से जुड़े उनके कौशल से अब हमें फायदा हो रहा है।

हमने बड़ी मात्रा में माँस मंगवाया था। (जाहिर है गुप्त रूप से) क्योंकि हम आने वाले कठिन समय में संरक्षित करने की योजना बना रहे थे। श्रीमान फॉन डान ने खातवस्त, सॉसेजेस और मेटवस्त(जर्मन खाना) बनाने का फैसला किया। मुझे उन्हें कीमा बनाने की मशीन में माँस डालते हुए देखकर आनंद आया : एक बार, दो बार, तीन बार। फिर उन्होंने शेष सामग्री को कीमे में मिला दिया और मिश्रण को खोल में ठूंस कर भरने के लिए एक लंबे पाइप का उपयोग किया। हमने दोपहर के भोजन के लिए गोभी के साथ ब्रैटरस्ट खाया, लेकिन सॉस जिसे पहले संरक्षित किया जाना था, उसे पहले सुखाना पड़ता था, इसलिए हमने उन्हें छत से लटके एक पोल पर लटका दिया। हर कोई जो कमरे में आया, जब उन्होंने झूलते सॉसेज देखे, सब हंसने लगे। यह एक तरह का हास्यजनक दृश्य था।

रसोई घर अस्तव्यस्त था। श्रीमान फॉन डान, अपनी पत्नी के एप्रन पहने हुए पहले से कहीं ज्यादा मोटे दिख रहे थे, जब वे माँस पर काम कर रहे थे। खून से सने हाथ, लाल चेहरे और धब्बेदार एप्रन के साथ, वे एक वास्तविक कसाई की तरह दिख रहे थे। श्रीमती फॉन डान एक ही बार में सब कुछ करने का प्रयास कर रही थी : एक किताब से डच सीखना, सूप विलोडना, माँस की निगरानी करना, अपनी टूटी हुई पसली बारे में आहें भरना और कराहना। ऐसा तब होता है जब बूढ़ी महिलायें अपने कूल्हे की चर्बी से छुटकारा पाने के लिए ऐसी बेवकूफी भरे काम करती हैं! डसेल को आँख का संक्रमण हो गया था और वे स्टोर के बगल में बैठकर कैमोमिल चाय से अपनी आंख थपथपा रहे थे। खिड़की के माध्यम से आने वाली धूप की एक किरण में बैठे पिम, उसके रास्ते में और उसकी तरफ अपनी कुर्सी खिसकाते हुए जिससे कि वे किरण के रास्ते में बने रहे। उनका गठिया उन्हें परेशान कर रहा होगा, क्योंकि वह थोड़ा अधिक झुके हुए थे और अपने चेहरे पर एक कष्टदाई अभिव्यक्ति के साथ श्रीमान फॉन डान को देख रहे थे। उन्होंने मुझे उन वृद्ध अशक्त लोगों की याद दिला दी जिन्हें आप गरीब-घर में देखते हैं। पीटर मूशी बिल्ली, के साथ कमरे के चारों ओर उछल कूद कर रहे थे, जबकि माँ, मार्गोट, और मैं उबले हुए आलू छील रहे थे। अगर आप इन सब पर ठीक से ध्यान दें, तो हममें से कोई भी अपना काम ठीक से नहीं कर रहा था, क्योंकि हम सभी श्रीमान फॉन डान को देखने में व्यस्त थे।

डसेल ने अपनी प्रैक्टिस शुरू कर दी है। बस मज़े के लिए, मैं उनके सबसे पहले मरीज के साथ हुए सत्र की व्याख्या करूंगी।

माँ इस्त्री कर रही थी, और श्रीमती फॉन डान,उनका पहला शिकार, कमरे के बीच में एक कुर्सी पर बैठ गई। डसेल ने अपनी पेटी खोली, यूडी कोलोन माँगा जिसे एक कीटाणुनाशक के रूप में उपयोग में लिया जा सकता है, और वैसलीन माँगी, जिसका मोम के लिए उपयोग होगा। उन्होंने श्रीमती फॉन डान के मुंह में देखा और दो दांत देखे, हर बार जब वे उन्हें छू रहे थे, तब वे चिल्लाने लगती। एक लंबी जाँच के बाद (जहां तक श्रीमती वैन दान का संबंध था, क्योंकि वास्तव में इसमें दो मिनट से अधिक समय नहीं लगा था), डसेल ने एक कैविटी को खरोचना शुरू किया। लेकिन श्रीमती फॉन डान का उन्हें यह कार्य करने देने का कोई इरादा नहीं था। वह अपने हाथ और पैर पटकती रही, जब तक कि अंत में डसेल ने अपना औजार हटा नहीं लिया और... यह श्रीमती फॉन डान के दांत में फंस गया था। उसने वास्तव में यही किया। फिर क्या था! श्रीमती फॉन डान सभी दिशाओं में चीखती चिल्लाती रहीं और उसे निकालने की कोशिश करती रहीं, लेकिन वास्तव में उन्होंने उसे और अंदर कर दिया।

श्रीमान डसेल अपने कूल्हों पर हाथ रखते हुए शांति से उस दृश्य को देखते रहे। जबकि बाकी के दर्शक हंसी से लोटपोट हुए जा रहे थे। बेशक, हमारा वह व्यवहार बहुत घटिया था। यदि यह मेरे साथ किया गया होता, तो मुझे भरोसा है मैं और भी जोर से चिल्लाई होती। काफी देर तक कुलबुलाने, लात मारने, चीखने और चिल्लाने के बाद श्रीमती फॉन डान अंत में उसे एक झटके में बाहर निकलवाने में सफल हुई, और श्रीमान डसेल अपना काम करने लगे जैसे कि कुछ हुआ ही न हो। उन्होंने इतना जल्दी किया था कि श्रीमती फॉन डान के पास कोई भी अधिक मस्ती करने का समय ही नहीं था। परंतु फिर उनको बहुत अधिक सहायता की आवश्यकता थी, जितना कि उन्हें पहले कभी नहीं पड़ी थी; श्रीमती फॉन डान और मैंने अपना काम बहुत अच्छी तरीके से किया। पूरा दृश्य मध्य युग की उन नक्काशियों में से एक की तरह बन गया था जिसका शीर्षक था 'काम पर लगा एक नीम हकीम'। "इस बीच में, हालांकि, रोगी बेचैन हो गई थी, क्योंकि उन्हें " अपने "सूप और अपने " भोजन पर ध्यान देना था। एक बात निश्चित है : श्रीमती फॉन डान डेंटिस्ट से अगली मुलाकात सोच समझकर रखेंगी।

तुम्हारी, ऐनी

रविवार, 13 दिसंबर, 1942

सबसे प्रिय किटी,

मैं यहाँ सामने के कार्यालय में अच्छे से और आरामदायक बैठी हूं और भारी पर्दें में एक झिर्री के माध्यम से बाहर झांक रही हूँ। अंधेरा हो चला है, लेकिन लिखने के लिए अभी भी काफी उजाला है।

लोगों को सामने से गुजरते हुए देखना वास्तव में अजीब होता है। वे सब इतनी जल्दी में लगते है कि वे सफर लगभग अपने पैरों से ही पूरी करते हैं। जो लोग साइकिल पर होते हैं, वे इतनी तेजी से सनसनाते हुए निकल जाते है कि मैं बता भी नहीं सकती कि साइकिल पर कौन है। इस पड़ोस के लोग देखने के लिए विशेष रूप से आकर्षक नहीं हैं। बच्चे खासकर इतने गंदे होते हैं कि आप उन्हें छूना नहीं चाहेंगे। बहती नाक वाले वास्तविक झुग्गी बस्ती के बच्चे। मैं उनके बोले एक शब्द को शायद ही समझ पाऊं।

कल दोपहर, जब मार्गोट और मैं नहा रहे थे, मैंने कहा, "क्या होगा अगर हम एक मछली पकड़ने की छड़ी ले, और उन बच्चों में से हर एक को एक-एक करके जब वे पास से गुजरते हैं, उनको पकड़कर उन्हें टब में खड़ा कर दिया जाए और उनके कपड़े ठीक किए जाएं और फिर...।"

"फिर कल वे पहले की तरह ही गंदे और फटे हाल होंगे," मार्गोट ने जवाब दिया।

लेकिन मैं बड़बड़ा रही हूं। देखने के लिए दूसरी भी बहुत सी चीजें हैं : कारें, नावें और बारिश। मैं ट्राम और बच्चों की आवाज सुन सकती हूं और मैं अपने आपमे मजे ले रही हूं।

हमारी सोच हमारी ही जैसे छोटे-छोटे बदलावो के अधीन होती है। वह एक चरखी झूले के जैसे यहूदियों से लेकर भोजन, भोजन से लेकर राजनीति तक घूमते रहते हैं। वैसे यहूदियों की बात करते हुए, कल जब मैं परदे के पीछे से देख रही थी, तब मैंने वहां दो लोगो को देखा था। मुझे लगा जैसे मैं दुनिया के सात अजूबों में से एक को देख रही थी। यह मुझे इतना मजेदार लगा जिससे किमैं अधिकारियों से उनकी चुगली करना चाहूंगी और मैं अभी उनके दुर्भाग्य की जासूसी कर रही थी।

हमारे पीछे की तरफ एक हाउसबोट है। कप्तान अपनी पत्नी और बच्चों के साथ वहां रहता है। उसके पास एक छोटा सा भौंकने वाला कुत्ता है। उस छोटे कुत्ते

को हम केवल इसके भौंकने और इसकी पूँछ की वजह से जानते हैं, जिसे जब भी यह डेक के पास आसपास दौड़ता है, हम देख सकते हैं। ओह,क्या शर्म की बात है, अभी बारिश शुरू हुई है और ज्यादातर लोग अपनी छतरियों के नीचे छिपे हुए हैं। सब कुछ जो मैं देख सकती हूं, वह रेनकोट और अब और दोबारा पगड़ी से ढके सिर का पीछे का हिस्सा है। वास्तव में, मुझे देखने की भी आवश्यकता नहीं है। अब से मैं एक नज़र में महिलाओं को पहचान सकती हूं : आलू खाने से मोटी हो गई, लाल या हरे रंग के कोट और घिसे पीटे जूते पहने, उनके हाथों से झूलता एक शॉपिंग बैग, गंभीर या हँसमुख चेहरे के साथ, जो उनके पति के मुड पर निर्भर करता है।

तुम्हारी, ऐनी

मंगलवार, 22 दिसंबर, 1942

सबसे प्रिय किटी,

उपभवन को यह सुनकर खुशी हुई कि हम सभी को क्रिसमस के लिए चौथाई पाउंड मक्खन ज्यादा मिलेगा।अखबार के अनुसार, हर कोई आधा पाउंड का हकदार है, लेकिन उनका मतलब उन भाग्यशाली आत्माओं से है, जिनको उनकी राशन किताबें सरकार की ओर से मिलती है, हमारे जैसे छिपकर रहने वाले यहूदियों को नहीं, जो ब्लैक मार्केट से आठ की बजाय केवल चार राशन किताबें ही खरीदने में समर्थ हो सकते हैं।

हम में से प्रत्येक मक्खन के साथ कुछ ना कुछ सेंकने जा रहा है। आज सुबह मैंने दो केक और एक कुकीज़ बनाया। उपभवन का ऊपर का भाग बहुत बिजी है, और माँ ने मुझे सूचित किया है कि मुझे तब तक पढ़ाई नहीं करना चाहिए जब तक कि मैं घर के सभी कार्य खत्म ना कर दूँ।

श्रीमती फॉन डान बिस्तर पर लेटी हुई अपनी पसली की चोट को ठीक कर रही है। वह दिन भर शिकायत करती है, लगातार माँग करती है कि पट्टटियों को बदल दिया जाए, और आम तौर पर हर चीज से असंतुष्ट है। मुझे खुशी होगी जब वह अपने पैरों पर खड़ी हो जाएगी और खुद की साफ-सफाई कर सकेगी, क्योंकि मैं मानती हूं कि, वह असाधारण रूप से मेहनती और साफ-सुथरी है, और जब तक वह अच्छी शारीरिक और मानसिक स्थिति में है, वह काफी हंसमुख रहती है।

दिन भर में काफी शोर मचाने के लिए मुझे जैसे शांत रहो, चुप रहो ज्यादा सुनाई नहीं देता है, तो मेरे रुममेट ने रात भर चुप रहो कहने का नया तरीका निकाला। उनके अनुसार, मुझे करवट भी नहीं बदलनी चाहिए। मैं उस पर ध्यान नहीं देती और अगली बार उन्होंने मुझे ख़ामोश करने की कोशिश की तो मैं उन्हें ही चुप करा दूंगी।

जैसे-जैसे दिन बीतते हैं, वह और अधिक नागवार और अहंकारी होते जा रहे हैं। पहले सप्ताह को छोड़कर, मैंने नहीं देखा कि उन्होंने इतनी उदारता से मुझे एक बिस्कुट का भी वादा किया हो। रविवार को जब उन्होंने दस मिनट व्यायाम करने के लिए सुबह के वक्त प्रकाश जलाया, तो वे से गुस्सा हो गए।

मुझे घंटों तक कष्ट भोगना होता है, क्योंकि अपने बिस्तर को लंबा करने के लिए मैं जिन कुर्सियों का इस्तेमाल करती हूं, उन्हें मेरी नींद भरे सिर के नीचे लगातार हिलाते रहा जाता है। हाथों को कुछ जोरदार ढंग से झुलाने के साथ उनकी तेजी से होने वाले व्यायाम के समाप्त होने के बाद जनाब की ड्रेसिंग शुरू होती है। उनका अंडरवियर एक हुक पर लटका हुआ रहता है, तो पहले वह इसे प्राप्त करने के लिए मेरे बिस्तर के पीछे भड़भडाते हुए जाते है, फिर वापस आते हैं, लेकिन क्योंकि उनकी टाइ मेज पर रखी हुई है, इसलिए एक बार फिर वे अपने पिछले तरीके से कुर्सियों को धक्का देते हैं और टकराते हैं।

लेकिन घृणित बूढ़े लोगों के बारे में समझाते हुए मुझे तुम्हारा और ज्यादा वक्त खराब नहीं करना चाहिए। यह वैसे भी किसी मामले में सहायता नहीं करेगा। बदला लेने की मेरी योजना, जैसे कि प्रकाश बल्ब को खोलना, दरवाजा पर ताला लगा देना और उनके कपड़े छिपाना, दुर्भाग्य से शांति के हित में छोड़ देना पड़ा।

ओह, मैं बहुत समझदार होती जा रही हूं।

हम यहां जो कुछ भी करते हैं, उसके बारे में हम तार्किक हो गए हैं : अध्ययन करना, सुनना, अपनी जीभ पर काबू रखना, दूसरों की सहायता करना, दयालु बनना, समझौता करना और मुझे नहीं पता कि और क्या-क्या करना है! मुझे अपने सामान्य बोध से डर लगता है, जो कि शुरू करने के लिए कम आपूर्ति में था, बहुत जल्दी उपयोग किया जाएगा और युद्ध समाप्त होने तक मेरे पास कुछ भी बचा नहीं होगा।

तुम्हारी, ऐनी

बुधवार, 13 जनवरी, 1943

सबसे प्रिय किटी,

आज सुबह मुझे इतनी बार टोका गया कि मैं अपना एक भी काम पूरा नहीं कर पाई।

अब हमारे पास एक नया काम है, वह है पैकेजेस में ग्रेवी पाउडर भरना। ग्रेवी, गिएस एंड कंपनी के उत्पादों में से एक है। श्रीमान कुगलर पैकेज भरने के लिए किसी और को खोजने में सक्षम नहीं हुए, और इसके अलावा, अगर हम यह कार्य करते हैं, तो यह सस्ता भी होगा। यह उस तरह का कार्य है, जो वे जेलों में करते हैं। यह अविश्वसनीय रूप से उबाऊ कार्य है और हमें चक्कर ला देता हैं, और मंद मंद मुस्कुराने वाला बनाता है।

बाहर भयानक घटनाएं हो रही हैं। रात और दिन के किसी भी समय, गरीब असहाय लोगों को उनके घरों से बाहर निकाला जा रहा है। उन्हें केवल एक पीठ थैला और उनके साथ थोड़ी नकदी लेने की इजाजत है, और रास्ते में इन संपत्तियों को लूट लिया जाता है। परिवारों की धज्जियां उड़ाई दी जाती है; पुरुषों, महिलाओं और बच्चों को अलग कर दिया जाता है। बच्चे जब स्कूल से घर आते हैं तो अपने माता-पिता को गायब पाते हैं। महिलाएं जब खरीददारी करके आती हैं तो अपने घरों को बंद पाती है,अपने परिवारों को गायब पाती है। हॉलैंड में ईसाई भी डर में जी रहे हैं, क्योंकि उनके बेटों को जर्मनी भेजा जा रहा है, हर कोई डरा हुआ है। हर रात सैकड़ों विमान जर्मन शहर जाने के रास्ते में होलैंड के ऊपर से गुजरते हैं, जर्मन मिट्टी पर अपने बम बोने के लिए। रूस और अफ्रीका में हर घंटे सैकड़ों, या शायद हजारों लोगों की हत्या की जा रही है। कोई भी संघर्ष से बाहर नहीं रह सकता है, पूरी दुनिया युद्ध में है,भले ही मित्र राष्ट्र बेहतर कर रहे हैं, लेकिन कहीं भी इसका अंत दिखाई नहीं दे रहा है।

हमारे लिए, हम काफी भाग्यशाली हैं। लाखों लोगों की तुलना में भाग्यशाली। यहाँ शांत और सुरक्षित है, और हम भोजन खरीदने के लिए अपने पैसे का इस्तेमाल कर रहे हैं।

हम इतने स्वार्थी हैं कि हम "युद्ध के बाद" के बारे में बात करते हैं और नए कपड़े और जूते की आशा करते हैं, जब कि वास्तव में हमें युद्ध खत्म होने पर दूसरों की मदद करने के लिए हर सिक्के को बचाना चाहिए,या जो कुछ भी हम बचाने के लिए कर सकते हैं।

इस मोहल्ले के बच्चे पतली शर्ट और लकड़ी के जूते में इधर-उधर भागते हैं। उनके पास कोई कोट, कैप या मोजे नहीं हैं। और कोई भी उनकी सहायता करने के लिए नहीं है। भूख की पीड़ा को शांत करने के लिए एक गाजर कुतरते हुए, वे अपने ठंडे घरों से निकलकर ठंडी सड़कों से होते हुए और भी ठंडी कक्षाओं में जाते हैं। हॉलैंड में हालात इतने खराब हो गए हैं कि बच्चों की भीड़ सड़कों पर राहगीरों को रोटी के टुकड़े की भीख माँगने के लिए रोकती है।

युद्ध क्या दुख लेकर आया है, मैं इसके बारे में बताते हुए घंटों बिता सकती हूं, लेकिन मैं इससे केवल खुद को और अधिक दुखी करूँगी। हम बस इसके समाप्त होने का प्रतीक्षा कर रहे हैं, जितना संभव हो उतना शांति से। यहूदी और ईसाई समान रूप से प्रतीक्षा कर रहे हैं, पूरी दुनिया प्रतीक्षा कर रही है, और कई लोग मृत्यु की प्रतीक्षा कर रहे हैं।

तुम्हारी, ऐनी

शनिवार, 30 जनवरी, 1943

सबसे प्रिय किटी,

मैं गुस्से में उबल रही हूं, फिर भी मैं यह दिखा नहीं सकती हूं। मैं चिल्लाना, अपने पैर पटकना, माँ को झकझोरना और रोना चाहती हूं और नहीं जानती कि क्या-क्या करना चाहती हूं। क्योंकि उनके द्वारा कहे गए कठोर शब्द, मजाक उड़ाने के ढंग से देखना और हर रोज मुझ पर आरोप लगाना मुझे चुभते तीरों की तरह लगता है। मैं माँ, मार्गोट, फॉन डान, डसेल और पिताजी पर भी चिल्लाना चाहती हूं। "मुझे अकेला छोड़ दो, मुझे कम से कम एक रात दो, जब मैं अपनी जलती आंखों और प्रहार करते सिर के साथ रोते हुए ना सोऊँ। मुझे इस दुनिया से दूर, हर चीज से दूर जाने दो!" लेकिन मैं ऐसा नहीं कर सकती हूं।

मैं उन्हें अपने संदेह, या उन घावों को देखने नहीं दे सकती जो उन्होंने मुझ पर थोपे हैं। मैं उनकी सहानुभूति या उनका खुशमिजाज मजाक बर्दाश्त नहीं कर सकती थी। इससे मुझे केवल और भी चीखने का मन करता है। हर कोई सोचता है कि मैं दिखावा कर रही होती हूं जब मैं बात करती हूं, मैं हास्यास्पद होती हूं जब मैं चुप होती हूं, मैं बदतमीज हूं, जब मैं जवाब देती हूं, जब मेरे पास एक अच्छा विचार होता है तो मैं चालाक हूं, जब मैं थकी हुई होती हूं तो मैं आलसी हूं, जब मैं उससे

एक टुकड़ा भी ज्यादा लेती हूं जितना मुझे लेना चाहिए तो मैं स्वार्थी हूं, बेवकूफ, कायर, मतलबी, आदि, आदि।

दिन भर मैं कुछ भी नहीं बल्कि कितनी तंग करने वाली बच्ची हूँ, यही सुनती हूँ, हालांकि मैं इसे हंसी में उड़ा देती हूं और बुरा नहीं लगने का बहाना करती हूं, मुझे बुरा लगता है, काश मैं भगवान से मुझे एक और व्यक्तित्व देने के लिए कह पाती, ऐसा जो हर किसी से दुश्मनी मोल नहीं लेता।

लेकिन यह नामुमकिन है। मैं उसी के साथ अटकी हुई है जिस खासियत के साथ पैदा हुई थी, और फिर भी मुझे विश्वास है कि मैं एक बुरी व्यक्ति नहीं हूं। मैं हर किसी को खुश करने के लिए पूरा प्रयास करती हूं। जब मैं ऊपर होती हूं, तो मैं इसे हंसी में उड़ा देती हूं, क्योंकि मैं नहीं चाहती कि वे मेरी समस्या को देखें।

एक से अधिक बार, बेतुकी निन्दा की एक श्रृंखला के बाद, मैं माँ पर टूट पड़ी : "मुझे परवाह नहीं है कि आप क्या कहती हो। आप मेरी जिम्मेदारी लेने से मना क्यों नहीं कर देती - मैं एक निराशाजनक मामला हूं।" बेशक, वह जबान नहीं चलाने के लिए कहती है और मुझे दो दिनों तक लगभग अनदेखा करती हैं।फिर अचानक वह सब कुछ भूल जाती हैं और वह मेरे साथ दूसरे लोगों जैसा व्यवहार करती है।

मेरे लिए यह नामुमकिन है कि मैं एक दिन मुस्कुराऊं और अगले दिन विषैली हो जाऊं। मैं बल्कि बीच में होना पसंद करूंगी जो कि बहुत बीच में नहीं है, और अपनी सोच को अपने तक ही रखूंगी। मैं दूसरों के साथ वैसा ही बर्ताव करूंगी जैसा कि वे मेरे साथ करते हैं। ओह,काश मैं कर सकती।

तुम्हारी, ऐनी

शुक्रवार, 5 फरवरी, 1943

सबसे प्रिय किटी,

मैंने काफी समय से तुम्हें झगड़ों के बारे में नहीं बताया है, लेकिन अब तक उनमें कोई बदलाव नहीं आया है। शुरुआत में, श्रीमान डसेल ने हमारी जल्द भूला दिए जाने वाली लड़ाई को बहुत गंभीरिता से लिया, लेकिन अब वह उसके आदी हो चुके हैं, और अब मध्यस्थता करने का प्रयास नहीं करते। मार्गोट और पीटर वास्तव में ऐसे नहीं है जिन्हें आप 'युवा' कहते हैं, वे दोनों बहुत शांत और उबाऊ हैं। उनके बाद, मैं पुरानी और घटी दिखाई पड़ती हूं, और मुझे हमेशा कहा जाता है, "मार्गोट

और पीटर इस तरह से काम नहीं करते हैं। तुम अपनी बहन के उदाहरण का अनुसरण क्यों नहीं करती।” इस बात से मुझे नफरत हैं।

मैं स्वीकार करती हूं कि मुझे मार्गोट की तरह बनने की कोई इच्छा नहीं है। वह बहुत कमजोर इरादों वाली और दब्बू है; वह खुद पर दूसरों को हक जताने देती है और हमेशा दबाव में पीछे हट जाती हैं। मैं और अधिक साहस चाहती हूं, लेकिन मैं इस तरह की सोच को अपने तक ही रखना चाहती हूं। अगर मैं अपने बचाव में यह पेशकश करती हूं तो वे केवल मुझ पर हंसते हैं।

भोजन के दौरान, हवा तनाव से भर जाती है। सौभाग्य से, आवेग को कभी-कभी ‘सूप पीने वाले लोगों ’द्वारा काबू में रखा जाता है, जो कार्यालय से दोपहर के भोजन के लिए सूप के एक कप के लिए ऊपर आते हैं।

आज दोपहर श्रीमान फॉन डान फिर से इस तथ्य को सामने लाए कि मार्गोट बहुत कम खाती है। “मुझे लगता है कि तुम यह अपना फिगर बनाए रखने के लिए करती हो” उन्होंने एक मजाकिया लहजे में कहा।

माँ, जो हमेशा मार्गोट के बचाव में आती है, ने तेज आवाज में कहा, “मैं एक मिनट भी आपकी फालतू बकवास को सहन नहीं कर सकती।”

श्रीमती फॉन डान चुकंदर के जैसे लाल हो गई। श्रीमान फॉन डान सीधे आगे देखते रहे और कुछ नहीं कहा।

फिर भी, हम हंस लेते हैं। बहुत पहले श्रीमती फॉन डान कुछ बकवास या किसी अन्य के साथ हमारा मनोरंजन कर रही थी। वह अतीत के बारे में बात कर रही थी, कि वह कितने अच्छे तरह से अपने पिताजी के साथ मिलजुल कर रहती थी और वह क्या इश्कबाज थी। “और आप जानते हैं,” उन्होंने जारी रखा, “मेरे पिता ने मुझे बताया कि अगर कोई सज्जन कभी शिष्टता से न पेश आए, तो मुझे कहना था, याद रखें, महोदय, कि मैं एक महिला हूं,” और वह जान जाते है कि मेरा क्या मतलब है। “हम दिल खोलकर हंसे मानो उन्होंने हमें एक अच्छा चुटकुला सुनाया हो।

यहां तक कि पीटर, हालांकि वह आमतौर पर शांत रहता है, कभी-कभी चुहलबाजी करता है। मुसीबत यह है कि उसे विदेशी शब्दों से बहुत प्यार है और बिना उनका मतलब जाने वह बोलता है। एक दोपहर हम शौचालय का इस्तेमाल नहीं कर पा रहे थे, क्योंकि कार्यालय में आगंतुक थे। प्रतीक्षा करने में असमर्थ, वह शौचालय गए लेकिन शौचालय में पानी नहीं डाला। हमें दुर्गंध की चेतावनी देने के लिए उसने दरवाजे पर एक साइन बोर्ड टांग दिया : “आरएसवीपी - गैस।” बेशक,

उनका मतलब था "खतरनाक गैस! खतरा "है, लेकिन उन्होंने सोचा 'आरएसवीपी: अधिक सुरुचिपूर्ण लग रहा था। उसे जरा भी अंदाजा नहीं था कि इसका मतलब है "कृपया उत्तर दें।"

तुम्हारी, ऐनी

शनिवार, 27 फरवरी, 1943

सबसे प्रिय किटी,

पिम अब किसी भी दिन आक्रमण की आशा कर रहे हैं। चर्चिल को निमोनिया हो गया है लेकिन वे धीरे-धीरे बेहतर हो रहे हैं। भारतीय स्वतंत्रता के समर्थक, गांधीजी,अपनी लंबी भूख हड़ताल पर हैं।

श्रीमती फॉन डान दावा करती है कि वह भाग्यवादी हैं, लेकिन जब बंदूकें चलती हैं तो सबसे ज्यादा कौन डरता है? पेट्रोनेला फॉन डान के अलावा कोई नहीं।

यान अपने साथ में एक पत्र लाए थे, जिसमें बिशप ने अपने यजमानों को संबोधित किया था। यह सुंदर और प्रेरणादायक था। "नीदरलैंड के लोग खड़े हो जाओ, और कार्रवाई करो। हममें से हर एक को अपने देश की स्वतंत्रता के लिए लड़ने के लिए,अपने लोगों और अपने धर्म के लिए अपने स्वयं के हथियारों का चयन करना चाहिए! अपनी सहायता और समर्थन दें। अभी कार्य करो! प्रवचन मंच से वे यही उपदेश दे रहे हैं। क्या इससे कोई फायदा होगा? हमारे साथी यहूदियों की सहायता करने में निश्चित रूप से बहुत देर हो चुकी है।

अंदाजा लगाओ कि अब हमारे साथ क्या हुआ? भवन के मालिक ने श्रीमान कुगलर और श्रीमान क्लेमन को सूचित किए बिना इसे बेच दिया। एक सुबह नए मकान मालिक एक वास्तुकार के साथ जगह देखने के लिए पहुंचे। भगवान का शुक्रिया श्रीमान क्लेमन कार्यालय में थे। उन्होंने सज्जनों को गुप्त उपभवन को छोड़कर सभी जगह दिखाई। उन्होंने दावा किया कि उन्होंने घर पर चाबी छोड़ दी हैं और नए मालिक ने कोई और प्रश्न नहीं पूछा। काश वह उपभवन देखने की माँग लेकर वापस ना आए। वरना उस स्थिति में हम बहुत बड़ी मुसीबत में फंस जाएंगे!

पिता ने मार्गोट और मेरे लिए एक कार्ड फ़ाइल खाली कर दी और इसे सूचकांक कार्डों से भर दिया जो एक तरफ खाली हैं। यह हमारी पढ़ने की फ़ाइल बनने वाली है, जिसमें मार्गोट और मुझे उन पुस्तकों,लेखक और दिनांक को नोट करना है जिन्हें हमने पढ़ा है। मैंने दो नए शब्द सीखे हैं : "ब्रॉथेल" और "क्रॉकिट।"

मैंने नए शब्दों के लिए एक अलग नोटबुक खरीदी है। मक्खन और नकली मक्खन का एक नया विभाग है। प्रत्येक व्यक्ति को अपनी प्लेट पर अपना हिस्सा प्राप्त होगा। वितरण बहुत ग़लत है। फॉन डान, जो हमेशा सभी के लिए नाश्ता बनाते हैं, खुद को हमसे डेढ़ गुना अधिक देते हैं। मेरे माता-पिता कुछ भी कहने की बहस से बहुत डरते हैं, जो शर्म की बात है, क्योंकि मुझे लगता है कि इस तरह लोगों के साथ उसी तरह का व्यवहार करना चाहिए जैसा कि वह आपके साथ करते हैं।

तुम्हारी, ऐनी

गुरुवार, 4 मार्च, 1943

सबसे प्रिय किटी,

श्रीमती फॉन डान का एक नया उपनाम है - हमने उन्हें श्रीमती बेवरब्रुक कहना शुरू कर दिया है। बेशक, तुम्हें इसका मतलब मालूम नहीं है, तो मुझे समझाने दे। श्रीमान बेवरब्रुक अक्सर अंग्रेजी रेडियो पर बात करते हैं कि जर्मनी की बहुत उदार बमबारी होने को वह क्या समझते हैं? श्रीमती फॉन डान, जो हमेशा चर्चिल और समाचार रिपोर्टों सहित हर किसी का विरोध करती है, श्रीमान बेवरब्रुक से पूर्ण सहमत हैं। इसलिए हमने सोचा कि उनके लिए उनसे विवाह करना एक अच्छा विचार होगा, और जब से वह इस विचार से खुश है,हमने तब से उन्हें श्रीमती बीवरब्रुक बुलाने का निर्णय लिया है।

हमें एक नया गोदाम कर्मचारी मिल रहा है, क्योंकि पुराने वाले को जर्मनी भेजा जा रहा है। यह उसके लिए बुरा है लेकिन हमारे लिए अच्छा है, क्योंकि नया व्यक्ति भवन से परिचित नहीं होगा। हम अभी भी उन पुरुषों से डरते हैं जो गोदाम में काम करते हैं।

गांधीजी फिर से भोजन करने लगे हैं।

ब्लैक मार्केट तेजी से फलता फूलता व्यवसाय बन रहा है। यदि हमारे पास हास्यास्पद कीमतों का भुगतान करने के लिए पर्याप्त पैसा होता, तो हम अपने आप को मूर्खतापूर्ण सामानों से भर सकते थे। हमारा सब्जी तरकारी बेचने वाला 'वेयरमाख़्त' से आलू खरीदता है और वह बोरों में उन्हें निजी कार्यालय तक लाता है। चूंकि उसे संदेह है कि हम यहां छिपे हुए हैं, वह दोपहर के भोजन के दौरान आता है, जब गोदाम के कर्मचारी बाहर होते हैं।

उस समय इतनी अधिक काली मिर्च जमीन पर बिखरी होती है कि हम हर सांस के साथ छींकते और खांसते हैं। हर कोई जो ऊपर आता है वह हमें "आह-चो" के साथ पात है। श्रीमती फॉन डान कसम खाती हैं कि वह नीचे नहीं जाएगी; अगर एक और काली मिर्च का झोंका आया और वह बीमार होने जा रही हैं।

मुझे नहीं लगता कि पिता का बहुत अच्छा व्यवसाय है। पेक्टिन और काली मिर्च के अलावा कुछ नहीं, जब आप खाद्य व्यवसाय में हैं, तो मिठाई क्यों नहीं बनाते?

आज सुबह फिर मुझे कड़क आवाज में डांट पड़ी। हवा में इतनी अशिष्ट बातें फैली हुई थीं कि मेरे कानों में ऐन बुरी है और फॉन् डान अच्छे हैं, जैसे जुमले गूंज रहे थे। लानतों का दौर चल रहा था।

तुम्हारी, ऐनी

बुधवार, 10 मार्च, 1943

सबसे प्रिय किटी,

कल रात हमारे यहां एक शार्ट सर्किट हो गया था, और इसके अलावा, बंदूकें सुबह तक गरज रही थी। मैंने अभी भी विमानों और गोली चलने के अपने भय पर काबू नहीं पाया है, और मैं आराम के लिए लगभग हर रात पिता जी के बिस्तर में चली जाती हूं। मुझे पता है कि यह बचकाना लगता है, लेकिन तब तक प्रतीक्षा करें जब तक यह आपके साथ न हो जाए! बंदूकें इतना शोर मचाती हैं, कि आप अपनी आवाज नहीं सुन सकते। श्रीमती बीवरब्रुक, भाग्यवादी,वास्तव में जोर से रोने लगी और एक छोटी सी डरपोक आवाज में कहा, "ओह, यह बहुत भयानक है। ओह, बंदूकें बहुत जोर की आवाज करती है !" - जो कि, 'मुझे बहुत डर लग रहा है।' कहने का दूसरा तरीका है।

यह मोमबत्ती के उजाले में लगभग उतना बुरा नहीं लगता जितना अंधेरे में लगता है। मैं कांप रही थी, जैसे मुझे बुखार हो, मैंने पिताजी से मोमबत्ती जलाने की विनती की। वह अड़े हुए थे : कोई रोशनी नहीं होने वाली। अचानक हमने मशीन-गन चलाने की गड़गड़ाहट सुनी, जो विमान भेदी तोपों से दस गुना बदतर होता है। माँ बिस्तर से बाहर कूद पड़ी और पिम को गुस्सा दिलाते हुए मोमबत्ती जला दी। उनकी गड़गड़ाहट के लिए उनका दृढ़ जवाब था, "आखिरकार, ऐनी! पूर्व सैनिक नहीं है!" और वह इस बात का अंत था!

क्या मैंने आपको श्रीमती फॉन डान के अन्य भय के बारे में बताया है? मुझे ऐसा नहीं लगता। आपको गुप्त उपभवन के ताजा कारनामों के बारे में नवीनतम रखने के लिए, मुझे आपको यह भी बताना चाहिए। एक रात श्रीमती फॉन डान ने सोचा कि उन्होंने अटारी में जोरदार कदमों की आहट सुनी है,और वह चोरों से डरती थी, उन्होंने अपने पति को जगाया। उसी क्षण, चोर गायब हो गए, और एकमात्र ध्वनि जिसे केवल श्रीमान फॉन डान सुन सकते थे, वह थी उनकी भाग्यवान पत्नी के दिल की डरी हुई आवाज। "ओह, पुट्टी !" वह रो पड़ी। (पुटी श्रीमती फॉन डान का उनके पति के लिए उपनाम है।) "उन्होंने हमारे सभी कबाब और सूखे सेम ले लिए होंगे। और पीटर के बारे में क्या? ओह, क्या आपको लगता है कि पीटर अभी भी अपने बिस्तर में खतरे से दूर होगा?"

"मुझे विश्वास है कि उन्होंने पीटर को नहीं चुराया है। ऐसी मूर्खता बंद करो और मुझे सोने दो!"

नामुमकिन, श्रीमती फॉन डान भी सोने के प्रति बहुत भयभीत थी।

कुछ रातों बाद, पूरे फॉन डान परिवार को भूतिया शोर से जगाया गया। पीटर एक टॉर्च के साथ अटारी गया और - भाग पड़ा- तुम्हें क्या लगता है वह क्या देख कर भाग पड़ा? चूहों का एक भारी झुंड!

जब हमें पता चला कि चोर कौन हैं, तो हमने मूशी को अटारी में सोने दिया और अपने बिन बुलाए मेहमानों को फिर कभी नहीं देखा...कम से कम रात में तो नहीं ही।

कुछ दिन पहले शाम को (तब सात-तीस बजे थे और अभी भी उजाला था), पीटर कुछ पुराने अखबारों को प्राप्त करने के लिए मचान पर चढ़ गया। उसे सीढ़ी पर चढ़ने के लिए चोर दरवाजे को कसकर पकड़ना था। उसने बिना देखे अपना हाथ नीचे कर लिया, और सदमे और दर्द से लगभग सीढ़ी से गिरते-गिरते रह गया। अनजाने में, उसने एक बड़े चूहे पर अपना हाथ रखा, जिसने उसके हाथ में काट लिया था। जब तक वह हमारे पास पहुंचा, बुरी तरह थरथराते घुटने के साथ वह कागज की तरह सफेद हो चुका था, पजामा खून से लथपथ था। कोई हैरानी वाली बात नहीं थी कि वह बहुत डर गया था, किसी चूहे को थपथपाना कोई मजाक नहीं है, खासकर तब जब उसने आपके बाजू में काट लिया हो।

तुम्हारी, ऐनी

शुक्रवार, 12 मार्च, 1943

सबसे प्रिय किटी,

मैं तुम्हें मिलवाती हूं, माँ फ्रैंक, बच्चों की हिमायती। बच्चों के लिए अतिरिक्त मक्खन, आज के युवाओं के सामने आने वाली समस्याएं - तुम नाम लो, और माँ युवा पीढ़ी का बचाव करती हैं। एक या दो झड़पो के बाद, वह हमेशा अपना रास्ता चुन लेती हैं।

आचार के एक मर्तबान का ढक्कन निकल गया। मूशी और बॉश की तो दावत हो गई।

तुम बॉश से अभी तक नहीं मिली हो, इस तथ्य के बावजूद कि हमारे छिपने के गुप्त स्थान में जाने से पहले से ही वह यही रहती थी। वह गोदाम और कार्यालय की बिल्ली है, जो चूहों को भंडार घर से दूर रखती है उसका अजीब, राजनीतिक नाम को आसानी से समझाया जा सकता है। गिएस और कंपनी के पास दो बिल्लियाँ थीं, एक गोदाम के लिए और एक अटारी के लिए : उनके रास्ते समय-समय पर एक दूसरे को काटते थे, जिसका परिणाम हमेशा ही एक लड़ाई होता था। गोदाम वाली बिल्ली हमेशा हमलावर होती थी, जबकि अटारी वाली बिल्ली अंत में विजेता होती, जैसा राजनीति में होता है। तो गोदाम बिल्ली का 'जर्मन या बॉश', और अटारी की बिल्ली अंग्रेज, या "टॉमी" नाम दिया गया था।" कुछ समय बाद, उन्होंने टॉमी से छुटकारा पा लिया, लेकिन जब भी हम नीचे जाते हैं, बॉश हमेशा हमारे मनोरंजन के लिए वहां होती थी।

हमने इतने सारे भूरे सेम और सफेद सेम खा लिए हैं कि मैं उन्हें देखना भी सहन नहीं कर सकती हूं। उनके बारे में सोचना ही मुझे बीमार कर देता है। हमारा शाम का रोटी वितरण रद्द हो गया है।

पिता जी ने सिर्फ इतना कहा कि वह बहुत अच्छे मूड में नहीं है। उनकी आँखें फिर से बहुत उदास लग रही हैं, बेचारे!

मैं, इना बकर बौडियर की किताब 'ए नॉक एट द डोर से खुद को दूर नहीं कर सकती हूं। यह पारिवारिक गाथा बहुत अच्छी तरह से लिखी गई है, लेकिन युद्ध, लेखकों और महिलाओं की स्वतंत्रता से संबंधित हिस्से बहुत अच्छे नहीं हैं। सच कहूं तो, इन विषयों में मुझे कोई ज्यादा रुचि नहीं है।

जर्मनी पर भयानक बम हमले। श्रीमान फॉन डान चिड़चिड़े हो गए हैं। कारण : सिगरेट की कमी।

डिब्बाबंद भोजन खाना शुरू करना है या नहीं, इस बारे में हुई बहस हमारे पक्ष में खत्म हो गई।

मैं अपने स्की जूतों को छोड़कर अपने किसी भी जूते को नहीं पहन सकती, जो घर के आसपास बहुत व्यावहारिक नहीं हैं। एक जोड़ी भूसे की हवाई चप्पलें जो कि 6.50 गिल्डर में खरीदी गई थी, एक हफ्ते के अंदर ही उनके तलवे नीचे से फट गए। शायद मीप ब्लैक मार्केट से कुछ जुगाड़ कर सके।

यह पिताजी के बाल काटने का समय है। पिम कसम खाते हैं कि मैं बहुत बढ़िया काम करती हूं, वह युद्ध के बाद कभी भी दूसरे नाई के पास नहीं जाएंगे। अगर मैं अक्सर उनके कान पर खरोंच नहीं लगाती!

तुम्हारी, ऐनी

गुरुवार, 18 मार्च, 1943

मेरी सबसे प्यारी किटी,

तुर्की भी लड़ाई में शामिल हो गया है। बहुत उत्साह है। रेडियो से खबरों का बेसब्री से इंतजार है।

शुक्रवार, 19मार्च, 1943

सबसे प्रिय किटी,

एक घंटे से भी कम समय में, खुशी की जगह निराशा ने ले ली। तुर्की अभी तक लड़ाई में शामिल नहीं हुआ था। केवल एक मंत्री जल्द ही किसी समय तुर्की के, अपनी तटस्थता छोड़ने के बारे में बात कर रहे थे। दाम स्क्वायर में अखबार विक्रेता "तुर्की इंग्लैंड के पक्ष में" चिल्ला रहा था! और उसके हाथ से समाचार पत्र छीन लिए जा रहे थे। इस तरह हमने उत्साहजनक अफवाह सुनी।

हजार-गिल्डर नोटों को अमान्य घोषित किया जा रहा है। यह काले बाज़ारियों और उनके जैसे अन्य लोगों के लिए एक झटका होगा, लेकिन इससे भी ज्यादा गुप्त स्थानों में छिपे लोगों के लिए और अन्य लोग जिनके पैसे का हिसाब नहीं दिया जा सकता है। एक हजार-गिल्डर का नोट सौंपने के लिए, आपको यह बताने में सक्षम होना होगा और सबूत देना होगा कि यह आपको कैसे मिला। उनका अभी भी करों का भुगतान करने के लिए उपयोग किया जा सकता है, लेकिन केवल

अगले सप्ताह तक। उस समय पाँच सौ के नोट भी खत्म हो जाएंगे। जीएस एंड कंपनी के पास अभी भी कुछ बिना हिसाब के हजार गिल्डर के नोट है, जो वे आने वाले वर्षों के लिए अपने अनुमानित करों के भुगतान करने के लिए उप्योग करते थे, इसलिए सब कुछ ईमानदारी से होता हुआ लगता रहा है।

डसेल को एक पुराने जमाने का, पैर से चलने वाली डेंटिस्ट ड्रिल मिली है। इसका मतलब है कि मैं शायद जल्द ही पूरी तरह से जांच करवाऊंगी।

जब घर के नियमों का पालन करने की बात आती है तो डसेल बहुत ही लापरवाह होते हैं। न केवल वह अपने शार्लेट को पत्र लिखते है, बल्कि वह विभिन्न अन्य लोगों के साथ भी एक बातूनी पत्राचार जारी रख रहे हैं। उपभवन के डच शिक्षक, मार्गोट ने उनके लिए इन पत्रों को सही किया है। पिता ने उन्हें इस अभ्यास को जारी रखने से मना किया है और मार्गोट ने पत्रों को सही करना बंद कर दिया है, लेकिन मुझे लगता है कि इसमें ज्यादा समय नहीं लगेगा और वह फिर से शुरू कर देंगे।

फ्यूहर घायल सैनिकों से बात कर रहा है। हमने रेडियो सुना, और यह दयनीय था। प्रश्न और उत्तर कुछ इस तरह से चले :

"मेरा नाम हेनरिक शेपेल है।"

"तुग कहाँ घायल थे?"

"स्टेलिनगार्ड के पास।"

"यह किस तरह का घाव है?"

"दोनों पैरों में शीतदंश है और बाई बांह में फ्रैक्चर।"

यह रेडियो पर प्रसारित छिपे हुए कठपुतली शो की एक सटीक खबर है। घायल अपने घावों पर गर्व महसूस कर रहा था - जितने अधिक उतने बेहतर। एक तो वह फुहरर से हाथ मिलाने के विचार में ही स्वयं में इतना प्रभावित था (मैं अंदाजा लगाती हूं कि उसके पास अभी भी एक हाथ था) कि बड़ी मुश्किल से एक शब्द बोल पाया।

मैंने डसेल का साबुन फर्श पर गिरा दिया और उस पर पैर रख दिया। अब पूरा टुकड़ा गायब है। मैं पहले से ही डसेल की क्षति की भरपाई करने के लिए पिता जी से पूछ चुकी हूं, खासकर चूंकि डसेल उत्तर युद्ध काल में साबुन की केवल एक टिकिया, महीने में एक बार पाता है।

तुम्हारी, ऐनी

गुरुवार, 25 मार्च, 1943

सबसे प्रिय किटी,

माँ, पिता, मार्गोट और मैं कल रात एक साथ काफी खुश बैठे थे कि अचानक पीटर अंदर आया और पिता के कान में फुसफुसाया, मैंने शब्दों को पकड़ा "गोदाम में एक पीपा गिर गया है" और "कोई दरवाजे के साथ ठोंक ठाक कर रहा है"।

मार्गोट ने भी इसे सुना, लेकिन मुझे शांत करने का प्रयास कर रही थी, क्योंकि मैं चॉक की तरह सफेद हो गई थी और बेहद घबरा गई थी। हम तीनों ने प्रतीक्षा की, जबकि पिता और पीटर नीचे चले गए। दो मिनट बाद श्रीमती फॉन डान ऊपर आईं, जहां से वह रेडियो सुन रही थी और हमें बताया कि पिम ने उन्हें इसे बंद करने के लिए और ऊपर दबे पांव जाने के लिए कहा है, लेकिन तुम जानती हो कि जब आप शांत होने का प्रयास कर रहे हैं तो क्या होता है - पुरानी सीढ़ियां दो बार जोर से चरचराईं। पांच मिनट बाद पीटर और पिम, अपने चेहरे के उतरे रंग के साथ, अपने अनुभव बताने के लिए फिर से दिखाई दिए।

उन्होंने खुद को सीढ़ी के नीचे तैनात किया और प्रतीक्षा की। कुछ नहीं हुआ। फिर अचानक उन्होंने कुछ तीव्र आघात सुने, जैसे कि घर के अंदर दो दरवाजे को जोर से बंद कर दिया हो। पिम सीढ़ियों तक सीमित रहे जबकि पीटर डसेल को चेतावनी देने के लिए गया, जिसने खुद को ऊपर पेश किया, हालांकि उपद्रव किए बिना और बहुत शोर मचाए बिना। फिर हम सब दबे पांव मोजों वाले पैंरो से अगली मंजिल तक फॉन डान के पास गए। श्रीमान फॉन डान को बुरी तरह से सर्दी हुई थी और वह पहले से ही बिस्तर पर चले गए थे, इसलिए हम उनके बिस्तर के आसपास एकत्रित हुए और एक कानाफूसी में हमारे संदेह पर चर्चा की। हर बार श्रीमान फॉन डान जोर से खांसते, श्रीमती फॉन डान और मुझे एक मानसिक दौरा आने को होता। वह खांसते रहे, जब तक किसी ने उन्हें कोडिन देने का शानदार विचार नहीं दिया। उनकी खांसी फौरन शांत हो गई।

एक बार फिर हमने इंतजार किया और इंतजार करते रहे, लेकिन कुछ भी नहीं सुना। आखिरकार हम इस निष्कर्ष पर पहुंचे कि चोर बहुत तेजी से भाग गए थे जब उन्होंने एक शांत भवन में पैरों की आहट सुनी। अब समस्या यह थी कि निजी कार्यलय में कुर्सियों को बड़े करीने से रेडियो के आसपास रखा गया था, जिसे इंग्लैंड पर लगाया था। यदि चोर ने दरवाजे को जबरदस्ती खोला होता और छलांग कर आया होता तो वार्डन ने इस पर ध्यान दिया होता और अगर उसने

पुलिस को फोन कर दिया होता,तो बहुत गंभीर नतीजे हो सकते थे। श्रीमान फॉन डान उठ गए, और अपनी पेंट और कोट को खींचा, अपनी टोपी पहनी और पीटर (भारी हथौड़ी के साथ सशस्त्र होकर सुरक्षित होने के लिए) बिल्कुल ठीक उनके पीछे, सावधानी से, पिताजी का अनुसरण करते हुए नीचे गया। महिलाओं (मार्गोट और मेरे सहित) ने अनिश्चितता से इंतजार किया, जब तक कि पुरुष पांच मिनट बाद वापस नहीं आए और सूचना दी कि भवन में किसी भी गतिविधि का कोई संकेत नहीं था। हम जरा सा भी ना पानी चलाने या शौचालय में पानी ना बहाने के लिए सहमत हुए; लेकिन जब से सभी का पेट तनावों से मंथन कर रहा था, आप हमारे बारी-बारी से शौचालय जाने के बाद की बदबू की कल्पना कर सकते हो।

इस तरह की घटनाएं हमेशा अन्य आपदाओं के साथ होती रहती हैं, और यह कोई अपवाद नहीं था। नंबर एक : वेस्टरटोरेन घंटियों ने झंकार करना बंद कर दिया और मैंने हमेशा उन्हें बहुत आरामदायक पाया था। नंबर दो : श्रीमान वुश्कल कल रात जल्दी चले गए और हमें यकीन नहीं था कि उन्होंने बेप को चाबी दी है और वह दरवाजा बंद करना भूल गई थी।

लेकिन अब इसका बहुत कम महत्व था। रात बस शुरू हो गई थी, और हम अभी भी निश्चित नहीं थे कि क्या उम्मीद की जाए। हम इस तथ्य से कुछ हद तक आश्वस्त थे कि आठ-पंद्रह के बीच - जब चोरों ने पहली बार भवन में प्रवेश किया था और हमारे जीवन को खतरे में डाल दिया था - दस-तीस तक, हमने एक आवाज नहीं सुनी थी। जितना अधिक हम इसके बारे में सोचते थे, उतनी ही कम संभावना कम लगी कि चोर ने शाम को इतनी जल्दी दरवाजे को जबरदस्ती खोला होगा, जब कि बाहर सड़कों पर अभी भी लोग मौजूद थे। इसके अलावा, हमें सूझा कि हमारे बगल वाली केग कंपनी के गोदाम प्रबंधक भी शायद अभी भी काम कर रहे होंगे। उत्साह और पतली दीवारों के साथ ध्वनियों को गलत समझ लेना आसान नहीं है। इसके अलावा, आपकी कल्पना अक्सर खतरे के पलों में आप पर चालें खेलती हैं।

इसलिए हम बिस्तर पर चले गए, हालांकि सोने के लिए नहीं। पिताजी, माँ और श्रीमान डसेल ज्यादातर रात में जागे हुए थे, और जब मैं कहती हूं कि मैंने शायद ही नींद की झपकी ली तो मैं अतिशयोक्ति नहीं कर रही होती हूं। आज सुबह पुरुष यह देखने के लिए नीचे गए कि क्या बाहर का दरवाजा अभी भी बंद है, लेकिन सब ठीक था!

बेशक, हमने पूरे कार्यालय के कर्मचारियों को घटना के पल-पल की हर कदम की सूचना दी, जो कि सुखद से कोसों दूर थी। ऐसा होने के बाद, इस प्रकार की चीजों पर हंसना बहुत आसान है, सिर्फ बेप ने हमारी बात को गंभीरता से लिया था।

तुम्हारी, ऐनी

पश्च लेख: आज सुबह शौचालय से मल निकासी रुक गई थी, और पिताजी को एक लंबी लकड़ी के डंडे को उसमें चलाना पड़ा और मलमूत्र और स्ट्रॉबेरी व्यंजनों (जो कि हम इन दिनों टॉयलेट पेपर के लिए इस्तेमाल करते हैं) के कई पाउंड बाहर खींचने पड़े। बाद में हमने डंडे को जला दिया।

शनिवार, 27 मार्च, 1943

सबसे प्रिय किटी,

हमने अपना शार्टहैंड कोर्स पूरा कर लिया और हम अब अपनी गति में सुधार लाने पर कार्य कर रहे हैं। हम होशियार नहीं हैं! मैं तुम्हें अपने 'समय खाने वाली चीजों' के बारे में बताती हूं (अपने पाठ्यक्रमों को मैं यही कहती हूं,क्योंकि हम, सब जो भी करते है, दिनों को जितनी तेजी से संभव हो सके गुजर देने का प्रयास कर रहे हैं। ताकि हम यहां अपने समय के अंत के बहुत करीब हों)। मैं पौराणिक कथाओं, विशेष रूप से ग्रीक और रोमन देवताओं की कथाओं को बहुत पसंद करती हूं, क्योंकि उन्होंने कभी भी पुरानी कथाओं की सराहना करते किसी किशोरी से नहीं सुना है... ठीक है, मुझे लगता है कि मैं पहली किशोरी हूं!

श्रीमान फॉन डान को जुकाम है। या बल्कि, उनके गले में खराश हो गई है, लेकिन वह इसे खत्म करने के लिए कुछ ना कुछ बड़ा उपाय कर रहे हैं। वह कैमोमिल चाय से गरारे करते हैं, अपने तालू पर लोबान की एक टिंचर की परत चढ़ाते हैं। और विक्स को अपनी छाती, नाक, मसूड़ों और जीभ पर मलते हैं। और उसके ऊपर से, वह बुरे मूड में है!

हॉउटिए, एक अहम जर्मन शख्स, ने हाल ही में एक भाषण दिया। "सभी यहूदियों को 1 जुलाई से पहले जर्मन-कब्जे वाले क्षेत्रों से बाहर होना चाहिए। उतरेख्त प्रांत को 1 अप्रैल से 1 मई के बीच यहूदियों से साफ किया जाएगा, जैसे कि वे तिलचट्टे थे। और 1 मई से 1 जून के बीच उत्तर और दक्षिण हॉलैंड के प्रांत को।" यह बेचारे लोग बीमार और उपेक्षित मवेशियों के झुंड के जैसे गंदे बूचड़खाने

के लिए रवाना किए जा रहे हैं। लेकिन मैं इस विषय पर और ज्यादा नहीं कहूंगी। मेरे अपने ही विचार मुझे डरावने सपने देने लगते हैं।

एक अच्छी खबर यह है कि लेबर एक्सचेंज को एक प्रदर्शन के चलते आग लगा दी गई। कुछ दिनों बाद पंजीकरण कार्यालय भी जल गया। जर्मन पुलिस के वेश में लोगों ने पहरेदारों को बांधा और मुंह बंद कर दिया और कुछ महत्वपूर्ण दस्तावेजों को नष्ट करने में सफल हुए।

तुम्हारी, ऐनी

गुरुवार, 1 अप्रैल, 1943

सबसे प्रिय किटी,

मैं वास्तव में शरारत के मूड में नहीं हूं (तिथि देखें), इसके विपरीत, आज मैं यह कहावत कह सकती हूं कि "दुर्भाग्य कभी अकेले नहीं आता।"

सबसे पहले, श्रीमान क्लेमन, हमारे खूबसूरत धूप की किरण, को कल गैस्ट्रो आंत्र रक्तस्राव एक और दौरा आया और उन्हें कम से कम तीन सप्ताह तक बिस्तर पर रहना होगा। मुझे तुम्हें बताना चाहिए कि उनका पेट उन्हें काफी परेशान कर रहा है, और इसका कोई इलाज नहीं है। दूसरा, बेप को फ्लू हो गया है। तीसरा, श्रीमान वुश्कल को अगले हफ्ते अस्पताल जाना है। उन्हें शायद अल्सर है और सर्जरी से गुजरना होगा। चौथा, पोमोसिन इंडस्ट्रीज के प्रबंधक नई ओपेकता की सुपुर्दगी के बारे में चर्चा करने के लिए फ्रेंकफर्ट से आए है। पिताजी श्रीमान क्लिमन के साथ महत्वपूर्ण बिंदुओं पर छानबीन कर रहे थे, और श्रीमान कग्लर को गहन जानकारी देने का पर्याप्त समय नहीं था।

फ्रैंकफर्ट से आए सज्जन, और पिता पहले से ही इस सोच से परेशान हो रहे थे कि बातचीत कैसे शुरू होगी। "काश मैं वहां होता काश मैं नीचे होता" वह चिल्लाये।

"जाओ अपने कान जमीन पर लगा कर लेट जाओ, उन्हें निजी कार्यालय में लाया जाएगा, और आप सब कुछ सुन पाएंगे।"

कल सुबह दस-तीस पर, मार्गोट और पिम (दो कान एक कान से बेहतर हैं) फर्श पर तैनात हो गए। दोपहर तक बातचीत खत्म नहीं हुई, लेकिन पिताजी उसको सुनने का अभियान जारी रखने की स्थिति में नहीं थे इस तरह की एक असामान्य और असहज स्थिति में घंटों पड़े रहने की वजह से बहुत दर्द में थे। दो तीस पर हमने

बरामदे में आवाज़ें सुनीं, और मैंने उसकी जगह ले ली; मार्गोट ने मुझे साथ में रखा। बातचीत इतनी लंबी-चौड़ी और उबाऊ थी कि मैं अचानक ठंडे,कठोर लिनोलियम पर ही सो गई। मार्गोट ने मुझे इस डर से छूने की हिम्मत नहीं की कि वे हमें सुन लेते, और निश्चित रूप से वह चिल्ला नहीं सकती थी। मैं आधे घंटे तक सोई और फिर जब उठी तो मुझे महत्वपूर्ण बातचीत का एक भी शब्द याद नहीं था। सौभाग्य से, मार्गोट ने अधिक ध्यान दिया था।

तुम्हारी, ऐनी

शुक्रवार, 2 अप्रैल, 1943

सबसे प्रिय किटी,

ओह, मेरी गलतियों की सूची में एक और बात जोड़ दी गई है। पिछली रात मैं अपने बिस्तर पर पड़े हुए प्रार्थना करने के लिए पिता की प्रतीक्षा कर रही थी, तो माँ कमरे में आकर मेरे बिस्तर पर बैठ गई और बड़े आराम से पूछा, "ऐनी, पिताजी तैयार नहीं हैं। यदि आज रात मैं तुम्हारी प्रार्थना सुनु तो क्या कोई समस्या होगी?"

"नहीं, माँ," मैंने उत्तर दिया।

माँ उठी, एक पल के लिए मेरे बिस्तर के पास खड़ी हुई और फिर धीरे-धीरे दरवाजे की ओर चल पड़ी। अचानक वह मुड़ी, उनका चेहरा दर्द से भर गया,और कहा, "मैं तुम से नाराज नहीं होना चाहती। मैं तुम्हें मुझसे प्यार नहीं करवा सकती हूं! जैसे ही वह दरवाजे से बाहर निकली कुछ आंसू उनके गालों पर फिसल गए।

मैं यह सोचते हुए शांत पड़ी कि मेरा उनको इतनी निर्दयतापूर्वक स्वीकार नहीं करना कितना घटिया था, लेकिन मुझे यह भी पता था कि मैं उनको कोई दूसरा जवाब देने के लिए तैयार नहीं थी। मैं पाखंड नहीं कर सकती और जब ऐसा करने का मेरा मन नहीं करता हो तो मैं उनके साथ प्रार्थना नहीं कर सकती। मुझे माँ के लिए खेद महसूस हुआ - बहुत, बहुत खेद है - क्योंकि मेरे जीवन में पहली बार मैंने देखा कि वह मेरी उपेक्षा के प्रति उदासीन नहीं थी। मैंने उनके चेहरे पर दुख देखा, जब उन्होंने, मुझे खुद को प्यार ना करवा पाने में सक्षम होने के बारे में बात कही थी। सच बताना कठिन है, फिर भी सच यह है कि वह वही है जिन्होंने मुझे अस्वीकार लिया है। वह वही है जिनकी बेकार टिप्पणियों और क्रूर चुटकुले जो मुझे नहीं लगता कि मजाकिया हैं, ने मुझे उनके लिए प्यार के किसी भी संकेत के प्रति असंवेदनशील बना दिया है। जिस तरह मेरा दिल बैठ जाता है, उसी तरह

उनका दिल डूब गया जब उन्हें महसूस हुआ कि हमारे बीच कोई अब और प्यार नहीं है। वह आधी रात तक रोई और नहीं सो पाई।

पिता ने मुझे देखने से परहेज किया है, और अगर उनकी आंखें मेरी आंखों से मिलतीं, मैं उनके अनकहे शब्दों को पढ़ सकती हूं : तुम इतनी निर्दयी कैसे हो सकती हो? तुम्हारी हिम्मत कैसे हुई अपनी माँ को इतना दुखी करने की!

हर कोई मुझसे माफी माँगने की उम्मीद करता है, लेकिन यह ऐसा कुछ नहीं है जिसके लिए मैं माफी माँग सकती हूं, क्योंकि मैंने सच कहा, और कभी भी ना कभी वैसे भी माँ को पता लगना निश्चित था। मैं माँ के आँसू और पिता की नज़र के प्रति उदासीन प्रतीत दिखाई देती हूं, और मैं हूँ, क्योंकि दोनों अब महसूस कर रहे हैं कि मैंने हमेशा क्या महसूस किया है। मैं केवल उस माँ के लिए खेद महसूस कर सकती हूं, जिसे यह पता लगाना होगा कि उनका रवैया क्या होना चाहिए। मेरे लिए, मैं चुप रहना और अलग-थलग रहना जारी रहूंगी, और मेरा सच्चाई से हटने का कोई इरादा नहीं है, क्योंकि उसे जितना टालेंगे, उतना ही सुनने पर उनके लिए उसे स्वीकार करना मुश्किल होगा!

तुम्हारी, ऐनी

मंगलवार, 27 अप्रैल, 1943

सबसे प्रिय किटी,

घर अभी भी झगड़ों के असर से कांप रहा है। हर कोई हर किसी पर गुस्सा है : माँ और मैं, श्रीमान फॉन डान और पिता, माता और श्रीमती फॉन डान। क्या बढ़िया वातावरण है, तुम्हें नहीं लगता? एक बार फिर ऐनी की कमियों को विस्तार से बताया जा रहा है।

हमारे जर्मन आगंतुक पिछले शनिवार को वापस आ गए थे। वे छह बजे तक रुके हुए थे। हम सब ऊपर बैठे हुए थे, एक इंच भी हिलने की हिम्मत नहीं हुई। यदि भवन या पड़ोस में कोई और कार्य नहीं कर रहा है, तो आप निजी कार्यालय में हर एक कदम सुन सकते हैं। इतने लंबे समय तक स्थिर बैठे रहने की वजह से मेरी पेंट में चींटियां घुस गई हैं।

श्रीमान वुश्कल को अस्पताल में भर्ती कराया गया है, लेकिन श्रीमान क्लेमन कार्यालय में वापस आ गए हैं। उनके पेट में खून रिसना सामान्य रूप की तुलना में जल्दी बंद हो गया था। उन्होंने हमें बताया कि पंजीकरण कार्यालय ने एक

अतिरिक्त दंड स्वीकार किया है, क्योंकि फायरमैन ने आग लगने वाले भाग की बजाय पूरी इमारत को पानी से भर दिया है। यह मेरे दिल को अच्छा लगा है।

कार्लटन होटल नष्ट कर दिया गया। अग्नि बम से भरे दो ब्रिटिश विमान जर्मन ऑफिसर्स क्लब के ठीक ऊपर उतरे। विजेलस्ट्राट और सिंगेल के सभी कोने आग की लपटों से घिर गए। जर्मन शहरों पर हवाई हमलों की संख्या प्रतिदिन बढ़ रही है। रात में हमें सही से आराम नहीं मिल पाता है, और नींद की कमी से मेरी आंखों के नीचे थैलियाँ बन गई थी।

हमारा भोजन भयानक है। नाश्ते में सादे, बिना मक्खन की रोटी और कृत्रिम कॉफी शामिल हैं। पिछले दो सप्ताह से दोपहर का भोजन या तो पालक या बड़े आलू के साथ पकाया गया सलाद होता है जिसका एक सड़ा हुआ, मीठा स्वाद होता है। अगर आप दुबले पतले बनने का प्रयास कर रहे हैं तो उपभवन उसके लिए एक अच्छा स्थान हो सकता है। ऊपर की मंजिल पर वे कटुता से शिकायत करते हैं लेकिन हमें नहीं लगता कि यह एक त्रासदी जैसा है।

1940 में या तो लड़े गए या जुटाए गए सभी डच पुरुषों को शिविरों में काम करने के लिए बुलाया गया है। मुझे यकीन है कि वे आक्रमण के कारण यह सावधानी बरत रहे हैं!

तुम्हारी, ऐनी

शनिवार, 1 मई, 1943

सबसे प्रिय किटी,

कल डसेल का जन्मदिन था। पहले उन्होंने ऐसे जताया जैसे वे इसे मनाना नहीं चाहते, लेकिन जब मीप तोहफों से भरे एक बड़े से शॉपिंग बैग के साथ पहुंची तो, तो वह एक छोटे बच्चे के जैसे उत्साहित हो गए थे। उनके प्रिय' लॉजे'' ने उन्हें अंडे, मक्खन, कुकीज़, नींबू पानी, रोटी, शराब, मसाला केक, फूल, संतरें, चॉकलेट, पुस्तकें और पत्र भेजा था। उन्होंने एक मैज पर अपने तोहफों का ढेर लगा दिया और उन्हें तीन दिनों तक प्रदर्शित किया। बेवकूफ कहीं के!

आपको यह विचार नहीं बना लेना चाहिए कि वह भूख से मर रहे हैं। हमें उनकी अलमारी में रोटी, पनीर, जैम और अंडे मिले। यह पूरी तरह से अपमानजनक है कि डसेल, जिनके साथ हम इस तरह दयालुता का व्यवहार करते हैं, और जिसे हम विनाश से बचाते हैं, हमारी पीठ पीछे सामान खुद के पास रखा और हमें कुछ

भी नहीं दिया। आखिरकार, हमने भी वह सब साझा किया जो हमारे पास था, लेकिन हमारी राय में इससे भी बुरी बात यह है कि वह श्रीमान क्लेमन, श्रीमान वुश्कल और बेप की तुलना में बहुत कंजूस है। उन्होंने उन्हें एक चीज भी नहीं दी। डसेल की नजर में संतरें उनके पेट को ज्यादा पहुंचाएंगे, जबकि क्लेमन को अपने पेट के लिए उसके सख्त जरूरत है।

आज बंदूकों की आवाज इतनी ज्यादा आ रही है कि मुझे चार बार अपना सामान समेटना पड़ा। आज अगर हमें घर छोड़कर भागना पड़ा तो मैंने उसके लिए अपने जरूरी सामान को एक सूटकेस में पैक कर लिया है, लेकिन जैसा कि माँ ने बिल्कुल सही ढंग से उल्लेख किया है, "आप कहां जाओगे?"

पूरे हॉलेंड को मजदूरों की हड़ताल के लिए सजा दी जा रही है। मार्शल लॉ घोषित कर दिया गया है, और हर किसी को मिलने वाला मक्खन कूपन एक कम हो गया है। क्या शरारती बच्चे हैं।

मैंने आज शाम माँ के बाल धोए, जो इन दिनों कोई आसान कार्य नहीं है। हम बहुत चिपचिपा तरल क्लींजर का इस्तेमाल करते हैं, क्योंकि यहाँ ज्यादा शैम्पू नहीं है। इसके अलावा, माताओं को अपने बालों को कंघी करना भी एक मुश्किल कार्य लगता हैं, क्योंकि परिवार की कंघी में केवल दस दांत बचे हैं।

तुम्हारी, ऐनी

रविवार, 2 मई, 1943

प्रिय किटी,

जब मैं यहां अपने जीवन के बारे में सोचती हूं, तो मैं आमतौर पर इस निष्कर्ष पर पहुंचती हूं कि हम उन यहूदियों की तुलना में स्वर्ग में रहते हैं, जो गुप्त स्थानों में नहीं छुपे है। एक ही बात है, बाद में, जब सब कुछ सामान्य हो गया है, तो मुझे शायद हैरानी होगी कि कैसे हम, जो हमेशा ऐसी आरामदायक परिस्थितियों में रहते थे, इतना गलत कैसे कर सकते थे। मेरा मतलब है "शिष्टाचार के संबंध में"। उदाहरण के लिए, जब से हम यहां आए हैं, एक ही मोमजामे ने खाने की मेज को ढका हुआ है। इतने इस्तेमाल करने के बाद, शायद ही आप इसे बेदाग कह सकते हैं। मैं इसे साफ करने का पूरा प्रयास करती हूँ, लेकिन चूंकि बर्तन मॉंजने का कपड़ा भी हमारे छिपने की जगह में जाने से पहले खरीदा गया था और कपड़े की तुलना में ज्यादा इसमें छेद है। यह एक बेकार कार्य है। फॉन डान पूरी लंबी

सर्दियों में एक ही नरम सूती चादर पर सोते रहे हैं, जिसे धोया नहीं जा सकता, क्योंकि साबुन पाउडर का नियंत्रित वितरण होता है और आपूर्ति कम है। इसके अलावा, यह इतनी खराब गुणवत्ता की है कि यह व्यावहारिक रूप से बेकार है। पिता अस्तव्यस्त पतलून में घूम रहे हैं, और उनकी टाइ भी टूट-फूट के संकेत दे रही है। मम्मी का अंतरंग वस्त्र भी आज कट गया और मरम्मत से परे है, जबकि मार्गोट ने एक ब्रा पहनी हुई है, जिसके दो आकार बहुत छोटे हैं। माँ और मार्गोट ने पूरे सर्दियों में एक ही तीन समान अंगरखे साझा किए हैं, और मेरा इतना छोटा है कि वे मेरे पेट को भी नहीं ढ़कते हैं। यह सभी वे चीजें हैं जिन पर काबू पाया जा सकता है, लेकिन मुझे कभी-कभी आश्चर्य होता है : हम कैसे, जिनकी हर संपत्ति, मेरे जांघिया से लेकर पिता के शेविंग ब्रश तक, इतनी पुरानी हो चुकी हैं कि हम यह उम्मीद कर सकते हैं कि हम युद्ध से पहले की स्थिति में कभी वापस पहुंच सकेंगे।

रविवार, 2 मई, 1943

युद्ध की दिशा में उपभवन निवासियों का रवैया

श्रीमान फॉन डान, हम सभी की राय में, इस श्रद्धेय सज्जन को राजनीति की काफी समझ है। फिर भी, उन्होंने पूर्व अनुमान लगाया कि हमें '43 के अंत तक यहाँ रहना होगा। यह बहुत लंबा समय है, और फिर भी तब तक उम्मीद रखना संभव है। हमें यह आश्वासन कौन दे सकता है कि यह युद्ध तब तक खत्म हो जाएगा, जिसने दर्द और दुख के अलावा कुछ नहीं दिया है? और उस समय से बहुत पहले हमें और हमारे सहायकों को कुछ नहीं हुआ होगा? कोई नहीं! इसीलिए हर दिन तनाव से भरा होता है। उम्मीद और आशा तनाव पैदा करती है, जैसा भय करता है- उदाहरण के लिए, जब हम घर के अंदर या बाहर शोर सुनते हैं, जब बंदूकें चलती है या जब हम समाचार पत्रों में "नई घोषणाएं" पढ़ते हैं, तब हमें डर लगता है कि हमारे सहायकों को किसी समय छिपने के लिए मजबूर किया जा सकता है। इन दिनों हर कोई छिपने की बात कर रहा है। हम नहीं जानते कि कितने लोग हकीकत में छिपने की जगहों में है; बेशक, सामान्य आबादी की तुलना में संख्या अपेक्षाकृत कम है, लेकिन बाद में हमें कोई संदेह नहीं होगा कि हॉलैंड में कितने अच्छे लोग है, जो यहूदियों और ईसाइयों को, पैसों के साथ या पैसों के बिना, अपने घरों में लेने के लिए तैयार थे। झूठे पहचान पत्रों वाले लोगों की एक अविश्वसनीय संख्या भी है।

श्रीमती फॉन डान, जब इस खूबसूरत महिला (उनकी अपनी नजर से) ने सुना कि झूठी आईडी प्राप्त करना इन दिनों आसान हो रहा है, तो उन्होंने तुरंत प्रस्ताव दिया कि हम में से प्रत्येक एक बनवाए जैसे कि पिता और श्रीमान फॉन डान बहुत पैसे वाले थे।

श्रीमती फॉन डान हमेशा सबसे हास्यास्पद बातें करती रहती हैं, उनके पुत्ती अक्सर उससे भड़क जाते हैं, क्योंकि एक दिन केरली ने घोषणा की, "जब यह सब समाप्त हो जाएगा, तो मैं खुद अपना बपतिस्मा करवा लूंगी"; और अगला, "जब तक मैं याद कर सकती हूं, मैं यरुशलेम जाना चाहती थी। मैं केवल अन्य यहूदियों के साथ अपने घर की तरह महसूस करती हूं!"

पिम बड़े आशावादी हैं, लेकिन उसके पास हमेशा अपने कोई कारण होते हैं।

श्रीमान डसेल हर चीज पूरी करते हैं जैसे ही वह आगे बढ़ते हैं, और कोई भी जनाब का खंडन करने की इच्छा करने वाला, अच्छा होगा कि दो बार सोच ले। अल्फ्रेड डसेल के घर में उनका शब्द कानून है लेकिन यह कम से कम ऐनी फ्रैंक के अनुरूप नहीं है।

एनेक्सी परिवार के अन्य सदस्य युद्ध के बारे में क्या सोचते हैं, इससे कोई फर्क नहीं पड़ता। जब राजनीति की बात आती है, तो ये चार ही हैं जो सोचते है। दरअसल, उनमें से केवल दो ही करते हैं, लेकिन मैडम फॉन डान और डसेल खुद को भी शामिल करते हैं।

मंगलवार, 18 मई, 1943

सबसे प्रिय किट,

मुझे हाल ही में जर्मन और अंग्रेज पायलटों के बीच भीषण लड़ाई देखने को मिली। दुर्भाग्य से, मित्र देशों के कुछ विमान चालकों को अपने जलते हुए विमान से बाहर कूदना पड़ा। आफ्रवे में रहने वाले हमारे दूधवाले ने चार कनाडाई लोगों को सड़क के किनारे बैठे देखा, और उनमें से एक धाराप्रवाह डच बोलता था। उसने दूधवाले से पूछा कि क्या उसके पास सिगरेट जलाने की व्यवस्था है और फिर उसे बताया कि चालक दल में छह आदमी शामिल थे। पायलट जलकर मर गया था और पांचवें चालक दल के सदस्य ने खुद को कहीं छिपा लिया था। जर्मन सुरक्षा पुलिस बचे हुए चारों पुरुषों को लेने के लिए आई थी, जिनमें से कोई भी घायल

नहीं हुआ था। एक जलते विमान से पैराशूटिंग के बाद, कैसे किसी के पास सुध बुध हो सकती है?

यद्यपि अविवादित रूप से बहुत गर्मी पड़ रही है, हमें अपनी सब्जी के छिलके और कचरे को जलाने के लिए हर दूसरे दिन आग जलानी पड़ती है। हम कचरे के डिब्बे में कुछ भी नहीं फेंक सकते हैं, क्योंकि गोदाम के कर्मचारी इसे देख सकते हैं। एक छोटी सी लापरवाही भरा काम और हम गए!

विश्वविद्यालय के सभी छात्रों को, एक आधिकारिक बयान पर हस्ताक्षर करने के लिए कहा जा रहा है कि वे "जर्मनों के साथ सहानुभूति रखते हैं और नए आदेश का अनुमोदन करते हैं।"अस्सी प्रतिशत ने अपनी अंतरात्मा की आज्ञा का पालन करने का निर्णय लिया है, लेकिन सजा गंभीर होगी। हस्ताक्षर करने से मना करने वाले किसी भी छात्र को जर्मन श्रम शिविर में भेजा जाएगा। हमारे देश के युवाओं को यदि जर्मनी में कठोर मेहनत करना पड़ता है तो उनका भविष्य क्या होगा?

कल रात बंदूकें इतना शोर कर रही थीं कि माँ ने खिड़की बंद कर दी; मैं पिम के बिस्तर में थी। अचानक, बिल्कुल हमारे सिर के ऊपर, हमने श्रीमती फॉन डान की उछलने की आवाज सुनी, मानो उन्हें मूशी ने काट लिया था। इसके बाद एक जोरदार धमाका सुना, जो ऐसा लगा मानों कोई अग्नि बम मेरे बस बिस्तर के बगल में गिरा था। 'आग! आग!' मैं चिल्लाई।

पिम ने रोशनी जला दी। मुझे कमरे में किसी भी समय आग भभक उठने की उम्मीद थी। कुछ नहीं हुआ। हम सब ऊपर भागे यह देखने के लिए कि क्या चल रहा है। श्रीमान और श्रीमती फॉन डान ने खुली खिड़की के माध्यम से एक लाल चमक देखी थी, और उन्होंने सोचा था कि आसपास कहीं आग लगी है, जबकि वह आश्वस्त थी कि आग हमारे घर में ही लगी है। जब धमाका हुआ था उस समय श्रीमती फॉन डान पहले से ही कांपती हुई अपने बिस्तर के पास खड़ी थी। डसेल सिगरेट पीने ऊपर ही रुक गए और हम धीरे-धीरे वापस अपने बिस्तर में चले गए। पंद्रह मिनट से भी कम समय के बाद ही फिर से गोली चलनी शुरू हो गई। श्रीमती फॉन डान एकाएक बिस्तर से बाहर आई और नीचे डसेल के कमरे में वह दिलासा पाने पहुंची, जो उनके जीवनसाथी उन्हें नहीं दे पा रहे थे। डसेल ने यह कहकर उनका स्वागत किया, मेरे बिस्तर पर आ जाओ, बच्चे!

हंसते-हंसते हमारे पेट में बल पड़ गए, और बंदूकों की गड़गड़ाहट से अब हमें फर्क नहीं पड़ रहा था; हमारे सारे डर का अस्तित्व मिट गया था।

तुम्हारी, ऐनी

रविवार, 13 जून, 1943

सबसे प्रिय किटी,

मेरे पिताजी ने जो कविता मेरे जन्मदिन के लिए रची थी, वह इतनी अच्छी थी कि मैं उसे अपने तक ही नहीं रख सकती हूं।

चूंकि पिम केवल जर्मन में अपने छंद लिखते हैं, मार्गोट ने इसे खुद की इच्छा से डच में अनुवादित किया। खुद देखें कि क्या मार्गोट खुद पर गर्व कर पाई या नहीं। यह पूरे साल की घटनाओं के सामान्य सारांश के साथ शुरू होता है और फिर आगे जारी रहता है :

हमारे बीच सबसे कम उम्र की, पर सबसे ज्यादा छोटी नहीं है

तुम्हारा जीवन दयनीय हो सकता है, जिसके लिए हम उबाऊ काम करते हैं

तुम्हारा शिक्षक बनना एक भयानक झंझट है।

हमें अनुभव मिला है! इसे मुझसे ले लो!"

हमने यह सब पहले किया है, तुम जानती हो!

हम रस्सियों को जानते हैं, हम जानते इसके समान।

क्योंकि समय अति प्राचीन है, हमेशा एक समान।

किसी की कमियाँ और कुछ नहीं केवल रुई के रेशे हैं,

लेकिन भारी हर किसी के सामान से है।

गलती खोजना आसान होता है, जब हम दुर्दशा में हो,

लेकिन प्रयास करना तुम्हारे माता-पिता के लिए कठिन,

तुम्हारे साथ निष्पक्षता और दयालुता का बर्ताव करना :

छिद्रान्वेषण एक ऐसी आदत है जिसे दूर करना मुश्किल है।

जब तुम बूढ़े लोगों के साथ रह रहे होते हो, तो तुम कर सकते हो।

उनकी गलतियां ढूंढ़ने, को सहन करना - मुश्किल है, लेकिन यह सच्चाई है।

गोली (सीख) कड़वी हो सकती है, लेकिन इसे फौरन निगल जाना चाहिए,

क्योंकि यह शांति बनाए रखने के लिए होती है, तुम्हें मालूम ही है।

यहां कहीं महीने बेकार नहीं गए हैं,

क्योंकि समय बर्बाद करना आपके स्वभाव के विरुद्ध हो जाता है।

तुम लगभग सारा दिन पढ़ती और अध्ययन करती हो,

बोरियत दूर करने के लिए।
अगर कठिन प्रश्नों का सामना करना बहुत मुश्किल होता,
तो धरती पर क्या है जिसका सामना करूँ?
मेरे पास अब निक्कर नहीं है, मेरे कपड़े भी बहुत तंग है,
मेरी बनियान एक धोती है, मैं हकीकतन दर्शनीय हूं!
जूते पहनने के लिए मुझे मेरी उंगलियों को सटा लेना चाहिए,
प्रिय, मैं बहुत सारे संकटों से घिरा हूं!"

मार्गोट को भोजन वाले भाग की तुकबंदी करने में दिक्कत हो रही थी, इसलिए मैं इसे छोड़ रही हूं, लेकिन उसके अलावा, क्या तुम्हें नहीं लगता कि यह एक अच्छी कविता है?

मैं पूरी तरह से बिगड़ गई हूं और मेरे पसंदीदा विषय, ग्रीक और रोमन पौराणिक कथाओं पर एक बड़ी पुस्तक सहित कई प्यारे तोहफे मिले हैं। मैं मिठाई की कमी के बारे में शिकायत नहीं कर सकती हूं : हर किसी ने अपने भंडार में से पैसे निकाले थे। उपभवन में सबसे छोटी होने की वजह से मुझे मेरी काबिलीयत से ज्यादा मिला है, जिनके शायद मैं लायक नहीं।

तुम्हारी, ऐनी

मंगलवार, 15 जून, 1943

सबसे प्रिय किटी,

बहुत सी चीजें हो चुकी है, लेकिन मुझे अक्सर लगता है कि मैं अपनी नीरस गपशप से तुम्हें बोर करती हूं, और तुम कम से कम शब्दों में जानना चाहती हो। इसलिए मैं खबर संक्षिप्त रखूंगी।

आखिरकार श्रीमान वुश्कल की अल्सर की शल्यक्रिया नहीं की गई। डॉक्टर उन्हें शल्यक्रिया मेज पर लाए थे और उन्हें खोला तभी उन्होंने देखा कि उन्हें कैंसर था। यह इतने एडवांस स्टेज में था कि शल्यक्रिया करना बेकार था। इसलिए उन्होंने उन्हें फिर से सिल दिया, तीन हफ़्तों तक उन्हें अस्पताल में रखा, अच्छी तरह से खिलाया पिलाया और घर वापस भेज दिया। लेकिन उन्होंने माफी न करने योग्य एक त्रुटि की : उन्होंने उस असहाय आदमी को बता दिया कि भविष्य में उनके साथ क्या होने वाला है। अब वह और काम नहीं कर सकते,

आठ बच्चों से घिरे अपनी आने वाली मौत के बारे में विचार मगन बस घर पर बैठे रहते हैं। मुझे उनके लिए बहुत बुरा लगता है और मैं बाहर जाने में सक्षम नहीं होने से नफरत करती हूं; अन्यथा, मैं जितना कर पाती उससे ज्यादा उन्हें मिलने जाती, उस बात से ध्यान बंटाने में उनकी सहायता करती। यह अच्छा आदमी हमें यह नहीं बता सकता है कि गोदाम में क्या कहा और किया जा रहा है, जो हमारे लिए एक विपत्ति है। जब सुरक्षा के उपायों की बात आई तो श्रीमान वुश्कल हमारी मदद और समर्थन के हमारे बड़े साधन थे। हम उन्हें बहुत याद करते हैं।

अगले महीने अधिकारियों को रेडियो सौंपने की हमारी बारी है। श्रीमान क्लेमन के घर में एक छोटा सा सेट छुपाया हुआ है, जिसे वह हमारे सुंदर फिलिप्स की जगह देने के लिए हमें दे रहे हैं। अफसोस इस बात का है कि हमें अपना बड़ा फिलिप्स छोड़ना होगा, लेकिन जब आप छिपने के स्थान पर होते हो, तो आप जान बूझकर अधिकारियों को अपने सिर पर धमक पड़ने का जोखिम नहीं उठा पाते। बेशक छोटे रेडियो को हम अपने पास रखेंगे। जब पहले से ही यहूदी है, छिपा हुआ पैसा है तो छुपा हुआ रेडियो क्या चीज है?

पूरे देश भर में लोग एक पुराने रेडियो प्राप्त करने का प्रयास कर रहे हैं, जिसे वे अपने "मनोबल वर्धक" के बदले सौंप सकते हैं। "यह सच है : जैसे-जैसे बाहर से आने वाली खबरें बद से बदतर होती जा रही हैं रेडियो, अपनी चमत्कारिक आवाज के साथ, हिम्मत ना हारने और खुद को बताने में हमारी सहायता करता है कि " खुश हो जाओ साहसी बनो, चीजों का बेहतर होना तय है!"

तुम्हारी, ऐनी

रविवार, 11 जुलाई, 1943

प्रिय किटी,

बच्चे के पालन-पोषण की बात पर (लंबे समय तक), मैं तुम्हें बता दूँ कि मैं मददगार, मिलनसार और दयालु बनने के लिए और वह सब कुछ जो मैं कर सकती हूं, उसे करने के लिए, डांट फटकार की बारिश को हल्की बूंदाबांदी तब धीमा करने के लिए अपना पूरा प्रयास कर रही हूं। ऐसे लोगों के साथ आदर्श बच्चा बनने की कोशिश करना आसान है, जिन्हें आप बर्दाश्त नहीं कर सकते हैं और ऐसे शब्द कहने में भी मुश्किल आती है, जब वास्तव में उन पर खुद यकीन नहीं करते। लेकिन मैं

देख सकती हूं कि एक छोटा सा पाखंड मुझे, मेरे पुराने तरीके से, जैसा मैं सोचती हूं (हालांकि कोई मेरी राय कभी नहीं पूछता या किसी भी प्रकार की परवाह नहीं करता) एकदम वैसा ही बोल देने, की तुलना में अधिक फायदेमंद होता है। बेशक, जब वे गलत होते हैं, मैं अक्सर अपनी भूमिका को भूल जाती हूं और अपने गुस्से पर अंकुश लगाना मुझे नामुमकिन लगता है, ताकि वे "दुनिया की सबसे अभेद्य लड़की" कहते हुए अगला महीना बिता सकें। क्या आपको नहीं लगता कि मुझ पर कभी-कभी दया की जानी चाहिए? अच्छी बात यह है मैं रिरियाने वाली नहीं हूं, क्योंकि फिर मैं कटु और बुरे स्वभाव वाली बन सकती हूं। मैं आमतौर पर उनके डांट के हास्य पक्ष को देख सकती हूं, लेकिन यह आसान तब होता है, जब यह जोरदार झिड़की किसी और को दी जा रही हो।

इसके अलावा, (काफी सोचने के बाद) मैंने शार्टहैंड को छोड़ने का फैसला किया है। सबसे पहले, ताकि मेरे पास अपने दूसरे विषयों के लिए ज्यादा समय हो, और दूसरा, मेरी आंखों की समस्या के कारण। यह एक दुखद कहानी है। मुझे निकट दृष्टि दोष हो गया था और बहुत पहले ही चश्मा लगा लेना चाहिए था (ऊह क्या मैं एक बुद्धू की तरह नहीं दिखूंगी!) लेकिन जैसा कि आप जानते हैं, छिपने वाले लोग ऐसा नहीं कर सकते ...

कल यहाँ हर कोई ऐनी की आँखों के बारे में बात कर सकता था, क्योंकि माँ ने सलाह दी थी कि मैं श्रीमती क्लेमन के साथ नेत्र रोग विशेषज्ञ के पास जाऊँ। यह सुनकर मेरे घुटने कमजोर हो गए, क्योंकि यह कोई छोटी बात नहीं है। बाहर जाना! जरा सोचिए, सड़क पर चलना! मैं इसकी कल्पना भी नहीं कर सकती। मुझे पहले तो डर लगा था, और फिर खुशी हुई। लेकिन यह सब उतना सरल नहीं है; विभिन्न अधिकारियों जिन को इस तरह के कदम को मंजूरी देनी थी, वे जल्द ही किसी फैसले पर पहुंचने में असमर्थ थे। उन्हें सबसे पहले सभी कठिनाइयों और जोखिमों को सावधानीपूर्वक तौलना पड़ा, हालांकि मीप मेरे साथ पीछे-पीछे तुरंत व्यवस्था करने के लिए तैयार थी। इस बीच, मैंने अलमारी से अपनी खाकी कोट को निकाल लिया था लेकिन यह इतना छोटा था कि यह ऐसा लग रहा था जैसे यह मेरी छोटी बहन का हो। हमने गोटे को नीचे खिसका दिया, लेकिन मैं अभी तक इसका बटन नहीं लगा सकती। मैं वास्तव में यह देखने के लिए उत्सुक हूं कि वे क्या फैसला लेते हैं, मुझे नहीं लगता कि वे कभी भी एक योजना बना पाएंगे, क्योंकि ब्रिटिश सिसिली में उतरे हैं और पिताजी का सब कुछ एक 'जल्दी समाप्ति' के लिए तय है।

बेप, मार्गोट और मुझे कार्यालय का बहुत सारा काम करने के लिए दे रही है। यह हम दोनों को महत्वपूर्ण लगता है, और यह उसकी बड़ी मदद करेगा। पन्नों को फाइल में लगाने और सेल्स बुक में प्रविष्टियां कोई भी लिख सकता है, लेकिन हम इसे उल्लेखनीय सटीकता के साथ करते हैं।

मीप को इतना ज्यादा सामान ले जाना है कि वह एक लदे खच्चर की तरह लग रही है। वह लगभग हर दिन सूखी सब्जी खरीदने जाती है, और फिर बड़े शॉपिंग बैग में अपनी खरीदारी के साथ साइकिल चलाते हुए वापस आ जाती है।

वह हर शनिवार को अपने साथ पुस्तकालय की पांच किताबें लाती है। हम शनिवार का बेसब्री से प्रतीक्षा करते हैं। क्योंकि इसका मतलब है पुस्तकें। हम एक तोहफे के साथ छोटे बच्चों के एक झुंड के जैसे बन जाते हैं। आम लोग यह नहीं जानते हैं कि किसी ऐसे इंसान के लिए पुस्तकों का कितना महत्व हो सकता है जो कालकोठरी में बंद है। हमारा एक मात्र मनोरंजन, अध्ययन करना और रेडियो सुनना ही है।

तुम्हारी, ऐनी

मंगलवार, 13 जुलाई, 1943

सर्वश्रेष्ठ छोटी मेज

कल दोपहर पिताजी ने मुझे श्रीमान डसेल से पूछने की इजाजत दी कि क्या वह एक सप्ताह तक दोपहर में 4:00 से 5:30 तक, हमारे कमरे में पड़े दो मेजों का इस्तेमाल करने कि मुझे इजाज़त देने की कृपा करेंगे (देखिए मैं कितनी विनम्र हूँ)। मैं पहले से ही हर दिन वहाँ दो-तीस से चार बजे तक बैठती रही हूँ, जबकि डसेल झपकी लेते हैं लेकिन बाकी समय कमरा और मेज मेरी पहुँच से बाहर होते हैं। दोपहर में अगले दरवाजे पर अध्ययन करना असंभव है, क्योंकि वहाँ बहुत कुछ चल रहा होता है। इसके अलावा, पिताजी कभी-कभी दोपहर के दौरान डेस्क पर बैठना पसंद करते हैं।

तो यह एक उचित अनुरोध के जैसे लग रहा था, और मैंने डसेल से बहुत विनम्रता से पूछा। आपको क्या लगता है कि पढ़े-लिखे सज्जन का क्या जवाब था? "नहीं "बस सादा सा" नहीं!"

मैं नाराज हो गई थी और अपने आप को उस तरह दूर कर दिए जाने के लिए मैं तैयार नहीं थी। मैंने उनसे उनके इस 'नहीं' की वजह पूछी लेकिन मुझे यह कहीं नहीं ले जा सका। उनके जवाब का सार था, "मुझे भी अध्ययन करना है, तुम जानते हो, और अगर मैं ऐसा दोपहर में नहीं कर सकता, तो मैं बिल्कुल भी अनुकूल होने में सक्षम नहीं हो पाऊंगा। मुझे खुद के लिए तय किया गया कार्य को पूरा करना है; अन्यथा, शुरू करने का कोई मतलब नहीं है। इसके अलावा, आप अपनी पढ़ाई के बारे में गंभीर नहीं हैं। पौराणिक कथाएं- वह किस तरह का कार्य है? पढ़ना और बुनाई या तो इनकी गिनती नहीं है। मैं मेज का इस्तेमाल करती रही हूं और मैं इसे छोड़ने नहीं जा रही हूं।"

मैंने जवाब दिया, "श्रीमान डसेल, मैं अपने कार्य को गंभीरता से लेती हूं। मैं दोपहर में अगले दरवाजे पर अध्ययन नहीं कर सकती, और यदि आप मेरे अनुरोध पर फिर से विचार करेंगे तो मैं इसकी सराहना करूंगी!"

इन शब्दों को कहने के बाद, अपमानित ऐनी मुड़ गई और ऐसा नाटक किया जैसे विद्वान डॉक्टर वहां था ही नहीं।

मैं गुस्से से खदबदा रही थी और महसूस किया कि डसेल अविश्वसनीय रूप से असभ्य लग रहे थे (जो वह निश्चित रूप से थे) और मैं बहुत विनम्र हो गई थी।

उस शाम को, जब मैं पिम से मिली, मैंने उसे बताया कि क्या हुआ था और हमने चर्चा की कि मेरा अगला कदम क्या होना चाहिए, क्योंकि इसे छोड़ देने का मेरा कोई इरादा नहीं था और इस मामले से खुद ही निपटना पसंद किया। पिम ने मुझे डसेल से निपटने के तरीके पर मुझे एक मोटा विचार दिया, लेकिन मुझे अगले दिन तक प्रतीक्षा करने के लिए आगाह किया। मैंने सलाह के अंतिम हिस्से को नजरअंदाज कर दिया और धुलाई करने के बाद मैं डसेल की प्रतीक्षा कर रही थी। पिम अगले दरवाजे पर बैठे हुए थे जिसका शांत प्रभाव पड़ रहा था। मैंने शुरू किया, "श्रीमान डसेल, ऐसा लगता है कि आप इस मामले पर आगे कोई चर्चा करना बेकार मानते हैं, लेकिन मैं आपसे इस पर पुनर्विचार करने की विनती करती हूं।"

डसेल ने मुझे अपनी सबसे आकर्षक मुस्कान दी और कहा, "मैं हमेशा किसी भी मामले पर चर्चा करने के लिए तैयार हूं, भले ही यह पहले से ही निर्धारित किया जा चुका हो तब भी।"

मैं डसेल के बार-बार रुकावट करने के बावजूद भी बात करती चली गई। जब आप पहली बार यहां आए थे, "मैंने कहा," हम सहमत थे कि कमरे को हम

दोनों द्वारा साझा किया जाना था। यदि हम इसे निष्पक्ष रूप से बंटवारा करते, तो आपके पास पूरी सुबह है और मेरे पास पूरी दोपहर है! मैं इतने ज्यादा की नहीं बल्कि एक सप्ताह में केवल दो दोपहर की ही माँग कर रही हूं जो मुझे उचित लगता है।"

डसेल अपनी कुर्सी पर से झटके में उछल पड़े जैसे कि वे एक पिन पर बैठ गए थे। आप कमरे में अपने अधिकारों के बारे में किसी व्यवसाय की बात नहीं कर रही है। मुझे कहां जाना चाहिए? शायद मुझे श्रीमान फॉन डान से अटारी में अपने लिए एक आरामदायक कमरा बनाने के लिए कहना चाहिए। केवल एक तुम ही नहीं हो जिसे काम करने के लिए एक शांत जगह नहीं मिल रही। तुम हमेशा एक लड़ाई ढूंढती रहती हूं। अगर तुम्हारी बहन मार्गोट जिसको तुम्हारी तुलना में कार्य करने की जगह पाने का ज्यादा हक है, उसी अनुरोध के साथ मेरे पास आई थी, तो मैंने कभी भी इनकार करने के बारे में नहीं सोचा था, लेकिन तुम..."

और एक बार फिर वह पौराणिक कथाओं और बुनाई के बारे में व्यवसाय लेकर आ गए, और एक बार फिर ऐनी का तिरस्कार किया गया। हालाँकि, मैंने इसका कोई संकेत नहीं दिखाया और डसेल को अपनी पूरी बात करने दिया : "लेकिन नहीं, तुमसे बात करना नामुमकिन है। तुम शर्मनाक रूप से आत्म-केंद्रित हो। जब तक तुम अपने तरीके से चलती हो, कोई भी दूसरा मायने नहीं रखता। मैंने इस तरह के बच्चे को कभी नहीं देखा है। लेकिन आखिरकार सब कुछ कहने और करने के बाद मैं तुम्हें अपने रास्ते जाने देने के लिए लाचार हो जाऊंगा, क्योंकि मैं नहीं चाहता कि लोग बाद में कहें कि डसेल द्वारा मेज न दिए जाने के कारण ऐनी फ्रैंक अपनी परीक्षा में असफल रही।

वह कहते ही चले जा रहे थे और कुछ देर में तो मेरे लिए उनकी बात को समझना मुश्किल हो गया, मैंने बड़ी मुश्किल से धैर्य रख रखा था। एक पल के लिए मैंने उन्हें और उनके झूठ के बारे में सोचा। मैं उनके बदसूरत चेहरे पर इतनी जोर से चांटा मारती कि वह उछलकर दीवार से जा टकराता! "लेकिन अगले ही पल मैंने सोच कि" शांत हो जाऊं, वह इतना परेशान होने लायक नहीं है!"

आखिरकार श्रीमान डसेल का क्रोध ठंडा हो गया, और उन्होंने कमरे को क्रोध मिश्रित विजय की अभिव्यक्ति के साथ छोड़ दिया, भोजन के साथ उनके कोट की जेब उभरी हुई थी।

मैं पिता के पास गई और पूरी कहानी सुनाई, या कम से कम उन हिस्सों को जो वह खुद पालन करने गें सक्षम नहीं थे। पिम ने उसी शाम डसेल से बात करने

का फैसला किया, और उन्होंने आधे घंटे से अधिक समय तक बात की। उन्होंने पहले चर्चा की कि क्या ऐनी को मेज इस्तेमाल करने की इजाजत दी जानी चाहिए या नहीं। पिताजी ने कहा कि वह और डसेल एक बार पहले भी इस विषय से निपट चुके थे, उस समय वे डसेल के साथ सहमत हैं क्योंकि वे युवाओं के सामने बड़ों का विरोध नहीं करना चाहते थे, लेकिन फिर भी, वे उसे सही नहीं मानते थे। डसेल ने महसूस किया कि मुझे उनके सब कुछ पर नजर रखने का दावा पेश करने वाले घुसपैठिए के रूप में बात करने का कोई हक नहीं था। लेकिन पिताजी ने दृढ़ता से इसका खंडन किया, क्योंकि उन्होंने खुद मुझे इस तरह का कुछ भी कहते हुए नहीं सुना था। और इसलिए बातचीत मेरे 'स्वार्थ' और मेरी 'व्यर्थ गतिविधियों' के पिता द्वारा रक्षा के साथ आगे और पीछे तक चली गई और डसेल पूरे समय बड़बड़ाते रहे।

डसेल ने आखिरकार हार मान ली और मुझे एक सप्ताह में दो दिन बिना किसी रुकावट के कार्य करने का मौका दिया गया। डसेल बहुत सुस्त लग रहे थे, दो दिन तक उन्होंने मुझसे से बात नहीं की और उन्होंने पांच से पांच-तीस तक मेज पर कब्जा करने का सुनिश्चित किया - सब कुछ बिल्कुल बहुत ही बचकाना था।

कोई भी जो चौवन साल की उम्र में पैदा होने के समय से इतना तुच्छ और रूढ़िवादी है और वह कभी बदलने वाला नहीं है।

शुक्रवार, 16 जुलाई, 1943

सबसे प्रिय किटी,

एक और ताला तोड़ने की घटना हो गई, लेकिन इस बार वास्तविक वाली! पीटर आज सुबह सात बजे गोदाम में गया, हमेशा की तरह, और अचानक ध्यान दिया कि गोदाम का दरवाजा और सड़क का दरवाजा दोनों खुले थे। उन्होंने निजी कार्यालय में जाने वाले पिम को तुरंत इसकी सूचना दी, रेडियो को एक जर्मन स्टेशन से मिलाया और दरवाजा बंद कर दिया। फिर वे दोनों वापस ऊपर चले गए। ऐसे मामलों में हमें 'खुद को ना धोने या पानी न चलाने, चुप रहने, 8:00 बजे तक तैयार हो जाने और शौचालय ना जाने 'के आदेश मिले हैं और हमेशा की तरह हम इनका बाद तक पालन करते हैं। हम सभी खुश थे कि हम इतनी अच्छी तरह से सोए थे और किसी ने कुछ भी नहीं सुना था। थोड़ी देर के लिए हम आक्रोश में थे, क्योंकि कार्यालय से कोई भी पूरी सुबह ऊपर नहीं आया; श्रीमान क्लेमन ने साढ़े ग्यारह बजे तक हमारी बैचेनी बनाए रखी। उन्होंने हमें बताया कि चोरों ने बाहरी

दरवाजे और गोदाम के दरवाजे को एक लोहा डंडे से जबरदस्ती खोल दिया था, लेकिन जब उन्हें चोरी करने लायक कुछ नहीं मिला, तो उन्होंने अगली मंजिल पर अपनी किस्मत आजमाई थी। उन्होंने दो कैशबॉक्स चुराए जिनमें 40 गिल्डर थे, खाली चेकबुक और सबसे बुरा, चीनी के 330 पाउंड के कूपन, हमारा पूरा आवंटन चुरा लिया है। इसे नया प्राप्त करना आसान नहीं होगा।

श्रीमान कुगलर को लगता है कि यह चोरों के उसी एक गिरोह का काम है, जिसने छह हफ्ते पहले सभी तीन दरवाजे (गोदाम के दरवाजे और दो बाहरी दरवाजे) खोलने की नाकाम कोशिश की थी।

चोरी ने एक और हलचल पैदा कर दी, लेकिन उपभवन में उत्तेजना सी पनपती लगती है। स्वाभाविक रूप से, हमें खुशी थी कि कैश रजिस्टर और टाइपराइटर हमारी अलमारी में सुरक्षित रूप रखे थे।

तुम्हारी, ऐनी

पश्च लेख: सिसिली में पहुंच गए। एक और कदम करीब...।

सोमवार, 19 जुलाई, 1943

सबसे प्रिय किटी,

रविवार को उत्तर एम्स्टर्डम पर बहुत भारी बमबारी हुई। उससे काफी नुकसान पहुंचा। पूरी सड़कें खंडहर में बदल दी गई है, और उन्हें सभी शवों को बाहर निकालने में थोड़ा समय लगेगा। अब तक दो सौ लोग मारे गए है और अनगिनत लोग घायल हुए हैं; अस्पताल में भीड़ बहुत तेजी से बढ़ रही है। हमें उन बच्चों के बारे में बताया गया है, जो अपने मृत माता-पिता की लाचारी से सुलगते हुए खंडहर में खोज कर रहे हैं। धुंधले, दूर के ड्रोन, जिन्होंने आने वाले विनाश का संकेत दे दिया था, के बारे में सोचना, अभी भी मुझे कंपकंपा देता है।

शुक्रवार, 23 जुलाई, 1943

आजकल बेप की देखरेख कर रही मेरी बहन के लिए उपयोगी, अभ्यास पुस्तकों, खासकर पत्रिकाओं और बही खातों के पुस्तकाधार प्राप्त करने में सक्षम है! अन्य प्रकार बिक्री के लिए भी मौजूद हैं, लेकिन यह नहीं पूछें कि वे कैसी हैं और कब तक चलेगी। फिलहाल उन सभी पर "कोई कूपन की आवश्यकता नहीं है" के

लेबल लगे हुए हैं। बाकी सब चीजें की तरह जिन्हें आप बिना राशन की मोहर के खरीद नहीं सकते हैं, वे पूरी तरह से बेकार हैं।वे पेजों पर पास पास तिरछी लाइनो वाले भूरे रंग के बारह पन्नों से मिलकर बने है। मार्गोट सुलेख में एक पाठ्यक्रम लेने के बारे में सोच रही है; मैंने उसे आगे बढ़ने और इसे करने की सलाह दी है। मेरी आँखों की वजह से माँ ने मुझे जाने नहीं दिया, लेकिन मुझे लगता है कि यह मूर्खता है। चाहे मैं यह करूँ या कुछ और, सब चीजें "मैं" तक आती हैं।

तुम एक युद्ध में कभी नहीं रही हो किटी, और चूँकि मेरे पत्रों के बावजूद, तुम्हें छिपने की जगह के बारे में कम पता है, सिर्फ मनोरंजन के लिए, मैं तुम्हें बताती हूं, हममें से हर एक सबसे पहले क्या करना चाहता है, अगर हम बाहर जाने में सक्षम होते है।

मार्गोट और श्रीमान फॉन् डान, चाहते हैं कि सबसे पहले वे लबालब भरे पानी में गर्म स्नान लें, जिसमें वह आधे से अधिक घंटे के लिए पड़े रह सके। श्रीमती फॉन डान एक केक चाहेंगी, डसेल कुछ भी नहीं सोच सकते हैं, सिवाय अपने चाल्लोट को देखने के, और माँ एक कप असली कॉफी के लिए तड़प रही है। पिताजी, श्रीमान वुश्कल से मिलने जाना चाहेंगे, पीटर शहर के केंद्र जाएगा, और मेरे लिए, मैं इतनी ज्यादा खुश होऊँगी कि मुझे पता ही नहीं होगा कि कहां से शुरू करूं।

सबसे अधिक मैं हमारा अपना एक घर होने की इच्छा करती हूं, स्वतंत्र रूप से घूमने में सक्षम होने के लिए और आखिरकार मेरे गृह कार्य में फिर से मेरी सहायता करने के लिए किसी को रख पाने में समर्थ होना चाहती हूं। दूसरे शब्दों में वापस स्कूल जाना चाहती हूं।

बेप ने हमें तथाकथित मोलभाव की कीमतों पर कुछ फल दिलाने की पेशकश की है, : अंगूर 2.50 गिल्डर प्रति पाउंड, करौंदे 70 सेंट प्रति पाउंड, एक आड़ू 50 सेंट, खरबूजे 75 सेंट प्रति पाउंड। कोई आश्चर्य नहीं कि हर शाम अखबारों में बड़े, मोटे अक्षरों में लिखा होता है : ईमानदार रहें और कीमतें कम रखें।

सोमवार, 26 जुलाई, 1943

प्रिय किटी,

कल बहुत ही कठिन दिन था, और हम सभी अभी भी परेशानी में हैं। तुम्हें ताज्जुब हो सकता है कि क्या कभी ऐसा दिन भी होता है जो किसी तरह के उत्साह के बिना बीतता है।

पहला चेतावनी भोंपू बजा, जब हम नाश्ते पर थे, लेकिन हमने कोई ध्यान नहीं दिया, क्योंकि इसका मतलब केवल यह था कि विमान समुद्री तट को पार कर रहे थे। मुझे एक भयानक सिरदर्द था, इसलिए मैं नाश्ते के बाद एक घंटे के लिए लेट गई और फिर लगभग दो बजे के आसपास कार्यालय गई। दो-तीस पर मार्गोट ने अपने कार्यालय का कार्य पूरा कर लिया था और जब भोंपू फिर से साएं साएं करने लगे, तब वह अपनी चीजें एक साथ इकट्ठा कर रही थी। वह और मैं समूह बनाकर वापस ऊपर चले गए। कोई जल्दी नहीं है, ऐसा लगता है, पांच मिनट से भी कम समय के लिए बंदूकें इतनी जोर से आवाज़ कर रही थी कि हम हॉल में गए और खड़े हो गए। घर हिल रहा था और बम गिरते रहे। मैंने अपना 'बचाव बैग' पकड़ रखा था, क्योंकि मैं बजाय इसे पकड़ कर रखने के कोई और चीज चाहती थी, क्योंकि मैं भागना चाहती थी। मुझे मालूम है कि हम इस स्थान को नहीं छोड़ सकते थे, लेकिन यदि हमें छोड़ना पड़ा होता तो सड़कों पर देखा जाना उतना ही खतरनाक होगा जितना कि हवाई हमले में पकड़ा जाना। आधे घंटे के बाद इंजन की भिनभिनाहट फीकी पड़ गई और घर फिर से गतिविधि के साथ गूंजना शुरू हो गया। पीटर सामने अटारी में उसके प्रहरी स्थान से बाहर निकल आया, डसेल अग्र कार्यालय में बने रहे, श्रीमती फॉन डान ने निजी कार्यालय में सबसे सुरक्षित महसूस किया, श्रीमान फॉन डान मचान से देख रहे थे, और हम में से वे जो लैंडिंग पर थे, बंदरगाह से उठने वाले धुएं के स्तंभों को देखने के लिए अलग हो गए। जल्दी ही आग की गंध हर जगह फैल गई थी, और इसके बाहर ऐसा लग रहा था जैसे शहर घने कोहरे में ढंका हो।

इस तरह की एक बड़ी आग एक सुखद दृश्य नहीं होती, लेकिन सौभाग्य से हमारे लिए यह सब खत्म हो गया था, और हम अपने विभिन्न कामों पर वापस चले गए। जैसे ही हम रात का खाना शुरू करने जा रहे थे : एक और हवाई हमले का अलार्म बज उठा। खाना अच्छा था, लेकिन मेरी भूख गायब हो गई जिस पल मैंने भोंपू की आवाज सुनी। हालांकि, कुछ भी नहीं हुआ, और पैंतालीस मिनट बाद सब ठीक है का संकेत सुनाई दिया था। हाथ मुंह धोने के बाद : एक और हवाई हमले की चेतावनी, गोलियों की आवाज और विमानों के झुंड। "ओह, भगवान, एक दिन में दो बार," हमने सोचा, यह "दो बार" बहुत अधिक है। इसने हमारे साथ थोड़ा अच्छा यह किया कि, एक बार फिर बमों की बारिश हुई, इस बार शहर के अन्य लोगों पर। ब्रिटिश रिपोर्टों के अनुसार, शिफोल हवाई अडे पर बमबारी की गई थी। विमान हवा में गोता लगाते थे और ऊपर आते थे। हवा इंजन की

भिनभिनाहट से गूंज रही थी। यह बहुत डरावना था,और पूरे समय मैं सोचती रही, "लो आ गया, यह रहा वो"।

मैं तुम्हें भरोसा दिलाना सकती हूं कि जब मैं नौ बजे बिस्तर पर गई, तब भी मेरे पैर कांप रहे थे। आधी रात के प्रहार से मैं फिर से जाग गई : और विमान! डसेल कपड़े उतार रहे थे लेकिन मैंने ध्यान नहीं दिया और जोर से उछली, मैं पहले गोली की आवाज पर पूरी तरह से जाग गई। मैं 1:00 बजे तक पिता के बिस्तर में रही और एक तीस तक अपने बिस्तर में और 2:00 बजे फिर से पिता के बिस्तर में आ गई। परन्तु विमान आते रहे। अंत में, उन्होंने गोलीबारी बंद कर दी और फिर से अपने बिस्तर पर जाने में सक्षम हो गई थी। आखिरकार मैं 2:30 बजे सो गई।

सात बजे। मैं अचानक जागी और बिस्तर में बैठ गई। श्रीमान फॉन डान पिता के साथ थे। मेरा पहला विचार था : चोर। मैंने श्रीमान फॉन डान को कहते हुए सुना "सब कुछ", और मुझे लगा कि सब कुछ चोरी हो गया है। लेकिन नहीं, महीनों के दौरान मिलने वाली सबसे अच्छी खबर, यहां तक कि शायद तब से जब से युद्ध शुरू हुआ था, मुसोलिनी ने इस्तीफा दे दिया है और इटली के राजा ने सरकार अपने हाथ में ले ली है।

हम खुशी से उछल पड़े। कल की भयानक घटनाओं के बाद, आखिरकार कुछ अच्छा हुआ है और हमारे लिए... : 'आशा' लेकर आया है। युद्ध की समाप्ति की आशा, शांति की आशा।

श्रीमान कुगलर घूम कर आए और हमें बताया कि फोकर विमान कारखाने का बहुत नुकसान हुआ। इस बीच, आज सुबह ऊपर उड़ते विमानों और एक अन्य चेतावनी सायरन के साथ, एक और हवाई हमले का सायरन बजा। खतरे की इन घंटियों से मैं परेशान हो चुकी हूं। मैं शायद नहीं सो पाई हूं, और आखिरी चीज जो मैं करना चाहती हूं वह है 'काम'। लेकिन अब इटली के बारे में रहस्य और और युद्ध साल के अंत तक समाप्त हो जाएगा। इस उम्मीद ने हमें जगा कर रखा हुआ है।...

तुम्हारी, ऐनी

गुरुवार, 29 जुलाई, 1943

सबसे प्रिय किटी,

श्रीमती फॉन डान, डसेल, और मैं बर्तन धो रहे थे और मैं बेहद शांत थी। यह मेरे लिए बहुत ही असामान्य बात थी और उनका ध्यान जाना निश्चित था, इसलिए किसी

भी प्रश्न से बचने के लिए, मैंने एक तटस्थ विषय के लिए अपने दिमाग को जल्दी से झकझोरा। मुझे लगा कि हेनरी फ्रॉम अक्रॉस द स्टीट किताब ठीक होगी लेकिन मैं ज्यादा गलत नहीं हो थी; अगर श्रीमती फॉन डान मुझ पर गुस्से की प्रतिक्रिया नहीं करती तो श्रीमान डसेल करते। यह सब खौलकर इस पर समाप्त हुआ : श्रीमान डसेल ने उत्कृष्ट लेखन के एक उदाहरण के रूप में मार्गोट और मुझसे इस किताब की सिफारिश की थी। छोटे लड़के को बहुत अच्छी तरह से चित्रित किया गया था, लेकिन बाकी के संदर्भ में... जितना कम कहा जाए, उतना ही बेहतर होगा। जब हम बर्तन धो रहे थे। मैंने उस उद्देश्य से कुछ कहा और डसेल ने सच में कड़ी निंदा करनी शुरू कर दी।

"आप संभवत: एक आदमी के मनोविज्ञान को कैसे समझ सकते हैं? एक बच्चे के लिए इतना कठिन नहीं है ! लेकिन तुम इस तरह की पुस्तक पढ़ने के लिए बहुत छोटी हो। यहां तक कि एक बीस वर्षीय व्यक्ति भी इसे समझने में सक्षम नहीं होगा।" (तो फिर उन्होंने मार्गोट और मेरे लिए इस पुस्तक की सिफारिश करने के विशेष कोशिश क्यों की?)

श्रीमती फॉन डान और डसेल ने अपना उग्र भाषण जारी रखा : "तुमसे जितनी उम्मीद नहीं है, तुम्हें उन चीजों के बारे में उससे कहीं ज्यादा मालूम है। तुम्हारी सारी परवरिश गलत हुई है। बाद में जब तुम बड़ी हो जाओगी तो तुम किसी भी चीज का और ज्यादा मजा उठाने में असमर्थ होगी। क्योंकि तुम कहोगी, ओह! इसे तो मैंने बीस साल पहले किसी पुस्तक में पढ़ा था। 'तुम यदि एक पति पाना चाहती हो, प्यार में पढ़ना चाहती हो, तो अच्छा होता तुम जल्दी करती, क्योंकि तुम्हारे लिए हर चीज का निराशाजनक बनना निश्चित है। सिद्धांत में जानने के लिए जो कुछ भी है, वह तुम्हें पहले से ही पता है। लेकिन व्यवहार में? वह एक अलग कहानी है।"

क्या तुम सोच सकती हो कि मुझे कैसा लगा था? मैंने शांति से उत्तर देते हुए खुद को चकित कर दिया, "आप सोच सकते हैं कि मुझे सही से पाल पोस कर बड़ा नहीं किया गया, लेकिन बहुत से लोग सहमत नहीं होंगे!"

वे स्पष्ट रूप से मानते हैं कि बच्चों की अच्छी परवरिश में मुझे मेरे माता-पिता के मुकाबले खड़ा करना भी शामिल है, जो कि यही सब वे करते हैं। और मेरी उम्र की एक लड़की को बड़ों की विषय के बारे में ना बताना अच्छा होता है। हम सभी समझ सकते हैं कि क्या होता है जब लोगों को उस तरह पाल पोस कर बड़ा किया जाता है।

उस पल मैं उन दोनों को थप्पड़ मार सकती थी, जो मुझ पर मज़ाक कर रहे थे। मैं गुस्से से बेकाबू थी, और अगर मैं केवल यही जानती होती कि कितने समय तक हमें एक दूसरे का साथ सहन करना होगा, तो मैं दिन गिनना शुरु कर देती।

बात करना श्रीमती फॉन डान का एक अच्छा पहलू है। वह एक सही उदाहरण प्रस्तुत करती है- एक बुरा! वह अत्यधिक महत्वाकांक्षी, अहंकारी, चालाक, मतलबी और हमेशा असंतुष्ट रहने के लिए जानी जाती है। इसके अलावा दिखावा और चोचले, और इसके बारे में कोई सवाल ही नहीं है : वह एक पूरी तरह से तिरस्कार योग्य महिला है। मैं मैडम फॉन डान के बारे में एक पूरी पुस्तक लिख सकती हूं और हो सकता है किसी दिन मैं लिखू भी, कोई भी जब भी चाहे एक आकर्षक बाहरी रूप बना सकता है। श्रीमती फॉन डान अजनबियों से, विशेष रूप से पुरुषों से, दोस्ताना व्यवहार करती है, इसलिए जब आप पहली बार उन्हें जानते हैं, तो गलती करना सरल होता है।

माँ सोचती है कि श्रीमती फॉन डान शब्दों के लिए बहुत बेवकूफ है, मार्गोट लिए वह बहुत महत्वहीन है, पिम जिनके लिए हद से ज्यादा बदसूरत है (पूरी तरह से लाक्षणिक रूप से!) और लंबे समय के अवलोकन के बाद (मैं शुरुआत में कभी भी पक्षपात पूर्ण नहीं रही हूँ) मैं निष्कर्ष पर पहुंची हूं कि वह ऊपर के सभी तीन और इसके अलावा और भी बहुत कुछ है। उनके अंदर बहुत सारे बुरे लक्षण हैं, मुझे उनमें से सिर्फ एक को चुनना चाहिए?

तुम्हारी, ऐनी

पश्च लेख : क्या पाठक ध्यान रखेंगे कि यह कहानी लेखक के रोष को ठंडा होने से पहले लिखी गई थी?

मंगलवार, 3 अगस्त, 1943

सबसे प्रिय किटी,

राजनीतिक मोर्चे पर हालात ठीक चल रहे हैं। इटली ने फासिस्ट पार्टी पर प्रतिबंध लगा दिया है। लोग कई जगहों पर फासिस्टों से लड़ रहे हैं – यहां तक कि सेना भी लड़ाई में शामिल हो गई है। ऐसा देश कैसे इंग्लैंड के खिलाफ युद्ध छेडना जारी रख सकता है?

हमारे सुंदर रेडियो को पिछले हफ्ते छीन लिया गया था। नियत दिन पर इसे सौंपने की वजह से डसेल, श्रीमान कुगलर से गुस्सा थे। मेरे आंकलन में

डसेल नीचे और नीचे फिसल रहे हैं, और वह पहले से ही शून्य से नीचे है। वह राजनीति, इतिहास, भूगोल या किसी और चीज के बारे में जो भी कहते हैं, वह इतना हास्यास्पद है कि मैं शायद ही इसे दोहराने की हिम्मत कर सकती हूं : हिटलर इतिहास से फीका पड़ जाएगा; रॉटरडैम का बंदरगाह, हैम्बर्ग वाले से ज्यादा बढ़ा है। इटली को छोटे-छोटे टुकड़ों में विभाजित करने के लिए बम से उड़ाने के मौके का फायदा नहीं लेने की वजह से अंग्रेज बेवकूफ हैं; आदि, आदि।

हम पर अभी-अभी तीसरा हवाई हमला हुआ था। मैंने अपने दांत भींचने और साहसी बनने का फैसला किया।

श्रीमती फॉन डान, जिन्होंने हमेशा कहा था कि "उन्हें गिरने दो" और "बिल्कुल भी समाप्त ना करने से धमाके के साथ समाप्त करना बेहतर है" हमारे बीच सबसे ज्यादा डरपोक है। वह आज सुबह पत्ती की तरह कांप रही थी और अचानक रोने लगी। उन्हें उनके पति के द्वारा दिलासा दिया गया, जिनके साथ उन्होंने हाल ही में, एक सप्ताह की तू-तू मैं-मैं के बाद अस्थाई संधि की घोषणा की थी; मैं इस नजारे को देखकर लगभग भावुक हो गई।

संदेह की छाया से परे, मूशी ने अब साबित कर दिया है, कि एक बिल्ली रखने के नुकसान के साथ-साथ फायदे भी हैं। पूरा घर पिस्सुओं से भरा हुआ था और यह हर दिन खराब होता जा रहा है। श्रीमान क्लेमन ने हर कोने और छेद में पीला पाउडर छिड़का लेकिन पिस्सुओं ने जरा भी ध्यान नहीं दिया। यह हम सभी को बहुत डरा रहा है; हम हमेशा के लिए अपने हाथ और पैर या हमारे शरीर के दूसरे हिस्सों पर उनके काटने की कल्पना कर रहे हैं, इसलिए हमने छलांग भरी और कुछ अभ्यास किया, क्योंकि यह हमें अपने हाथ या गर्दन पर बेहतर नज़र डालने का एक बहाना देता है। लेकिन अब हम इतनी कम शारीरिक व्यायाम करने की कीमत चुका रहे है; हम इतने अकड़ गए हैं कि अपने सिर भी बड़ी मुश्किल से घुमा पाते हैं। असली कसरत तो कब की पीछे छूट चुकी है।

तुम्हारी, ऐनी

बुधवार, 4 अगस्त, 1943

प्रिय किटी,

अब जबकि हम एक साल से ज्यादा समय से छिपे हुए हैं, तो तुम्हें हमारे जीवन के बारे में काफी हद तक मालूम है। फिर भी, मैं संभवतः तुम्हें हर चीज नहीं बता

सकती, क्योंकि यह सामान्य समय और सामान्य लोगों की तुलना में बहुत अलग है। फिर भी,आपको समय-समय पर हमारे जीवन को तुम्हें और करीब से दिखाने के लिए, मैं एक साधारण दिन के हिस्से का वर्णन करूंगी। मैं शाम और रात के साथ शुरू करूंगी।

शाम को नौ बजे : उपभवन में सोने का समय हमेशा एक भयानक हलचल के साथ शुरू होता है। कुर्सियों को स्थानांतरित कर दिया जाता है, बिस्तर खींच लिए जाते हैं, कंबल खोल दी जाती हैं- कुछ भी वैसा नहीं रहता जैसा वह दिन के दौरान होता है। मैं एक छोटे से दीवान पर सोती हूं, जो केवल पांच फीट लंबा है, इसलिए हमें इसे लंबा बनाने के लिए कुछ कुर्सियां जोड़ना पडता है। गद्दे, चादरें, तकिए, कंबल : सब कुछ डसेल के बिस्तर से हटा देना पड़ता है, जहां इसे दिन के दौरान रखा जाता है।

अगले कमरे में एक भयानक चरचराहट है : मार्गोट का फोल्डिंग बैड लगाया जा रहा है। लकड़ी के फट्टों को थोड़ा अधिक आरामदायक बनाने के लिए कुछ भी, अधिक कंबल और तकिए। ऊपर गड़गड़ाहट होती है, लेकिन यह केवल श्रीमती फॉन डान के बिस्तर को खिड़की की ओर धकेला जा रहा है ताकि महारानी अपने गुलाबी बिस्तर में, अपने नाजुक नाक के माध्यम से रात की हवा को सूंघ सके।

नौ बजे : पीटर के आने के बाद बाथरूम में जाने की मेरी बारी आती है। मैं अपने आप को सिर से पैर तक धोती हूं, और आधे से अधिक बार मुझे सिंक में तैरता एक छोटा पिस्सु मिलता है। (केवल गर्म महीनों, हफ्तों या दिनों के दौरान)। मैं अपने दांतों को ब्रश करती हूं, बालों को घुंघराला करती हूं, नाखूनों का प्रसाधन करती हूं और अपने ऊपरी होंठ पर काले बालों को ब्लीच करने के लिए डैब पेरोक्साइड पोतती हूँ - इतना सब कुछ आधे घंटे से भी कम समय में।

नौ तीस : मैं अपना गाउन पहनती हूँ। एक हाथ में साबुन, और पॉटी, हेयरपिन, निकर, कर्लर और दूसरे हाथ में कपास की एक छड़ी साथ, मैं बाथरूम से बाहर निकलती हूँ। मेरे बाद में जाने वाला मुझे सिंक में पड़े मेरे उन घुंघराले बालों को हटाने के लिए कहता है, जो मैं वहीं छोड़कर आ गई थी।

दस बजे : ब्लैकआउट स्क्रीन लगाने और शुभ रात्रि कहने का समय। कम से कम अगले पंद्रह मिनट के लिए, घर,बिस्तरों की चरमराहट और टूटी स्प्रिंग्स की आह से भरा होता है, और फिर, अगर हमारे ऊपरवाले पड़ोसी बिस्तर में वैवाहिक विवाद नहीं कर रहे हो, तो सब कुछ शांत हो जाता है।

ग्यारह तीस बजे : बाथरूम के दरवाजे चरमराते है। प्रकाश की एक संकीर्ण पट्टी कमरे में गिरती है। किकियाते जूते, एक बड़ा कोट, यहां तक कि इस में फंसे आदमी से भी बड़ा... डसेल, श्रीमान कुगलर के कार्यालय में अपने रात के काम से लौट रहे हैं। मैं उन्हें पूरे दस मिनट तक पैर घसीट कर आगे पीछे चलते हुए, कागज (अपनी अलमारी में भोजन को संचय करने की) की सरसराहट और बनाए जा रहे बिस्तर की आवाज सुनती हूं। आकृति फिर से गायब हो जाती है, और शौचालय से सामयिक संदिग्ध शोर, एकमात्र आवाज होती है।

लगभग तीन बजे : मुझे अपने बिस्तर के नीचे रखे टिन कैन का इस्तेमाल करने के लिए उठना पड़ता है, जिसके नीचे लीक होने के मामले में सुरक्षा के लिहाज से, एक रबर की चटाई लगी हुई है। जो कि यह कैन में पहाड़ी ढाल पर एक नाले के जैसे खड़खड़ाता है। मैं जब भी जाती हूं, अपनी सांस रोक लेती हूं। पॉटी अपनी जगह पर वापस आ जाती है, और सफेद नाइटगाउन (जिसे देखकर हर शाम मार्गोट चिल्लाती है, ओह अभद्र नाइटी) आकृति बिस्तर में वापस चढ जाती है।

एक निश्चित 'कोई' रात की आवाजों को सुनते हुए पंद्रह मिनट तक जगा रहता है। खासतौर पर, यह सुनने के लिए कि कहीं कोई चोर तो नहीं घुस आया है, और फिर विभिन्न बिस्तरों में -ऊपर पड़ोस में और मेरे कमरे में – यह बताने के लिए कि दूसरे लोग सोए हुए हैं या आधे लोग जागे हुए हैं, यह मजाक नहीं है। खासकर जब इसका सरोकार डसेल नाम के, घर के सदस्य से है। सबसे पहले वहां हवा के लिए हांफती एक मछली की आवाज़ आती है, और इसे नौ या दस बार दोहराया जाता है। फिर, दरियादिली से होंठ गीले कर दिए जाते हैं। इसे चुंबनों की कुछ ध्वनि से अंतरित कर दिया जाता है, और एक लंबी अवधि तक पटकने, करवट बदलने, मुड़ने और तकियों की उलटफेर द्वारा इसका अनुसरण किया जाता है। पांच मिनट की पूर्ण शांति के बाद, वही क्रम तीन बार और दोहराया जाता है, इसके बाद संभवत कुछ समय के लिए सो जाते हैं।

कभी-कभी रात के दौरान एक और चार बजे के बीच बंदूकें चलती हैं। इसके होने से पहले मुझे इसके बारे में कभी पता नहीं था, लेकिन अचानक मैं खुद को अपने बिस्तर के पास खड़ा पाती हूं। कभी-कभी मैं इतनी गहराई से (अनियमित फ्रांसीसी क्रियाओं या ऊपर के एक झगड़े का) सपना देख रही होती हूं कि मुझे तभी एहसास होता है, जब मेरा सपना खत्म हो जाता है कि गोलीबारी बंद हो गई है और फिर मैं अपने कमरे में शांत रह रही हूं, लेकिन आम तौर पर मैं जाग जाती हूं।

फिर मैं एक तकिया और एक रूमाल लेती हूं, ड्रेसिंग गाउन और चप्पल पहनती हूं और अगले दरवाजे पर पिता पर धावा बोल देती हूं, जैसा मार्गोट ने इस जन्मदिन की कविता में वर्णित किया है :

रात के अंधेरे में जब गोलियों की तेज आवाज होती

दरवाजा टूट कर खुल जाता और नजर आती,

एक रूमाल, एक तकिया, सफेद कपड़ों में एक आकृति...

गोलीबारी के अतिरिक्त तेज होने की स्थिति के अलावा, एक बार जब मैं बड़े बिस्तर पर पहुंच गई, तो सबसे बुरा खत्म!

छह पैंतालीस : धन्न... अलार्म घड़ी बज उठती है, जो दिन या रात के किसी भी समय अपनी तीखी आवाज से उठाती है, चाहे आप इसे चाहते हों या नहीं चर्रर...मर्रर... श्रीमती फॉन डान इसे बंद करती है। चर्रर... श्रीमान फॉन डान उठते हैं, पानी चालू करते हैं और दौड़ कर बाथरूम में घुस जाते हैं।

सात-पंद्रह : दरवाजा फिर से चरमराता है। डसेल बाथरूम जा सकते हैं। अंत में अकेले, मैं ब्लैकआउट स्क्रीन को हटा देती हूं... और उप भवन में एक नया दिन शुरू हो जाता है।

तुम्हारी, ऐनी

गुरुवार, 5 अगस्त, 1943

प्यारी किटी,

चलो आज लंच ब्रेक के बारे में बात करते हैं।

यह साढ़े बारह बजे है। हम सभी ने राहत की सांस ली : श्रीमान फॉन मारन, संदिग्ध अतीत वाले आदमी, और श्रीमान डे कोक दोपहर के भोजन के लिए घर गए हैं।

आप ऊपर श्रीमती फॉन डान की सुंदर और एकमात्र गलीचे पर वैक्यूम क्लीनर की कठोर आवाज सुन सकते हैं। मार्गोट "धीमी शिक्षार्थियों" की कक्षा के लिए अपने हाथ में और सिर पर कुछ पुस्तकें दबाए हुए हैं, जो डसेल को प्रतीत हो रहा है। थोड़ा शांति और निशब्धता पाने की उम्मीद में, पिम अपने निरंतर साथी

डिकेंस के साथ एक कोने में बैठ जाता है। माँ व्यस्त छोटी गृहिणी की सहायता करने के लिए ऊपर उतावली हो रही हैं, और मैं एक ही समय में दोनों बाथरूम और खुद को साफ करने में लगी हुई हूँ।

बारह पैंतालीस : एक के बाद एक वे मिलने आते हैं : सबसे पहले श्रीमान गीज और फिर या तो मि क्लेमन या श्रीमान कुगलर औश्र उसके बाद बेप और कई बार मीप भी।

एक : रेडियो के चारों ओर, वे सभी बीबीसी को उत्साह से सुनते हैं। यह एकमात्र समय है जब उपभवन परिवार के सदस्य एक-दूसरे को बाधित नहीं करते हैं, यहां तक कि श्रीमान फॉन डान भी बोलने वाले के साथ बहस नहीं कर सकते।

एक पंद्रह : खाद्य वितरण। नीचे अगर कोई होता है, तो हर किसी को हलवे के साथ एक कप सूप मिलता है। एक संतुष्ट इंसान श्रीमान गीज अखबार, कप और आमतौर पर बिल्ली के साथ दीवान या डेस्क से टिक कर बैठते हैं। यदि तीनों में से कोई एक लापता है, तो वह अपने विरोध प्रदर्शन करने में झिझक महसूस नहीं करते हैं। श्रीमान क्लेमन शहर से नवीनतम समाचार देते हैं और वे खबरों का बेहतरीन जरिया हैं। श्रीमान कुगलर सीढ़ियों पर तेजी से चढ़ते हैं, दरवाजे पर एक छोटी, लेकिन ठोस दस्तक देते है और खुशी में या तो अपने हाथों को मरोड़ते हैं या उन्हें मलते हुए अंदर आते हैं, यह इस बात पर निर्भर करता है कि क्या वह शांत और बुरे मूड में है या बातूनी और अच्छे मूड में हैं।

एक पैंतालीस : हर कोई टेबल से उठ जाता है और अपने कार्य में लग जाता है। मार्गोट और माँ बर्तन साफ करते हैं, श्रीमान और श्रीमती फॉन डान दीवान में चले जाते है, पीटर अटारी पर, पिता अपने दीवान पर, और डसेल भी, और ऐनी अपना होमवर्क करती है।

आगे जो समय आता है वह दिन का सबसे शांत समय होता है; जब वे सभी सो रहे होते हैं, तो कोई गड़बड़ी नहीं होती है। उनके चेहरे से पढ़ा जा सकता है कि, डसेल भोजन का सपना देख रहे हैं। लेकिन मैं उनको लंबे समय तक नहीं देखती हूं क्योंकि पहले ही आपको यह पता होगा कि समय सनसनाता हुआ निकल जाएगा और शाम की 4:00 बज जाएगी और रूढ़िवादी डॉ. डसेल अपने हाथ में घड़ी लेकर खड़े हो जाएंगे, क्योंकि मैंने मेज खाली करने में एक मिनट देर कर दी है।

तुम्हारी, ऐनी

शनिवार, 7 अगस्त, 1943

सबसे प्रिय किटी,

कुछ हफ़्ते पहले मैंने एक कहानी लिखना शुरू किया था, कुछ ऐसा जो मैंने शुरू से अंत तक बनाया था, और मुझे इसमें इतना आनंद आया कि अब मैं काफी कुछ लिख चुकी हूं।

तुम्हारी, ऐनी

सोमवार, 9 अगस्त, 1943

सबसे प्रिय किटी,

अब हम उपभवन के आम दिन की बात जारी रखेंगे। हम खाना खा चुके हैं, इसलिए अब रात के खाने का समय है।

श्रीमान फॉन डान : सबसे पहले इन्हें परोसा जाता है और जो कुछ भी वह पसंद करते हैं, उसका वे अच्छी खासी मात्रा लेते हैं। आमतौर पर वे बातचीत में शामिल होते है, और कभी भी अपनी राय देने में असफल नहीं रहते हैं। उन्होंने एक बार बोल दिया तो उनके शब्द अंतिम हो जाते हैं। अगर कोई भी अन्यथा सुझाव देने की हिम्मत करता है, तो श्रीमान फॉन डान के साथ एक अच्छी लड़ाई कर सकता हैं। ओह, वह एक बिल्ली की तरह फुफकार मार सकते है... लेकिन उन्होंने नहीं बल्कि मैंने ऐसा किया था। एक बार जब आप इसे देख लेते हैं, तो आप इसे फिर कभी नहीं देखना चाहेंगे। उनकी राय सबसे अच्छी होती है, वह हर चीज के बारे में सबसे ज्यादा जानते हैं। माना कि उनका दिमाग अच्छा है, लेकिन काफी अहंकार से भरा है।

मैडम : दरअसल, सबसे अच्छी बात यह होगी कि कुछ भी न कहें। जिन दिनों उनका मूड खराब होता है, उन दिनों उनके चेहरे का पढ़ पाना मुश्किल होता है। अगर आप विचार विमर्श का विश्लेषण करते हैं, तो आपको पता चलता है कि वह विषय नहीं है, बल्कि दोषी पक्ष है! एक तथ्य जिसे हर कोई अनदेखा करना पसंद करता है। फिर भी, आप उसे उकसाने वाले कह सकते हैं। झगड़े को हवा देना उनके मुताबिक, मजाक है। श्रीमती फ्रैंक और ऐनी के बीच क्लेश करवाना। मार्गोट और मि फ्रैंक के बीच ऐसा करना आसान नहीं है।

हम वापस मेज की तरफ चलते हैं। श्रीमती फॉन डान को लगता है कि उन्हें हमेशा ही पर्याप्त नहीं मिलता है, लेकिन ऐसा नहीं है। सबसे अच्छे आलू, सबसे स्वादिष्ट निवाला, यहां जो कुछ भी उपलब्ध है, उनमें से सबसे नर्म, यही मैडम का आदर्श वाक्य है। जब तक मुझे सबसे अच्छा मिलता है, अन्य सभी को अपने बारी में ही मिल सकता है। (वास्तव में वह ऐनी फ्रैंक के काम पर आरोप लगाती है) उसका दूसरा नारा है : बात करते रहें। जब तक कोई सुनता रहता है या उनके लिए आश्चर्य होता हुआ प्रतीत नहीं होता है कि वे दिलचस्पी रखते हैं या नहीं। वह सोचती है कि श्रीमती फॉन डान जो कुछ भी कहती है, उसमें हर किसी को दिलचस्पी होगी।

हाव भाव से मुस्कान, आप सब कुछ जानते हैं, का दिखावा, हर किसी को सलाह के एक टुकड़े की पेशकश और उनकी माँ बनना - वह निश्चित ही एक अच्छा प्रभाव बनाने के लिए होता है। लेकिन अगर आप बेहतर तरीके से देखे, तो अच्छा प्रभाव फीका पड़ जाता है। पहली, वह मेहनती हैं; दूसरी, हंसमुख ; तीसरी, नखरेबाज है - और कभी-कभी एक प्यारा चेहरा। यही पेट्रोनेला फॉन डान हैं।

तीसरा भोजन : युवा श्रीमान फॉन डान आमतौर पर शांत रहते है और उनकी उपस्थिति शायद ही बनती है, जहां तक उनकी भूख का संबंध है, वह एक पुष्पक विमान है जो कभी भी भरता नहीं है। सबसे पर्याप्त भोजन के बाद भी, वह आप की आंख में शांति से देख सकता है और उसका दोगुना और ज्यादा खा सकने का दावा कर सकता है।

नंबर चार - मार्गॉट। एक पक्षी की तरह खाती है और बिल्कुल भी बात नहीं करती है। वह केवल सब्जियां और फल खाती है। फॉन डानों की राय में "खराब"। हममें से, बहुत कम व्यायाम और ताजा हवा।

उसके बगल में - माँ। दिल की भूखी होती हैं, बातचीत करने में उनका हिस्सा नहीं होता है। कोई भी उनके बारे में श्रीमती फॉन डान जैसे धारणा नहीं बना सकता है कि यह एक गृहिणी है। दोनों में क्या अंतर है? खैर, श्रीमती फॉन डान खाना पकाती है और माँ बर्तन धोती हैं और फर्नीचर चमकाती हैं।

संख्या छह और सात : मैं पिताजी और मेरे बारे में ज्यादा नहीं कहूंगी। पूरी मेज पर वह सबसे विनम्र व्यक्ति होते हैं। वह हमेशा ध्यान देने में लगे रहते हैं कि पहले दूसरों को परोसा गया है या नहीं। उन्हें अपने लिए कुछ नहीं चाहिए; सबसे अच्छी चीजें बच्चों के लिए होती है। वह ईश्वरीय व्यक्ति है। उनके बगल में उपभवन की सबसे घबराई हुई इंसान बैठी है।

डसेल : अपनी सहायता खुद करें, अपनी आँखें भोजन पर रखें, खाएं और बात न करें। और अगर आपको कुछ कहना है, तो भले के लिए भोजन के बारे में बात करें। सिर्फ डींग मारने पर कोई भी झगड़ा नहीं होगा। वह काफी हिस्से की खपत करते हैं और "नहीं" उनकी शब्दावली का हिस्सा नहीं है, चाहे भोजन अच्छा हो या बुरा।

पतलून जो उसकी छाती तक आ रहा होता है, एक लाल जैकेट, काले पेटेंट-चमड़े की चप्पल और सींग-रिम के फ्रेम वाला चश्मा - जब वह छोटी मेज पर काम करने बैठते हैं तो वह ऐसा ही दिखते हैं, हमेशा पढ़ते हुए और कभी भी प्रगति ना करते हुए। यह केवल उनकी दोपहर की झपकी, भोजन और उसके पसंदीदा स्थान - बाथरूम से बाधित होता है। दिन में तीन, चार या पाँच बार, एक से दूसरे पैर पर बदलते हुए इसे रोकने और मुश्किल से प्रबंध करने का प्रयास करते हुए बेसब्री से उम्मीद करते हुए दरवाजे के बाहर किसी की प्रतीक्षा करने को बाध्य होना स्वभाविक है। क्या डसेल इसकी परवाह करते हैं? नहीं एक रत्ती भर भी नहीं। सात-पंद्रह से सात-तीस तक, बारह-तीस से एक तक, दो से दो-पंद्रह तक, चार से चार-पंद्रह से तक, छह से छह-पंद्रह तक, ग्यारह-तीस से बारह तक। आप उनके द्वारा अपनी घड़ी सेट कर सकते हैं; ये उनके "नियमित सत्रों" का समय है।" दरवाजे के बाहर से एक मुसीबत आने से पहले उसे खोलने की भीख माँगते हुए वह इससे कभी भटकते या खुद को इससे अलग होने नहीं देते हैं।

नंबर नौ : हमारे उपभवन परिवार का हिस्सा नहीं है, हालांकि वह हमारे घर और मेज को साझा करती है। बेप अच्छी तरह खाती है। वह अपनी प्लेट साफ कर देती है और नकचढ़ी नहीं है। बेप को संतुष्ट करना आसान होता है और हम से संतुष्टि रहती है। उसके गुणों का वर्णन निम्न प्रकार से किया जा सकता है : हंसमुख, नेक दिल, दयालु, मेहरबान और मदद के लिए हमेशा तैयार।

मंगलवार, 10 अगस्त, 1943

सबसे प्रिय किटी,

खाने के दौरान एक नया ख्याल आया कि मैं बाकी लोगों के बजाए खुद से बात करूं, जिसके दो लाभ हैं। सबसे पहले, वे खुश रहेंगे कि उन्हें मेरी निरंतर बकवास सुनने की आवश्यकता नहीं पड़ रही है, और दूसरा, मुझे उनकी राय से कोई चिढ़ नहीं होगी। मुझे नहीं लगता कि मेरी राय बेवकूफ भरी होती है लेकिन दूसरे लोगों को

यही लगता है तो अपने आपको उनसे अलग रखना ही बेहतर है। मैं यही रणनीति तब भी लागू करती हूं, जब मुझे ऐसी कोई भी चीज खाना होता है जिसे मैं खाना पसंद नहीं करती। मैं पकवान के स्वादिष्ट होने का नाटक करती हुए अपने सामने रख लेती हूं, जितना संभव हो उतना अधिक उसे देखने से बचती हूं और वह क्या चीज है इसका एहसास करने का समय आने से पहले ही उसे खत्म कर देती हूं। जब मैं सुबह उठती हूं, वह एक और बहुत ही असहनीय क्षण होता है। अपने आप पर "तुम जल्दी उठकर वापस सो जाओगी" सोचती हुई मैं बिस्तर से बाहर छलांग लगा देती हूं, खिड़की के पास जाती हूं, काले स्क्रीन को नीचे उतार दी हूं, ताजी हवा महसूस होने और पूरी तरह से जाग जाने तक में झिरीं से सूंघती रहती हूं। मैं बिस्तर समेटती हूं जितनी तेजी से मैं कर सकती हूं, जिससे मुझे वापस आकर भटकना नहीं होगा। क्या आप जानते हैं कि माँ इस तरह की चीज़ को क्या कहती है? जीने की कला। क्या यह एक अजीब अभिव्यक्ति नहीं है?

हम सभी पिछले सप्ताह थोड़ा सा भ्रमित रहते रहे हैं। क्योंकि हमारे प्यारे वेस्टरटोरेन की घंटियों को युद्ध के समय तक के लिए काट कर बंद कर दी गई है, इसलिए रात हो या दिन हमें सटीक समय का पता नहीं चलता है। मुझे अभी भी उम्मीद है कि वे इसका टिन या तांबे या किसी ऐसी चीज की बनी, घड़ी जैसी एक विकल्प जरूर लाएंगे।

जहां भी मैं जाऊं, ऊपर या नीचे, वह सब मेरे पैरों को निहारने लगते हैं, जो असाधारण रूप से सुंदर जूते (ऐसे समय के लिए) की एक जोड़ी से सजी हैं! मीप उन्हें 27.50 गिल्डर में खरीद पाने में सफल हुई है। मध्यम आकार की ऊंची एड़ी वाली और बरगंडी रंग के सांभर के चमड़े से बना हुआ है। मैं ऐसा महसूस करती हूं मानो लट्टों पर खड़ी थी, और यहां तक कि वास्तव में जितनी लंबी हूं, उससे अधिक लंबी दिखती हूं।

कल का दिन मेरे लिए बुरा था। मैंने अपने दाहिने अंगूठे में एक बड़ी सुई चुभो ली थी। फलस्वरूप, मार्गोट को मेरे लिए आलू छीलना पड़ा (बुरे के साथ अच्छा भी होता है) और लेखन असुविधाजनक हो गया था। फिर मैं अलमारी के कठोर दरवाजे से टकरा गई, इसने मुझे लगभग पूरी तरह पस्त कर दिया गया था और धमाचौकड़ी मचाने के लिए मुझे डांट भी पड़ी। वे मुझे अपने माथे को धोने के लिए पानी नहीं चलाने देंगे, इसलिए अब मैं अपनी दाहिनी आंख के ऊपर एक विशाल गांठ के साथ घूम रही हूं। मामलों को और बदतर बनाने के लिए, मेरे दाहिने पैर की छोटी उंगली वैक्यूम क्लीनर में फंस गई थी। यह लहूलुहान और

घायल हो गई थी, लेकिन मेरी दूसरी बीमारियां पहले से ही मुझे इतनी परेशान कर रही थीं कि मैं इसे भूल गई, जो मेरी बेवकूफी थी, क्योंकि अब मैं एक संक्रमित पैर की अंगुली के साथ घूम रही हूं। मरहम पट्टी और फीते का क्या, मैं अपने पैर में अपने खूबसूरत नए जूते भी नहीं पहन सकती।

डसेल ने हमें कई बार खतरे में डाल दिया है। उन्होंने वास्तव में मीप से उनके लिए मुसोलिनी विरोधी किताब लाने को कहा था, जो कि बैन है। रास्ते पर उसे एक एस एस मोटरसाइकिल ने टक्कर मार दी। गुस्से से वह चिल्लाई "जानवर कहीं के" और अपने रास्ते चली गई। मुझे सोचने की हिम्मत नहीं हुई कि अगर उसे मुख्यालय ले जाया जाता तो क्या होता।

तुम्हारी, ऐनी

हमारे छोटे से समुदाय में एक घरेलू काम : आलू छीलना!

एक व्यक्ति कुछ समाचार पत्र; दूसरा, चाकू (निश्चित रूप से, खुद के लिए सबसे अच्छा रखते हुए); तीसरा, आलू; और चौथा, पानी लेने चला जाता है।

श्रीमान डसेल शुरू करते हैं। वे हमेशा ही उन्हें बहुत अच्छी तरह से छील नहीं सकते हैं, लेकिन वे बिना रुके छीलते हैं, बाएं और दाएं सरसरी नजर डालते हुए यह देखने के लिए कि क्या हर कोई इसे वैसा ही कर रहा है, जिस तरह से वह कर रहे हैं। नहीं, वे नहीं कर रहे हैं!

"देखो, ऐनी, मैं अपने हाथ में छिलनी पकड़ रहा हूं इसे इस तरह से ऊपर से नीचे की ओर ले जाया जाता है! नहीं, इस तरह नहीं...बल्कि इस तरह!"

"मुझे लगता है कि मेरा तरीका आसान है, श्रीमान डसेल," मैं अंदाजे से कहती हूं।

"लेकिन यह सबसे अच्छा तरीका है, ऐनी। तुम मुझसे सीख सकती हो, बेशक इससे कोई फर्क नहीं पड़ता। तुम जिस तरह से चाहती हो करती रहो"।

हम छीलते चले जाते हैं। मैं अपनी आंख के कोने से डसेल को देखती हूं। ख्यालों में खो जाते हुए, वह अपना सिर हिलाते हैं (कोई संदेह नहीं है मुझ पर ही) लेकिन कुछ भी नहीं कहते है।

मैं छीलती रहती हूं। फिर मैं अपनी दूसरी तरफ पिताजी को देखती हूं। पिताजी के लिए, आलू छीलना एक घरेलू काम नहीं बल्कि शुद्धता का काम है। जब वह पढ़ते हैं, तो उनके माथे पर एक गहरी शिकन होती है। लेकिन जब वह आलू, बीन्स या सब्जियों की तैयारी कर रहे होते हैं, तो वह अपने काम में पूरी तरह

से लीन होने लगते हैं। उनका आलू छीलना उनके चेहरे पर झलकता है, और जब यह उस विशेष तरीके से स्थापित हो जाता है, तो एक अच्छी तरह से छीले आलू की तुलना में कम किसी भी अन्य चीज का उपस्थित हो पाना उनके लिए नामुमकिन हो जाएगा।

मैं काम करती रहती हूं। मैं एक पल के लिए सरसरी नजर डालती हूं, लेकिन मुझे हर समय इसकी आवश्यकता होती है। श्रीमती फॉन डान, डसेल का ध्यान आकर्षित करने का प्रयास कर रही हैं। उन्होंने उनकी दिशा में देखना शुरू कर दिया है, लेकिन डसेल ध्यान ना देने का नाटक कर रहे हैं। वह आंख से इशारा करती हैं लेकिन डसेल छीलते रहते हैं। वह हँसती हैं, लेकिन डसेल अभी तक भी नहीं देखते हैं। फिर माँ भी हँसती है, लेकिन डसेल तब भी उन पर कोई ध्यान नहीं देते है। अपने लक्ष्य को प्राप्त करने में विफल रहने के बाद, श्रीमती फॉन् डान रणनीति बदलने के लिए बाध्य हो जाती हैं। थोड़ी देर सन्नाटा रहता है।

फिर वह कहती है, "पुत्ती, आप एक एप्रिन क्यों नहीं पहनते हैं? अन्यथा, मुझे आपके सूट से धब्बे साफ करने की कोशिश में कल पूरा दिन खर्च करना होगा!"

"मैं इसे गंदा नहीं कर रहा हूँ"।

एक और संक्षिप्त चुप्पी। 'पुत्ती तुम बैठ क्यों नहीं जाते?'

"मैं इस तरह से ठीक हूँ। गुझे खड़ा होना पसंद है!"

चुप्पी।

"पुत्ती, इधर देखो आपने पहले ही इंजेक्शन दे दिया!"

"मुझे पता है मम्मी, लेकिन मैं सावधान हूँ।"

श्रीमती फॉन डान एक अन्य विषय के बारे में बात करने लगती हैं। "उम, पुत्ती ब्रिटिश आज कोई भी बमबारी क्यों नहीं कर रहे हैं?"

"मौसम खराब होने के कारण केरलीं!"

लेकिन कल कितना अच्छा मौसम था और वे तब भी तो उड़ान नहीं भर रहे थे।"

"चलो इस विषय को छोड़ दें।"

"क्यों? कोई व्यक्ति उस बारे में बात नहीं कर सकता है या एक राय नहीं दे सकता है?'

"नहीं!"

"ठीक है, दुनिया में क्यों नहीं?"

"ओह, चुप रहो, मम्मी!"

"श्रीमान फ्रैंक हमेशा अपनी पत्नी को जवाब देते है।"

श्रीमान फॉन डान खुद को नियंत्रित करने का प्रयास कर रहे हैं। यह टिप्पणी हमेशा उनको गलत तरह से कठिनाई पैदा करती है, लेकिन श्रीमती फॉन् डान छोड़ने वाली नहीं हैं : "ओह, वहाँ कभी भी आक्रमण नहीं होगा!"

श्रीमान फॉन डान सफेद पड़ जाते हैं, और जब श्रीमती फॉन डान इस पर ध्यान देती हैं, तो वह लाल हो जाती है। लेकिन वह विचलित होने वाले नहीं है। 'ब्रिटिश एक चीज नहीं कर रहे हैं।'

बम फट गया। "अब चुप भी हो जाओ तूफान!"

माँ बड़ी मुश्किल से अपनी हंसी दबा सकी और मैं सीधे सीधे हंस ही पड़ी।

इस तरह के दृश्य लगभग रोज दोहराए जाते हैं, सिर्फ उस समय को छोड़कर जब उनके बीच एक भयानक लड़ाई होती थी। उस मामले में, न ही श्रीमान और श्रीमती फॉन डान में से कोई भी एक शब्द कहता है।

मेरे लिए कुछ और आलू लाने का समय आ गया है। मैं ऊपर अटारी में गई, जहां पीटर बिल्ली के शरीर से पिस्सू लेने में व्यस्त था। वह ढूंढ रहा है बिल्ली को इसका ध्यान है और हूँश... वह खिड़की से बाहर और वर्षा नाली में भाग गई।

पीटर कसम खाता है; मैं हंसती हूं और कमरे से बाहर निकल जाती हूँ।

उप भवन में स्वतंत्रता

पांच तीस : बेप का आगमन हमारी रात की स्वतंत्रता की शुरुआत का संकेत देता है। चीजें तुरंत शुरू हो जाती है। मैं बेप के साथ ऊपर जाती हूं, जो आमतौर से बाकी सब से पहले अपना हलवा ले लेती है। जिस क्षण वह नीचे बैठती है, श्रीमती फॉन डान अपनी इच्छाओं को बताना शुरु कर देती हैं। उनकी सूची आमतौर पर "ओह, वैसे, बेप, मैं कुछ और चाहूंगी, के साथ शुरु होती है।..." बेप मुझे आंख मारती है। जो कोई भी ऊपर आता है उसे श्रीमती फॉन डान अपनी इच्छाएँ बताने का अवसर नहीं छोड़ती है। यह उन कारणों में से एक है जिसकी वजह से उनमें से कोई भी वहां जाना पसंद नहीं करता है।

पांच पैंतालीस : बेप चली जाती है। मैं चारों ओर एक नज़र मारने के लिए दो मंजिलों से नीचे जाती हूं : पहले रसोई में, फिर निजी कार्यालय में और फिर मूशी के लिए बिल्ली का दरवाजा खोलने के लिए कोयला स्टोर में निरीक्षण के लंबे दौरे के बाद, मैं श्रीमान कुगलर के कार्यालय में दौरा समाप्त करती हूं। श्रीमान फॉन

डान आज के पत्रों के लिए सभी दराज और फाइलों को खंगाल रहे हैं। पीटर, बोच को और गोदाम की चाबी उठाता है; पिम टाइपराइटर मशीन को ऊपर खींचते हैं; मार्गोट अपने कार्यालय का काम करने के लिए एक शांत जगह की तलाश करती है; श्रीमती फॉन डान स्टोव पर पानी की केतली रखती हैं; माँ आलू के एक पैन के साथ सीढ़ियों से नीचे आती हैं; हम सभी अपने-अपने काम जानते हैं।

जल्द ही पीटर गोदाम से वापस आता है। पहला प्रश्न जो वे उससे पूछते हैं कि क्या उसे रोटी याद है। नहीं, उसे याद नहीं है। वह सामने वाले कार्यालय के दरवाजे के आगे खुद को जितना हो सके उतना छोटा बनाने के लिए दुबकने के अंदाज में बैठता है, और अपने हाथों और घुटनों पर रेंगता हुआ लोहे की अलमारी तक जाता है, रोटी बाहर निकालता है और फिर से चलना शुरू करता है। वह हर हाल में यही तो करना चाहता है, लेकिन इससे पहले कि वह जान पाए कि क्या हुआ है, मूशी उसके ऊपर कूद चुकी है और मेज के नीचे बैठने के लिए चली गई है।

पीटर उसके चारों ओर देखता है। अहा, बिल्ली वह रही! वह घुटनों के बल चल कर वापस कार्यालय में आता है और पूंछ द्वारा बिल्ली को पकड़ लेता है। मूशी फुफकारती है, पीटर गहरी सांस लेता है। उसने क्या सिद्ध किया है। मूशी अब खुद को चाटते हुए खिड़की के पास बैठी हुई है,पीटर के चंगुल से बचकर वह बहुत खुश है,पीटर के पास रोटी के एक टुकड़े से उसे लुभाने के अलावा कोई विकल्प नहीं है। मूशी चारा लेती है,उसके पीछे बाहर जाती है, और दरवाजा बंद हो जाता है।

मैं दरवाजे में दरार के माध्यम से पूरे नजारा को देखती हूं।

श्रीमान फॉन डान गुस्से में हैं और जोर से दरवाजा बंद करते हैं। मार्गोट और मैं नजर का आदान प्रदान करते हैं और एक ही बात सोचते हैं : वह अवश्य ही श्रीमान कुगलर की किसी बड़ी भूल की वजह से खुद को फिर से गुस्से में लाए होंगे, और वह पास की पीपा कंपनी के बारे में सब कुछ भूल गए है। गलियारे में एक और कदम की आहट सुनाई देती है। डसेल अंदर आते हैं, शिष्टाचार की चाल ढाल के साथ खिड़की की ओर जाते हैं, सूंघते हैं...खांसते हैं, छींकते हैं और अपने गले को साफ करते हैं। उनकी किस्मत ठीक नहीं है - काली मिर्च थी। वह सामने की कार्यालय की ओर जाना जारी रखते हैं। पर्दे खुले हैं, जिसका अर्थ है कि वह अपने लेखन कागजों तक नहीं पहुंच सकते हैं। वह त्योरी चढ़ा कर गायब हो जाते हैं।

मार्गोट और मैं एक बार और दृष्टि का आदान प्रदान करते हैं। मैंने उसे कहते हुए सुना, कल एक छोटा सा पन्ना उनकी जानेमन के लिए 'मैंने सहमति में सिर हिलाया।

सीढ़ियों पर एक हाथी की पदचाप जैसी आवाज सुनाई देती है। यह डसेल है, जो अपनी पसंदीदा स्थान पर आराम ढूंढ़ते हैं।

हम काम जारी रखते हैं। खट, खट, खट...तीन थपकियों का मतलब है रात के खाने का समय!

सोमवार, 23 अगस्त, 1943

जब घड़ी साढ़े आठ बजाती है...

मार्गोट और माँ घबराई हुई हैं। "श्श्श ... पिताजी। चुप रहो, ओटो श्श्श।... पिम! आठ-तीस हो गए है। यहाँ आओ, तुम अब और पानी नहीं चला सकते। धीरे चलो! "बाथरूम में पिताजी से जो कहा जाता है" उसका एक नमूना है। साढ़े आठ बजने पर, उसे बैठक कक्ष में उपस्थित होना पड़ता है। कोई पानी नहीं बहना चाहिए,शौचालय में पानी नहीं बहाना है, यहां वहां चलना नहीं है, चाहे कुछ भी हो जाए, शोर नहीं होना चाहिए। जब तक कार्यालय का कर्मचारी नहीं आया है, आवाजें, गोदाम तक और अधिक आसानी से जा सकती हैं।

ऊपर की ओर जाने वाला दरवाजा 8:30 पर खुलता है और फर्श पर तीन हल्की थपकियों द्वारा इसका अनुसरण किया जाता है... ऐनी का दलिया। मैं अपना कटोरा लेने के लिए सीढ़ियों पर बड़ी मुश्किल से चढ़ती हूँ।

वापस नीचे आती हूं, सब कुछ जल्दी जल्दी करना होता है : मैं अपने बालों में कंघी करती हूं और पॉटी रखती हूं, बिस्तर को वापस उसकी जगह धकेलती हूं। शांत! घड़ी 9:30 बजा रही है! श्रीमती फॉन डान जूते बदलती है और कमरे में अपनी चप्पलों में पाँव घसीट कर चलती है; श्रीमान फॉन डान भी - एक पक्के चार्ली चौपलिन। सब कुछ शांत है।

आदर्श परिवार का नजारा अब चरम पर पहुंच गया है। मैं पढ़ना या अध्ययन करना चाहती हूं और मार्गोट भी। पिता और माता भी बिल्कुल यही चाहते हैं। पिता एक झोल वाले चरमराते बिस्तर के किनारे बैठे हैं (बेशक डिकेंस और शब्दकोश लेकर) जिस पर एक अच्छा गद्दा तक नहीं है, दो बड़े तकियों को एक दूसरे के शीर्ष पर रखा जाता है। "मुझे इनकी जरूरत नहीं है," वह सोचते हैं। "मैं उनके बिना काम चला सकता हूँ।"

एक बार पढ़ना शुरू करने के बाद वह ऊपर तक नहीं देखते हैं। वह समय-समय पर हंसते हैं और माँ को एक कहानी पढ़ाने का प्रयास करते हैं।

"मेरे पास अभी समय नहीं है!"

वह निराश दिखते है लेकिन फिर पढ़ना जारी रखते है, थोड़ी देर बाद, जब उन्हें अचानक एक अच्छा अनुच्छेद मिलता है, वह फिर प्रयास करते हैं : "तुम्हें यह पढ़ना होगा, माताजी!"

माँ तह बिस्तर पर बैठी हुई, या तो पढ़ती हैं, या सिलाई करती हैं, या बुनाई करती हैं या तो अध्ययन जो कुछ भी उनकी सूची में अगला होता है, करती रहती हैं। अचानक उनके मन में एक विचार आता है, और वह जल्दी से कहती है, ताकि भूल न जाए, "ऐनी, याद रखना ... मार्गोट, इसे लिख लेना..."

थोड़ी देर बाद,फिर से शांति हो जाती है। मार्गोट पुस्तक जोर से बंद करती है; पिताजी अपना माथा सिकोड़ते हैं, उनकी भौंहें हास्यास्पद घुमाव बना रही हैं, उनकी एकाग्रता की शिकन फिर से उनके माथे पर आ गई है, और वह फिर से अपने आप को पुस्तक में डूबा लेते हैं; माँ मार्गोट के साथ बातें शुरू करती हैं; और मैं उत्सुक हो जाती हूं, और सुनती भी हूं, पिम को बातचीत में शामिल कर लिया जाता है... नौ बज गए। सुबह का नाश्ता!

शुक्रवार, 10 सितंबर, 1943

प्रिय किटी,

हर बार जब मैं तुम्हें लिखती हूं, तो कुछ विशेष हो चुका होता है, आमतौर पर सुखद के बजाय अप्रिय। इस बार, हालांकि, कुछ अद्भुत चल रहा है।

बुधवार, 8 सितंबर को, हम सात बजे की खबर सुन रहे थे, जब हमने एक घोषणा सुनी : "यह युद्ध की अब तक की सबसे खबर है : इटली ने हथियार डाल दिए है।" इटली ने बिना शर्त आत्मसमर्पण कर दिया है!

"एक घंटे पंद्रह मिनट पहले, जैसे ही मैंने अपनी दैनिक रिपोर्ट लिखना समाप्त किया, हमें इटली के समर्पण की अद्भुत खबर मिली। मैं सच बताऊँ तो अपने नोट्स कचरे की टोकरी में डालते हुए इतनी खुशी मुझे आज की तुलना में पहले कभी नहीं हुई थी।

"भगवान राजा की रक्षा करें" अमेरिकी राष्ट्रगान और रूसी "इंटरनेशनल" बजाये गए थे। हमेशा की तरह, डच कार्यक्रम अति आशावादी होने के बिना उत्थान पर थे।

ब्रिटिश नेपल्स में उतर गए हैं। उत्तरी इटली पर जर्मनों का कब्जा है। जिस दिन ब्रिटिश इटली में उतरे, शुक्रवार 3 सितंबर को युद्ध विराम समझौते पर हस्ताक्षर किए गए थे। जर्मनी के लोग, बडोग्लियो और इतालवी राजा के विश्वासघात पर, सभी अखबारों में चिल्ला रहे थे।

फिर भी, बुरे समाचार भी है। यह श्रीमान क्लेमन के बारे में है। जैसा कि तुम जानती हो, हम सभी उन्हें बहुत पसंद करते हैं। इस तथ्य के बावजूद कि वह हमेशा बीमार रहते हैं और दर्द में रहते है और वह ज्यादा खा या चल नहीं सकते,वह बिना नागा किये हंसमुख और आश्चर्यजनक रूप से बहादुर हैं। "जब श्रीमान क्लेमन एक कमरे के अंदर आते है, तो सूरज चमकने लगता है," माँ ने हाल ही में कहा, और वह बिल्कुल सही है।

अब ऐसा लगता है कि उन्हें अपने पेट की एक बहुत ही मुश्किल शल्य चिकित्सा के लिए अस्पताल जाना पड़ेगा, और कम से कम चार हफ़्तों तक वहाँ रहना होगा। तुम्हें उन्हें देखना चाहिए था, जब उन्होंने हमें अलविदा कहा। उन्होंने इतने सामान्य रूप से सबसे से व्यवहार किया, जैसे वह किसी काम के लिए जा रहे हैं।

तुम्हारी, ऐनी

गुरुवार, 16 सितंबर, 1943

प्रिय किटी,

यहां उपभवन में रिश्ते हर समय और खराब होते जा रहे हैं। हम भोजन के समय (खाने के एक टुकड़े को छोड़कर) अपने मुंह खोलने की हिम्मत नहीं करते हैं, क्योंकि इससे कोई मतलब नहीं है कि हम क्या कहते हैं, किसी का इसे नापसंद करना या गलत तरीके से लेना तय है। श्रीमान वुश्कल कभी कभी हमसे मिलने आते हैं। दुर्भाग्य से, उनकी हालत अच्छी नहीं है। वह इसे अपने परिवार के लिए भी अधिक आसान नहीं बना रहे हैं, क्योंकि उसका रवैया ऐसा लगता है : मुझे क्या परवाह है, मैं वैसे भी मरने जा रहा हूं! जब मैं सोचती हूं कि हर कोई यहां कितना भावुक है, तो मैं सिर्फ कल्पना कर सकती हूं कि वुश्कल के वहां क्या होता होगा'।

मैं चिंता और अवसाद से लड़ने के लिए हर दिन वेलेरियन ले रही हूं, लेकिन यह मुझे अगले दिन और भी अधिक दुखी होने से नहीं रोकती है। एक अच्छी हार्दिक हंसी, दस वेलेरियन बूंदों की तुलना में ज्यादा सहायता करेगी, लेकिन हम

हंसना लगभग भूल ही गए हैं। कभी-कभी मुझे डर लगता है कि मेरा चेहरा इन सारे दुःख से झुक जाएगा और मेरा मुंह स्थायी रूप से कोनों पर से लटक जाएगा। दूसरे लोग कुछ अच्छा नहीं कर रहे हैं। यहां हर कोई एक बड़े आतंक से भयभीत है, जिसे सर्दी के नाम से जाना जाता है।

एक और तथ्य जो हमारे दिनों को बिल्कुल उज्ज्वल नहीं करता है, वह यह कि श्रीमान वैन मारन, जो आदमी गोदाम में काम करता है, उसे एनेक्सी के बारे में संदेह हो रहा है। किसी भी होशियार व्यक्ति ने अब तक अवश्य ही ध्यान दिया होगा कि मीप कभी कभी कहती है कि वह लैब में जा रही है, बेप फाइल कमरे में और श्रीमान क्लेमन ओपेक्टा पूर्ति में, जबकि श्रीमान कुगलर का दावा है कि उपभवन इस भवन से संबंधित नहीं बल्कि बगल वाली से संबंध रखता है।

हम परवाह नहीं करते थे कि श्रीमान वैन मारन स्थिति के बारे में क्या सोचते थे सिवाय इसके कि वह अविश्वसनीय होने के लिए जाने जाते हैं और उच्च स्तर की उत्सुकता रखते है। उन्हें इधर-उधर के बहानों से बहलाया नहीं जा सकता।

एक दिन श्रीमान कुगलर अतिरिक्त सतर्क होना चाहते थे, इसलिए 12:20 पर उन्होंने अपना कोट पहना और एक दवा की दुकान पर चले गए, जो पास ही में स्थित है। पांच मिनट से भी कम समय के बाद वह वापस आ गए थे, और वह हमसे मिलने के लिए एक चोर की तरह सीढ़ियो पर धीरे-धीरे बढ़ने लगे। एक-पंद्रह पर उन्होंने वापस जाना शुरू किया, लेकिन बेप उनसे सीढ़ियों पर मिली और उन्हें चेतावनी दी कि वैन मारन कार्यालय में हैं। श्रीमान कुगलर ने मत बदल दिया और एक-तीस तक हमारे साथ रहे। फिर उन्होंने अपने जूते उतार दिए और अपने मोजे पहने पैरों से (अपनी जुकाम के बावजूद) फिर सामने वाली अटारी पर गए और चरचराहट से बचने के लिए एक बार में एक कदम लेते हुए दूसरी सीढ़ियों से नीचे। सीढ़ियां पार करने में उन्हें 15 मिनट का समय लगा, लेकिन वे बाहर से घुसते हुए कम से कम सुरक्षित रूप से आफिस पहुंच गए।

इस बीच, बेप वैन मारन से छुटकारा पा चुकी थी और उपभवन से श्रीमान कुगलर को लेने आ गई थी। लेकिन वह पहले ही निकल चुके थे और अभी भी सीढ़ियों से नीचे धीरे-धीरे पंजों के बल जा रहे थे। मैनेजर को बाहर जूते पहनते देखकर वहां से गुजरने वालों ने क्या सोचा होगा! हां, उन्होंने केवल जुराब पहने हुए थे।

तुम्हारी, ऐनी

बुधवार, 29 सितंबर, 1943

सबसे प्रिय किटी,

आज श्रीमती फॉन डान का जन्मदिन हैं। पनीर, माँस और रोटी के लिए एक राशन स्टांप के अलावा, उन्हें जो हमसे मिला था वह था जैम का जार। उनके पति, डसेल और कार्यालय के कर्मचारियों ने उन्हें फूल और भोजन के अलावा कुछ नहीं दिया। हम ऐसे समय में रह रहे हैं।

बेप को पिछले सप्ताह घबराहट का एक दौरा आया, क्योंकि उसके पास करने के लिए बहुत सारे काम थे। दिन में दस बार लोग उसे किसी काम के लिए बाहर भेज रहे थे, हर बार जोर देते है कि वह फौरन जाए या फिर से चली जाए या कि उसने यह सब गलत किया है और जब आपको लगता है कि उसके पास करने के लिए कार्यालय के नियमित कार्य है, कि श्रीमान क्लेमन बीमार हैं, कि मीप सर्दी की वजह से घर पर है और खुद बेप के टखने में मोच है। ब्रॉयफ्रेंड परेशान करता है और एक चिड़चिड़ा पिता, कोई आश्चर्य नहीं है कि वह अपनी सीमा के छोर पर है। हमने उसे दिलासा दिया और उससे कहा कि अगर वह एक या दो बार अपना पैर नीचे रखती हैं, और कहती है कि उसके पास समय नहीं है, तो खरीदारी की सूची अपने हिसाब से कम हो जाएगी।

शनिवार को एक बड़ा नाटक हुआ, जैसा पहले कभी देखा नहीं गया। यह वैन मारन की चर्चा के साथ शुरू हुआ और एक सामान्य बहस और आंसुओं में खत्म हुआ। डसेल ने माँ से शिकायत की कि उनके साथ एक कोढ़ी की तरह व्यवहार किया जा रहा है, उनके साथ कोई दोस्ताना नहीं है और आखिरकार, उन्होंने इसके लायक होने के लिए कुछ नहीं किया है। इसके बाद बहुत सारी मीठी बातचीत हुई, सौभाग्य से जिसके बीच में इस बार माँ नहीं पड़ी। उसने बताया कि हम उनसे निराश थे और एक से अधिक अवसरों पर, वह बड़ी झुंझलाहट का एक स्रोत रहे हैं। डसेल ने लम्बे-चौड़े वादे किए, लेकिन जैसा अक्सर होता है, हमें उनमें से कोई सच्चाई नहीं दिखाई दी।

मैं बता सकती हूं कि फॉन डान के साथ भी परेशानी चल रही है। पिता उग्र हैं, क्योंकि वह हमें धोखा दे रहे हैं : उन्होंने माँस और अन्य चीजें छुपा रखी हैं। ओह, अब किस तरह का धमाका होने वाला है। काश कि मैं इस तरह की झड़पों में इतना शामिल ना होती! काश कि मैं यहां से छूट पाती ! वे हमें पागल कर रहे हैं!

तुम्हारी, ऐनी

रविवार, 17 अक्टूबर, 1943

सबसे प्रिय किटी,

श्रीमान क्लेमन वापस आ गए है, भगवान का शुक्र है कि वह थोड़े मुरझाए हुए लग रहे हैं, और फिर भी उन्होंने खुशी से श्रीमान फॉन डान के लिए कुछ कपड़े बेचना निश्चित किया। अप्रिय तथ्य यह है कि श्रीमान फॉन डान के पैसे समाप्त हो गए हैं। उन्होंने गोदाम में अपने अंतिम सौ गिल्डर खो दिए, जो अभी भी हमारे लिए परेशानी पैदा कर रहा है : पुरुष आश्चर्य कर रहे हैं कि सोमवार को गोदाम में एक सौ गिल्डर्स कैसे गायब हो सकते थे। हम दुविधा में थे। इसी बीच सौ गिल्डर चोरी हो गए हैं। चोर कौन है?

मैं पैसे की कमी के बारे में बात कर रही थी। श्रीमती फॉन डान के पास कपड़ों के ढेर हैं, कोट और जूते हैं, उन्हें लगता है कि उनमें से किसी के भी बिना वह काम नहीं चला सकती हैं। श्रीमान फॉन डान के सूट का स्थानतरण मुश्किल है, और पीटर की बाइक बेचने के लिए रखी गई है, लेकिन फिर से वापस आ गई है, क्योंकि कोई भी इसे नहीं लेना चाहता था। लेकिन कहानी यहाँ समाप्त नहीं होती है। तुम जानती हो, श्रीमती फॉन डान को अपने फर कोट से जुदा होना पड रहा हैं। उनकी राय में, फर्म को हमारे रखरखाव के लिए भुगतान करना चाहिए, लेकिन यह हास्यास्पद है। उनका अभी इसके बारे में एक तगड़ा झगड़ा हुआ था और "ओह, मेरी प्यारी पुत्ती" और "डार्लिंग केरली" वाले सामंजस्य चरण में प्रवेश कर लिया है।

इस सम्माननीय घर को पिछले एक महीने में जिसे सहना पड़ा है, मेरा मन गालियां बकने की उस क्रिया पर आपत्ति करता है। पिता अपने होंठ भींचे यहां-वहां टहलते हैं, और जैसे ही वह अपना नाम सुनते हैं, वह भय के साथ ऊपर देखते हैं, जैसे कि वह डरे हुए हैं कि उन्हें एक अन्य नाजुक समस्या का समाधान करने के लिए बुलाया जाएगा। माँ इतनी अधिक उत्तेजित होती है कि उनके गाल दागदार लाल हो जाते हैं, मार्गोट सिर में दर्द की शिकायत करती है, डसेल सो नहीं सकते, श्रीमती फॉन डान दिन भर तिलमिलाती रहती हैं, और मैं पूरी तरह से पागल हो चुकी हूं। सच कहूं तो, मैं कभी-कभी भूल जाती हूं कि हम किससे सहमत हैं और किससे नहीं। इससे ध्यान हटाने का एकमात्र तरीका है पढ़ाई करना और मैं हाल ही में यह बहुत ज्यादा कर रही हूं।

तुम्हारी, ऐनी

शुक्रवार, 29 अक्टूबर, 1943

मेरी सबसे प्यारी किटी,

श्रीमान क्लेमन फिर से बाहर है; उनका पेट उन्हें एक क्षण के लिए भी शांति से नहीं जीने देता। वह यह भी नहीं जानते कि क्या उनका खून बहना बंद हो गया है? वह हमें यह बताने के लिए आए थे कि वह अच्छा महसूस नहीं कर रहे हैं और घर जा रहे हैं, और पहली बार वह सच में दुखी दिखे।

श्रीमान और श्रीमती फॉन डान में अधिक उग्र लड़ाई हुई है। कारण साफ है : वे कड़के है। वे एक ओवरकोट और श्रीमान फॉन डान का एक सूट बेचना चाहते थे, लेकिन, वे किसी भी खरीदार को खोजने में असमर्थ थे। उनकी कीमतें बहुत ही ज्यादा थी।

कुछ समय पहले श्रीमान क्लेमन अपने एक जानने वाले एक फर व्यापारी के बारे में बात कर रहे थे। इसने श्रीमान फॉन डान को अपनी पत्नी के फर कोट को बेचने का विचार दिया। यह खरगोश की खाल से बना है, और इनके पास सत्रह सालों से है। श्रीमती फॉन डान को इसके लिए 325 गिल्डर मिले, जो एक बड़ी राशि थी। वह युद्ध के बाद नए कपड़े खरीदने के लिए खुद के पास पैसा रखना चाहती थीं, और घरेलू खर्चों को उठाने के लिए इसकी सख्त आवश्यकता के बारे में उन्हें समझा सकने के लिए श्रीमान फॉन डान को कुछ कार्यकलाप करने थे।

यहां हुई चीखने, चिल्लाने, पैर पटकने और गाली देने की घटनाओं की तुम कल्पना नहीं कर सकती हो। यह भयानक था। मेरा परिवार सीढ़ियों के तल पर अपनी सांस रोके खड़ा रहा कि शायद उन्हें खींचकर अलग करने की जरूरत पड़ जाए। सभी मनमुटाव, आंसू और मानसिक तनाव ऐसे दबाव और विकृति बन गए हैं कि मैं रात में रोती हुई और अपने भाग्य को धन्यवाद देते हुए कि मेरे पास खुद के लिए आधा घंटा है,अपने बिस्तर पर जाती हूँ।

मुझे भूख नहीं लग रही है, इसके सिवाय मैं ठीक-ठाक हूं। मैं सुनती रहती हूं: 'हे भगवान,तुम भयानक लगती हो' मुझे जरूर स्वीकार करना चाहिए वे मुझे ठीक रखने का अपना पूरा प्रयास कर रहे हैं : वे मुझे डेक्सट्रोज, कॉड-लिवर ऑयल, शराब बनाने वाला खमीर और कैल्शियम देते रहते हैं। मेरी बेचैनी अक्सर मुझ पर हावी हो जाती है, खासकर रविवार को; जब मैं वास्तव में दुखी महसूस करती हूं। वातावरण कठोर, सुस्त, दमघोंटू है। बाहर से आपको एक पक्षी की आवाज भी

नहीं सुनाई देती है, और एक मौत सी, दमनकारी चुप्पी घर में पसरी हुई है, जैसे यह मुझे पाताल के सबसे गहरे क्षेत्रों में खींच कर ले जा रही हो। ऐसी स्थिति में पिता माता और मार्गोट मेरे लिए मायने नहीं रखते। मैं एक कमरे से दूसरे कमरे में घूमती रहती हूं। सीढ़ियों से ऊपर चढ़ती हूं और सीढ़ियों से नीचे उतरती हूं और एक गाने वाले पक्षी जैसा महसूस करती हूं, जिसके पंखों को उतार दिया गया है और जो खुद को अपने अंधेरे पिंजरे की सलाखों से टकराता रहता है। एक आवाज मेरे भीतर रोती है। "मुझे बाहर जाने दो, जहाँ ताज़ी हवा और हँसी हो!" क्योंकि इसे मारना नामुमकिन है। मैं भी अब जवाब देने की जहमत नहीं उठाती, बल्कि दीवान पर लेट जाती हूं। नींद से वह खामोशी और भयानक डर तेजी से चले जाते हैं, समय बीतने में मदद मिलती है, क्योंकि उसे मार पाना नामुमकिन है।

तुम्हारी, ऐनी

बुधवार, 3 नवंबर, 1943

सबसे प्रिय किटी,

फालतु चीजों से दिमाग हटाने और उन्हें विकसित करने के लिए, पिता ने एक पत्राचार स्कूल से एक सूची मंगाई। मार्गोट ने अपनी पसंद के अनुसार और अपने बजट के अंदर कुछ भी खोजे बिना मोटी ब्रोशर को तीन बार बहुत ध्यान से देखा। पिता को संतुष्ट करना आसान था और उन्होंने "प्राथमिक लैटिन" में नमूने के तौर पर एक अध्याय मंगवाने का फैसला किया।" कहते ही काम हो गया। सबक आ गया, मार्गोट ने उत्साह से काम शुरू किया और खर्च के बावजूद पाठ्यक्रम लेने का निर्णय किया। हालांकि वास्तव में मैं लैटिन सीखना चाहती हूं, लेकिन मेरे लिए यह बहुत बहुत कठिन है।

मुझे भी एक नया काम देने के लिए, पिता ने श्रीमान क्लेमन से एक बच्चों की बाइबल के लिए कहा जिससे कि आखिर में मैं न्यू टेस्टामेंट के बारे में कुछ सीख सकती हूं।

"क्या आप ऐनी की आनेका पर बाइबल देने वाले हैं?" कुछ हद तक हैरान होकर मार्गोट ने पूछा।

"हाँ... खैर, शायद सेंट निकोलस डे एक बेहतर अवसर होगा," पिता ने उत्तर दिया।

यीशु और आनेका वग वास्तब कोई मेल नहीं हैं।

चूंकि वैक्यूम क्लीनर टूट गया है, मुझे हर रात गलीचे के लिए एक पुराना ब्रश ले जाना होता है। खिड़की को बंद करना, उजाला करना, चूल्हे को जलाना और गलीचे पर ब्रश करने का काम मेरे जिम्मे है। 'सुनिश्चित है कि उसमें कोई समस्या होगी', पहली बार मैंने खुद के लिए सोचा। इससे तो सबको शिकायतें होंगी। मैं सही थी : माँ को कमरे के चारों ओर धूल के घने बादलों से सिरदर्द हो गया था, मार्गोट की नई हिंदी शब्दकोश पर गंदगी से पपड़ी जम गई थी, और पिम को शिकायत थी कि मंजिल किसी भी तरह से अलग नहीं लग रहा था। मेरे दर्द को थोड़ा सा धन्यवाद।

हमने तय किया है कि अब से अंगीठी रविवार की सुबह पांच-तीस के बजाय रविवार सुबह सात-तीस पर जलाई जाएगी। मुझे लगता है कि यह जोखिम भरा है। धुआं उगलती हमारे चिमनी के बारे में पड़ोसियों की क्या राय होगी?

पर्दे के साथ भी ऐसा ही है। जब से हम छिपे हैं, तब से खिड़कियों पर वे मजबूती से टंगे हुए हैं। महिलाओं या सज्जनों में से कोई भी बाहर झांकने के लालच से नहीं बच पाता और नतीजने झिड़कियों की झड़ी लग जाती। प्रतिक्रिया होती है, : "कोई गौर नहीं करेगा।" लापरवाही भरे हर कार्य इसी प्रकार शुरू होते हैं और खत्म होते हैं। कोई गौर नहीं करेगा, कोई भी नहीं सुनेगा, कोई भी रत्ती भर भी ध्यान नहीं देगा। कहने में ये आसान है लेकिन क्या यह सच है?

फिलहाल, तूफानी झगड़े थम गए हैं; केवल डसेल और फॉन डान अभी भी आपस में भिड़े रहते हैं। जब डसेल श्रीमती फॉन डान के बारे में बात कर रहे होते हैं, वह हमेशा उनको "वह पुराना बल्ला" या "वह बेवकूफ डायन" बुलाते रहते है, और इसके विपरीत, श्रीमती फॉन डान हमारे अत्यधिक शिक्षित सज्जन को "एक बूढ़ी नौकरानी" या एक "चिड़चिड़ा पागल कुंआरा" आदि कहती हैं।

कौन किस पर इल्जाम लगा रहा है!

तुम्हारी, ऐनी

सोमवार की शाम, 8 नवंबर, 1943

सबसे प्रिय किटी,

यदि आप मेरे सभी पत्रों को एक ही बार में पढ लेते हैं, तो आपको पता चलेगा कि वे विभिन्न प्रकार के मूड में लिखे गए थे। मुझे इस बात से चिढ़ होती है कि मैं यहां उपभवन में मनोभावों पर इतनी निर्भर हूं, लेकिन मैं इसमें अकेली नहीं हूं

और हम सभी इससे प्रभावित हैं। यदि मैं किसी पुस्तक में डूबी हूं, तो मुझे अन्य लोगों के साथ घुलने-मिलने से पहले अपने विचारों को फिर से व्यवस्थित करना होगा, अन्यथा उन्हें लग सकता है कि मैं अजीब थी। जैसा कि आप देख सकते हैं, मैं वर्तमान में अवसाद में हूं। मैं वास्तव में आपको यह नहीं बता सकती कि यह कैसे शुरू हुआ, लेकिन मुझे लगता है कि यह मेरी कायरता की वजह से उपजा है जिसका मुझे हर मोड़ पर सामना करना पड़ा है। इस शाम, जबकि बेप अभी भी यही थी, दरवाजे की घंटी लंबी और जोर से बज उठी। मैं तुरंत सफेद पड़ गई। मेरे पेट में मरोड़ होने लगी, और मेरा दिल बेतहाशा धड़क गया - और यह सब इस वजह से क्योंकि मैं डर गई थी।

रात में बिस्तर पर मैं खुद को एक तहखाने में अकेला देखती हूं, पिता और माता के बिना। या मैं सड़कों पर भटक रही होती हूं, या उप भवन में आग लग गई है या वे बीच रात में हमें दूर ले जाने के लिए आ गए हैं और मैं हताशा में अपने बिस्तर के नीचे की चिसट रही हूं। मुझे यह सब कुछ दिखाई दे रहा है जैसे कि यह हकीकत में हो रहा है और सोचने के लिए कि यह सब जल्द ही हो सकता है!

मीप अक्सर कहती है कि वह हमसे जलती है। क्योंकि हम इस तरह के अमन और यहां के शांत वातावरण में रहते हैं। यह सच हो सकता है, लेकिन वह स्पष्ट रूप से हमारे डर के बारे में नहीं सोच रही है।

मैं कल्पना नहीं कर सकती कि दुनिया हमारे लिए फिर से सामान्य होगी। मैं "युद्ध के बाद" के बारे में बात करती हूं, लेकिन ऐसा लगता है, जैसे मैं हवा में एक महल के बारे में बात कर रही हूं, कुछ ऐसा जो कभी भी सच नहीं हो सकता।

मैं उपभवन में हम में से आठ को इस रूप में देखती हूं जैसे कि हम खतरनाक काले बादलों से घिरे हुए नीले आकाश के एक टुकड़े थे। पूरी तरह से गोल स्थान जिस पर हम खड़े हैं, अभी भी सुरक्षित है, लेकिन बादल हमारे ऊपर से हो कर आगे बढ़ रहे हैं, और हमारे बीच बज रहे हैं और खतरे के करीब पहुंचकर करीब और करीब खींचे जा रहे हैं। हम अंधेरे और खतरे से घिरे हुए हैं, और इससे बाहर निकलने का रास्ता खोजने में अपनी हताश में हम एक दूसरे को मारते रहते हैं। हम बुरी से बुरी लड़ाई और अधिक से अधिक शांति और सुंदरता देखते हैं। इस बीच, हम बादलों के काले द्रव्यमान द्वारा काट दिए गए है, ताकि हम न तो ऊपर जा सकें और न ही नीचे जा सकें। यह एक अभेद्य दीवार की तरह हमारे सामने घूमता है, हमें कुचलने का प्रयास कर रहा है, लेकिन अभी तक सक्षम नहीं हो पाया है। मैं

केवल रो सकती हूं और प्रार्थना ही कर सकती हूं, "ओह, भंवर, खुल जाओ और हमें बाहर जाने दो!"

तुम्हारी, ऐनी

गुरुवार, 11 नवंबर, 1943

सबसे प्रिय किटी,

मेरे पास इस अध्याय के लिए एक अच्छा शीर्षक है :

मेरे फाउंटेन पेन की याद में

मेरा फाउंटेन पेन हमेशा मेरी सबसे बेशकीमती चीजों में से एक था; मैं इसे ज्यादा मूल्यवान मानती हूं, खासकर क्योंकि इसमें एक मोटी निब थी, और मैं केवल मोटे निब के साथ बड़े करीने से लिख सकती हूं। उसकी जिंदगी काफी लंबी व दिलचस्प थी, जिसके बारे में मैं बताऊंगी।

जब मैं नौ साल की थी, तो मेरा फाउंटेन पेन (रूई में पैक होकर) आचेन से "बिना किसी व्यावसायिक मूल्य के एक नमूने" के रूप में आया, जहां मेरी नानी(दयालु दानी) रहती थीं। मैं फ्लू की वजह से बिस्तर में पड़ी हुई थी, जबकि फरवरी की ठंडी हवाएं हमारे घर के आस-पास चीख रही थी। यह शानदार फाउंटेन पेन लाल चमड़े के खोल में आया था, और जैसे ही मुझे पहला मौका मिला, मैंने इसे अपनी सहेलियों को दिखाया था। मैं, ऐनी फ्रैंक, एक फाउंटेन पेन की गर्वीली मालिक थी।

जब मैं दस साल की हो गई थी, तो मुझे कलम को स्कूल ले जाने की इजाजत दी गई थी, और मुझे आश्चर्यचकित करते हुए, शिक्षकों ने भी मुझे इसके साथ लिखने दिया। जब मैं ग्यारह साल की हो गई थी, हालांकि मेरे खजाने को फिर से वापस ले लिया गया था, क्योंकि मेरे छठी कक्षा के शिक्षक ने हमें स्कूल में केवल पेन और दवात इस्तेमाल करने की इजाजत दी थी। जब मैं बारह वर्ष की थी, मैंने यहूदी स्कूल जाना शुरु कर दिया और इस अवसर पर मेरे फाउंटेन पेन को नया डिब्बा मिला। न केवल इसमें एक पेंसिल के लिए जगह थी, इसमें एक जिप भी लगी थी, जो बहुत अधिक प्रभावशाली था। जब मैं तेरह साल की हो गई थी, तो फाउंटेन पेन मेरे साथ उपभवन चला आया, और साथ में हमने अनगिनत डायरी

और रचनाओं में दौड़ लगाई। मैं चौदह साल की हो गई थी और मेरा फाउंटेन पेन मेरे साथ अपने जीवन के अंतिम वर्ष का आनंद ले रहा था। जब...

शुक्रवार की दोपहर के बाद पांच बजे थे। मैं अपने कमरे से बाहर आई और लिखने के लिए मेज पर बैठने ही वाली थी, जब मार्गोट और पिताजी के लिए जगह बनाने के लिए मुझे रुखाई से एक तरफ धकेल दिया गया, जो अपने लैटिन का अभ्यास करना चाहते थे। फाउंटेन पेन टेबल पर अप्रयुक्त पड़ा रहा, जबकि इसकी आहें भरते हुए मालिक को मेज के एक बहुत छोटे से कोने में काम चलाने के लिए मजबूर किया गया, जहां उसने सेम रगड़ना शुरु कर दिए। हम सेम से फफूंदी हटाते और उन्हें उनकी मूल स्थिति में पुनर्स्थापित करते हैं। पौने छह बजे, मैंने झाड़ू लगाई, सड़े हुए सेम के साथ-साथ एक अखबार में गंदगी डाली और चूल्हे में फेंक दिया। एक विशाल लौ निकली, और मुझे लगा कि यह अद्भुत है कि चूल्हा, जो अपनी आखिरी सांस को हाँफते हुए ले रहा था, ने इस तरह की चमत्कारी पुनः वापसी कर ली थी।

सब फिर से शांत हो गया। लैटिन छात्र चले गए थे और मैं अपने काम में लग गई। लेकिन मैंने जहां कहीं भी देखा, मेरा फाउंटेन पेन कहीं भी दिखाई नहीं दे रहा था। मैंने एक और नज़र डाली। मार्गोट ने खोजा, माँ ने तलाश किया, पिता ने देखा, डसेल ने भी देखा। लेकिन यह गायब हो गया था।

"शायद यह फलियों के साथ, अंगीठी में गिर गया!" मार्गोट ने कहा।

"नहीं, यह नहीं हो सकता!" मैंने जवाब दिया।

लेकिन उस शाम, जब मेरा फाउंटेन पेन नहीं मिला, हम मान चुके थे कि वह जल चुका है, खासकर क्योंकि सेल्युलाइड अत्यधिक ज्वलनशील होता है। अगले दिन हमारे सबसे बुरे डर की पुष्टि हो गई जब पिता स्टोव को खाली करने गए और उन्हें राख के बीच जेब में फंसाने वाली एक चिमटी मिली। सोने की निब का कोई भी निशान नहीं बचा था। "यह पत्थर में पिघल गया होगा," पिता ने अनुमान लगाया।

हालांकि यह छोटी हो सकती हैं, मेरे पास एक छोटी सी सांत्वना यही बची कि मेरे फाउंटेन पेन को दफना दिया गया था, जैसे कि मैं किसी दिन दफना दी जाऊंगी।

तुम्हारी, ऐनी

बुधवार, 17 नवंबर, 1943

सबसे प्यारी किटी,

हाल की घटनाओं से घर की नींव हिल गई है। बेप के यहां डिप्थीरिया के प्रकोप की वजह से, उसे छह सप्ताह तक हमारे संपर्क में आने की इजाजत नहीं दी गई। उसके बिना, खाना पकाने और खरीदारी करना बहुत कठिन हो जाएगा, बताने की जरूरत नहीं कि हम उसकी कमी को कितना याद करेंगे। श्रीमान क्लेमन अभी भी बिस्तर में हैं और उन्होंने तीन हफ़्तों से दलिए के अलावा कुछ नहीं खाया है। श्रीमान कुगलर काम में बहुत व्यस्त है।

मार्गोट एक शिक्षक को अपना लैटिन सबक भेजती है, जो उन्हें सही करता है और फिर उन्हें लौटाता है। वह बेप के नाम से पंजीकृत है। शिक्षक बहुत अच्छा है,और मजाकिया भी। मुझे यकीन है कि वह इस तरह के चतुर शिष्य को पाकर खुश है।

डसेल एक उथल-पुथल में है और हम नहीं जानते कि क्यों! यह सब डसेल के कुछ ना कहने से शुरू हुई जब वह ऊपर थे; उन्होंने श्रीमान या श्रीमती फॉन डान से भी एक भी शब्दों का आदान प्रदान नहीं किया। हम सभी ने इस पर ध्यान दिया। यह कुछ दिनों के लिए चला और फिर माँ ने उसे श्रीमती फॉन डान के बारे में चेतावनी देने का अवसर निकाल लिया,जो उनकी जिंदगी दयनीय बना सकती थी। डसेल ने कहा श्रीमान फॉन डान ने मूक उपचार शुरू कर दिया था और उसे तोड़ने का उनका कोई इरादा नहीं था। मुझे यह समझाना चाहिए कि कल 16 नवंबर था, उपभवन में उनके रहने की पहली सालगिरह। माँ को इस अवसर के सम्मान में एक पौधा मिला, लेकिन श्रीमती फॉन डान, जो सप्ताह भर पहले से ही इस तारीख का संकेत कर रही थी और इस तथ्य के बारे में कोई शंका नहीं रहने दिया कि वह सोच रही हैं कि डसेल को हमें खाने का भोज देना चाहिए, जो किसी को नहीं मिला। हमें धन्यवाद देने के अवसर का फायदा उठाने की बजाय- पहली बार - नि:स्वार्थ रूप से उन्हें अंदर लेने के लिए, उन्होंने एक शब्द भी नहीं कहा। और सोलह की सुबह, जब मैंने उनसे पूछा कि मुझे उन्हें बधाई देनी चाहिए या अपनी संवेदना पेश करनी चाहिए, तो उन्होंने जवाब दिया कि "कुछ भी चलेगा।" माँ ने खुद को शांतिदूत की भूमिका में डालकर कोई भी प्रगति नहीं की और बिना किसी हार जीत के परिस्थिति समाप्त हो गई।

मैं अतिशयोक्ति के बिना कह सकती हूं कि डसेल का निश्चित रूप से एक पेंच ढीला है। हम अक्सर खुद पर हंसते हैं क्योंकि उन्हें कुछ भी याद नहीं रहता, कोई निश्चित राय और कोई व्यवहारिक बुद्धि नहीं। वह एक से अधिक बार अभी-अभी सुनी खबर को हमें सुनाने का प्रयास करके हमें हंसा चुके हैं, क्योंकि हम तक पहुंचते-पहुंचते संदेश अस्पष्ट हो जाता है। इसके अलावा, वह हर तिरस्कार या आरोप का जवाब बढ़िया वायदों की गठरी से देते हैं, जिन्हें वह कभी नहीं निभा पाते।

"इस आदमी का हौंसला तो बड़ा है
लेकिन उनकी हरकतें बहुत छोटी हैं"

तुम्हारी, ऐनी

शनिवार, 27 नवंबर, 1943

सबसे प्रिय किटी,

कल रात, जैसे ही मैं सोने जा रही थी, हनेली अचानक मेरे सामने आ गई।

मैंने उसे फटे पुराने कपड़ों में देखा, उसका चेहरा पतला और थका हुआ था। उसने मुझे अपनी भारी आंखों से ऐसी उदासी और तिरस्कार के साथ देखा कि मैं उनमें निहित संदेश पढ़ सकती थी : "ओह, ऐनी, तुमने मुझे क्यों छोड़ दिया है? मेरी सहायता करो, मेरी सहायता करो, मुझे इस नरक से बचाओ!"

और मैं उसकी सहायता नहीं कर सकती। मैं केवल दूसरे लोगों को भुगतते हुए और मरते हुए चुपचाप देखती रह सकती हूं। मैं बस इतना सा कर सकती हूं कि भगवान से उन्हें हमारे पास वापस लाने की प्रार्थना कर सकती हूँ। मैंने हनेली को देखा, और किसी अन्य को नहीं, और मुझे समझ में आया कि क्यों। मैंने उसे गलत समझा, कि उसके लिए यह कितना मुश्किल था। इसे समझने के लिए मैं पूरी तरह से परिपक्व नहीं थी। वह अपनी सहेली के लिए समर्पित थी, और ऐसा लग रहा था जैसे मैं उससे दूर जाने का प्रयास कर रही हूं। घटिया चीज़, उसे जरूर बहुत खराब लगा होगा! मुझे पता है, क्योंकि मैं खुद की भावना को पहचानती हूं। मेरे पास समझ का एक सामयिक क्षण था, लेकिन स्वार्थी ढंग से अपनी परेशानी और सुखों से फिर से लिपट गई थी।

उससे मेरा उस तरह बर्ताव करना गंदा था, वह अब मुझे बहुत निराशा के साथ अपने मुरझाए चेहरे और प्रार्थना करती आखों से देख रही थी। काश मैं उसकी मदद कर पाती! प्रिय भगवान, मेरे पास वह सब कुछ है जिसकी मैं इच्छा कर सकती थी, जबकि भाग्य ने उसे अपने घातक चंगुल में रखा है। वह मेरी तरह ही ईश्वर भक्त थी, शायद और भी ज्यादा, और वह भी वही करना चाहती थी जो सही था। लेकिन फिर मुझे जीने के लिए क्यों चुना गया, जबकि वह शायद मरने जा रही है? हमारे बीच क्या अंतर है? अब हम इतने अलग क्यों हैं?

सच कहूं तो, मैंने महीनों से उसके बारे में नहीं सोचा था - नहीं, कम से कम एक साल से। मैं उसे पूरी तरह से नहीं नहीं भूली थी, और फिर भी जब तक मैंने उसे मेरे सामने नहीं देखा, तब तक मैंने उसके दुखों के बारे में नहीं सोचा।

ओह,हनेली, मुझे आशा है कि यदि तुम युद्ध समाप्त होने तक जीती रही और हमारे पास वापस आती हो, तो मैं तुम्हें घर में शामिल करने में, और मैंने जो तुम्हारे साथ गलत किया है, उसे सुधारने में सक्षम हो जाऊंगी। लेकिन यहां तक कि अगर मैं कभी मदद करने की स्थिति में होती हूं, उसे अब की तुलना में अधिक की आवश्यकता नहीं होगी। मुझे आश्चर्य है कि वह मेरे बारे में सोचती भी है, और वह क्या महसूस कर रही है?

दयालु भगवान, उसे आराम दो, ताकि कम से कम वह अकेले ना रह रही हो। ओह, काश तुम उससे कह पाते, मैं उसके बारे में करुणा और प्रेम के साथ सोच रही हूं, यह शायद उसे जारी रखने में सहायता करें।

मुझे इस पर निर्भर रहना बंद करना है यह मुझे कहीं भी नहीं ले जाएगा। मैं उसकी भरी आंखें देखती रहती हूं, और वे मुझे बार-बार परेशान करती है। क्या हनेली वास्तव में और सच में भगवान में विश्वास करती है, या केवल धर्म को उस पर थोप दिया गया है? मुझे यह भी पता नहीं है। मैंने पूछने के लिए कभी परेशानी नहीं उठाई।

हनेली, हनेली, काश मैं तुम्हें निकाल पाती, काश, वह तुम्हारे साथ साझा कर पाती, जो भी मेरे पास है। बहुत देर हो चुकी है। मैं सहायता नहीं कर सकती, जो मैंने गलत किया है, उसे पूर्ववत नहीं कर सकती हूं। लेकिन मैं उसे फिर कभी नहीं भूलूंगी और मैं हमेशा उसके लिए प्रार्थना करूंगी!

तुम्हारी, ऐनी

सोमवार, 6 दिसंबर, 1943

सबसे प्रिय किटी,

सेंट निकोलस डे जितना अधिक करीब आता जा रहा है, वैसे वैसे हमें पिछले साल की सजी हुई टोकरी याद आ रही है।

मुझे लगता है कि इस साल उत्सव न मनाना काफी बुरा होगा। लंबे विचार-विमर्श के बाद, मैं आखिरकार एक विचार पर पहुंची, कुछ मज़ेदार। मैंने पिम से परामर्श किया, और एक सप्ताह पहले हमने प्रत्येक व्यक्ति के लिए एक कविता लिखी।

रविवार की शाम 7:45 बजे, हम सब दल बनाकर कपड़े की टोकरी के साथ ऊपर गए, जिसे गुलाबी और नीले रंग के कार्बन पेपर से बने कटआउट और धनुष से सजाया गया था। शीर्ष पर एक नोट सहित भूरे रंग के एक लपेटने वाले कागज का एक बड़ा टुकड़ा था। हर कोई उपहार के बड़े आकार पर चकित था। मैंने नोट निकाल लिया और इसे जोर से पढ़ा :

"एक बार फिर से सेंट, निकोलस दिवस
हमारे गुप्त स्थान तक भी आ गया है;
यह पूरी तरह से मजेदार नहीं होगा, मुझे भय है,
जैसे पिछले साल यह दिन खुशी का था।
तब हम आशान्वित थे, संदेह का कोई कारण नहीं।
आशावाद, गंभीर हालातों के इस छोटे समय काल को जीत लेगा,
और जब तक यह वर्ष चक्कर लगा कर आए,
तब तक हम सभी स्वतंत्र और सुरक्षित और स्वस्थ होंगे।
फिर भी, हमें यह सेंट निकोलस दिवस नहीं भूलना चाहिए.
हालांकि, बांटने के लिए हमारे पास कुछ भी नहीं बचा है।
हमें करने के लिए कुछ और ही खोजना होगा :
इसलिए, कृपया हर कोई अपने जूते में देखें!"

जैसा कि प्रत्येक व्यक्ति ने जैसे ही टोकरी से अपना जूता निकाला, हँसी के फव्वारे फूट पड़े। प्रत्येक जूते के अंदर, उसके मालिक के लिए कुछ लिखा था।

तुम्हारी, ऐनी

बुधवार, 22 दिसंबर, 1943

सबसे प्रिय किटी,

आज तक फ्लू होने के कारण मैं तुम्हें कुछ नहीं लिख पाई। यहां बीमार होना भयानक है। हर खाँसी के साथ, मुझे कंबल में झुकना पड़ता था - एक बार, दो बार, तीन बार और अधिक खांसी से बचने की कोशिश करनी पड़ती थी। ज्यादातर समय गुदगुदी दूर जाने से इनकार कर देती थी, इसलिए मुझे शहद, चीनी या खांसी की दवा की बूंदों के साथ दूध पीना पड़ा। समस्त इलाज के बारे में सोच कर मुझे चक्कर आने लगते हैं, जिस बारे में मैं बता रही हूं : बुखार से छुटकारा, भाप उपचार, गीली पट्टियाँ, सुखी पट्टियाँ, गर्म पेय, मेरे गले पर फोहा लगाना, शांत पड़े रहना, ताप पैड, गर्म पानी की बोतलें, नींबू पानी और हर दो घंटे में थर्मामीटर। क्या ये उपाय वास्तव में आपको ठीक करते है? सबसे बुरा हिस्सा था जब श्रीमान डसेल ने डॉक्टर बनने का निर्णय लिया और ध्वनियों को सुनने के लिए मेरे नंगे सीने पर अपना इत्र लगे बालों वाला सिर रख दिया। ना सिर्फ उनके बालों से गुदगुदी हुई, बल्कि मैं शर्मिंदा भी हुई थी, भले ही वह तीस साल पहले स्कूल गए थे और किसी तरह की चिकित्सा की डिग्री भी रखते थे। उन्हें अपना सिर मेरे दिल पर क्यों रखना चाहिए? आखिरकार वो प्रेमी नहीं है। उस मामले के लिए, वह अस्वस्थ में से एक स्वस्थ ध्वनि बताने में सक्षम नहीं हुए। सबसे पहले उन्हें अपने कान साफ कराने चाहिए, क्योंकि वह खतरनाक ढंग से बहरे हो रहे हैं। लेकिन मेरी बीमारी के बारे में काफी हुआ। मैं फिर से भली चंगी हो गई हूं। मैं लगभग आधा इंच बढ़ गई हूं और मैंने 2 पाउंड वजन बढ़ा लिया हैं। मैं क्षीण हूं, लेकिन अपनी पुस्तकों के पास वापस जाने के लिए बेचैन हो रही हूं।

असाधारण (एकमात्र शब्द जो यहां चलेगा) हम सभी साथ में अच्छी उन्नति कर रहे हैं। कोई तू तू मैं मैं नहीं, शायद यह लंबे समय तक नहीं चलेगा। कम से कम छह महीने से इस घर में ऐसी शांति और चुप्पी नहीं रही है।

बेप अभी भी अलग रह रही है, लेकिन कुछ ही दिन में उनकी बहन संक्रामक नहीं रहेंगी।

क्रिसमस के लिए, हमें अतिरिक्त खाना पकाने का तेल, मिठाई और गुड़ मिल रहा है। आनेका के लिए, श्रीमान डसेल ने श्रीमती फॉन डान और माँ को एक सुंदर केक दिया, जिसे उन्होंने मीप को बनाने के लिए कहा था। जो सब काम उसे करने पड़ते हैं उनमें से सबसे ऊपर! मार्गोट और मैंने एक पैसे से बनी उज्जवल

और चमकदार ब्रोच प्राप्त की। मैं वास्तव में इसका वर्णन नहीं कर सकती, लेकिन यह प्यारी है।

मेरे पास मीप और बेप के लिए एक क्रिसमस तोहफा मौजूद है। पूरे एक महीने के लिए, मैंने अपने दलिए में डालने वाली चीनी को बचा लिया है, और श्रीमान क्लेमन ने इसका इस्तेमाल कलाकंद बनाने के लिए किया है।

रिमझिम मौसम है और बादल छाए हुए हैं, चूल्हे से बदबू आ रही है, और कई तरह की गुड़गुड़ाहट पैदा करते हुए भोजन हमारे पेट के लिए भारी पड़ रहा है।

युद्ध एक गतिरोध पर है, हमारा जोश मंद है।

तुम्हारी, ऐनी

शुक्रवार, 24 दिसंबर, 1943

प्रिय किटी,

जैसा कि मैंने पहले भी कई बार लिखा है, मनोभाव यहां पर हमें बहुत प्रभावित करते हैं। मेरे मामले में, यह और बदतर होता जा रहा है। "कभी बहुत ज्यादा खुश होना और कभी निराशा के गर्त में गिर जाना" निश्चित रूप से मुझ पर लागू होता है। मैं बहुत खुश और प्रफुल्लित होती हूं, जब मुझे लगता है कि हम कितने भाग्यशाली हैं और खुद की तुलना अन्य यहूदी बच्चों से करती हूँ, और "निराशा की गहराई में" जब, उदाहरण के लिए, श्रीमती क्लेमन आती है और योपी के हॉकी क्लब, डोंगी यात्रा, विद्यालय के नाटक और दोस्तों के साथ दोपहर की चाय के बारे में बात करती हैं।

मुझे नहीं लगता कि मुझे योपी से जलन हो रही है, लेकिन मैं एक बार अच्छा समय बिताने और दर्द होने की हद तक हंसने की कामना करती हूँ।

हम इस घर में कुछ रोगियों की तरह फंस गए हैं, खासकर सर्दियों और क्रिसमस और नए साल की छुट्टियों के दौरान। वास्तव में, मुझे यह लिखना भी नहीं चाहिए, क्योंकि यह मुझे इतना कृतघ्न लगता है, लेकिन मैं हर चीज अपने आप तक नहीं रख सकती, इसलिए मैंने शुरुआत में जो कहा था उसे दोहराऊंगी : "कागज, लोगों की तुलना में अधिक सहनशील है।"

जब भी कोई बाहर से अपने कपड़ों में हवा और उनके गालों पर ठंड के साथ अंदर आता है तो, खुद को यह सोचने से रोकने के लिए हमें फिर से ताजी हवा में सांस लेने की इजाजत कब होगी? मेरा मन अपने सिर को कंबल में छुपाने

का करता है। "मैं ऐसा नहीं कर सकती- इसके विपरीत, मुझे यहां के हालातों पर खुद को गर्वित दिखाना है, और हर बुरी बात के लिए भी चेहरे पर खुशी का भाव ही रखना है, लेकिन विचार वैसे भी आते रहते हैं। सिर्फ एक बार नहीं, बल्कि बार-बार।

मेरा यकीन करो, यदि आप को डेढ़ साल से छुपा कर रखा गया है, तो यह कभी-कभी आपके लिए बहुत अधिक हो सकता है। लेकिन भावनाओं को नजर अंदाज नहीं किया जा सकता है। मेरी बाइक चलाने की, नृत्य करने की, सीटी बजाने की, दुनिया देखने की, युवा महसूस करने की, और मैं स्वतंत्र हूं यह जानने की इच्छा होती है, और फिर भी मैं ऐसा करती हुई दिखाई नहीं दे सकती। जरा सोचिए कि अगर हम सभी आठों को अपने लिए खेद महसूस करना पड़े या हमारे चेहरे पर स्पष्ट रूप से दिखाई देने वाले असंतोष के साथ घूमना पड़े तो क्या होगा। हमें यह कहां ले जाएगा? मुझे कभी-कभी आश्चर्य होता है कि क्या कोई कभी समझेगा कि मेरा क्या मतलब है, कि कोई कभी भी मेरी कृतघ्रता को नजरअंदाज करेगा और इस बारे में चिंता नहीं करेगा कि मैं यहूदी हूं या नहीं और अच्छे सादे मजे की आवश्यकता में एक किशोरी के रूप में देखेगा। मुझे नहीं पता, और मैं इसके बारे में किसी से बात नहीं कर पाऊंगी, क्योंकि मुझे यकीन है कि मैं रोना शुरू कर दूंगी। रोना राहत ला सकता है, जब तक आप अकेले नहीं रोते हो। मेरे सभी सिद्धांतों और प्रयासों के बावजूद, मुझे याद है - हर दिन और दिन के हर घंटे - मुझे उस माँ की कमी महसूस होती है, जो मुझे समझती है। यही कारण है कि मैं जो कुछ भी करती हूं और लिखती हूं, मैं कल्पना करती हूं कि बाद में मैं अपने बच्चों के लिए किस तरह की माँ बनना चाहूंगी। उस प्रकार की' माँ जो लोगों की कही हर बात को गंभीरता से नहीं लेती हैं, बल्कि जो मुझे गंभीरता से लेती है। मेरे लिए यह वर्णन करना मुश्किल है कि मेरा क्या मतलब है, 'माँ' शब्द यह कह पाता है। क्या तुम्हें यह पता है कि मुझे क्या सूझा है? अपनी माँ को किसी ऐसे शब्द से पुकारने का एहसास देने के लिए जो मम की तरह सुनाई पड़ता हो, मैं अक्सर उसे "मॉम्सी" पुकारती हूं। "कभी-कभी मैं इसे" मम्स "को छोटा कर देती हूं; एक अपूर्ण" मम। "काश मैं 'स' हटाकर सम्मान दे पाती।" यह एक अच्छी बात है कि उन्हें इसका एहसास नहीं है, क्योंकि यह केवल उन्हें दुखी करेगा।

खैर, उनके लिए वह पर्याप्त है। मेरे लेखन ने मुझे निराशा की गहराई से कुछ हद तक उठाया है।

तुम्हारी, ऐनी

"यह क्रिसमस का अगला दिन है, और मैं पिम और उस कहानी के बारे में सोचे बिना नहीं रह सकती, जो उन्होंने पिछले साल इस समय सुनाई थी। मैं उनके शब्दों का मतलब तब इतना अच्छे से नहीं समझ पाई, जितना मैं आज समझती हूं। काश वह फिर से इसकी चर्चा करते, मैं शायद उन्हें दिखाने में सक्षम हो पाऊं कि मैं समझ गई थी कि उनका मतलब क्या था!

मुझे लगता है कि पिम ने मुझे बताया, क्योंकि उन्हें, जो इतने सारे लोगों के "अंतरंग रहस्यों" को जानते है, एक बार के लिए अपनी भावनाओं को व्यक्त करने की आवश्यकता थी; पिम कभी भी अपने बारे में बात नहीं करते हैं, और मुझे नहीं लगता कि मार्गोट को उसका कोई अंदाजा भी है कि वह किससे गुजरे हैं। असहाय पिम, वह मुझे यह सोचकर मूर्ख नहीं बना सकते कि वह उस लड़की को भूल चुके हैं। वह कभी नहीं भूलेंगे, क्योंकि वह माँ के दोषों के संबंध में अंधे नहीं है, इसने उन्हें बहुत मिलनसार बना दिया है। मुझे आशा है कि मैं उनके जैसे बनने वाली हूं, बिना उससे गुजरे, जिससे कि वह गुजरे हैं।

ऐनी

सोमवार, 27 दिसंबर, 1943

शुक्रवार की शाम, मैंने जीवन में पहली बार एक क्रिसमस तोहफा प्राप्त किया। श्रीमान क्लेमन, श्रीमान कुगलर और लड़कियों ने हमारे लिए एक अद्भुत आश्चर्य तैयार किया था। मीप ने शीर्ष पर लिखे गए "शांति 1944" के साथ एक स्वादिष्ट क्रिसमस केक बनाया, और बेप ने युद्ध पूर्व मानकों तक के बिस्कुट प्रदान किये।

पीटर, मार्गोट और मेरे लिए दही की हांडी, और प्रत्येक वयस्क के लिए बीयर की एक बोतल थी। एक बार फिर सब कुछ बहुत अच्छी तरह पैक किया गया था और बहुत प्यारी तस्वीरें उन पर चिपकाई गई थीं। हमारे लिए छुट्टियां तेजी से गुजर गईं।

ऐनी

बुधवार, 29 दिसंबर, 1943

मैं कल रात फिर से बहुत दुखी थी। दादी और हनेली एक बार फिर मेरे पास आए। दादी, ओह, मेरी प्यारी दादी। यह समझ पाने के लिए हम कितने छोटे थे, कि उन्हें किस चीज़ का सामना करना पड़ा था, वह हमेशा कितनी दयालु थी, और हग रो

संबंधित हर चीज में वह कितनी दिलचस्पी रखती थी। और यह लगता है कि उस समय वह सावधानीपूर्वक अपने भयानक रहस्य की रक्षा कर रही थी। दादी हमेशा इतनी वफादार और अच्छी थीं। उन्होंने हम में से किसी को भी नीचा नहीं दिखाया होगा। जो कुछ भी हुआ हो, चाहे मैंने कितना भी दुर्व्यवहार किया हो, दादी हमेशा मेरे लिए खड़ी रही। दादी, क्या तुमने मुझसे प्यार किया, या क्या आप मुझे कभी समझ नहीं पाई? मुझे नहीं पता। हमारे होने के बावजूद, दादी कितनी अकेली रही होंगी। जब आप कई लोगों से प्यार करते हैं, तब भी आप अकेले हो सकते हैं, क्योंकि आप अभी भी किसी के 'केवल एक' नहीं हैं।

और हनेली? क्या वह अभी भी जीवित है? वह क्या कर रही है? प्रिय भगवान, उसकी रक्षा करना और उसे हमारे पास लाना। हनेली, आप इस बात की याद दिलाते हैं कि मेरा भाग्य क्या हो सकता है। मैं खुद को आपकी जगह पर देखता रहती हूं, तो क्या इसी वजह से यहां पर जो कुछ चल रहा है उसके बारे में मैं अक्सर दुखी रहती हूं? क्या मुझे खुश, संतुष्ट और प्रसन्न नहीं होना चाहिए, सिवाय इसके कि जब मैं हनेली और उसके साथ पीड़ित लोगों के बारे में सोच रही होती हूं? मैं मतलबी और डरपोक हूं। मैं हमेशा सबसे भयानक चीजों के बारे में क्यों सोचती और सपने देखती और आतंक में चीखना चाहती रहती हूं? क्योंकि, इन सब के बावजूद, मुझे अभी भी भगवान पर पर्याप्त विश्वास नहीं है। उसने मुझे बहुत कुछ दिया है, जिनकी मैं हकदार नहीं हूं, और फिर भी प्रत्येक दिन मैं बहुत सारी गलतियाँ करती हूं!

उन लोगों की पीड़ा के बारे में सोचकर जिन्हें आप प्रिय मानते हैं, आपके आंसुओं को कम कर सकता है; वास्तव में,आप पूरा दिन रोते हुए बिता सकते हैं। सबसे अधिक आप भगवान से एक चमत्कार करने और उनमें से कम से कम कुछ को बचाने के लिए प्रार्थना कर सकते हैं। और मुझे आशा है कि मैं यह पर्याप्त कर रही हूं।

ऐनी

गुरुवार, 30 दिसंबर, 1943

सबसे प्रिय किटी,

पिछले उग्र झगड़ों के बाद से, यहां चीजें व्यवस्थित हो गई हैं ना सिर्फ हमारे, डसेल और "ऊपर" के बीच, बल्कि श्रीमान और श्रीमती फॉन डान के बीच भी,

फिर भी, कुछ काले तूफानी बादल इस तरफ बढ़ रहे हैं और क्योंकि... खाना। श्रीमती फॉन डान को सुबह में कम आलू तलने और दिन में बाद के लिए बचाने का हास्यपद विचार सूझा। माँ और डसेल और हममें से बाकी लोग उनसे सहमत नहीं थे, इसलिए अब हम आलू को भी बांटने वाले है। ऐसा लगता है कि चर्बी और तेल ठीक से नहीं बांटे गए हैं, और माँ इस पर रोक लगाने वाली हैं। मैं होने वाली किसी भी दिलचस्प घटनाक्रम की खबर तुम्हें देती रहूंगी। पिछले कुछ महीनों से अब हम माँस को विभाजित कर रहे हैं (उन की चर्बी के साथ, हमारा उसके बिना), सूप (वे इसे खाते हैं, हम नहीं खाते), आलू (उनकी छीले हुए, हमारे बिना छीले), अतिरिक्त वस्तुएं और अब तले आलू भी बांट रहे हैं।

काश हम पूरी तरह से बंटवारा कर पाते।

तुम्हारी, ऐनी

पश्च लेख : बेप के पास मेरे लिए पूरे शाही परिवार की एक तस्वीर पोस्ट कार्ड की प्रतिलिपि था। जुलियाना बहुत छोटी लगती है, और इसी तरह रानी भी। तीनों छोटी लड़कियां बहुत ही आकर्षक हैं। बेप अविश्वसनीय रूप से अच्छी है। क्या तुम्हें नहीं लगता?

रविवार, 2 जनवरी, 1944

सबसे प्रिय किटी,

आज सुबह, जब मेरे पास करने के लिए कुछ भी नहीं था, तो मैं अपनी डायरी के पन्नों को सरसरी नजर से पढ़ने लगी और पाया कि कितने सारे पन्नों पर माँ विषय पर इतनी कठोरता से लिखा गया था कि मैं हक्की बक्की रह गई। मैंने खुद से कहा, ऐनी, यह तुम कैसे हो सकती हो?

मैं अपने हाथ में खुली किताब के साथ बैठी रही और आश्चर्य किया कि मैं इतने गुस्से और नफरत से क्यों भरी हूं कि मुझे यह सब गुप्त बातें तुम्हें बतानी पड़ी। मैंने पिछले साल की ऐनी को समझने और उसके लिए माफी माँगने की कोशिश की, क्योंकि जब तक मैं तुम्हें इन आरोपों के साथ छोड़ देती हूँ और उन्हें यह समझाने का प्रयास नहीं करती कि उन्हें किसने प्रेरित किया, तब तक मेरी अंतरात्मा साफ नहीं होगी। मैं मनोदशा (अभी भी हूं) से पीड़ित थी, जिसने मेरा सिर पानी के अंदर डूबा रखा था। और मुझे केवल अपने दृष्टिकोण से चीजों को देखने की इजाजत दी और मैं बाकी लोगों द्वारा कही गई बातों पर शांति से विचार

नहीं करती थी, उन लोगों को मैंने अपने तेज गुस्से से चोट पहुंचाई और फिर ऐसे जताया जैसे कि उन्होंने वही सब किया।

मैं खुद के अंदर छिप गई, किसी के बारे में नहीं सोचा बल्कि खुद के बारे में सोचा और शांति से अपनी डायरी में सारी खुशी, व्यंग्य और दुःख को लिखा। क्योंकि यह डायरी एक तरह की संग्रह पुस्तिका बन चुकी है, मेरे लिए यह बहुत बड़ी चीज है, लेकिन मैं आसानी से इसके कई पन्नों पर पूरा हुआ और गुजर गया लिख सकती हूं।

मैं माँ पर गुस्सा थी (और अभी भी बहुत बार होती हूं) यह सच है वह मुझे नहीं समझती थी, लेकिन मैं भी उनको नहीं समझती थी। क्योंकि वह मुझसे प्यार करती थी, वह कोमल और स्नेही थी, लेकिन कठिन परिस्थितियों के कारण, जिनमें मैंने उन्हें डाला, और जिन दुखद परिस्थितियों में उन्होंने खुद को पाया, की वजह से वह उदास और चिड़चिड़ी थी, इसलिए मैं समझ सकती हूं कि वह अक्सर मेरे साथ गर्म मिजाज क्यों थी।

मैं नाराज थी, मैंने ज्यादा ही दिल पर ले लिया और उनके साथ बदतमीज और कठोर थी, जिसने मुझे बदले में दुखी कर दिया। हम अप्रियता और दुःख के एक दुष्चक्र में फंस गए। हम दोनों के लिए यह खुशी का समय नहीं था, लेकिन कम से कम यह समाप्त होने को था। मैं देखना नहीं चाहती थी कि क्या चल रहा है, और मुझे अपने लिए बहुत खेद हुआ, लेकिन वह समझने लायक भी है।

कागज पर वे हिंसक विस्फोट केवल गुस्से की अभिव्यक्ति है जिन्हें, सामान्य जीवन में, मैं अपने कमरे में खुद को बंद करके और कुछ एक बार अपने पैर पटक कर या माँ की पीठ पीछे अपशब्द कहकर घटा सकती थी।

डबडबाई आंखों से माँ पर निर्णय पारित करने की अवधि खत्म हो गई है। मैं और समझदार हो गई हूं और माँ की विचार शक्ति थोड़ी अधिक स्थिर है। ज्यादातर समय जब मैं क्रोधित होती हूं, तो चुप रहने में कामयाब होती हूं, और वह भी इसलिए सतह पर, हम बेहतर ढंग से मिलजुल कर रह पा रहे हैं। लेकिन एक चीज जो मैं नहीं कर सकती, वह है एक बच्चे की निष्ठा के साथ उन्हें प्यार करना।

मैं अपनी अंतरात्मा को यह सोचकर तसल्ली देती हूं कि माँ अपने दिल में कठोर शब्द रखे, उससे बेहतर है कि कागज पर उन्हें लिख लिया जाए।

तुम्हारी, ऐनी

गुरुवार, 6 जनवरी, 1944

सबसे प्रिय किटी,

आज मेरे पास स्वीकार करने के लिए दो बातें हैं। इसमें लंबा समय लगने वाला है, लेकिन मुझे वो सब किसी से कहना है और तुम सबसे अधिक संभावित उम्मीदवार हो, क्योंकि मुझे पता है कि तुम गुप्त रखोगी, चाहे कुछ भी हो जाए।

पहली बात माँ के बारे में है। जैसा कि तुम जानती हो, मैंने अक्सर उनके बारे में शिकायत की है और फिर अच्छा बनने का अपना पूरा प्रयास किया है। मुझे अचानक एहसास हुआ कि उसके साथ क्या गलत है। माँ ने कहा है कि वह हमें बेटियों से ज्यादा दोस्तों के रूप में अधिक देखती है। जाहिर है, यह सब बहुत अच्छा है, सिवाय इसके कि एक दोस्त माँ की जगह नहीं ले सकती है। मेरी माँ से उम्मीद है कि वह एक अच्छा उदाहरण पेष करें और ऐसी व्यक्ति बने जिनकी मैं इज्जत कर सकूं, लेकिन ज्यादातर मामलों में उनके पास क्या नहीं करना है, का उदाहरण होता है। मुझे लगता है कि मार्गोट इन चीजों के बारे में इतनी अलग तरह से सोचती है कि वह कभी भी यह समझने में सक्षम नहीं होगी जो मैंने तुम्हें अभी बताया है। और पिता, माँ के साथ होने वाली सभी बातचीत से बचते हैं।

मैं एक माँ की कल्पना एक ऐसी स्त्री के रूप में करती हूं, जो सबरो पहले एक बड़ी सूझबूझ रखती है, खासतौर से अपने किषोर बच्चों की ओर, और वह नहीं जो, मम्मी की तरह, रोते समय मेरा मजाक उड़ाती है। इसलिए नहीं कि मैं दर्द में हूं, बल्कि अन्य बातों के कारण।

यह छोटी बात लग सकती है, लेकिन एक घटना है! जिसके लिए मैंने उनको कभी माफ नहीं किया। यह उस दिन हुआ, जब मुझे डेंटिस्ट के पास जाना पड़ा। माँ और मार्गोट ने मेरे साथ जाने की योजना बनाई और सहमत हो गई थी कि मैं अपनी साइकिल ले जाऊँ। जब डेंटिस्ट ने काम खत्म कर लिया और हम बाहर वापस आ गए थे, मार्गोट और माँ ने बहुत प्यार से मुझे जानकारी दी कि वे कुछ खरीदने या कुछ देखने के लिए बाहर जा रहे थे, मुझे याद नहीं है कि क्या, और निश्चित रूप से मैं उनके साथ जाना चाहती थी। लेकिन उन्होंने कहा कि मैं नहीं आ सकती, क्योंकि मेरे पास मेरी साइकिल थी। क्रोध के आंसू तेजी से मेरी आंखों से बहने लगे, और मार्गोट और माँ ने मुझ पर हंसना चालू कर दिया। मैं इतने गुस्से में थी कि मैं वहीं सड़क पर उनको अपनी जीभ दिखाने लगी। एक नाटी बूढ़ी औरत का वहां से गुजरना हुआ, और वह बहुत ज्यादा हैरान दिखी। मैं साइकिल चलाकर

घर आ गई और जरूर घंटों तक रोई होंगी। आश्चर्य की बात है, माँ ने मुझे हजारों बार ठेस पहुंचाई होगी, पर जब भी कभी मैं सोचती हूं कि मैं कितने गुस्से में थी तो यह खास घाव अभी भी दर्द देता है।

दूसरा कबूल करना मुझे कठिन लगता है, क्योंकि यह मेरे बारे में है। मैं विवेकपूर्ण नहीं हूं, किटी, और फिर भी हर बार जब वे अपनी टायलेट की यात्राओं का विस्तारपूर्वक वर्णन करते हैं, जो कि वे अक्सर करते हैं, तो मेरा पूरा शरीर विद्रोह में खड़ा हो जाता है।

कल मैंने शर्माने पर सिस हेस्टर का एक लेख पढ़ा। यह ऐसा था जैसे उसने मुझे सीधे संबोधित किया हो। ऐसा नहीं है कि मैं आसानी से शरमा जाती हूं, लेकिन अनुच्छेद का बाकी हिस्सा मुझ पर लागू होता था। वह मूल रूप से जो कहती है, वह यह है कि युवावस्था के दौरान लड़कियां खुद को अपने में वापस खींच लेती है और अपने शरीर में होने वाले चमत्कारिक परिवर्तनों के बारे में सोचना शुरू कर देती हैं। मैं भी वैसा ही महसूस करती हूं और, जो शायद मार्गोट, माँ और पिता पर, हाल ही में मेरी शर्मिंदगी के लिए जिम्मेदार हैं। दूसरी ओर, मार्गोट मेरे मुकाबले ज्यादा शर्मीली है, और फिर भी वह बिल्कुल भी शर्मिंदा नहीं है।

मुझे लगता है कि मेरे साथ जो हो रहा है वह बहुत अद्भुत है, और मेरा मतलब सिर्फ अपने शरीर के बाहर होने वाले परिवर्तनों से नहीं है, बल्कि उन आंतरिक परिवर्तनों से भी है। मैं अपने खुद के बारे में, या इनमें से किसी भी चीज पर दूसरों के साथ चर्चा नहीं करती हूँ, यही वजह है कि मुझे उनके बारे में खुद से ही बात करनी पड़ती है। जब भी मेरा महीना आता है (और यह सिर्फ तीन बार आया है।), मुझे लगता है कि सभी दर्द, असहजता और गंदगी के बावजूद, मैं एक प्यारा सा रहस्य लेकर घूम रही हूं, हालाँकि यह एक परेशानी है, एक निश्चित हद तक मैं हमेश उस समय की प्रतीक्षा करती रहती हूं, जब मैं एक बार फिर से उस रहस्य को अपने अंदर महसूस करना चाहूंगी।

सिस हेस्टर यह भी लिखती हैं कि मेरी उम्र की लड़कियां अपने बारे में बहुत असुरक्षित महसूस करती हैं और बस खोजना शुरू ही कर रही होती है कि वह अपने विचारों, मतों और आदतों के साथ एक खास व्यक्ति है। जब मैं यहां आई थी तो, मैं सिर्फ तेरह साल की हुई थी, इसलिए मैंने अपने बारे में सोचना शुरू कर दिया और महसूस किया कि मैं ज्यादातर लड़कियों की तुलना में जल्द ही एक स्वतंत्र व्यक्ति बन गई हूं। कभी-कभी जब मैं रात में बिस्तर में लेटी होती हूँ, तो मुझे अपने स्तनों को छूने और अपने दिल की शांत, स्थिर धड़कन सुनने की तीव्र इच्छा होती है।

अनजाने में, मेरे यहाँ आने से पहले ही मेरी ये भावनाएँ थीं। एक बार जब मैं जैक के यहाँ रात बिता रही थी, तो मैं उसके शरीर के बारे में अपनी उत्सुकता को नहीं रोक सकी, जिसे उसने हमेशा मुझसे छिपाया था और जिसे मैंने कभी नहीं देखा था। मैंने उससे पूछा कि क्या हमारी दोस्ती के सबूत के रूप में, हम एक-दूसरे के स्तनों को छू सकते हैं। जैक ने मना कर दिया। मेरी उसे चूमने की भी भयानक इच्छा थी, जो मैंने पूरी की। हर बार जब मैं एक महिला को नग्न देखती हूं, अपनी कला इतिहास की किताब में वीनस की तरह, तो मैं बहुत आनंदित हो जाती हूं। कभी-कभी मैं उन्हें इतना उत्तम पाती हूं कि अपने आंसू रोकने के लिए संघर्ष करना पड़ता है। काश मेरी कोई सहेली होती!

गुरुवार, 6 जनवरी, 1944

सबसे प्रिय किटी,

किसी से बात करने की मेरी तड़प इतनी असहनीय हो गई है कि मैंने किसी तरह इस भूमिका के लिए पीटर को चुनने का फैसला ले लिया। कुछ अवसरों पर जब मैं दिन के दौरान पीटर के कमरे में चली जाती हूं, तब मुझे यह हमेशा अच्छा और आरामदायक लगा, लेकिन पीटर बहुत विनम्र है कि वह किसी को भी बाहर का रास्ता नहीं दिखा सकता यदि वे उसे परेशान कर रहे हैं, इसलिए मैंने कभी भी लंबे समय तक रहने की हिम्मत नहीं की। मुझे हमेशा डर लगता है कि कहीं वह मुझे चिपकू न समझे। मैं उसके कमरे में रुकने का और बिना उसके ध्यान में आए उसे मुझसे बात करवाने का बहाना ढूंढती रही हूं, और कल मुझे मौका मिला। पीटर, तुम्हें पता है, वर्तमान में एक वर्ग पहेली सनक से गुजर रहा है और वह पूरे दिन कुछ और नहीं करता है। मैं उसकी सहायता कर रही थी और हमने जल्द उसकी मेज पर एक दूसरे के सामने बैठते हुए समाप्त किया, पीटर कुर्सी पर और मैं दीवान पर।

इसने मुझे एक अद्भुत एहसास दिया जब मैंने उसकी गहरी नीली आँखों में देखा और देखा कि मेरी अप्रत्याशित यात्रा ने उसे कितना संकोची बना दिया था। मैं उसके अंतरतम विचारों को पढ़ सकती थी और उसके चेहरे में मैंने असहायता और अनिश्चितता का एक भाव देखा कि कैसे व्यवहार करें और उसी समय मैंने उसकी मर्दानगी के अहसास की एक झिलमिलाहट देखी। मैंने उसकी शर्म देखी और मैं पिघल गई। मैं कहना चाहती थी, मुझे अपने बारे में बताओ। मेरे बातूनी बाहरी रूप के भीतर देखो, लेकिन मैंने पाया कि उनसे पूछने की तुलना में प्रश्नों पर सोचना आसान था।

शाम समाप्त हो गई और कुछ भी नहीं हुआ, सिवाय इसके कि मैंने उसे शरमाते हुए लेख के बारे में बताया। बेशक जो मैंने तुम्हें लिखा था वह नहीं। निश्चित रूप से बस यह कि जैसे ही वह बूढ़ा हुआ वह ज्यादा सुरक्षित हो जाएगा।

उस रात मैं बिस्तर में पड़ी रही और फूट फूट कर रोई। यह सुनिश्चित करते हुए कि कोई मुझे सुन ना सके। जिस विचार के लिए मुझे पीटर से साथ देने की प्रार्थना करनी पड़ी, केवल विद्रोह था। लेकिन लोग अपनी लालसा को पूरा करने के लिए लगभग कुछ भी करेंगे। उदाहरण के लिए मैंने सोच लिया कि मैं पीटर के पास अक्सर जाया करूंगी और किसी तरह उसे बात करने को तैयार करूंगी।

तुम्हें यह बिल्कुल नहीं सोचना चाहिए कि मैं पीटर से प्यार करती हूं, क्योंकि मैं नहीं करती हूं। अगर फॉन डान के बेटे के स्थान पर बेटी होती तो मैं उसे दोस्त बनाने का प्रयास कर चुकी होती।

आज सुबह मैं सात बजे से ठीक पहले उठ गई और तुरंत याद किया कि मैं किस बारे में सपना देख रही थी। मैं एक कुर्सी पर बैठी हुई थी और पीटर मेरे उस ओर था, पीटर शिफ था। हम मेरी बूस के चित्रों की एक पुस्तक देख रहे थे। सपना इतना ज्वलंत था कि मैं कुछ चित्र को भी याद कर सकती हूं, लेकिन वह सब कुछ नहीं था। सपना बीत गया। पीटर की नजरें अचानक मेरी नजरों से मिल गईं और मैंने लंबे समय तक उन मखमली भूरी आँखों में देखा। फिर उन्होंने बहुत धीरे से कहा, ष्यदि मुझे मालूम होता तो मैं बहुत पहले ही तुम्हारे पास आ गया होता। मैंने भावनाओं को काबू करते हुए अचानक अस्वीकार कर दिया। और मैंने एक मुलायम, प्यारा और हल्का गाल अपने गाल के साथ महसूस किया और यह बहुत अच्छा, बहुत अच्छा लगा।

अभी तक उसके गालों को अपने गालों पर महसूस करते हुए उसी पल मैं जाग उठी और उसकी भूरी आँखें मेरे दिल की गहराइयों में झांकती और इतनी गहराई में कि वह पढ़ सकता था कि मैं उससे कितना प्यार करती थी और मैं अभी भी कितना करती हूं, फिर से मेरी आँखें आँसुओं से भर गईं और मैं दुखी थी, क्योंकि मैंने उसे एक बार फिर खो दिया और फिर भी उस समय खुश भी थी, क्योंकि मैं निश्चितता के साथ जानती थी कि पीटर अभी भी एकमात्र मेरे लिए ही है।

यह मज़ेदार है, लेकिन मेरे सपनों में अक्सर ऐसी ज्वलंत छवियां होती हैं।

एक रात मैंने ग्रैमी दादी को इतनी स्पष्ट रूप से देखा कि मैं उनकी नरम झुरीदार मखमली त्वचा देख सकती थी। एक बार और दादी मुझे एक मसीहा के रूप में दिखाई दीं। उसके बाद यह हनेली थी, जो अभी भी मेरे दोस्तों के साथ.साथ

अधिकतर यहूदियों की पीड़ा का प्रतीक है, ताकि जब मैं उसके लिए प्रार्थना कर रही हूं तो मैं सभी यहूदियों और जरूरतमंद लोगों के लिए भी प्रार्थना कर रही हूं।

और अब पीटर, मेरा प्यारा पीटर। मेरे पास उसकी इतनी स्पष्ट मानसिक छवि कभी नहीं थी। मुझे उसकी तस्वीर की जरूरत नहीं है। मैं उसे बहुत ही अच्छी तरह से देख सकती हूं।

तुम्हारी, ऐनी

शुक्रवार, 7 जनवरी, 1944

सबसे प्रिय किटी,

मैं बेवकूफ हूं। मैं भूल गई थी कि मैंने अभी तक तुम्हें अपने एक सच्चे प्यार की कहानी नहीं बताई है।

जब मैं नर्सरी स्कूल में एक छोटी लड़की थी। मैं सैली किमेल को पसंद करने लगी। उसके पिता गुजर चुके थे और वह और उसकी माँ एक चाची के साथ रहते थे। सैली के चचेरे भाइयों में से एक अप्पी नाम का एक अच्छा दिखने वाला, पतला और काले बालों वाला लड़का था, जो बाद में एक मोहक अभिनेता की तरह दिखने वाला निकला और गोल मटोल सैली से कहीं ज्यादा तारीफ पाता। लंबे समय तक हम हर जगह एक साथ ही जाते थे, लेकिन जब तक पीटर मुझसे रास्ते में नहीं टकराया, मेरा प्यार एक तरफा था। मैं उस पर पूरी तरह से प्रेमासक्त हो गई थी। वह भी मुझे पसंद करता था और हम एक पूरी गर्मी हम एक दूसरे से अलग नहीं हुए, मैं अब भी हम दोनों को हाथ पकड़े टहलते देख सकती हूं, पीटर सफेल सूती कपड़ों में और मैं गर्मियों की पोशाक पहले हुई थी। गर्मियों की छुट्टी के अंत में वह अगले स्कूल में ऊपर के कक्षा में पहुंच गया, जबकि मैं छठी कक्षा में ही रही या तो वह मुझे घर के रास्ते में मिल जाता था, नहीं तो मैं उससे मिलने चली जाती थी। पीटर एक आदर्श लड़का था, लंबा, अच्छे दिखने वाले और पतला और एक गंभीर, और बुद्धिमान चेहरे वाला लड़का। उसके काले बाल सुंदर भूरी आँखें सुर्ख गाल और अच्छी नुकीली नाक थी। मैं उसकी मुस्कुराहट की दीवानी थी, जो उसे बहुत शरारती और लड़कों सा दिखने वाला बनाता था।

मैं गर्मियों की छुट्टी के दौरान ग्रामीण इलाकों में गई थी और जब मैं वापस आई तो पीटर अब अपने पुराने पते पर नहीं था। वह चला गया और एक बहुत बड़े लड़के के साथ रह रहा था, जिसने स्पष्ट रूप से उसे बताया कि मैं अभी बच्ची हूं और

पीटर ने मेरी तरफ देखना बंद कर दिया था। मैं उससे इतना प्यार करती थी कि मैं सच्चाई का सामना नहीं करना चाहती थी। मैं उससे उस दिन तक चिपकी रही, जब तक कि मुझे आखिरकार एहसास नहीं हुआ कि अगर मैंने उसके पीछे पड़ना जारी रखा तो लोग कहेंगे कि मैं लड़कों के लिए पागल हूं।

साल बीत गए। पीटर अपनी उम्र की लड़कियों के साथ घूमता रहता था और अब मुझे नमस्ते कहने की भी परवाह नहीं करता था। मैंने यहूदी लिसेयुम में स्कूल शुरू किया और मेरी कक्षा के कई लड़के मुझसे प्यार करते थे। मुझे बहुत आनंद आया और उनके ध्यान से सम्मानित महसूस किया लेकिन बस इतना ही था। बाद में हैलो मुझे पसंद करने लगा। जैसा कि मैंने तुम्हें पहले ही बताया था कि मुझे फिर से कभी प्यार नहीं हुआ।

एक कहावत है कि "समय सभी घाव भर देता है।" मेरे साथ भी ऐसा ही था। मैंने खुद से कहा कि मैं पीटर को भूल चुकी हूँ और अब मैं उसे बिल्कुल भी पसंद नहीं करती। लेकिन उसके बारे में मेरी यादें इतनी मजबूत थीं कि मुझे खुद को स्वीकार करना पड़ा कि एकमात्र कारण जो मुझे अब पसंद नहीं आया वह यह था कि मुझे दूसरी लड़कियों से जलन थी। आज सुबह मुझे एहसास हुआ कि कुछ भी नहीं बदला है, इसके विपरीत जैसे-जैसे मैं बड़ी होती गई और परिपक्व हो गई हूं। मेरा प्यार मेरे साथ बढ़ता गया। मैं अब समझ सकती हूं कि पीटर सोचता था कि मैं बचकानी हूं और अभी तक यह सोचना दुख देता है कि वह मुझे पूरी तरह से भूल गया है। मैंने उसका चेहरा इतनी स्पष्ट रूप से देखा कि मैं निश्चित रूप से जानती थी कि कोई नहीं लेकिन पीटर उस तरह से मेरे दिमाग में छाया रह सकता था।

आज मैं पूरी तरह से भ्रम की स्थिति में रही। आज जब सुबह पिता ने मुझे चूमा तो मैं चिल्लाना चाहती थी, ओह काश तुम पीटर होते! मैं लगातार उसके बारे में सोच रही थी और दिन भर अपने आप से दोहरा रही थी, "ओह पीटल, मेरे प्यारे-प्यारे पीटल..."

मुझे सहायता कहां से मिल सकती है। मुझे बस जीवित रहना है और भगवान से प्रार्थना करनी है कि अगर हम कभी यहां से निकलते हैं,? तो पीटर का रास्ता मेरे रास्ते से टकराएगा और वह मेरी आंखों में टकटकी लगाकर देखेगा। उनमें प्यार पढ़ेगा और कहेगा, ओह, ऐनी! काश मुझे मालूम होता तो मैं तुम्हारे पास बहुत पहले आ चुका होता।

एक बार जब पिता और मैं सेक्स के बारे में बात कर रहे थे तो उन्होंने कहा कि मैं उस तरह की इच्छा को समझने के लिए अभी बहुत छोटी हूं लेकिन मुझे लगा

मैं इसे समझती हूं। अब मुझे विश्वास है कि मैं समझ सकती हूं। अब मेरे लिए कुछ भी इतना प्रिय नहीं है जितना मेरी जान पीटल।

मैंने दर्पण में अपना चेहरा देखा और यह बहुत अलग लग रहा था। मेरी आँखें स्पष्ट और गहरी थीं। मेरे गाल गुलाबी थे, जो हफ्ते भर पहले ऐसे नहीं थे। मेरा मुंह बहुत नरम था। मैं खुश दिखी और फिर भी मेरी अभिव्यक्ति में कुछ इतना दुखद था कि मुस्कान तुरंत मेरे होंठों से फीकी पड़ गई। मैं खुश नहीं हूं, क्योंकि मुझे पता है कि पीटल मेरे बारे में नहीं सोच रहा है और फिर भी मैं अभी भी उसकी खूबसूरत आंखें मेरे गाल पर उसका ठंडा नरम गाल महसूस कर सकती हूं। ओह पीटल पीटल मैं खुद को तुम्हारी छवि से कैसे आजाद कराने वाली हूं। क्या तुम्हारी जगह लेने वाला कोई भी व्यक्ति एक खराब विकल्प नहीं होगा। मैं तुमसे प्यार करती हूं। एक उत्कृष्ट प्यार, जो केवल मेरे दिल में ही बढ़ता नहीं रह सका, लेकिन इसे अपने पूर्ण विस्तार के साथ अचानक से कूदकर बाहर आना पड़ेगा और खुलासा करना पड़ेगा।

एक हफ्ते पहले, यहां तक कि एक दिन पहले भी अगर तुमने मुझसे पूछा होता कि तुम क्या सोचती हो तुम्हारे किस दोस्त के साथ तुम्हारी ष्शादी करने की सबसे अधिक संभावना होगी। मैंने उत्तर दिया होता, सैली, क्योंकि वह मुझे अच्छा शांतिपूर्ण और सुरक्षित महसूस कराता है! लेकिन अब मैं चिल्लाना चाहती हूं पीटल, क्योंकि मैं उसे अपने पूरे दिल और अपनी आत्मा से प्यार करती हूं। मैं खुद को पूरी तरह से आत्मसमर्पित करती हूं!उस एक चीज को छोड़करः वह मेरे चेहरे को छू सकता है, लेकिन कुछ हद तक।

आज सुबह मैंने कल्पना की कि मैं पीटल के साथ सामने अटारी में खिड़की के पास फर्शपर बैठी हुई थी और थोड़ी देर बात करने के बाद हम दोनों रोने लगे। कुछ पल बाद मुझे उसका मुंह और उसका अद्भुत गाल महसूस हुआ! ओह पीटल मेरे पास आओ। मेरे बारे में सोचो, मेरे प्यारे पीटल!

बुधवार, 12 जनवरी, 1944

सबसे प्रिय किटी,

बेप पिछले दो सप्ताह बाद वापस आ गई है, हालांकि उसकी बहन को अगले सप्ताह तक स्कूल में वापस जाने की इजाजत नहीं है। बेप ने एक भयानक जुकाम के साथ बिस्तर में दो दिन बिताए। पेट खराब होने की वजह से मीप और यान भी दो दिन तक बाहर थे।

मैं वर्तमान में एक नृत्य और बैले की दीवानगी से गुजर रही हूं। और हर शाम अपने नृत्य का लगन से अभ्यास कर रही हूं! मैंने माँ के हल्के बैंगनी जालीदार पेटीकोट से अपने लिए एक बहुत आधुनिक पोशाक बनवाई। ऊपरी भाग से होते हुए पट्टी पिरोई गई और सिर्फ वक्ष के ऊपर बांधा जाता है। एक गुलाबी डोरीदार रिबन पहनावा पूरा करता है। मैंने अपने टेनिस जूतों को बैले चप्पल में बदलने का प्रयास किया, लेकिन कोई कामयाबी नहीं मिली। मेरे कठोर हाथ-पैर अब लचीले बन रहे हैं, जैसे वे पहले थे। फर्श पर बैठकर, हाथ में एडी रखना और दोनों पाँव हवा में उठाना एक खतरनाक कसरत है। मुझे गद्दी पर बैठना पड़ता है। वरना, मेरी पीठ दुखने लगती है।

यहां हर कोई 'अ क्लाउलेस मॉर्निंग' नामक पुस्तक पढ़ रहा है। माँ ने सोचा कि यह बहुत अच्छा है, क्योंकि यह कई किशोर समस्याओं का वर्णन करता है। एक विडंबना पूर्ण ढंग से, मैंने अपने मन में सोचा कि "आप पहले अपने खुद के किशोरों में अधिक दिलचस्पी क्यों नहीं लेते हैं!"

मुझे लगता है कि माँ का मानना है कि पूरी दुनिया में किसी के भी तुलना में मार्गोट और मेरा, हमारे माता-पिता के साथ बेहतर संबंध हैं, और कि वह अपने बच्चों के जीवन में जितना अधिक शामिल है, उसकी तुलना में कोई भी माँ शामिल नहीं है। उनके मन में मेरी बहन होनी चाहिए, क्योंकि मुझे यकीन नहीं है कि मार्गोट में वही समस्याएं और विचार हैं, जैसी मेरी है। जहां तक माँ को मुझसे दिखाना है तो उसकी बेटियों में से एक वैसी बिल्कुल नहीं है, जैसे वह कल्पना करती है। वह पूरी तरह से व्यग्र हो सकती है, और वैसे भी, वह कभी नहीं बदल पाएगी; मैं उसे उस दुःख से दूर करना चाहती हूं, खासकर जब से मुझे पता है कि सब कुछ वैसा ही रहेगा। माँ समझती है कि जितना मैं प्यार करती हूं, मार्गोट उसकी तुलना में बहुत अधिक करती है, लेकिन वह सोचती है कि मैं अभी एक चरण से गुजर रही हूं।

मार्गोट बहुत अच्छी है। वह जैसी है उसकी तुलना में वह बहुत अलग आभास देती है। इन दिनों वह कपटी नहीं, एक बल्कि सच्ची दोस्त बन रही है। वह मेरे बारे में एक छोटे बच्चे के रूप में अब और नहीं सोचती है।

यह अजीब है, लेकिन दूसरे लोग मुझे जिस रूप में देखते हैं, कभी-कभी मैं खुद को उसी रूप में देख सकती हूं। मैं "ऐनी फ्रैंक" नामक व्यक्ति को इत्मीनान से देखती हूं और उसके जीवन के पन्नों को ऐसे पलटती हूँ, जैसे कि वह एक अजनबी थी।

यहां आने से पहले, जब मैं चीजों के बारे में उतना नहीं सोचती थी, जितना कि मैं अब सोचती हूँ, मुझे कभी-कभी यह महसूस होता था कि मैं माँ, पिम और

मार्गोट से आत्मीयता नहीं रखती हूं और मैं हमेशा एक बाहरी व्यक्ति रही हूं। कभी-कभी मैं एक समय एक अनाथ होने का नाटक करते हुए छह महीने के लिए आसपास चली गई थी। फिर मैं पीड़ित करने के लिए अपने आप को सजा देना चाहती हूं, वास्तव में, मैं हमेशा से बहुत भाग्यशाली रही हूं। उसके बाद मैं खुद को कुछ समय के लिए अनुकूल होने के लिए मजबूर करती हूं। हर सुबह जब मैं सीढ़ियों पर कदमों की आहट सुनती थी, तो मैं उम्मीद करती थी कि यह माँ होगी जो सुप्रभात कहने के लिए आ रही है। मैं दिल से उसे नमस्कार करती थी, क्योंकि मैं ईमानदारी से उसकी स्नेही नज़र का इंतजार कर रही थी, परंतु किसी टिप्पणी करने या किसी अन्य वजह से वह मुझ पर टूट पड़ती और मैं पूरी तरह से हतोत्साहित महसूस करते हुए स्कूल के लिए रवाना हो जाती थी। घर के रास्ते में अपने आप से यह कहते हुए, मैं उनके लिए बहाना बनाती थी, कि उनके पास बहुत से चिंताए थी। मैं बहुत उत्साह के साथ घर पहुंचती, सुबह की घटनाओं तक की दर्जनों बातें मन में दोहराती रहती हुई, और अपने हाथ में अपने स्कूल बैग और मेरे चेहरे पर एक चिंता ग्रस्त रूप के साथ मैं कमरे में छोड़ दी जाती हूं। कभी-कभी मैं गुस्से में रहने का फैसला करती हूं, लेकिन फिर मुझे हमेशा स्कूल के बाद के बारे में इतनी बात करनी पड़ती थी कि मैं अपना संकल्प भूल जाना चाहती हूं और माँ से जो कुछ भी वह कर रही होती, उसे रोकने और इस पर ध्यान देने की इच्छा रखती हूं। फिर वह समय एक बार फिर आ जाएगा, जब मैं सीढ़ियों पर कदमों की आहट अब और नहीं सुनती थी और अकेला महसूस करती थी और मैं हर रात अपने तकिये में रोती थी।

यहां सब कुछ बहुत खराब हो गया है। लेकिन आप पहले से ही जानते थे। अब भगवान ने मेरी सहायता के लिए किसी को भेजा हैः पीटर। मैं अपने लॉकेट को पुचकारती हूं, अपने होठों पर इसे दबाती हूं और सोचती हूं, "मुझे क्या परवाह है। पीटल मेरा है और इसे कोई नहीं जानता!" इसे ध्यान में रखते हुए, मै हर भद्दी टिप्पणी से ऊपर उठ सकती हूं, जिस पर यहां के लोगों को शक होगा कि एक किशोर लड़की के दिमाग में इतना कुछ चल रहा है?

शनिवार, 15 जनवरी, 1944

मेरी सबसे प्यारी किटी,

हमारे सभी झगड़ों और बहसों को विस्तार से बताना जरूरी नहीं है। आपको सिर्फ इतना ही बताना काफी है कि हमने माँस, वसा और तेल जैसी कई चीजों का

बंटवारा किया है और अपने खुद के आलू भून रहे हैं। हाल ही में हम थोड़ी सी अतिरिक्त राई की रोटी खा रहे थे, क्योंकि चार बजे से ही हमें रात के खाने की बहुत भूख लग रही है। हम अपने कचोटते पेट को मुश्किल से नियंत्रित कर पाते हैं।

माँ का जन्मदिन तेजी से करीब आ रहा है। उन्होंने श्रीमान कुगलर से कुछ अतिरिक्त चीनी मिली, जिसने फॉन डानों जलन हुई, क्योंकि श्रीमती फॉन डान को उनके जन्मदिन पर कुछ नहीं मिला था। लेकिन कठोर शब्दों, विद्वेष पूर्ण, बातचीत और आंसुओं से आप को उबाने का क्या मतलब है। जबकि आप जानते हैं कि वह हमें और भी बोर ही करेंगे।

माँ ने एक इच्छा व्यक्त की है, जिसकी शीघ्र ही सच होने की संभावना नहीं है : पूरे दो सप्ताह तक श्रीमान फॉन डान के चेहरे को नहीं देखने की। मैं सोचती हूं कि क्या एक ही घर में रहने वालो लोग क्या कभी न कभी एक दूसरे से लड़ने लगते हैं। या फिर हम लोग कुछ बदकिस्मत हैं। भोजन के समय, जब डसेल खुद आधे शोरबे का एक बड़ा हिस्सा ले लेते हैं तो फिर हम सब के लिए ज्यादा कुछ नहीं बचता। तो मेरी भूख खत्म हो जाती है और मेरी इच्छा होती है कि कि खड़े होकर मैं उन्हें कुर्सी से गिरा दूं और दरवाजे से बाहर फेंक दूं।

क्या ज्यादातर लोग इतने कंजूस और स्वार्थी होते हैं?जब से मैं यहां आई हूं, मैंने मानव स्वभाव में कुछ जानकारी प्राप्त की है, जो अच्छा है, लेकिन मेरे पास वर्तमान के लिए पर्याप्त है। पीटर भी वही कहता है।

स्वतंत्रता और ताजी हवा के लिए हमारे झगड़े और हमारी लालसा के बावजूद युद्ध चलता चला जा रहा है। इसलिए यहाँ हमारे रहने को सबसे अच्छा बनाने के लिए हमें प्रयास करना चाहिए।

मैं उपदेश दे रही हूं, लेकिन मेरा यह भी मानना है कि अगर मैं यहां अधिक समय तक रहती हूं, तो मैं एक सूखे पुराने सेम के पौधे में बदल जाऊंगी। और वास्तव में मैं केवल एक अच्छाई के प्रति ईमानदारी किशोरी बनना चाहती हूं।

तुम्हारी, ऐनी

बुधवार की शाम, 19 जनवरी, 1944

मुझे नहीं पता (वहां मैं फिर जाऊंगी) क्या हुआ है, लेकिन मेरे सपने के बाद से, मैं देख रही हूं कि मैं कैसे बदल गई हूं। वैसे, मैंने कल रात फिर से पीटर के बारे में सपना देखा और एक बार फिर से उसकी आंखों का मुझे बेधना, मैंने महसूस किया

लेकिन यह सपना पिछले सपने की तुलना में कम ज्वलंत था और उतने सुंदर रूप में भी नहीं था।

आप जानते हैं कि मैं हमेशा पिताजी के साथ मार्गोट के रिश्ते से जलती थी। अब मेरी जलन का कोई निशान नहीं बचा है; मुझे अभी भी दुख होता है जब पिता की संवेदना उन्हें मेरी ओर से गलत होना बनाती है लेकिन फिर मुझे लगता है, "मैं आपको उस तरह से दोषी नहीं ठहरा सकती, जिस तरह से आप कर रहे हैं। आप बच्चों और किशोरों के दिमाग के बारे में बहुत ज्यादा बात करते हैं, लेकिन आप उनके बारे में पहली ही चीज नहीं जानते हैं !" मैं पिता के स्नेह के लिए बहुत अधिक तरसती हूं बजाय उनके गले लगाने और चुंबन करने के। क्या मेरा अपने आप में अत्यधिक व्यस्त हो जाना, भयानक पहलू नहीं लगता? क्या मैं, जो अच्छा और दयालु बनना चाहती हूं, पहले उन्हें माफ नहीं कर देना चाहिए? मैं माँ को भी माफ कर दूंगी, लेकिन हर बार जब वह व्यंग्यात्मक टिप्पणी करती है या मुझ पर हंसती है, तो यह सब मैं खुद को नियंत्रित करने के लिए कर सकती हूं।

मुझे पता है मुझे जो करना चाहिए मैं उससे दूर जा रही हूं; क्या मैं कभी हो जाऊंगी?

ऐनी फ्रैंक

पश्च लेख: पिता ने पूछा कि क्या मैंने आपको केक के बारे में बताया है। माँ के जन्मदिन के लिए, उन्होंने कार्यालय से युद्ध पूर्ण गुणवत्ता का एक असली कहवा केक प्राप्त कर लिया। यह एक बहुत अच्छा दिन था! लेकिन फिलहाल मेरे दिमाग में इस तरह की चीजों के लिए कोई जगह नहीं है।

शनिवार, 22 जनवरी, 1944

सबसे प्रिय किटी,

क्या आप मुझे बता सकते हैं कि लोग अपनी खुद की असलियत को छिपाने की इस हद तक क्यों जाते है? या फिर जब मैं दूसरों के साथ होती हूं तो मैं क्यों हमेशा बहुत अलग तरीके से व्यवहार करती हूं? लोगों को एक दूसरे पर इतना कम विश्वास क्यों है? मुझे पता है कि इसकी कोई वजह तो जरूर है, लेकिन कभी-कभी मुझे लगता है कि यह भयानक है कि आप कभी भी किसी पर भरोसा नहीं कर सकते हैं, यहां तक कि आपके निकटतम लोगों पर भी नहीं।

ऐसा लगता है जैसे कि मैं पिछली रात को सपना देखने के बाद से बड़ी हो गई हूं जिससे कि मैं और अधिक स्वतंत्र हो गई हूं। जब मैं आपको बताऊंगी कि फॉन डान की तरफ से भी मेरा व्यवहार बदल गया है, तो आप आश्चर्यचकित होंगे। मैंने अपने परिवार के पक्षपाती दृष्टिकोण के सभी चर्चाओं और तर्कों पर ध्यान देना बंद कर दिया है। इस तरह का क्रांतिकारी परिवर्तन कैसे आया है? खैर, आप समझ सकते हैं, कि अचानक मुझे एहसास हुआ कि माँ कुछ अलग थी, वह एक असली माँ थी, हमारे रिश्ते बहुत बहुत अलग है। श्रीमती फॉन डान किसी भी तरह से एक अद्भुत व्यक्ति नहीं है, अगर हर बार एक मुश्किल विषय से निपटने में माँ इतनी कठोर नहीं होती, तो आधे तर्कों से बचा जा सकता था। श्रीमती फॉन डान के पास एक ही अच्छी बात है : हालांकि आप उनसे बात कर सकते हैं। वह स्वार्थी, कंजूस और छलपूर्ण हो सकती हैं, लेकिन जब तक आप उन्हें भड़काते नहीं है और उनके साथ गलत व्यवहार नहीं करेंगे, तब तक वह आसानी से वापस नीचे भी आ जाएगी। यह रणनीति हर बार काम नहीं करती है, लेकिन यदि आप धैर्य रखते हैं, तो आप अपना प्रयास जारी रख सकते हैं और आप देखेंगे कि आपको कितना परिणाम मिलता है?

हमारी परवरिश के बारे में सभी संघर्ष, बच्चों को लाड़ प्यार नहीं करने के बारे में, भोजन के बारे में - सब कुछ के बारे में, बिल्कुल सब कुछ - अगर हम हमेशा सबसे खराब पक्ष को देखने के बजाय खुले और अनुकूल शर्तों पर कायम रहते हैं तो यह एक अलग मोड़ ले सकता है।

मुझे पता है कि आप क्या कहने जा रहे हैं, किटी। "लेकिन, ऐनी, क्या ये शब्द वास्तव में तुम्हारे होठों से निकल रहे हैं? आपसे जिसको ऊपर से थोपे गए कई कठोर निर्णय शब्दों को सहन करना पड़ा है? आप से, जो सभी अन्याय से अवगत हैं?"

और फिर भी वे मेरे अंदर से आ रहे हैं। मैं चीजों पर नए सिरे से विचार करना चाहती हूं और अपनी राय बनाना चाहती हूं, केवल अपने माता-पिता की नकल नहीं करना चाहती हूं, इस कहावत के रूप में कि "सेब कभी पेड़ से दूर नहीं गिरता है।" मैं फॉन डान को फिर से जांचना चाहती हूं और खुद के लिए तय करती हूं कि क्या सच है और क्या हक़ीक़त से बाहर उड़ा दिया गया है। अगर मैंने उन्हें निराश देखा, तो मैं हमेशा पिता और माता के साथ रह सकती हूं। लेकिन अगर नहीं, तो मैं उनके दृष्टिकोण को बदलने का प्रयास कर सकती हूं। और अगर वह काम नहीं करता है, तो मुझे अपनी राय और निर्णय के साथ रहना होगा। मैं हमारे कई मतभेदों के बारे में श्रीमती फॉन डान के साथ खुले तौर पर बात करने के लिए

हर मौके का इस्तेमाल करूंगी और - एक चतुर व्यक्ति के रूप में मेरी प्रतिष्ठा के बावजूद - मेरी निष्पक्ष राय की पेशकश करने से नहीं डरूंगी। मैं अपने परिवार के बारे में कुछ भी नकारात्मक नहीं कहूंगी, हालांकि इसका मतलब यह नहीं है कि अगर कोई और करता है तो मैं उनका बचाव नहीं करूंगी, और आज के रूप में, मेरी गपशप अतीत की बात है।

अब तक मैं पूरी तरह से आश्वस्त थी कि फॉन डान पूरी तरह से झगड़े के लिए दोषी थे, लेकिन अब मुझे विश्वास है कि गलती काफी हद तक हमारी थी। जहां तक विषय वस्तु का संबंध था, हम सही थे, लेकिन बुद्धिमान लोगों को (हमारे जैसों को) और अधिक जानकारी होनी चाहिए कि अन्य लोगों के साथ कैसे निपटना है?

मुझे उम्मीद है कि मुझे यह बात समझ आई होगी और मुझे उसका इस्तेमाल करने का कोई मौका मिलेगा।

तुम्हारी, ऐनी

सोमवार, 24 जनवरी, 1944

सबसे प्रिय किटी,

मेरे साथ एक बहुत ही अजीब बात हुई है। (दरअसल, होना भी बिलकुल सही शब्द नहीं है।)

यहां आने से पहले, जब भी घर पर या स्कूल में कोई सेक्स के बारे में बात करता था, तो वे या तो बहुत रहस्यात्मक ढंग से या फिर घृणास्पद तरीके से बात करते थे। सेक्स से जुड़े किसी भी शब्द को इतना धीरे फुसफुसाकर बोला जाता था कि जो जानकार नहीं थे, उन पर सब हंसते थे। वे मुझे अलग मानते थे, क्योंकि मुझे अक्सर हैरानी होती थी कि इस विषय पर बात करने के मामले में लोग इतने रहस्यात्मक या अजीब से क्यों होते हैं। लेकिन मैं क्योंकि चीजों को नहीं बदल सकती थी तो मैं जितना हो सके, कम बोलती थी या फिर जानकारी के लिए अपनी सहेलियों से पूछती थी।

काफी कुछ सीखने के बाद, माँ ने एक बार मुझसे कहा, "ऐनी, मैं तुम्हें एक अच्छी राय देती हूं। लड़कों के साथ इस पर कभी चर्चा नहीं करना, और यदि वे इन बातों को उठाएं, तो उन्हें जवाब नहीं देना।"

मुझे अभी भी अपना सटीक उत्तर याद है। "नहीं, बिल्कुल नहीं," मैंने कहा। "कल्पना कीजिए!" इससे ज्यादा कुछ नहीं कहा गया था।

जब हम पहली बार छिपने के लिए आए, तो पिता ने मुझे अक्सर उन चीजों के बारे में बताया, जो मैंने माँ से सुनी हैं, और मैंने बाकी किताबों या बातचीत के दौरान सीखा।

पीटर फॉन डान कभी भी स्कूल के लड़कों की तरह इस विषय के बारे में कभी अप्रिय रूप में नहीं था। या शायद शुरुआत में सिर्फ एक या दो बार, हालांकि वह मुझसे बात करने का प्रयास नहीं कर रहा था। श्रीमती फॉन डान ने एक बार हमें बताया था कि उन्होंने पीटर के साथ इन मामलों पर कभी चर्चा नहीं की, और जहाँ तक उन्हें मालूम था, उनके पति ने भी नहीं की थी। जाहिर तौर पर वह यह भी नहीं जानती थी कि पीटर को कितना पता था या कहाँ से उसे उसकी जानकारी मिली।

कल, जब मार्गोट, पीटर और मैं आलू छील रहे थे, बातचीत किसी तरह बॉश पर चली गई।" हम अभी भी सुनिश्चित नहीं थे कि वह एक बिल्ला है या बिल्ली है, क्या हम जानते हैं?" मैंने पूछा।

हाँ हम जानते हैं, उसने जवाब दिया। "बॉश एक बिल्ला है।"

मैं हंसने लगी। "कुछ बिल्ले गर्भवती हो सकते हैं।"

पीटर और मार्गोट भी हँसी में शामिल हो गए। एक या दो महीने पहले पीटर ने हमें सूचित किया था कि बॉश यकीनन जल्दी ही बच्चे देने वाली है, क्योंकि उसका पेट बहुत ज्यादा फुला हुआ था। हालांकि, बॉश का मोटा पेट चोरी की हड्डियों के गुच्छे की वजह से निकला था।

पीटर को लगा कि उसे मेरे आरोप का जवाब देना चाहिए। "मेरे साथ आओ। आप खुद ही देख सकती है। मैं एक दिन बिल्ली के साथ खेल रहा था, और मैं निश्चित रूप से देख सकता हूं कि यह एक 'नर' था।"

अपनी उत्सुकता को नियंत्रित करने में असमर्थ होकर, मैं उसके साथ गोदाम में चली गई। बॉश, हालांकि, उस समय आंगतुको से मुलाकात नहीं करता था, और कहीं नजर भी नहीं आया था। हमने थोड़ी देर प्रतीक्षा की, लेकिन बाद में हम वापस ऊपर चले गए।

बाद में उस दोपहर मैंने पीटर को दूसरी बार नीचे जाते सुना। मैंने अपने आप से सुनसान घर से होते हुए जाने की हिम्मत जुटाई और गोदाम पर पहुंच गई। बॉश पैकिंग टेबल पर पीटर के साथ खेल रहा था, जो उसे तराजू पर डालने और वजन करने के लिए तैयार कर रहा था।

"नमस्ते, क्या तुम देखना चाहती हो?" बिना किसी पूर्वाग्रह के, उसने बिल्ली को उठाया, उसे अपनी पीठ के बल लेटा दिया, चतुराई से उसके सिर और पंजे को

पकड़ लिया और सबक शुरू किया। "यह नर यौन अंग है, यह कुछ आवारा बाल हैं, और वह उसकी पीठ है।"

बिल्ली खुद से उछल पड़ी और अपने छोटे सफेद पैरों पर उठ खड़ी हो गई।

अगर किसी अन्य लड़के ने मुझे "नर यौन अंग" दिखाया होता तो मैं कभी भी उस पर दूसरी दृष्टि नहीं डालती। लेकिन पीटर उस चीज के बारे में एक सामान्य आवाज में बात करता चला गया, जो अन्यथा एक बहुत ही नाजुक विषय के अधीन आता है। न ही उसका कोई उल्टा मकसद था। उसके पूरा करने तक, मैंने इतना सहज महसूस किया कि मैंने भी सामान्य रूप से व्यवहार करना शुरू कर दिया। हम बॉश के साथ खेले, अच्छा समय बीता, थोड़ी बातें की और आखिर में टहलते हुए गोदाम से होकर दरवाजे पर निकल गए।

"क्या तुम वहाँ थे जब मूशी की नसबंदी कर रहे थे?"

"हाँ बिलकुल। इसमें लंबा समय नहीं लगता। निश्चित रूप से, उन्होंने बिल्ली को बेहोश करने की दवा दी।"

"क्या उन्होंने कुछ बाहर निकाला?"

"नहीं, पशु चिकित्सक ने एक नली उसके अंदर डाल दी। बाहर देखने के लिए कुछ भी नहीं है।"

मुझे एक प्रश्न पूछने के लिए अपनी संवेदना को जागृत करना था, क्योंकि यह "सामान्य" नहीं था जिस तरह से मैं सोचती थी। "पीटर, जर्मन शब्द 'गेशलेक्स्टायल' का अर्थ है 'यौन अंग,' क्या यह नहीं होता है? लेकिन तब नर और मादा के अलग-अलग नाम होते हैं।"

"मुझे वह पता है।"

"महिला में एक योनि है, जिसे मैं जानती हूं, लेकिन मुझे नहीं पता कि इसे पुरुषों में क्या कहा जाता है।"

"हम्म।"

"ओह ठीक है," मैंने कहा। "इन शब्दों को जानने की हम से कैसे उम्मीद की जाती है? उनके आसपास ज्यादातर तुम सिर्फ गलती से ही आ पाते हो।"

"इंतज़ार क्यों करना? मैं अपने माता-पिता से पूछूंगा। उन्हें मुझसे ज्यादा मालूम है और उन्हें ज्यादा अनुभव हैं।"

हम पहले से ही सीढ़ियों पर थे, इसलिए ज्यादा कुछ नहीं कहा गया था।

हां, यह हकीकत में हुआ था। मैंने कभी किसी लड़की से इस तरह के सामान्य स्वर में बात नहीं की। मुझे यह भी निश्चित है कि जब माँ ने मुझे लड़कों के बारे में चेतावनी दी थी तो इसका मतलब यह नहीं था।

सब एक समान है, मैं दिन के बाकी समय बिल्कुल सामान्य रूप में नहीं थी। जब मैंने हमारी बातचीत पर वापस सोचा, तो यह मुझे अजीब लगा। लेकिन मैंने कम से कम एक बात सीखी है : युवा लोग, यहां तक कि विपरीत लिंग भी इन चीजों प रचुटकुले छोड़े बिना स्वाभाविक रूप से चर्चा कर सकते हैं।

क्या पीटर वास्तव में अपने माता-पिता से बहुत सारे प्रश्न पूछने जा रहा है? क्या वह वास्तव में उसी तरह से है जैसा वह कल लग रहा था?

ओह, मुझे क्या पता?!!!

तुम्हारी, ऐनी

शुक्रवार, 28 जनवरी, 1944

सबसे प्रिय किटी,

हाल ही के हफ्तों में शाही परिवारों के परिवार वृक्ष और वंशावली तालिकाओं में मेरी दिलचस्पी बढ़ गई है। मैं इस निर्णय पर पहुंची हूं कि एक बार जब आप अपनी खोज शुरू करते हैं, तो आपको अतीत में गहरी और गहरी खुदाई करते रहना होगा, जो आपको और भी दिलचस्प खोजो की ओर ले जाता है।

हालाँकि, जब मेरे स्कूल के काम की बात आती है, तो मैं बहुत मेहनती हूँ और रेडियो पर बीबीसी होम सर्विस का बहुत अच्छी तरह से अनुसरण कर सकती हूं, मैं अभी भी अपने कई रविवार चलचित्र सितारा संग्रह को देखने और छाटंने में बिताती हूँ, जो बहुत सम्मानजनक आकार तक बढ़ गया है। श्रीमान कुगलर मुझे सिनेमा और थिएटर पत्रिका की एक प्रति लाकर हर सोमवार को खुश करते है। हमारे घर के कम सांसारिक सदस्य अक्सर इस छोटी सी मौज मस्ती को पैसे की बर्बादी के रूप में संदर्भित करते हैं, फिर भी वे कभी भी आश्चर्यचकित होने में विफल नहीं होते हैं कि मैं किसी भी फिल्म के अभिनेताओं को एक वर्ष के बाद भी कितनी सटीक रूप से सूचीबद्ध कर सकती हूं। बेप, जो अक्सर अपने छुट्टी के दिन अपने प्रेमी के साथ सिनेमा जाती है, शनिवार को देखने जा रहे शो का नाम मुझे बताती है, और मैं फिर प्रमुख अभिनेताओं और अभिनेत्रियों के नाम और समीक्षा जल्दी- जल्दी दोहराने के लिए आगे बढ़ती हैं। माँ ने हाल ही में टिप्पणी की; मुझे

बाद में फिल्मों को जानने की आवश्यकता नहीं होगी, क्योंकि मैं सभी भूखंडों, सितारों के नाम और समीक्षा जानती हूँ।

जब भी मैं एक नए हेयर स्टाइल के साथ अकड़ कर चलती हूं, तो मैं उनके चेहरे पर अस्वीकृति पढ़ सकती हूं, और मुझे यकीन है कि कोई ना कोई मुझे पूछेगा, कि मैं किस फिल्मी सितारे की नकल करने का प्रयास कर रही हूं। यह मेरा अपना आविष्कार है, मेरा जवाब का संदेह के साथ स्वागत किया जाता है। केश विन्यास के संबंध में यह अपने आकृति आधे घंटे से अधिक नहीं बनाए रखता है। उस समय तक मैं उनकी टिप्पणियों से इतनी व्याकुल और थकी हुई हो जाती हूं कि मैं दौड़कर स्नान घर जाती हूं, और अपने बालों को फिर से उनके घुंचराले रूप में वापस ले आती हूं।

तुम्हारी, ऐनी

शुक्रवार, 28 जनवरी, 1944

सबसे प्रिय किटी,

आज सुबह मैं यह सोचते हुए उठी कि क्या कभी तुम्हें गाय जैसा महसूस हुआ है। मेरी बासी खबरों को बार-बार तब तक चबाते हुए, जब तक कि तुम नीरस भोजन से इतनी परेशान ना हो गई होगी कि उबासी ले लो और गुप्त रूप से इच्छा की हो कि ऐनी कुछ नया खोदकर निकालेगी।

माफी चाहती हूं कि तुम्हें यह सब जमा पानी जैसा उबाउ लगता है, लेकिन कल्पना करो कि मैं वही एक जैसी पुरानी बातों को सुनकर कितना थकी चुकी होती हूं। यदि भोजन के समय बातें राजनीति या अच्छे भोजन के बारे में नहीं है, तो माँ या श्रीमती फॉन डान अपने बचपन की वही पुरानी कहानियां सुनाती है, जिन्हें हम पहले भी हजारों बार सुन चुके हैं, या डसेल सुंदर दौड़ के घोड़ों के बारे में बड़बड़ाते ही जाते हैं, उनकी शेलोर्ट के व्यापक वस्त्रागार, छेदों वाली नाव, उन लड़कों के बारे में है, जो चार साल की उम्र में तैर सकते हैं, दिखती माँसपेशियों और भयभीत रोगी। यह सब इस तरह खौलकर कम होता है : हम आठ में से जब कोई एक अपना मुंह खोलता है, तो अन्य सात उसके लिए कहानी खत्म कर सकते हैं। हर चुटकुले को सुनाए जाने से पहले हम उसकी आखिरी पंक्ति जानते हैं, ताकि जो कोई भी इसे बता रहा है वह अकेले हंसने के लिए छोड़ दिया जाए।

दो पूर्व गृहिणियों के विभिन्न दूधवाले, पंसारियों और कसाईयों की अत्यधिक तारीफ की जा चुकी है या इतनी अधिक चर्चा की जा चुकी है कि हमारी कल्पनाओं में वे मेथुलशाह जितने पुराने हो गए हैं; अब उपभवन में चर्चा करने के लिए किसी नई या ताजी बात लाए जाने की बिल्कुल भी संभावना नहीं है।

फिर भी, यह सब कुछ सहन करने लायक हो सकता था यदि केवल वयस्कों में उन कहानियों को हर बार उन्हें अपने स्वयं के कुछ विवरण के साथ अलंकृत करके, दोहराने की आदत ना होती जिन्हें हम श्रीमान क्लेमन, यान या मीप, से सुनते रहते हैं, जिसके कारण से मुझे अक्सर उत्साही कथाकार को सही रास्ते पर स्थापित करने से अपने आप को दूर रखने के लिए मेज के नीचे अपने हाथ पर चुटकी काटनी पड़ती है। छोटे बच्चों जैसे कि ऐनी, को कभी भी अपने बड़ों को सही नहीं करना चाहिए, कोई फर्क नहीं पड़ता कि वह कितनी बड़ी भूल करते हैं या कितना अक्सर वे अपनी कल्पनाओं को खुद पर हावी होने देते हैं।

यान और श्रीमान क्लेमन उन लोगों के बारे में बात करना पसंद करते हैं जो भूमिगत हो गए हैं या छिपने के स्थान में चले गए हैं; वे जानते हैं कि हम अपनी जैसी स्थिति में पड़े दूसरे लोगों के बारे में सुनने के लिए उत्सुक हैं और हम वास्तव में उन लोगों के दुःख के साथ सहानुभूति रखते हैं जिन्हें गिरफ्तार किया गया है और साथ ही उन कैदियों के लिए खुशी भी है जिन्हें मुक्त किया गया है।

भूमिगत हो जाना या छिपने की जगह में जाना इतना सामान्य बन चुका है जितनी प्रसिद्ध कहावतें और चप्पलें, जो एक लंबे दिन के बाद, घर के आदमी का काम पर,प्रतीक्षा करने के लिए इस्तेमाल होती थी।

कई प्रतिरोध समूह हैं, जैसे कि आजाद नीदरलैंड, जो नकली पहचान पत्र बनाते हैं, गुप्त स्थानों में छिपे लोगों को वित्तीय सहायता प्रदान करते हैं, छिपने के स्थानों को व्यवस्थित करते हैं और उन युवा ईसाइयों के लिए काम ढूंढते हैं जो भूमिगत हो जाते हैं।

कितना आश्चर्यजनक है कि ये उदार और निःस्वार्थ दूसरों की सहायता करने और उनके जीवन को बचाने के लिए, अपने स्वयं के जीवन को जोखिम में डालते हैं। इसका सबसे अच्छा उदाहरण हमारे अपने सहायक हैं, जो हमें यहां तक खींच लाने में कामयाब हुए हैं और उम्मीद है कि हमें सुरक्षित रूप से किनारे तक ले जाएंगे, क्योंकि, वरना जिन्हें वे बचाने का प्रयास कर रहे हैं, खुद को उनकी किस्मत से साझा करते पाएंगे। उन्होंने कभी भी उस बोझ के बारे में अपने मुंह से एक शब्द नहीं निकाला, जो अवश्य ही हमने उन पर डाले होंगे, कभी भी उन्होंने यह

शिकायत नहीं की है कि हम बहुत बड़ी परेशानी हैं। वे हर दिन ऊपर आते हैं और पुरुषों से व्यापार और राजनीति के बारे में बात करते हैं, महिलाओं से भोजन और युद्ध की कठिनाइयों के बारे में और बच्चों से पुस्तकों और समाचार पत्रों के बारे में बात करते हैं।

वे जन्मदिन और विशेष अवसरों के लिए अपना सबसे अधिक हंसमुख भाव प्रदर्शित करते हैं, फूल और तोहफे लाते हैं और जो वे कर सकते हैं, हमेशा वही करने के लिए तैयार रहते हैं। यह ऐसी बात है, जिसे हमें कभी नहीं भूलना चाहिए; जहाँ अन्य लोग युद्ध में या जर्मनों के खिलाफ अपनी वीरता प्रदर्शित करते हैं, हमारे सहायक अपनी अच्छी भावना और स्नेह से हर दिन खुद को साबित करते हैं।

बड़ी विचित्र कहानियां फैल रही हैं, फिर भी उनमें से अधिकांश वास्तव में सच हैं। उदाहरण के लिए, श्रीमान क्लेमन ने इस सप्ताह बताया कि गेल्डरलैंड प्रांत में एक फुटबॉल मैच आयोजित किया गया था; एक टीम में पूरी तरह से ऐसे पुरुष शामिल थे जो भूमिगत हो गए थे, और अन्य ग्यारह सैन्य पुलिसकर्मी थे। हिलवर्सम में, नए पंजीकरण कार्ड जारी किए गए थे। छिपने वाली जगह में रह रहे बहुत से लोगों को राशन पाने के आदेश में (आपको अपनी राशन पुस्तक प्राप्त करने के लिए यह कार्ड दिखाना होगा या फिर पुस्तक के लिए 60 गिल्डर का भुगतान करना होगा।), रजिस्ट्रार ने उस जिले में छिपे सभी लोगों को एक निर्दिष्ट घंटे में अपने कार्ड लेने के लिए कहा, जहाँ उनके दस्तावेज एक अलग मेज पर एकत्र किए जा सकेंगे।

एक ही बात है, आपको सतर्क रहना होगा कि इस तरह के इश्तहारबाजी जर्मनों के कान तक ना पहुंचे।

तुम्हारी, ऐनी

रविवार, 30 जनवरी, 1944

मेरी सबसे प्यारी किटी,

एक और रविवार फिर से आ गया; मुझे उनसे कोई एतराज़ नहीं है जैसे मुझे शुरुआत में होती थी, लेकिन वे काफी उबाऊ हैं। मैं अभी भी गोदाम में नहीं गई हूं, लेकिन शायद जल्द ही किसी समय जाउंगी। पिता के साथ वहां पहले कई रातें बिता चुकने के बाद, पिछली रात नीचे अंधेरे में मैं खुद गई। मैं सीढ़ियों के शीर्ष पर खड़ी थी, जबकि जर्मन विमान आगे और पीछे रो उट गए, और मुझे मालूम

था कि मैं अकेली हूं, मैं समर्थन के लिए दूसरों पर यकीन नहीं कर सकती थी। मेरा डर गायब हो गया। मैंने आकाश की ओर देखा और भगवान पर भरोसा किया।

मुझे अकेले रहने की तीव्र आवश्यकता है। पिता ने ध्यान दिया कि मैं हमेशा की तरह अब नहीं रही, लेकिन मैं उन्हें यह नहीं बता सकता कि मुझे क्या चीज परेशान कर रहा है। मैं जो चाहती हूं वह है 'चीखना', "मुझे जीने दो, मुझे अकेला छोड़ दो!"

कौन जानता है, शायद वह दिन भी आएगा जब मैं अकेली रह जाऊंगी, जितना मैं चाहूंगी उससे भी कहीं ज्यादा!

तुम्हारी, ऐनी

गुरूवार, 3 फरवरी, 1944

सबसे प्रिय किटी,

हमले का बुखार देशभर में बढ़ता जा रहा है। यदि तुम यहां होती तो मुझे विश्वास है, कई सारी तैयारियों पर तुम भी उतनी ही प्रभावित होती जितनी मैं हूं, हालांकि, कोई संदेह नहीं है, कि हम जो उपद्रव कर रहे हैं, तुम उस पर हंसोगी। किसे मालूम है, हो सकता है यह सब बेकार हो!

अखबार हमले की खबरों से भरे हुए हैं और सभी को इस तरह के बयानों के साथ पागल कर रहे हैं : "ब्रिटिश लोगों के हॉलैंड में उतरने पर, जर्मन लोग देश की रक्षा के लिए जो कर सकते हैं करेंगे, यहां तक कि, अगर आवश्यकता पड़ी तो इसे बाढ़ में डुबो भी देंगे। उन्होंने चिन्हित किए हुए संभावित बाढ़ क्षेत्रों वाले होलैंड के नक्शे प्रकाशित किए हैं। चूंकि एम्स्टर्डम के बड़े हिस्से छायांकित थे, इसलिए हमारा पहला प्रश्न यह था कि अगर गलियों में पानी हमारी कमर से ऊपर तक पहुंचा, तो हमें क्या करना चाहिए। इस मुश्किल सवाल ने कई तरह की प्रतिक्रियाएं दीं :

"पैदल चलना या साइकिल की सवारी करना असंभव होगा, तो हमें कठिनाई से पानी पार करना होगा।"

"मूर्ख मत बनो। हमें कोशिश करके तैरना होगा। हम सभी अपने स्नान सूट और टोपी पहनकर पानी के नीचे जितना हो सके उतना तैरेंगे, ताकि कोई भी देख ना सके कि हम यहूदी है।"

"बकवास है! मैं सिर्फ काटते हुए चूहों के साथ तैरने वाली महिलाओं के पैरों की कल्पना कर सकता हूं!"(यह निश्चित रूप से एक आदमी था; देखेंगे सबसे ज़ोर से कौन चीखेगी!)

"हम घर छोड़ने में भी सक्षम नहीं होंगे। गोदाम बहुत अस्थिर है, यदि बाढ़ आती है तो यह ढह जाएगा।

"सुनो, मजाक एक तरफ, हमें वास्तव में प्रयास करना चाहिए और एक नाव प्राप्त करनी चाहिए।"

"परेशान क्यों होना? मेरे पास एक बेहतर विचार है। हम सब अटारी से एक सामान बांधने की पेटी ले सकते हैं और एक लकड़ी के चप्पू से नाव चला सकते हैं।"

'मैं बांस के डंडे पर चलने वाला हूं। जब मैं छोटा था मैं एक जादूगर बनना चाहता था।"

"यान गीज को इसकी आवश्यकता नहीं होगी। वह अपनी पत्नी को पीठ की सवारी देंगे और फिर मीप बांसो पर होगी।"

तो अब तुम्हारे पास एक अच्छा खासा विचार है कि यहां क्या चल रहा है, नहीं है क्या किट?

यह हल्के-फुल्के सब मजाक बहुत मनोरंजक है, लेकिन वास्तविकता अन्यथा साबित होगी। हमले के बारे में दूसरा सवाल उठना तय था : अगर जर्मनों ने एम्स्टर्डम को खाली कर दिया तो हमें क्या करना चाहिए?

"दूसरों के साथ शहर छोड़ दें। जितना अच्छी तरह से हम कर सकते हैं, खुद को छुपा लें।"

"कुछ भी हो जाये, बाहर ना जाएं! करने के लिए सबसे अच्छी बात है, रुके रहें! जर्मनी के लोग हॉलैंड की पूरी आबादी को झुण्ड में जर्मनी में ले जाने में सक्षम हैं, जहां वे सभी मर जाएंगे"।

"बेशक हम यहाँ रहेंगे। यह सबसे सुरक्षित जगह है। हम क्लेमन और उसके परिवार से, हमारे साथ रहने के लिए, बात करने का प्रयास करेंगे। हम किसी तरह लकड़ियों की छीलन का एक बैग लेंगे, फिर हम फर्श पर सो सकते हैं। यदि आवश्यकता पड़ती है तो मीप और क्लेमन को कुछ कंबल लाने के लिए कहेंगे। हमारे पास पहले से पैंसठ पाउंड है, उसे पूरा करने के लिए हम कुछ अतिरिक्त अनाज का आदेश दे देंगे। जनवरी में कुछ और फलियाँ खोजने का प्रयास कर सकते हैं। फिलहाल हमारे पास लगभग पैंसठ पाउंड बीन्स और दस पाउंड विभाजित गटर की दाल हैं। और सब्जियों के पचास डिब्बे भूले नहीं।"

"माँ, बाकियों के बारे में क्या? हमें नवीनतम आंकड़े दो"

"मछली के दस डिब्बे, दूध के चालीस डिब्बे, बीस पाउंड दूध पाउडर, तीन बोतल तेल, मक्खन के चार बर्तन, माँस के चार जार, स्ट्रॉबेरी के दो बड़े जार, रसभरी के दो जार, टमाटर के बीस जार, दस पाउंड दलिया, नौ पाउंड चावल। बस इतना ही है।"

हमारे पास अच्छी व्यवस्था है, एक ही बात हैं, हमें कार्यालय के कर्मचारियों को खिलाना होगा, जिसका अर्थ है कि हर हफ्ते अपने भंडार में हाथ डालना, तो यह ऐसा नहीं है जैसा दिखता है। हमारे पास पर्याप्त कोयला और लकड़ी, मोमबत्तियाँ भी हैं।

"चलो हम सब अपने कपड़ों में छिपाने के लिए छोटे-छोटे थैले बनाते हैं,ताकि अगर हमें यहां से जाने की आवश्यकता पड़े तो हम अपना पैसा अपने साथ ले जा सकें।"

"हम उन सभी चीजों की सूची बना सकते हैं जिनकी जरूरत भागने पड़ने पर पड़ती है, और पहले से ही अपनी पीठ के थैले बांधकर रख सकते हैं।"

"जब समय आएगा, हम चौकीदार के लिए दो लोगों को रखेंगे, एक घर के सामने वाले हिस्से में मचान पर और एक पीछे की तरफ!"

"इंतजार करो, अगर पानी, गैस या बिजली नहीं है तो इतने भोजन का क्या मतलब है?"

"हमें चूल्हे पर भोजन बनाना होगा। पानी को छानना और उबालना होगा। हमें कुछ बड़े जग साफ करना चाहिए और उन्हें पानी से भर कर रखना चाहिए।

हम उन तीन कडाहियों में भी पानी जमा कर सकते हैं, जिनका उपयोग हम संरक्षण के लिए करते हैं, और स्नान टिन में भी।"

"इसके अलावा, हमारे पास अभी भी मसाला गोदाम में लगभग दो सौ तीस पाउंड शीतकालीन आलू हैं।"

दिन भर, यही सब है, जो मैं सुनती हूँ। हमला, हमला, हमला के अलावा कुछ नहीं। भूखे रहने, मरने, बम, आग बुझाने, सोने के थैले, पहचान पत्र, जहरीली गैस आदि के बारे में बहस करना। ठीक ठीक आनंददायक नहीं होता है।

पुरुष दल की स्पष्ट चेतावनियों का एक अच्छा उदाहरण यान के साथ निम्नलिखित बातचीत है:

उपभवन : "हम डर रहे हैं कि जब जर्मन पीछे हटेंगे, तो वे पूरी आबादी को अपने साथ ले जाएंगे।"

यान : "यह नामुमकिन है। उनके पास पर्याप्त रेलगाड़ियां नहीं है।"

उपभवन : "रेलगाड़ियां? क्या आपको लगता है कि वे नागरिकों को रेलगाड़ियों में डालेंगे? बिल्कुल नहीं! सभी को चलना होगा।" (या, जैसा कि डसेल हमेशा कहते हैं, प्रेरितों के पांवों से।)

यान : "मैं इस पर यकीन नहीं कर सकती हूं। तुम हमेशा अंधेरे पक्ष को देखते हो। उनके पास नागरिकों को इकट्ठा करने और उन्हें अपने साथ ले जाने की क्या वजह होगी?"

उपभवन : "क्या आपको गोएबल्स का वह कहना याद नहीं है कि यदि जर्मन लोगों को जाना पड़ता है तो वह अपने पीछे सभी अधिकृत क्षेत्रों पर जोर से दरवाजा बंद कर देंगे?"

जेन : "उन्होंने बहुत सी बातें कही हैं।"

उपभवन :" क्या आपको लगता है कि जर्मन इसे करने के लिए बहुत दयालु और कुलीन हैं? उनका तर्क है : यदि हम नीचे जाते हैं, तो हम बाकी सभी को अपने साथ नीचे खींच लेंगे।

यान : "आप जो कहना चाहते हैं, कह सकते हैं, मुझे यकीन नहीं है।

उपभवन : "हमेशा वही पुरानी कहानी है। कोई भी खतरे को तब तक नहीं देखना चाहता जब तक यह उनके चेहरे के सामने न घूर रहा हो।"

यान : "लेकिन आप निश्चित रूप से कुछ भी नहीं जानते हैं। आप सिर्फ एक धारणा बना रहे हैं।"

उपभवन : "क्योंकि हम पहले से ही खुद इन सब से गुजर चुके है, पहले जर्मनी में और फिर यहाँ। आपको क्या लगता है रूस में क्या हो रहा है?"

यान : "आपको यहूदियों को शामिल नहीं करना चाहिए। मुझे नहीं लगता कि किसी को पता है कि रूस में क्या चल रहा है। ब्रिटिश और रूसी शायद जर्मनों की तरह प्रचार के उद्देश्यों के लिए अतिशयोक्ति कर रहे हैं।"

उपभवनः "बिल्कुल नहीं। बीबीसी ने हमेशा सच कहा है। और यहां तक कि अगर समाचार थोड़ी सी अतिरंजित है, तो तथ्य पर्याप्त रूप से बुरे होते हैं जितने वे है। आप इस बात से मना नहीं कर सकते कि पोलैंड और रूस में लाखों शांतिप्रिय नागरिकों की हत्या या जहरीली गैस दी गई है।"

मैं तुम्हें हमारी बाकी बातचीत से दूर कर दूंगी। मैं बहुत शांत हूं और सभी उपद्रव पर ध्यान नहीं देती हूं। मैं उस बिंदु पर पहुंच चुकी हूं, जहां मैं शायद ही परवाह करती हूं कि मैं मरूंगी या जियूँगी। दुनिया मेरे बिना भी चलती रहेगी, और

मैं वैसे भी घटनाओं को बदलने के लिए कुछ नहीं कर सकती हूं। मैं तो बस मामलों को अपने स्वाभाविक तरह से बढ़ने दूंगी और अध्ययन पर ध्यान केंद्रित करूंगी और आशा करूंगी कि अंत में सब कुछ ठीक हो जाएगा।

तुम्हारी, ऐनी

मंगलवार, 8 फरवरी, 1944

प्रिय किटी,

मैं तुम्हें यह नहीं बता सकती कि मैं कैसा महसूस करती हूं। मैं एक मिनट की शांति और चुप्पी के लिए तरस रही हूं, और बाद में थोड़े से मजाक के लिए। कैसे हंसा जाता है हम भूल चुके हैं- मेरा मतलब है, इतना जोर से हंसना कि आप रोक ना सके।

आज सुबह में मंद मंद हंस रही थी; तुम जानती हो जैसा कि हम स्कूल में हंसा करते थे। मार्गोट और मैं असली किशोरों की तरह ठट्टा रहे थे।

कल रात माँ के साथ एक और तमाशा हो गया। मार्गोट अपने चारों ओर उनी कंबल लपेट रही थी, जब अचानक वह बिस्तर से उछल कर बाहर आई और कंबल की सावधानीपूर्वक जांच की। तुम्हें क्या लगता है उसने क्या पाया? एक पिन! माँ ने कंबल में पैच लगाया था और पिन बाहर निकालना भूल गई थी। पिता ने अपना सिर सार्थक रूप से हिलाया और माँ के प्रति लापरवाह होने के बारे में टिप्पणी की।

इसके तुरंत बाद माँ बाथरूम से आई, और बस उन्हें चिढ़ाने के लिए मैंने कहा, "तुम एक असली बूढ़ी माँ हो।" बेशक, उन्होंने मुझसे पूछा कि मैंने ऐसा क्यों कहा, और हमने उन्हें उस पिन के बारे में बताया जिसे उन्होंने अनदेखा किया था। उन्होंने उसे तुरंत अहंकार से भरे अभिव्यक्ति मान लिया और कहा, तुम बात करने में अच्छी हो। "जब तुम सिलाई कर रही होती हो तो पूरा फर्श पिनों से ढक जाता है। और देखो तुमने अपना मैनिक्योर का सेट यहां वहां फिर पड़ा छोड़ दिया, तुम उसे कभी भी सही से नहीं रखती हो!"

"मैंने कहा कि मैंने इसका उपयोग नहीं किया था, और मार्गोट ने मेरा साथ दिया, क्योंकि वह उसकी गलती थी। माँ तब बात करने लगी कि मैं कितनी अव्यवस्थित हूं, जब तक कि मैं तंग नहीं आ गई और रुखाई से कहा, मैं तो वह नहीं हूं जिसने आपको लापरवाह कहा। मुझे हमेशा अन्य लोगों की गलतियों के लिए दोषी ठहराया जाता है!"

माँ चुप हो गई, और एक मिनट के कम समय के बाद ही मुझे उन्हें शुभरात्रि कहकर चूमना पड़ा। यह घटना बहुत महत्वपूर्ण नहीं रही होगी, लेकिन इन दिनों यह सब कुछ मेरी नाक में दम करता है।

ऐनी मैरी फ्रैंक

शनिवार, 12 फरवरी, 1944

सबसे प्रिय किटी,

सूरज चमक रहा है, आकाश गहरा नीला है, शानदार मंद हवा बह रही है, और मैं तरस रही हूं- सचमुच तरस रही हूं - हर चीज के लिए; बातचीत, आजादी, मित्र, अकेले रहने के लिए। मैं तरसती हूं....रोने के लिए। मैं महसूस करती हूं जैसे मैं फूट पड़ने वाली हूं। मुझे पता है, रोना मदद करेगा, लेकिन मैं रो नहीं सकती हूं। मैं बेचैन हूं। मैं एक कमरे से दूसरे कमरे में टहलती रहती हूं, खिड़की के फ्रेम में दरार के माध्यम से सांस लेती हूं, मैं अपने दिल की धड़कन को महसूस करती हूं जैसे कि कहने के लिए, "मेरी लालसा को पूरा करो..."

मुझे लगता है कि वसंत मेरे अंदर है। मुझे लगता है वसंत जाग रहा है, मैं इसे अपने पूरे शरीर और आत्मा में महसूस करती हूँ। मुझे खुद को सामान्य रूप से काम करने के लिए मजबूर करना होगा। मैं पूरी तरह से भ्रम की स्थिति में हूं, पता नहीं क्या पढ़ना है, क्या लिखना है,क्या करना है। मुझे केवल इतना पता है कि मैं किसी चीज के लिए तरस रही हूं...

तुम्हारी, ऐनी

सोमवार, 14 फरवरी, 1944

सबसे प्रिय किटी,

शनिवार के बाद से मेरे लिए बहुत कुछ बदल गया है। जो कि इस प्रकार है : मैं किसी चीज के लिए तरस रही थी (और अभी भी तरस रही हूं) लेकिन... एक छोटा, इस समस्या के एक छोटे से हिस्से का समाधान कर लिया गया।

रविवार की सुबह मैंने गौर किया, मुझे बड़ी खुशी हुई (मैं आपके साथ ईमानदार रहूंगी), कि पीटर मुझे देख रहा था। सामान्य तरीके से नहीं। मुझे नहीं

पता, मैं इसे समझा नहीं सकती, लेकिन मुझे अचानक महसूस हुआ कि वह मार्गोट के साथ प्यार में नहीं था जैसा कि मैं सोचती थी। मैं पूरे दिन उसकी ओर बहुत ज्यादा ना देखने का प्रयास करती रही, क्योंकि जब भी मैंने किया, मैंने उसे अपनी ओर देखते हुए पाया था और उसके बाद - ठीक है, इसने मुझे अंदर से अद्भुत महसूस कराया, और वह अक्सर होने वाला अहसास नहीं था।

रविवार की शाम, पिम और मेरे अलावा, हर कोई "जर्मन उस्तादों के अमर संगीत" सुनने के लिए रेडियो के चारों ओर इकट्ठा हुए थे।" डसेल घुंडियों को ऐंठते और घुमाते जा रहे थे, जिससे पीटर और अन्य सभी नाराज हो गए। आधे घंटे के लिए खुद को संयमित करने के बाद, पीटर ने कुछ हद तक गुस्से से पूछा कि क्या वह रेडियो के साथ निरर्थक छेड़छाड़ बंद करेंगे। डसेल ने अपने घृणित लहजे में जवाब दिया, "मैं यह करूंगा"। पीटर क्रोधित हो गया और उसने एक अपमानजनक टिप्पणी की। श्रीमान फॉन डान ने भी उसका साथ दिया और डसेल को छोड़ना पड़ा। बस इतना ही था।

असहमति की वजह विशेष रूप से दिलचस्प नहीं था, लेकिन पीटर ने स्पष्ट रूप से इस मामले को बहुत ज्यादा दिल पर ले लिया, क्योंकि आज सुबह, जब मैं अटारी में किताबों के टोकरे के आसपास तलाशी कर रही थी, पीटर ऊपर आया और मुझे बताने लगा कि क्या हुआ था। मुझे इसके बारे में कुछ भी पता नहीं था, लेकिन पीटर को जल्द ही एहसास हुआ कि उसे एक चौकस श्रोता मिल गया है और अपने विषय की तैयारी शुरू कर दिया।

"ठीक है, तो यह बात है," उन्होंने कहा। "मैं आमतौर पर ज्यादा बात नहीं करती, क्योंकि मैं जानती हूं कि मैं पहले ही अवाक हो जाऊंगी। मैं हकलाना और शरमाना शुरू कर दूंगी और अपने शब्दों को चारों ओर इतना तोड़ मरोड़ दूंगी कि आखिर में मुझे रुक जाना पड़ेगा, क्योंकि मैं सही शब्द नहीं ढूंढ पाऊंगीफ यही तो कल हुआ था। मेरा मतलब कुछ अलग तरह से कहना था, लेकिन एक बार जब मैंने शुरू किया, मैंने सभी को एक दूसरे में मिला लिया। यह बहुत बुरा है। मैं एक बहुत बुरी आदत की आदी हूं और कभी-कभी मैं चाहती हूं : मैं अभी भी चाहती हूं; जब भी मैं किसी पर क्रोधित होती हूं, मैं उन्हें हराना चाहती हूं बजाय उनके साथ बहस करने की। मुझे पता है कि यह विधि मुझे कहीं भी नहीं ली जाएगी और यही वजह है कि मैं तुम्हारी प्रशंसक हूं। आप शब्दों का कभी भी नुकसान नहीं करती है : आप वास्तव में वही कहते हैं जो आप कहना चाहते हैं। और कम से कम जरा सा भी शर्म नहीं करते हैं।" "ओह, आप इसके बारे में गलत हैं," मैंने जवाब दिया।

"मैं जो कहती हूं, उसमें से अधिकतर मेरे द्वारा नियोजित तरीके से बहुत अलग तरीके से बाहर सामने आता है। इसके अलावा मैं बहुत ज्यादा और लंबे समय तक भी बात करती हूं और वह बस बुरा हो जाता है।

'शायद, लेकिन आप फायदे में है, कोई भी नहीं देख सकता कि आप शर्मिंदा हो रहे हैं। आप शर्माते नहीं हैं।"

उनके शब्दों में चुपके से खुश किए जाने में मैं सहायता नहीं कर सकती। तथापि, चूँकि मैं उसे शांतिपूर्ण ढंग से अपने बारे में बात करते रहने देना चाहती थी, मैंने अपनी हंसी छुपा ली, फर्श पर एक गद्दी पर बैठ गई, अपनी बाहों को अपने घुटनों के आसपास लिपटा लिया और अर्थपूर्ण ढंग से उसे एकटक देखने लगी।

मैं खुश हूं कि इस घर में कोई और है जो कि मेरे ही जैसे गुस्से में उड़ता हैं। पीटर को राहत मिली कि वह बिना किसी डर के डसेल की आलोचना कर सकता है। जहां तक मेरा सवाल है, मैं भी खुश थी, क्योंकि मुझे किसी के साथ का जबरदस्त अहसास हुआ, जो मेरा अपनी सहेलियों के साथ था।

तुम्हारी, ऐनी

मंगलवार, 15 फ़रवरी, 1944

डसेल के साथ मामूली झगड़े के कई परिणाम निकले थे, जिसके लिए उन्हें केवल खुद को दोषी ठहराना चाहिए था। सोमवार की शाम डसेल माँ से मिलने के लिए अंदर आए और विजेता के रूप में उनसे कहा कि पीटर ने उनसे उस सुबह पूछा था कि क्या उन्हें अच्छे से नींद आई, और फिर बताया कि रविवार की शाम को जो हुआ था, उसके बारे में उसे कितना खेद है - वास्तव में उसने जो कहा था, उसका मतलब वह नहीं था। डसेल ने उसे आश्वासन दिया कि उन्होंने इसे दिल पर नहीं लिया था। इसलिए सब कुछ फिर से बारिश के जैसे सही था। माँ ने इस कहानी को मुझे बताया और मैं गुप्त रूप से चकित थी कि पीटर, जो डसेल पर बहुत क्रोधित थे, ने इसके विपरीत अपने सभी आश्वासनों के बावजूद, खुद को दीन बना लिया था।

मैं इस विषय पर पीटर के विचार जानने से बच नहीं सकी, और उसने तुरंत जवाब दिया कि डसेल झूठ बोल रहे थे। आपको उस समय पीटर का चेहरा देखना चाहिए था। काश मेरे पास एक कैमरा होता। आक्रोश, क्रोध, अनिर्णय, उत्तेजना और बहुत कुछ तेजी से एक दूसरे के बाद उसके चेहरे पर आ जा रहे थे।

उस शाम श्रीमान फॉन डान और पीटर ने वास्तव में डसेल से विरोध जताया। लेकिन यह सब बुरा नहीं हो सकता था, क्योंकि पीटर को आज दांत दिखाने के लिए डॉक्टर से मिलना था।

वे फिर कभी एक दूसरे से बात नहीं करना चाहते थे।

बुधवार, 16 फ़रवरी, 1944

पीटर और मैंने कुछ अर्थहीन शब्दों को छोड़कर पूरे दिन एक-दूसरे से बात नहीं की। अटारी में बहुत ठंड थी और वैसे भी आज मार्गॉट का जन्मदिन था। बारह-तीस बजे वह तोहफों को देखने के लिए आया था और बहुत जरूरत से अधिक समय तक गपशप में लगा रहा था,अन्यथा उसने कुछ कभी नहीं किया था। लेकिन मुझे दोपहर में मौका मिला। मैं मार्गॉट को उसके जन्मदिन पर थकी हुई महसूस कर रही थी। मैं कॉफी और उसके बाद आलू लेने के लिए चली गई। जब मैं पीटर के कमरे में आई, वह तुरंत ही अपने कागजात उठाकर सीढ़ियों पर बाहर आ रहा था, और मैंने पूछा कि क्या मुझे अटारी के चोर दरवाजे को बंद करना चाहिए।

“निश्चित रूप से,” उसने कहा, “आगे बढ़ो। जब आप नीचे वापस आने के लिए तैयार हों, तो बस दस्तक दें और मैं इसे आपके लिए खोल दूंगा।”

मैंने उसे धन्यवाद दिया, ऊपर चली गई और पीपे के चारों ओर छोटे से छोटे आलू को ढूँढने में कम से कम दस मिनट बिताए। मेरी पीठ में दर्द होने लगा, और अटारी में ठंड थी। स्वाभाविक रूप से, मैंने दस्तक देने की जहमत नहीं उठाई, बल्कि चोर दरवाजे को अपने आप ही खोल लिया। लेकिन उसने मेहरबानी से उठकर तसला मेरे हाथ से ले लिया।

“मैंने बहुत कोशिश की, लेकिन मैं छोटे आलू नहीं ढूंढ पाई।”

“क्या तुमने बड़े पीपे में देखा है?”

“हां, मैंने उस में भी में ढूंढा है।”

इस समय तक मैं निचली सीढ़ियों पर थी और उसने आलू के तसले की जांच की जो वह अभी भी पकड़े हुए था। “ओह, लेकिन ये ठीक हैं,” उसने कहा और जैसे ही मैंने तसला उससे ले लिया उसने जोड़ा, ‘मेरा अभिनंदन!’

जैसे ही उसने यह कहा, उसने मुझ पर एक ऐसी गर्म कोमल नजर डाली कि मैं अंदर ही अंदर चहक उठी। मैं बता सकती थी कि वह मुझे खुश करना चाहता था, लेकिन वह एक लंबा पूरा भाषण नहीं दे सकता था, उसने अपनी आंखों से

ही सब कुछ कह दिया। मैं उसे बहुत अच्छी तरह से समझ गई और उसकी बहुत आभारी थी। यह अभी भी मुझे उन शब्दों और उस नजर के बारे में पीछे की ओर सोचने के लिए खुश कर देता है।

जब मैं नीचे पहुंची, तो माँ ने कहा कि उन्हें और ज्यादा आलू की आवश्यकता है, इस बार रात के खाने के लिए, तो मैं अपनी इच्छा से वापस ऊपर गई। जब मैंने पीटर के कमरे में प्रवेश किया, तो मैंने उसे फिर से परेशान करने के लिए माफी माँगी। जैसे ही मैंसीढ़ियों से ऊपर जाने लगी, वो उठ खड़ा हुआ, सीढ़ियों और दीवार के बीच ठहराव पर खड़ा हो गया था, मेरा हाथ पकड़ लिया और मुझे रोकने का प्रयास किया।

"मैं जाऊंगा," उसने कहा। "मुझे वैसे भी ऊपर जाना है।"

मैंने उत्तर दिया कि ये सच में जरूरी नहीं था क्योंकि मुझे इस बार केवल छोटे वाले नहीं चुनने थे। आश्वस्त होकर, उसने मेरे हाथ छोड़ दिए और मुझे जाने दिया। मेरे लौटते समय, उसने चोर दरवाजा खोला और एक बार फिर मुझसे तसला ले लिया। दरवाजे पर खड़ी होकर मैंने पूछा, "तुम क्या काम कर रहे हो?"

"फ्रेंच," उसने जवाब दिया।

मैंने पूछा कि क्या मैं आपके सबक पर एक नज़र डाल सकती हूं। फिर मैं अपने हाथ धोने चली गई और उसके पास दीवान पर बैठ गई।

मैंने उसे थोडा फ्रेंच समझाया, उसके बाद हम बात करने लगे। उसने मुझे बताया कि युद्ध के बाद वह डच ईस्ट इंडीज जाना चाहता था और एक रबर बागान में रहना चाहता था। उसने घर में अपने जीवन, ब्लैक मार्केट और वह कैसा निराशाजनक मामला है, के बारे में बात की।

मैंने उससे कहा कि उसमें एक बड़ी हीन भावना पैदा हो गई थी। उसने यह कहते हुए कि रूस और इंग्लैंड एक दूसरे के खिलाफ युद्ध में जाने के लिए बाध्य हो गए हैं,युद्ध के बारे में और यहूदियों के बारे में बात की थी। उसने कहा कि अगर वह ईसाई होता या युद्ध के बाद बन सकता तो जीवन बहुत आसान होता। मैंने पूछा कि क्या वह बपतिस्मा लेना चाहता है, लेकिन शायद उसका मतलब यह नहीं था। उसने कहा कि वह कभी भी एक ईसाई की तरह महसूस नहीं कर पाएंगे, लेकिन युद्ध के बाद उन्हें यकीन है कि किसी को पता नहीं चलेगा कि वह यहूदी था। मुझे एक क्षणिक पीड़ा महसूस हुई। यह शर्म की बात है कि उसके अंदर अभी भी बेईमानी का एक स्पर्श बाकी है।

पीटर ने आगे कहा, "यहूदी रहेंगे और हमेशा चुने हुए लोग होंगे।"

मैंने उत्तर दिया, "केवल इस बार मैं उम्मीद करती हूं। वह कुछ अच्छे के लिए चुने जाएंगे!"

लेकिन हम पिता के बारे में, मानव चरित्र को पहचानने के बारे में और हर तरह की छोटी-छोटी बातें के बारे में बहुत सुखद ढंग से बातें करते चले गए, इतनी सारी कि मैं उन सब को याद नहीं कर सकती।

मैं 5:15 बजे उठ गई क्योंकि बेप आ गई थी।

उस शाम उसने कुछ दूसरी बातें कहीं जो मुझे अच्छी लगी। हम उस फिल्मी सितारे की तस्वीर के बारे में बात कर रहे थे जिसे मैंने एक बार दिया था, जो कम से कम डेढ़ साल से उसके कमरे में लटका हुआ है। उसे यह इतना पसंद आया कि मैंने उसे कुछ और देने की पेशकश की।

"नहीं," उसने जवाब दिया, "बल्कि मैं वही रखना चाहूंगा जो मेरे पास है। मैं इसे हर दिन देखता हूं, और इसमें मौजूद लोग मेरे दोस्त बन गए हैं।"

मुझे अब इस बात की बेहतर समझ है कि वह हमेशा मूशी को इतनी कसकर क्यों गले लगाता है। स्पष्ट रूप से उसे भी स्नेह की आवश्यकता है। मैं किसी और के बारे में भी उल्लेख करना भूल गई जिसके बारे में वह बात कर रहा था। उसने कहा, "नहीं, मुझे डर नहीं लगता सिवाय इसके कि जब मुझ से संबंधित चीजों की बात होती है। लेकिन मैं उस पर काम कर रहा हूँ।"

पीटर में हीनभावना बहुत है। उदाहरण के लिए, वह हमेशा सोचता है कि वह बहुत बेवकूफ है और हम बहुत चालाक हैं। जब मैं फ्रेंच में उसकी सहायता करती हूं, तो वह मुझे हजार बार धन्यवाद देता है। जल्दी ही मैं उसे कहने वाली हूं, छोड़ो इसे! तुम अंग्रेजी और भूगोल में ज्यादा अच्छे हो!"

तुम्हारी, ऐनी

गुरुवार, 17 फ़रवरी, 1944

प्रिय किटी,

मैं आज सुबह ऊपर थी, क्योंकि मैंने श्रीमती फॉन डान से वादा किया था कि अपनी कुछ कहानियां उन्हें सुनाऊंगी। मैंने "ईवा के सपने" के साथ शुरू किया, जिसे वह बहुत पसंद करती थी, और फिर मैंने "गुप्त उपभवन" से कुछ अंश पढ़े, जिस पर वह बहुत जोर से हंसी। पीटर ने भी थोड़ी देर तक (सिर्फ अंतिम भाग) सुना और

पूछा कि क्या मैं कुछ समय के लिए उसके कमरे में आकर कुछ और पढ़ूंगी। मैंने फैसला किया कि मुझे तुरंत वहाँ एक मौका लेना है, इसलिए मैंने अपनी अभ्यास पुस्तक ली और उसे थोड़ा पढ़ने दिया, जहां कैडी और हंस भगवान के बारे में बात करते हैं। मैं नहीं बता सकती थी कि इसने वास्तव में उस पर किस तरह का प्रभाव छोड़ा। उसने कुछ कहा जो मुझे ठीक से याद नहीं, इस बारे में नहीं कि यह अच्छा था, लेकिन इसके पीछे के विचार के बारे में। मैंने उससे कहा कि मैं बस उसे दिखाना चाहती थी कि मैंने केवल मनोरंजक चीजें ही नहीं लिखी हैं। उसने सिर हिलाया, और मैं कमरे से निकल गई। हम देखेंगे यदि मैं कुछ और सुनती हूं।

तुम्हारी, ऐनी फ्रैंक

शुक्रवार, 18 फ़रवरी, 1944

मेरी सबसे प्यारी किटी,

जब भी मैं ऊपर जाती हूं, ताकि उसे देख सकूं। अब मेरे पास कोई उम्मीद है, इसलिए मेरी जिंदगी बहुत बेहतर हो गई है।

मेरा दोस्त यहीं मौजूद है और मुझे प्रतिस्पर्धियों, मार्गोट को छोड़कर, से कोई डर नहीं है। यह मत सोचना कि मैं प्यार में हूं, क्योंकि मैं नहीं हूं, लेकिन मुझे लगता है कि पीटर और मेरे बीच कुछ सुंदर विकसित होने जा रहा है, एक प्रकार की दोस्ती और भरोसे की भावना। जब भी मुझे मौका मिलता है, मैं उसे देखने चली जाती हूं, और यह वैसा नहीं है, जैसा हुआ करता था, जब वह नहीं जानता था कि मेरे बारे में क्या सोचना है। इसके विपरीत, वह तब भी बात कर रहा होता है जब मैं दरवाजे से बाहर जा रही होती हूं। माँ मेरा ऊपर जाना पसंद नहीं करती। वह हमेशा कहती है कि मैं पीटर को परेशान कर रही हूं और मुझे उसे अकेला छोड़ देना चाहिए। क्या वे मेरी सहज प्रवृति को थोड़ा भाव नहीं दे सकती। जब मैं पीटर के कमरे में जाती हूं तो वह हमेशा बहुत अजीब तरह से मुझे देखती है। जब मैं फिर से नीचे आती हूं, तो वह मुझसे पूछती है कि मैं कहां थी। यह बहुत बुरा है, लेकिन मुझे उनसे नफरत होने लगी है।

तुम्हारी, ऐनी एम. फ्रैंक

शनिवार, 19 फरवरी, 1944

सबसे प्रिय किटी,

यह फिर से शनिवार है, और फिर से तुम्हें काफी कुछ बताना चाहिए। आज सुबह सब शांत था। मैंने ऊपर मीटबॉल बनाने में लगभग एक घंटे का समय बिताया।

जब दो-तीस पर हर कोई, या तो पढ़ने या झपकी लेने के लिए ऊपर चला गया, मैं कंबल के साथ नीचे मेज पर बैठने और पढ़ने या लिखने गई। थोडी ही देर में मैं इसे और ज्यादा नहीं कर सकी। मैंने अपना सिर अपनी बाहों में लिया और फूट-फूट कर रोई। आंसू मेरे गालों से नीचे बहने लगे और मैंने आशाहीन होकर दुखी महसूस किया। ओह, काश केवल "वह" मुझे आराम पहुंचाने आया होता।

जब मैं फिर से ऊपर गई तो चार से ज्यादा बज चुके थे। पांच बजे में आलू लेने निकली, फिर उम्मीद करते हुए कि हम मिलेंगे लेकिन जब मैं बाथरुम में अपने बाल ठीक कर रही थी, उसी समय वह बोच से मिलने चला गया था।

मैं श्रीमती फॉन डान की सहायता चाहती थी और मैं अपनी पुस्तक और दूसरी सब चीजें लेकर ऊपर आ गई, लेकिन अचानक मैंने महसूस किया कि फिर आंसू आ रहे थे। मैं रास्ते में कांच दर्पण लेते हुए नीचे बाथरूम की तरफ दौड़ी, मैं वहां शौच पर पूरे कपड़े पहने हुए ही बैठ गई। मेरे समाप्त करने के बाद ही मेरे आँसू मेरे लाल एप्रन पर काले धब्बे छोड़ रहे थे और मैंने उन्हें पूरी तरह से उदास महसूस किया।

मेरा दिल जो सहन कर रहा था वह यह है : "ओह, मैं इस तरह से पीटर तक कभी नहीं पहुंच पाऊंगी। कौन जानता था शायद वह मुझे पसंद तक ना करता हो और शायद उसे किसी के विश्वास की आवश्यकता ही ना हो। हो सकता है कि वह केवल आकस्मिक तरीके से मेरे बारे में सोचता हो। मुझे फिर से अकेले रहने वाली स्थिति में जाना होगा, बिना किसी पर विश्वास किए और बिना पीटर के, बिना किसी आशा, आराम या किसी और के इंतजार किए बिना। ओह, काश, मैं उसके कंधे पर अपना सिर रख पाती और इतनी निराशा से अकेले और सुनसान महसूस नहीं कर पाती। कौन जानता है, शायद वह मेरी बिल्कुल भी परवाह नहीं करता हो और दूसरों को उसी स्नेही नजर से देखता हो। शायद मैंने केवल कल्पना की थी कि यह विशेष रूप से मेरे लिए था। ओह, पीटर, काश तुम मुझे सुन सकते हैं या मुझे देख सकते हैं। यदि सच्चाई निराशाजनक है, तो मैं इसे सहन नहीं कर पाऊंगी।"

थोड़ी देर बाद मैंने फिर से आशापूर्ण और उम्मीद से भरा महसूस किया। हालांकि भीतर मेरे आंसू अभी भी बाहर रहे थे।

तुम्हारी ऐनी एम. फ्रैंक

रविवार, 20 फ़रवरी, 1944

हफ्तों के बाकी दिन में जो कुछ दूसरों के घरों में होता है, वही यहाँ उप भवन में रविवार के दिनों में होता है। जहां दूसरे लोग अपने सबसे अच्छे कपड़े पहनते हैं और धूप में टहलते हैं, हम झाड़ू लगाते हैं, और कपड़े धोते हैं।

आठ बजे- हालांकि हम में से बाकी लोग देर तक सोना पसंद करते हैं, डसेल आठ बजे उठते है। वह बाथरूम में जाते है, फिर से नीचे, फिर से ऊपर और फिर बाथरूम में जाते है, जहाँ वह पूरे एक घंटे खुद को धोने के लिए समर्पित करते है।

साढ़े नौ बजे- चूल्हे जलाए जाते हैं, ढंकने वाले परदे को नीचे उतार लिया जाता है, और श्रीमान फॉन डान बाथरूम की तरफ जाते हैं। मेरे रविवार सुबह के कटु अनुभवों में से एक बिस्तर में देर तक सोए पड़े रहना और डसेल के प्रार्थना करते समय उनकी पीठ देखना है। मुझे पता है कि यह सुनने में अजीब लगता है, लेकिन प्रार्थना करते डसेल को निहारना एक भयानक नजारा है। ऐसा नहीं है कि वह रोते है या भावुक हो जाते है, बिल्कुल नहीं, लेकिन एक चौथाई घंटे तो वह खर्च करते ही है – पूरे पंद्रह मिनट – अपने पंजों से लेकर एड़ी तक कंपन करते हुए। आगे-पीछे, आगे-पीछे। यह हमेशा के लिए जारी रहता है, और अगर मैं अपनी आँखें बंद नहीं करती हूँ, तो मेरा सिर घूमने लगता है।

सवा दस बजे-फॉन डान सीटी बजाते हैं; बाथरूम खाली है। फ्रैंक परिवार आवासों में, पहले नींद वाले चेहरे अपने तकिए से उभरने लगे हैं। फिर सब कुछ जल्दी, जल्दी, जल्दी होता है। मार्गोट और मैं बारी बारी से कपड़े धोने का काम करते हैं। चूंकि नीचे काफी ठंड है, हम पतलून और सिर के स्कार्फ डाल लेते हैं। इस बीच, पिता स्नानघर में व्यस्त होते हैं। ग्यारह बजे स्नानघर में या तो मार्गोट की या फिर मेरी बारी आती है, और फिर हम सभी साफ हो जाते हैं।

साढ़े ग्यारह बजे - सुबह का नाश्ता। मैं इस पर नहीं सोचूंगी, क्योंकि मेरे इस विषय की चर्चा किए बिना भी खाने की पर्याप्त बातें हैं।

सवा बारह बजे - हम में से प्रत्येक अपने अलग-अलग तरीके से चलता है। पिता चौग़ा पहने, अपने हाथों और घुटनों पर बैठ जाते हैं, और कंबल को ब्रश से

इतनी कठोरता से साफ करते हैं कि कमरा धूल के एक बादल से ढक जाता है। श्रीमान डसेल बिस्तर तैयार करते है (निश्चित रूप से, सब गलत) जैसे ही वह अपना काम शुरू करते हैं हमेशा एक ही बीथोवेन वायलिन कंसर्ट पर सिटी बजाते रहते हैं। जैसा कि माँ धुले कपड़े ऊपर टांगती है, अटारी के आसपास उसके चलने की आवाज सुनी जा सकती है। श्रीमान फॉन डान अपनी टोपी पहनते हैं और निचले क्षेत्रों में गायब हो जाते हैं, आमतौर पर पीटर और मूशी भी उसका अनुसरण करते हैं। श्रीमती फॉन डान एक लंबा एप्रन पहनती है,एक ऊनी जैकेट और ओवर शूज, अपने सिर के चारों ओर लाल ऊनी स्कार्फ लपेटती हैं। धोने के गंदे कपड़ों के बंडल को फटाफट से उठाती हैं और एक अच्छी अभ्यस्त धोबिन की आभा के साथ नीचे बढ़ जाती हैं, मार्गोट और मैं बर्तन साफ करते हैं और कमरे की सफाई करते हैं।

बुधवार, 23 फ़रवरी, 1944

मेरी सबसे प्यारी किटी,

कल से मौसम अद्भूत है, और मैं थोड़ा बहुत उत्साहित हो गई हूं। मेरी सबसे अच्छी बात, मेरा लेखन अच्छी तरह से फल-फूल रहा है। मैं अपने फेफड़ों से बासी हवा निकालने के लिए लगभग हर सुबह अटारी जाती हूं। आज सुबह जब मैं वहाँ गई, पीटर सफाई में व्यस्त था। उसने जल्दी से सब खत्म किया और जहां मैं फर्श पर अपने पसंदीदा स्थान पर बैठी हुई थी,वह वहां आ गया। हम दोनों ने नीले आकाश की ओर देखा, ओस के साथ चमकते शाहबलूत के पेड़, समुंद्री चिड़िया और हवा में झपट्टा मारते हुए अन्य पक्षियों को देखा जो चांदी की तरह चमकते हैं, और हम इतने द्रवित और रोमाँचित हो गए कि बोल ही नहीं पाए। वह अपना सिर एक मोटी किरण के विरुद्ध लिए खड़ा हो गया, जबकि मैं बैठी रही। हमने हवा में सांस ली, बाहर देखा और दोनों ने महसूस किया कि जादू शब्दों से नहीं टूटना चाहिए। हम लंबे समय तक ऐसे ही रहे, उस समय तक जब उसे मचान पर लकड़ी काटने जाना पड़ा, मुझे पता था कि वह एक अच्छा, सभ्य लड़का था।

वह मचान पर जाने वाली सीढ़ी पर चढ़ गया, और मैं उसके पीछे गई; उस पंद्रह मिनट के दौरान जब वह लकड़ी काट रहा था, हमने एक शब्द भी नहीं कहा। मैं जहां खड़ी थी, वहीं से मैंने उसे देखा और देख सकती थी, वह स्पष्ट रूप से सही तरीके से काटने और अपनी ताकत दिखाने का अपना पूरा प्रयास कर रहा था। लेकिन एम्स्टर्डेम के एक बड़े भाग पर, छतों पर क्षितिज पर, नीले रंग की एक पट्टी

जो इतनी फीकी थी, कि लगभग अदृश्य थी पर, अपनी आंखों को घूमने देते हुए मैंने खुली खिड़की से बाहर भी देखा।

"जब तक यह मौजूद है," मैंने सोचा, "यह धूप और बादल रहित आकाश, और जब तक मैं इसका आनंद ले सकती हूं। मैं कैसे दुखी हो सकती हूं?"

अकेले या दुखी, डरे हुए लोगों के लिए सबसे अच्छा समाधान है बाहर जाना, किसी ऐसी जगह जहां वे अकेले रह सके, आकाश, प्रकृति और भगवान के साथ अकेले। आप सिर्फ तब महसूस कर सकते हैं कि सब कुछ वैसा ही है जैसा होना चाहिए और यह कि भगवान चाहते हैं कि लोग प्रकृति की सुंदरता और सादगी के बीच खुश रहें।

जब तक यह मौजूद है, और यह हमेशा के लिए होना चाहिए, मुझे पता है कि यह हर दुख के लिए सांत्वना होगी, चाहे परिस्थितियाँ कुछ भी हों। मेरा दृढ़ विश्वास है कि प्रकृति उन सभी को आराम दे सकती है जो पीड़ित हैं।

ओह, कौन जानता है, इससे पहले कि शायद मैं इस अत्यधिक तीव्र एहसास को किसी ऐसे के साथ साझा कर सकूं जो ऐसा ही महसूस करता हूं जैसा कि मैं।

तुम्हारी, ऐनी

पश्च लेख: पीटर के लिए कुछ ख्याल

बहुत से सुअवसर खो रहे हैं, बहुत ज्यादा, और बहुत लंबे समय से।मैं इसे उतना ही याद करती हूं जितना कि तुम करते हो। मैं बाहरी चीजों के बारे में बात नहीं कर रही हूं, क्योंकि इस अर्थ में हमें सब अच्छी तरह से उपलब्ध कराया जा रहा है; मेरा मतलब आंतरिक चीजों से है। तुम्हारी तरह, मैं स्वतंत्रता और ताजा हवा के लिए तरसती हूँ, लेकिन मुझे लगता है कि हमें उनके नुकसान के लिए पर्याप्त रूप से भरपाई दे दिया गया है। मेरा मतलब है भीतर की ओर।

आज सुबह, जब मैं खिड़की के सामने बैठी थी और बाहर भगवान और प्रकृति पर एक लंबी, गहरी नजर डाल रही थी, मैं खुश थी, सिर्फ सामान्य रूप से खुश पीटर, जब तक लोग अपने भीतर उस तरह की खुशी महसूस करते हैं, प्रकृति, स्वास्थ्य की खुशी, और इसके अलावा, वे हमेशा उस खुशी को पुनः प्राप्त करने में समर्थ होंगे।

धन, प्रतिष्ठा, सब कुछ खो सकता है। लेकिन आपके अपने दिल में खुशी केवल मंद हो सकती है; यह आपको फिर से खुश करने के लिए तब तक वह वहां रहेगी, जब तक आप जिंदा रहेंगे।

जब भी आप अकेला या उदास महसूस कर रहे हो, तो एक खूबसूरत दिन मचान पर, जाने और बाहर देखने का प्रयास करें। घरों और छतों पर नहीं, बल्कि आकाश में। जब आप आकाश में बिना किसी डर के देखेंगे, आप जान जाएंगे कि आप अंदर से शुद्ध हैं और एक बार फिर से आपको खुशी मिलेगी।

रविवार, 27 फरवरी, 1944

मेरी सबसे प्यारी किटी,

सुबह से देर रात तक, मैं जो करती हूं वह है, पीटर के बारे में सोचना। मैं उसकी छवि अपनी आंखों के सामने रख कर सो जाती हूं, उसके बारे में सपने देखती हूं और उसके साथ उठती है, उसे मेरी तरफ अभी तक देखते हुए।

मुझे इस बात का मजबूत अहसास है कि पीटर और मैं वास्तव में उतने अलग नहीं हैं जितना हम सतह पर दिख सकते हैं, और मैं समझाती हूं कि कैसे : ना तो पीटर के और ना ही मेरे किसी के भी पास माँ है। उसकी माँ भी बहुत ही अगंभीर है, इश्कबाजी पसंद करती है, और इस बात से कि उसके दिमाग में क्या चलता है, ज्यादा चिंता नहीं करती। मेरी, मेरे जीवन में सक्रिय दिलचस्पी लेती है, लेकिन माँ की तरह चतुराई, संवेदनशीलता या समझ नहीं रखती।

पीटर और मैं, हम दोनों हमारी अंतरतम भावनाओं से जुझ रहे हैं। हम अभी भी खुद के बारे में अनिश्चित हैं और बेदर्दी से निपटने के लिए भावनात्मक रूप से बहुत ही कमजोर है। जब भी ऐसा होता है, मैं बाहर भागना चाहती हूं या अपनी भावनाओं को छिपाना चाहती हूं। इसके बजाय, मैं बर्तन पटकती हूँ,पानी बिखेर देती हूं और आमतौर पर शोर करती हूं इसलिए हर कोई चाहता है कि मैं मीलों दूर रहूँ। पीटर की प्रतिक्रिया खुद को चुप कर लेना, थोड़ा कहने, चुपचाप बैठे रहना और दिन में सपने देखना,यह सब करते हुए सावधानी से अपनी सच्ची आत्मा को छिपा लेना।

लेकिन हम आखिरकार एक-दूसरे तक कैसे और कब पहुंचेंगे?

मुझे नहीं पता कि और कितना मैं उसके लिए अपनी ललक को काबू में रख पाउंगी।

तुम्हारी, ऐनी एम. फ्रैंक

सोमवार, 28 फरवरी, 1944

मेरी सबसे प्यारी किटी,

यह एक बुरे सपने की तरह है, जो मेरे जागने के बाद लंबे समय तक चलता रहता है। मैं उसे दिन के लगभग हर घंटे देखती हूं और फिर भी मैं उसके साथ नहीं रह सकती, मैं दूसरों पर ध्यान नहीं दे सकती, हालांकि मेरा दिल दुख रहा है,फिर भी मुझे खुश होने का नाटक करना होगा।

पीटर शिफ और पीटर फॉन डान, मिलकर एक पीटर बन चुके हैं। पीटर, जो कि अच्छा और दयालु इंसान है, और जिसके लिए मैं आशाहीन होकर तरसती हूं। माँ भयानक है, पिता अच्छे है जो उन्हें और भी अधिक अतिरंजित बनाता है, और मार्गोट सबसे खराब है, वह मेरे मुस्कराते हुए चेहरे का फायदा उठाती है और मुझ पर अपना दावा करती है, मैं अकेले रहना चाहती हूं।

पीटर अटारी पर मेरे साथ नहीं आया लेकिन कुछ बढ़ईगीरी काम करने के लिए मचान पर चढ़ गया। रगडने और पटकने की हर आवाज के साथ मेरे साहस का एक और हिस्सा टूट गया और मैं और भी दुखी हो गई। दूर एक घड़ी के घंटे की ध्वनि कह रही थी "दिल से शुद्ध रहो, दिमाग से शुद्ध रहो।"

मैं भावुक हूं, मुझे मालूम है। मैं निराश और मूर्ख हूं, मुझे यह भी पता है। ओह, मेरी मदद करो!

तुम्हारी, ऐनी एम. फ्रैंक

बुधवार, 1 मार्च, 1944

सबसे प्रिय किटी,

मेरे अपने मामले... चोरी की एक घटना से पृष्ठभूमि में चले गए। मैं इन सभी चोरी के मामलों से तुम्हें बोर कर रही हूं, लेकिन मैं क्या कर सकती हूं, जब चोर अपनी उपस्थिति से गिएस एंड कंपनी को सम्मान देने में इतनी खुशी महसूस करते हैं? यह घटना जुलाई, 1943 में हुई घटना की तुलना में बहुत अधिक जटिल है।

कल रात साढ़े सात बजे श्रीमान फॉन डान हमेशा की तरह, श्रीमान कुगलर के कार्यालय जा रहे थे, जब उन्होंने देखा कि कांच का दरवाजा और कार्यालय का दरवाजा दोनों खुले थे। वह आश्चर्यचकित हो गए, लेकिन वह आगे बढ़े और

यह देखकर और भी हैरान हो गए कि आला दरवाजे भी खुले थे और सामने के कार्यालय में सब कुछ पूरी तरह से अस्त-व्यस्त था।

"चोरी हो गई" उनके दिमाग में सूझा। लेकिन सिर्फ यह सुनिश्चित करने के लिए, वह सामने के दरवाजे पर नीचे गए और, ताले की जाँच की और हर चीज बंद पाई।

"बेप और पीटर आज शाम, बहुत लापरवाह रहे होंगे," श्रीमान फॉन डान ने निष्कर्ष निकाला। वह थोड़ी देर के लिए श्रीमान कुगलर के कार्यालय में दीपक बुझाया और खुले दरवाजे और अस्त व्यस्त कार्यालय के बारे में ज्यादा चिंता किए बिना ऊपर चले गए।

आज सुबह पीटर ने हमें यह बताने के लिए हमारे दरवाजे पर दस्तक दी कि सामने का दरवाजा खुला था और प्रक्षेपक और श्रीमान कुगलर की नई अटैची कोठरी से गायब हो गई थी। पीटर को दरवाजा बंद करने का निर्देश दिया गया था। श्रीमान फॉन डान ने इससे पहले की रात की अपनी खोजों के बारे में हमें बताया, और हम बेहद चिंता में थे।

एकमात्र स्पष्टीकरण यह है कि चोर के पास एक नकली चाबी होनी चाहिए थी, क्योंकि जबरदस्ती घुसने के कोई संकेत नहीं थे। वह अपने पीछे दरवाजा बंद करके शाम को जल्दी ही घुस गया होगा, उसने श्रीमान फॉन डान की आहट सुनकर खुद को छुपा लिया होगा, और बाद में जब श्रीमान फॉन डान ऊपर चले गए, वह लूट के साथ भाग गया। जल्दबाजी में उसने दरवाजा बंद करने की जहमत नहीं उठाई होगी। हमारी चाबी किसके पास हो सकती थी? चोर, गोदाम में क्यों गया था? क्या यह हमारे अपने गोदाम कर्मचारियों में से एक था, और क्या वह जान गया है कि हम अंदर है, उसने श्रीमान फॉन डान को सुन लिया है और शायद उन्हें देखा भी है?

यह वास्तव में डरावना है, क्योंकि हम नहीं जानते कि क्या चोर ने इसे अपने दिमाग में बिठा लिया होगा और फिर से प्रयास करेगा। या भवन में किसी और की आहट ने उसे इतना चौंका दिया होगा कि अब वह इससे दूर ही रहेगा।

तुम्हारी, ऐनी

पश्च लेख: हमें खुशी होगी कि अगर तुम हमारे लिए एक अच्छे जासूस का पता कर सको। जाहिर है कि एक शर्त होगी और वह यह कि उस पर इतना भरोसा किया जा सके कि वह छिपे हुए लोगों के बारे में किसी का न बताए।

गुरुवार, 2 मार्च, 1944

सबसे प्रिय किटी,

मार्गोट और मैं आज एक साथ अटारी में थे। उसके साथ वहां होने से मुझे आनंद नहीं मिल सकता, जिस तरह से मैं कल्पना करूंगी कि वह पीटर (या किसी और) के साथ होगा। मुझे पता है कि वह ज्यादातर चीजों के बारे में वैसा ही महसूस करती है जैसा मैं करती हूं!

बर्तन धोते समय, वह माँ और श्रीमती फॉन डान से बात करने लगी कि बेप कैसे हतोत्साहित हो जाती है। वह दोनों उसकी क्या सहायता कर सकती थी? हमारी निडर माँ, विशेष रूप से, चीजों को केवल बद से बदतर बनाती जाती है। क्या आप जानते हैं कि उसकी सलाह क्या थी? उसे दुनिया के उन सभी लोगों के बारे में सोचना चाहिए जो कि पीड़ित हैं! यदि आप अपने आप को दुखी करते हैं तो दूसरों के दुख में सहायता करने के बारे में कैसे सोच सकते हैं? मैंने कहा जितना ज्यादा हो सके। उनकी प्रतिक्रिया, निश्चित रूप से, यह थी कि मुझे इस तरह की बातचीत से अलग रहना चाहिए।

पीटर, मार्गोट, बेप और मेरी तरह ही व्यस्क लोग भी बेवकूफ है। सभी की भावनाएं एक जैसी नहीं होती। केवल एक चीज जो मदद करती है, वह है एक गाँ का प्यार, या उनका एक बहुत, बहुत करीबी दोस्त होना। लेकिन ये दोनों माताएँ हमारे बारे में पहली बात नहीं समझती हैं! शायद श्रीमती फॉन डान माँ की तुलना में थोड़ा अधिक करती है। ओह, काश मैं बेचारी बेप को कुछ कह सकती, कुछ ऐसा जो मुझे अपने अनुभव से पता है कि मदद कर सकता है। लेकिन पिताजी मोटे तौर पर मुझे एक तरफ धकेलते हुए हमारे बीच आ गए थे। वे सब इतने मूर्ख हैं!

मैंने पिता और माता के बारे में मार्गोट से भी इस बारे में बात की, अगर वे इतने उग्र नहीं होते तो यह यहां कितना अच्छा हो सकता था। हम अपनी शाम को व्यवस्थित करने में सक्षम होते, जिससे हर कोई बारी-बारी से एक विषय पर चर्चा कर सकता। लेकिन हम पहले से ही यह सब कुछ करते रहे हैं। मेरे लिए यहां बात करना नामुमकिन है! श्रीमान फॉन डान आक्रामक हो जाते है, माँ व्यंग्यात्मक हो जाती है। और सामान्य आवाज़ में कुछ भी नहीं कह सकती है, पिता भाग लेने की आवश्यकता महसूस नहीं करते है, न ही श्रीमान डसेल, और श्रीमती फॉन डान अक्सर इतनी बार हमला करती रहती है कि वह सिर्फ लाल चेहरे के साथ वहां बैठती है, एक लड़ाई से आगे बढ़ने में शायद ही सक्षम हो पाती है। और हमारे

बारे में क्या? हमें अपनी सलाह देने की इजाजत नहीं है! लोग आपको चुप रहने के लिए कह सकते हैं, लेकिन वे आपको एक राय बनाने से नहीं रोक सकते। आप किसी को एक राय रखने से मना नहीं कर सकते, चाहे वे कितने भी छोटे हों! केवल एक चीज जो बेप, मार्गोट, पीटर और मेरी सहायता करेगी महान प्रेम और भक्ति होगी, जो हमें यहां नहीं मिलती है। और कोई भी, विशेष रूप से यहां आस-पास के मूर्खतापूर्ण संत लोग, हमे समझने में सक्षम नहीं हैं, क्योंकि उनमें से कोई भी जितना शक कर सकता है हम अपनी सोच में उससे बहुत अधिक संवेदनशील और बहुत अधिक उन्नत हैं!

प्रेम, प्रेम क्या है? मुझे नहीं लगता कि आप वास्तव में इसे शब्दों में व्यक्त कर सकते हैं। प्रेम, किसी को समझना, उसकी देखभाल, अपने सुख और दुख को साझा करना है। इसमें अंततः शारीरिक प्रेम शामिल है। आप कुछ साझा करते हैं, कुछ चीजें देते हैं और बदले में कुछ प्राप्त करते हैं, चाहे आप शादी करें या ना करें, चाहे आप को एक बच्चा हो या ना हो। जब तक आप जानते हैं कि जब तक आप जीवित है, कोई आपकी तरफ रहेगा, जो आपको समझता है और जो किसी और के साथ साझा नहीं करेगा, तब तक अपना पुण्य खोना कोई मायने नहीं रखता !

तुम्हारी, ऐनी एम. फ्रैंक

इस पल माँ मुझ पर फिर गुर्रा रही हैं; वह स्पष्ट रूप से ईर्ष्या करती है, क्योंकि उससे ज्यादा मैं श्रीमती फॉन डान के साथ बात कर रही हूं। मुझे क्या परवाह है!

मैं आज दोपहर पीटर को पकड़ने में सफल रही, और हमने कम से कम पैंतालीस मिनट तक बात की। वह मुझे अपने बारे में कुछ कहना चाहता था, लेकिन यह आसान नहीं था। उसने आखिरकार इसे कर ही लिया, हालांकि इसमें एक लंबा समय लगा। मुझे ईमानदारी से पता नहीं था कि मेरे लिए बेहतर क्या था, रहना यह जाना। लेकिन मैं उसकी बहुत सहायता करना चाहती थी! मैंने उसे बेप के बारे में बताया और हमारी माँ कितनी उद्दंड है इसके बारे में बताया। उसने मुझे बताया कि उसके माता-पिता राजनीति और सिगरेट और सभी प्रकार की चीजों के बारे में लगातार लड़ते रहते हैं। जैसा कि मैंने तुम्हें पहले ही बताया है कि, पीटर बहुत शर्मीला है, लेकिन इतना भी अधिक शर्मीला नहीं है कि यह स्वीकार ना कर सके कि अगर वह अपने माता पिता को एक या दो साल तक ना देखें तो उसे पूरी खुशी होगी। "मेरे पिता जैसे दिखते हैं वह उस रूप में अच्छे नहीं है" उसने कहा। "लेकिन सिगरेट के मामले में, माँ बिल्कुल सही है।"

मैंने उसे अपनी माँ के बारे में भी बताया। लेकिन वह पिता की रक्षा में आ गया था। वह सोचता था कि वह "कमाल के आदमी" थे।

आज रात जब मैं अपने एप्रन धोने के बाद उसे ऊपर लटका रही थी, उसने मुझे पास बुलाया और एक और तर्क वितर्क और वाद-विवाद नहीं होने देने के लिए मुझे अपने माता-पिता के बारे में नीचे कुछ भी कहने के लिए मना किया। मैंने वादा किया, हालांकि मैंने पहले ही मार्गोट को बता दिया था। लेकिन मुझेविश्वास है कि मार्गोट इसे फैलने नहीं देगी।

"ओह नहीं, पीटर," मैंने कहा, तुम्हें मेरे बारे में चिंता करने की आवश्यकता नहीं है। मैंने जो कुछ सुना है उसे बकना नहीं सीखा,जो कुछ भी तुम बताओगे मैं उसे कभी नहीं दोहराऊँगी।

वह सुनकर खुश हुआ। मैंने उसे अपनी कमाल की गपशप भी सुनाई, और कहा "मार्गोट जब कहती है कि मैं ईमानदार नहीं हूं, तो वह बेशक काफी हद तक सही है, क्योंकि जितना में गपशप बंद करना चाहती हूं, श्रीमान डसेल पर चर्चा करने से बेहतर मेरी पसंद कुछ भी नहीं है।"

"यह अच्छा है कि आप इसे स्वीकार करते हैं," उसने कहा। वह शरमा गया, और उसकी ईमानदारी से तारीफ ने मुझे भी लगभग मोहित कर दिया।

फिर हमने "ऊपर" और "नीचे" के बारे में कुछ और बात की। पीटर वास्तव में यह सुनकर हैरान था कि वह अपने माता-पिता की तरह नहीं है। "पीटर," मैंने कहा, "आप जानते हैं कि मैं हमेशा ईमानदार हूं, तो मुझे तुम्हें यह भी क्यों नहीं बता देना चाहिए? हम उनकी गलतियां भी देख सकते हैं।"

मैंने कहा," पीटर, मैं वास्तव में आपकी सहायता करना चाहती हूं। क्या आप मुझे करने देंगे? आप एक अजीब स्थिति में फंस गए हैं, और मुझे मालूम है, भले ही आप कुछ भी नहीं कहते हैं, इसने आपको परेशान कर दिया है।"

"ओह, आपकी सहायता का हमेशा स्वागत है!"

"शायद अपने पिता से बात करना बेहतर होगा। आप उन्हें कुछ भी बता सकते हैं, वे इसे खुद तक ही रखेंगे।"

"मुझे पता है, वह एक असली दोस्त है।"

"तुम उन्हें बहुत पसंद करते हो, क्या तुम नहीं करते हो?"

पीटर ने स्वीकृति में सिर हिलाया, और मैंने जारी रखा, "ठीक है, वह भी तुम्हें पसंद करते हैं, तुम्हें मालूम है!"

उसने जल्दी से ऊपर देखा और शरमा गया। यह देखना वास्तव में छू रहा था कि इन कुछ शब्दों ने उसे कितना खुश किया।

"आपको ऐसा लगता है?" उसने पूछा।

"हाँ," मैंने कहा। "आप उन्हें अब और तब चूक गई छोटी बातों से बता सकते हैं।"

फिर श्रीमान फॉन डान कुछ निर्देश देने के लिए आए हैं। पीटर बिलकुल पिता के जैसे एक "कमाल का आदमी" है!

तुम्हारी, ऐनी एम. फ्रैंक

शुक्रवार, 3 मार्च, 1944

मेरी सबसे प्यारी किटी,

जब मैंने आज रात मोमबत्ती में देखा, तो मुझे फिर से शांति और खुशी महसूस हुई। उस मोमबत्ती में दादी की छवि महसूस हो रही थी और यह दादी ही थी जो मेरी रखवाली करती है और मुझे बचाती है और मुझे फिर से खुश महसूस करवाती है। परंतु ... कोई और है जो मेरे सभी मूड को नियंत्रित करता है और वह है... पीटर। मैं आज आलू लेने के लिए गई और जब मैं अपने पूरे भरे तसले के साथ सीढ़ी पर खड़ी थी, तो उसने पूछा, "दोपहर के भोजन के दौरान आप क्या कर रही है?"

मैं सीढ़ियों पर बैठ गई, और हम बात करने लगे। रसोई घर में पाँच-पंद्रह तक (मैं जब उन्हें लेने गई थी उसके बाद एक घंटे तक) आलू नहीं बनना था। पीटर ने अपने माता-पिता के बारे में और कुछ नहीं कहा; हमने सिर्फ किताबों और अतीत के बारे में बात की। ओह, उसने मुझ पर अपनी आंखों में इस तरह की गर्मजोशी के साथ टकटकी लगा कर रखी थी; मुझे नहीं लगता कि मुझे उससे प्यार करने में ज्यादा समय लगेगा।

वह इस शाम तक का विषय ले आया था। मैं आलू छीलने के बाद उसके कमरे में चली गई और इस पर टिप्पणी की कि आज कितनी गर्मी थी। "तुम मार्गोट और मुझे देखकर तापमान बता सकते हैं, क्योंकि जब ठंड होती है तब हम सफेद हो जाते हैं और जब गर्मी होती है तब हम लाल हो जाते हैं" मैंने कहा।

"प्यार में?" उसने पूछा।

"मुझे प्यार में क्यों होना चाहिए? "यह एक बहुत ही मूर्खतापूर्ण जवाब था (या, बल्कि, सवाल)।

"क्यों नहीं?"उसने कहा, और फिर रात के खाने का समय हो गया था।

उसका क्या मतलब था? आज मैं आखिरकार उससे पूछने में सफल हो गई थी कि क्या मेरी बकबक उसे परेशान करती है। उसने जो कहा, वह सब यह था, "ओह, यह मेरे लिए ठीक है!" मैं बता नहीं सकती कि उसका जवाब कितना शर्म की वजह से था।

किटी, मैं किसी ऐसे व्यक्ति की तरह आवाज करती हूं जो प्यार में है और किसी से भी उसके सबसे प्रिय व्यक्ति की तरह बात कर सकती हूं। और पीटर प्रिय है। क्या मैं कभी उसे बता पाऊंगी? केवल अगर वह भी मेरे बारे में यही सोचता है, लेकिन मैं उस व्यक्ति की जैसी हूं जिसके साथ आप बच्चे के दस्ताने जैसा व्यवहार कर सकते हैं, मुझे वह सब बहुत अच्छी तरह से मालूम है।

और वह अकेला छोड़ दिया जाना पसंद करता है, इसलिए मुझे नहीं पता कि वह मुझे कितना पसंद करता है। किसी भी स्थिति में, हम एक दूसरे को थोड़ा सा बेहतर जान पा रहे थे। मैं चाहती हूं कि हम और अधिक कहने की हिम्मत करें। लेकिन कौन जानता है, हो सकता है कि मुझे जैसा लगता है उसकी तुलना में वह समय जल्दी ही आ जाएगा। दिन में एक या दो बार वह मुझे एक जानी पहचानी झलक दिखाता है, मैं वापस पलक झपकाती हूं और हम दोनों खुश है। उसके खुश होने के बारे में बात करना पागलपन लगता है,और अभी तक मुझे भारी लग रहा है कि वह उसी तरह से सोचता है जैसा मैं सोचती हूं।

तुम्हारी, ऐनी एम. फ्रैंक

शनिवार, 4 मार्च, 1944

प्रिय किटी,

कई महीनों में पहला शनिवार है जो थकाऊ, नीरस और उबाऊ नहीं है। वजह पीटर है। आज सुबह जब मैं अपने एप्रन को लटकाने के लिए अटारी पर जाने के अपने रास्ते पर बढ़ी थी, तब पिताजी ने पूछा कि क्या मैं अपना फ्रेंच अभ्यास करने आना चाहती थी, और मैंने हां कहा। हमने थोड़ी देर के लिए एक साथ फ्रेंच में बात की और मैंने पीटर को कुछ समझाया, और फिर हमने अपनी अंग्रेजी पर काम किया। पिता ने डिकेंस के पाठ जोर से पढ़े और मैं सातवें आसमान पर थी, क्योंकि मैं पिता की कुर्सी पर पीटर के करीब बैठी हुई थी।

पौने ग्यारह बजे मैं नीचे चली गई। जब मैं ग्यारह-तीस पर वापस आई, तो पीटर पहले से ही सीढ़ियों पर मेरी प्रतीक्षा कर रहा था। हमने पौने एक बजे तक बात की। जब भी मैं कमरे से बाहर जाती हूं, उदाहरण के लिए भोजन के बाद, और पीटर को एक मौका मिल जाता और कोई और नहीं सुन सकता है, वह कहता है, "बाय, ऐनी, बाद में मिलते हैं।"

ओह, मैं बहुत खुश हूँ! मुझे आश्चर्य है कि आखिरकार वह मेरे साथ प्यार में पड़ने वाला है? वह एक अच्छा लड़का है, और तुम्हें पता नहीं है कि उससे बात करना कितना अच्छा लगता है!

श्रीमती फॉन डान पीटर से मेरा बात करना उचित समझती रही है, लेकिन आज उन्होंने शरारत के साथ मुझसे पूछा, "क्या मैं वहाँ आप दोनों पर यकीन कर सकती हूं?"

"बेशक," मैंने विरोध किया। "मैं इसे अपमान के रूप में लूंगी!"

सुबह, दोपहर और रात, मैं पीटर को देखने के लिए उत्सुक रहती हूं।

तुम्हारी, ऐनी एम. फ्रैंक

पश्च लेख: इससे पहले कि मैं भूल जाऊँ, तुम्हें बता दूं कि कल रात सब तरफ बर्फ की चादर बिछी थी। अब बर्फ पिघल गई है और थोड़ी सी भी नहीं बची।

सोमवार, 6 मार्च, 1944

सबसे प्रिय किटी,

जब से पीटर ने मुझे अपने माता-पिता के बारे में बताया है, तब से मैंने उसके प्रति जिम्मेदारी की एक अजीब सी भावना महसूस की है-क्या तुम्हें नहीं लगता कि यह अजीब है? यह ऐसा है मानो उनके झगड़ों से जितना उसका मतलब है उतना ही मेरा है, तब भी मैं इसे अब और बढ़ाने की हिम्मत नहीं करती, क्योंकि मैं डरती हूं, यह उसे परेशान करता है। मैं हस्तक्षेप नहीं करना चाहूंगी, दुनिया के सारे पैसे के लिए भी नहीं।

मैं पीटर का चेहरा देख कर बता सकती हूं कि वह चीजों को उतनी ही गहराई से देखता है जितना कि मैं। कल रात मुझे गुस्सा आया जब श्रीमती फॉन डान ने कहा, "विचारक!" पीटर उत्तेजित और शर्मिंदा दिखा, और मैं लगभग अपने आपे से बाहर हो गई।

ये लोग अपना मुंह बंद क्यों नहीं रखते?

तुम सोच भी नहीं सकती हो, कुछ भी नहीं कर पाने में असमर्थ होकर किनारे खड़े रहना और देखना कि वह कितना अकेला है, कैसा लगता है? मैं कल्पना करती हूं, जैसे कि मैं उसकी जगह पर हूं, कभी-कभी झगड़ों के समय वह कितना निराश महसूस करता होगा। और प्यार के बारे में। बेचारा पीटर, उसे बहुत प्यार करने की आवश्यकता है!

मुझे बहुत ही भाव शून्य लगा, जब उसने कहा कि उसे किसी दोस्त की आवश्यकता नहीं है। ओह, वह बहुत गलत है! मुझे नहीं लगता कि उसका यही मतलब हैं, वह अपनी मर्दानगी, अपने एकांत और अपनी झूठी उदासीनता से चिपका रहता है ताकि वह अपनी भूमिका बनाए रख सके, और उसे कभी भी अपनी भावनाओं को नहीं दिखाना ना पड़े। बेचारा पीटर, वह कितनी देर तक इसे बनाए रख सकता है? क्या वह इस अलौकिक प्रयास से फूट नहीं जाएगा?

ओह, पीटर, काश मैं तुम्हारी सहायता कर पाती, काश तुम मुझे करने देते! एक साथ मिलकर हम तुम्हारा और मेरा, दोनों का अकेलापन दूर कर सकते थे!

मैं ज्यादा ना कहते हुए लेकिन बहुत अधिक सोचने का काम कर रही हूं। जब मैं उसे देखती हूं तो मुझे खुशी होती है, और जब हम एक साथ होते हैं तो सूरज की चमक से भी अधिक खुश होती हूं। मैंने कल अपने बाल धोए थे, और क्योंकि मुझे पता था कि वह पास ही है, मैं बहुत हुल्लड़बाज हो गई थी। मैं इसमें कुछ नहीं कर सकती; जितनी अधिक शांत और गंभीर मैं अंदर हूं, बाहर उतना ही अधिक शोर करने वाली हो जाती हूं।

मेरे कमजोर क्षेत्र को सबसे पहले कौन ढूंढेगा?

यह उचित है कि फॉन डान की कोई बेटी नहीं है। मेरी विजय कभी भी समान लिंग के व्यक्ति के साथ इतनी चुनौतीपूर्ण, इतनी सुंदर और इतनी अच्छी नहीं हो सकती थी!

तुम्हारी, ऐनी एम. फ्रैंक

पश्च लेख: तुम्हें पता है मैं हमेशा तुम्हारे साथ ईमानदार रही हूं, इसलिए मुझे लगता है मुझे तुम्हें बताना चाहिए कि मैं एक आकस्मिक भेंट से दूसरी आकस्मिक भेंट तक ही जीती हूं। मैं यह ढूंढने का प्रयास करती रहती हूं कि वह मुझसे मिलने के लिए तड़प रहा है, जब मैं उसके संकोची प्रयासों पर ध्यान देती हूं, मैं उत्साह से भर जाती हूं। मेरे ख्याल से वह खुद को उतनी आसानी से व्यक्त कर पाएगा, जितना कि मैं करती हूं, वह नहीं जानता कि उसका अटपटापन मुझे छू लेता है।

मंगलवार, 7 मार्च, 1944

सबसे प्रिय किटी,

जब मैं 1942 के अपने जीवन के बारे में सोचती हूं, तो यह सब इतना काल्पनिक लगता है। ऐनी फ्रैंक जिसने उस दिव्य अस्तित्व का आनंद लिया, पूरी तरह से उस एक से अलग थी, जो इन दीवारों के अंदर बुद्धिमान हो गई है। हाँ, यह दिव्य था। हर गली के कोने पर पाँच प्रशंसक, बीस तो कुछ और दोस्त, मेरे अधिकांश शिक्षकों की पसंदीदा, पिता और माता द्वारा के लाड प्यार से बिगड़ी, मिठाइयों से भरे बैग और जेब खर्च का भार। कोई और क्या माँग सकता है?

तुम शायद चकित हो रही हो, मैं उन सभी लोगों को कैसे आकर्षित कर सकती थी। पीटर कहता है, क्योंकि मैं "आकर्षक" हूं, लेकिन यह पूरी तरह से नहीं है। मेरे चतुर जवाब, मेरी मजाकिया टिप्पणी, मेरा मुसकुराता चेहरा और मेरे महत्वपूर्ण दिमाग से शिक्षक खुशी और मनोरंजन पाते थे। यही सब थी। मैं : घोर इश्कबाज, मोहित करने वाली और मनोरंजक। मेरे पास कुछ मुख्य लाभ थे, जिन्होंने मुझे हर किसी की कृपा में रखा : मैं मेहनती, ईमानदार और उदार थी। मैंने कभी किसी ऐसे को मना नहीं किया जो मेरे जवाबों में झांकना चाहता था, मैं अपनी मिठाइयों के साथ बहुत उदार थी, और मैं घमंडी नहीं थी।

क्या उन सब प्रशंसकों ने अंततः मुझे अति आत्मविश्वासी बना दिया होता? यह एक अच्छी बात है कि, मेरी महिमा की ऊंचाई ने, मुझे अचानक वास्तविकता में डूबा दिया। बिना तारीफ के रहने की आदत पड़ने में मुझे एक साल से अधिक समय लगा।

वह मुझे स्कूल में कैसे देखते थे? कक्षा की हास्य अभिनेता के रूप में, कभी भी खराब मनोदशा में नहीं, अनंत सरगना, कभी रिरियाने वाली नहीं। क्या कोई हैरानी की बात थी कि हर कोई मेरे साथ स्कूल तक साइकिल चलाकर आना चाहता था, या थोड़ा साथ देना चाहता था?

मैं उस ऐनी फ्रैंक को एक सुखद, मनोरंजक, लेकिन सतही लड़की के रूप में देखती हूं, जिसका मुझसे कोई लेना-देना नहीं है। पीटर ने मेरे बारे में क्या कहा? "जब भी मैंने तुम्हें देखा, तुम लड़कियों के झुंड और कम से कम दो लड़के से घिरी हुई थी और हमेशा हंसती रहती थी और तुम हमेशा ध्यान का केंद्र थी!" वह सही था।

उस ऐनी फ्रैंक का क्या रह गया है।? ओह, मैं हंसना या टिप्पणी करना नहीं भूली हूं, लोगों को जोरदार डांट लगाने में, मैं उतनी ही अच्छी हूं अगर बेहतर नहीं हूँ तो, और मैं इश्कबाजी कर सकती हूं और मनोरंजक हो सकती हूं, अगर मैं बनना चाहूं तो... लेकिन वह एक धोखा है। मैं एक शाम, सप्ताह के कुछ दिन, एक सप्ताह के लिए वह लापरवाह और खुशहाल जीवन को जीना चाहूंगी।

उस सप्ताह के अंत में मैं थकी हुई होंगी, और मुझसे कुछ अर्थ पूर्ण के बारे में बात करने वाले पहले व्यक्ति की आभारी रहूंगी। मुझे दोस्त चाहिए, प्रशंसक नहीं। ऐसे लोगों जो मेरे चरित्र और मेरे कामों को सम्मान करते हैं, मेरी चापलूसी वाली मुस्कान को नहीं। मेरे चारों ओर का घेरा बहुत छोटा होगा, लेकिन जब तक वे ईमानदार हैं, उससे क्या फर्क पड़ता है?

हर चीज के बावजूद, मैं 1942 में पूरी तरह से खुश नहीं थी; मुझे अक्सर लगता था कि मैं उजड रही हूं, लेकिन क्योंकि मैं पूरे दिन व्यस्त रहती हूं, मैंने इसके बारे में नहीं सोचा है। मैंने जानबूझकर या अनजाने में रिक्त स्थान को चुटकुलों से भरने का प्रयास करते हुए आनंद लिया, जितना मैं कर सकती थी।

पीछे देखते हुए मुझे एहसास हुआ कि मेरे जीवन की यह अवधि अपरिवर्तनीय रूप से समाप्त हो गई है; मेरे चिंता मुक्त, लापरवाह स्कूल के दिन हमेशा के लिए चले गए हैं। मैं उन्हें याद भी नहीं करती हूं। मैं उन्हें पीछे छोड़ चुकी हूं। क्योंकि मेरा गंभीर पक्ष हमेशा मौजूद होता है, मैं बस अब और यहां वहां मजाक नहीं कर सकती।

मैं 1944 साल के अपने जीवन को ऐसे देखती हूं जैसे कि मैं एक शक्तिशाली आवर्धक कांच के माध्यम से देख रही हूं। जब मैं घर पर थी, मेरा जीवन धूप से भर गया था। फिर, 1942 के मध्य में, रातोंरात सब कुछ बदल गया। झगड़े, आरोप - मैं यह सब नहीं समझ सकी, मैं बिना तैयारी के पकड़ी गई, और अपना आचरण रखने के लिए मैं जो तरीका जानती थी वह था जबान चलाना।

साल 1943 की पहली छमाही में रोने का दौर, अकेलापन और मेरी गलतियों और कमियों का क्रमिक एहसास लेकर आई,जो कई सारी थी, और उससे भी ज्यादा महसूस हुई। मैंने बकबक से दिन भर दिया, पिम को अपनी ओर आकर्षित करने का प्रयास किया और असफल रही। खुद को सुधारने के कठिन कार्य का सामना करने के लिए इसने मुझे अकेला छोड़ दिया था ताकि मुझे उनकी फटकार न सुननी पड़े, क्योंकि उन्होंने मुझे बहुत ही निराश कर दिया था।

साल की दूसरी छमाही थोड़ी बेहतर थी। मैं एक किशोरी बन गई, और मेरे साथ सयानों सा व्यवहार किया जाने लगा। मैंने चीजों के बारे में सोचना और कहानियां लिखना शुरू कर दिया, आखिरकार इस निष्कर्ष पर पहुंचते हुए कि दूसरों को अब और मुझसे कुछ लेना देना नहीं है। उनके पास मुझे घड़ी के पेंडुलम की तरह आगे पीछे झूलाने का कोई हक नहीं था। मैं खुद को अपने तरीके से बदलना चाहती थी। मुझे एहसास हुआ कि मैं अपनी माँ के बिना भी पूरी तरह से सफल हो सकती थी और वह बात दिल में लगी। लेकिन जिसने मुझे और भी प्रभावित किया, वह यह एहसास था कि मैं कभी भी पिता पर विश्वास करने में सक्षम नहीं होने वाली हूं। मुझे खुद के अलावा किसी पर विश्वास नहीं था।

नए साल के बाद दूसरा बड़ा अवसर सामने आया-मेरा सपना, जिसके माध्यम से मैंने किसी लड़के, किसी लड़की के लिए नहीं बल्कि लड़के दोस्त के लिए अपनी इच्छा को जाना। मैंने अपने सतही और हंसमुख बाहरी रूप के नीचे एक आंतरिक खुशी की भी खोज भी की। समय-समय पर मैं शांत थी। अब मैं केवल पीटर के लिए जीती हूं, क्योंकि भविष्य में मेरे साथ क्या होता है वह काफी हद तक उस पर निर्भर करता है!

मैं, "मैं सभी प्यार सुंदरता और अच्छाई के लिए धन्यवाद करती हूँ" शब्दों के साथ अपनी प्रार्थना समाप्त करने के बाद अपने बिस्तर में लेट जाती हूं और मैं आनंद से भरी हुई होती हूं। मैं छिपने के स्थान में जाने, मेरे स्वास्थ्य और मेरे पूर्ण अस्तित्व के बारे में 'दास गेते' की तरह सोचती हूं; पीटर के प्यार (जो कि अभी भी बहुत नया और नाजुक है और जो हम में से किसी को भी जोर से कहने की हिम्मत नहीं करता है।) भविष्य, खुशी और प्यार के बारे में दास लेबे की तरह; दुनिया, प्रकृति और हर चीज की जबरदस्त सुंदरता, उस सब वैभव के बारे में दास स्रोचे की तरह सोचती हूं।

ऐसे क्षणों में मैं सभी दुखों के बारे में नहीं, बल्कि सुंदरता के बारे में सोचती हूं जो अभी तक बनी हुई है। यहीं पर माँ और मैं काफी अलग होते हैं। उदासी की अवस्था में उनकी राय होती है : "दुनिया की सभी पीड़ाओं के बारे में सोचो और शुक्रगुज़ार रहो कि तुम इसका हिस्सा नहीं हो।" मेरी सलाह होती है : "बाहर खुले देहात में जाओ, धूप और प्रकृति के पास जो भी देने के लिए है, उसका आनंद लो। बाहर जाओ और अपने भीतर की खुशी को फिर से पाने का प्रयास करो; अपने आप में और अपने आसपास की हर चीज में सौंदर्य के बारे में सोचो और खुश रहो।"

मुझे नहीं लगता कि माँ की सलाह सही हो सकती है, क्योंकि यदि आप दुख का हिस्सा बन जाते हैं तो आपसे क्या करने की उम्मीद की जाती है? आप पूरी तरह से खो जाएंगे। इसके विपरीत, सुंदरता यहां तक कि विपत्ति में भी बनी हुई है,। यदि आप इसे देखते हैं, तो आप ज्यादा से ज्यादा खुशी को ढूंढते हैं और अपना संतुलन पुनः प्राप्त कर लेते हैं। एक व्यक्ति जो खुश है, वह दूसरों को खुश करेगा; एक व्यक्ति जिसके पास साहस और विश्वास है, वह कभी भी दुख में नहीं मरेगा!

तुम्हारी, ऐनी एम. फ्रैंक

बुधवार, 8 मार्च, 1944

मार्गोट और मैं, एक-दूसरे के नोट्स लिख रहे हैं, बस मज़े के लिए।

ऐनी : यह अजीब बात है, लेकिन मैं उस दिन के बाद केवल पिछली रात को जो हुआ है, वही याद कर सकती हूं। उदाहरण के लिए, मुझे अचानक याद आया कि श्रीमान डसेल कल रात जोर से खर्राटे ले रहे थे। (अभी बुधवार की दोपहर के पौने तीन बजे है और श्रीमान डसेल फिर से खर्राटे ले रहे हैं, बेशक यही वजह है कि यह मेरे दिमाग में कौंधा) जब मुझे पॉटी का उपयोग करना पड़ा, तो मैंने खर्राटे रोकने के लिए जानबूझकर अधिक शोर किया।

मार्गोट : कौन सा तरीका बेहतर है, खराटे भरना या हवा के लिए हांफना?

ऐनी : खर्राटे बेहतर हैं, क्योंकि यह तब रुक जाता है जब मैं शोर करती हूं, बिना प्रश्नगत व्यक्ति को जगाए।

जो मैंने मार्गोट को नहीं लिखा, लेकिन प्रिय किटी, जो मैं तुमसे कबूल करूंगी, वह यह है कि मैं बार-बार पीटर के सपने देख रही हूं। पिछली रात से पहले की रात में मैंने सपना देखा था कि मैं अपोलो आइस-स्केटिंग रिंक के उस छोटे लड़के के साथ यही बैठक कक्ष में स्केटिंग कर रही थी; वह अपनी बहन के साथ था, पतली टांगों वाली वह लड़की जो हमेशा नीले रंग की एक ही पोशाक पहनती थी। उससे मैंने खुद का परिचय करवाया, और उससे उसका नाम पूछा। यह पीटर था। मेरे सपनों में, मैंने सोचा कि मैं वास्तव में कितने पीटरों को जानती थी।

फिर मैंने सपना देखा कि हम सीढ़ियों के बगल में एक दूसरे के सामने, पीटर के कमरे में खड़े थे। मैंने उससे कुछ कहा; उसने मुझे एक चुंबन दे दिया, लेकिन जवाब दिया कि वह मुझसे प्यार नहीं करता है और मुझे इश्कबाजी नहीं करना

चाहिए। एक हताश और सफाई पेश करती आवाज़ में मैंने कहा, "मैं इश्कबाजी नहीं कर रही हूं, पीटर!"

जब मैं जागी, मुझे खुशी हुई कि पीटर ने यह सब नहीं कहा है। कल रात मैंने सपना देखा कि हम एक दूसरे को चुंबन दे रहे थे, लेकिन पीटर के गाल बहुत ही निराशाजनक थे : वे उतने मुलायम नहीं थे, जितने दिखते थे। वे पिता के गालों जैसे थे- दाढ़ी बनाने वाले आदमी के गालों जैसे।

शुक्रवार, 10 मार्च, 1944

मेरी सबसे प्यारी किटी

यह कहावत "दुर्भाग्य कभी अकेले नहीं आता" निश्चित रूप से आज के समय पर लागू होती है। पीटर ने ऐसा ही कहा। मैं तुम्हें वे सभी भयानक बातें बता दूँगी, जो हो चुकी है और अभी भी हमारे सिरों के ऊपर लटक रही है।

सबसे पहले, कल हुई हेंक और आश्य की शादी के परिणामस्वरूप सबसे पहले, मीप बीमार हो गई है। उसे वेस्टरकेर्क में जुकाम हो गया। दूसरा, श्रीमान क्लेमन काम पर नहीं लौटे हैं, जब से आखिरी बार उनके पेट से खून बहा था, इसलिए बेप को अकेले मोर्चा संभालना पड़ा। तीसरा, पुलिस ने एक व्यक्ति को गिरफ्तार किया है (जिसका नाम मैंने लिखित रूप में नहीं लिखूँगी)। यह न केवल उसके लिए, बल्कि हमारे लिए भी भयानक है, क्योंकि वह हमें आलू, मक्खन और जैम की आपूर्ति कर रहा था। मैं उसे मि एम कहूंगी, उसके तेरह साल से कम उम्र के पांच बच्चे हैं और छठा होने वाला है।

कल रात हम थोड़ा डर गए थे : जब हम रात के खाने के बीच में थे। अचानक किसी ने पास के दरवाजे पर दस्तक दी। बाकी शाम के लिए हम परेशान और उदास थे।

फिलहाल, मैं यह लिखने के मूड में नहीं हूँ कि यहाँ क्या हो रहा है। मैं अपने आप में ही ज्यादा डूबी हुई हूँ। मुझे गलत मत समझो, मैं, नेक, बेचारे श्रीमान एम के साथ जो हुआ है, उसके लिए बहुत परेशान हूं, लेकिन मेरी डायरी में उस बारे में लिखने के लिए बहुत जगह नहीं है।

मंगलवार, बुधवार और गुरुवार को मैं पीटर के कमरे में सवा पांच बजे तक थी। हमने अपनी फ्रेंच पर काम किया और दूसरी बातों के बारे में बातचीत की।

मैं वास्तव में दोपहर में उस एक घंटे कुछ करने के लिए इंतजार करती हूँ, लेकिन सबसे अच्छा यह है कि मुझे लगता है कि पीटर मुझे देखकर प्रसन्न होता है।

तुम्हारी, ऐनी एम. फ्रैंक

शनिवार, 11 मार्च, 1944

सबसे प्रिय किटी,

पिछले कुछ दिन से मैं शांत नहीं बैठ पा रही हूं। मैं हर समय सीढ़ियों पर ऊपर और नीचे घूमती रहती हूं। मुझे पीटर से बात करना पसंद है, लेकिन मुझे डर रहता है कि कहीं मैं उसे परेशान तो नहीं कर रही। उसने मुझे अपने अतीत के बारे में, अपने माता-पिता के बारे में और खुद के बारे में बताया, लेकिन यह पर्याप्त नहीं है, और मुझे आश्चर्य कि हर पांच मिनट में, मैं क्यों खुद को और अधिक जानने के लिए तरस रही हूं। वह सोचता था कि मैं सचमुच परेशान करने वाली लड़की हूं, और यह पारस्परिक एहसास था। मैंने अपना इरादा बदल दिया है, लेकिन मुझे कैसे पता चलेगा कि उसने अपना बदलाव किया है? मुझे लगता है कि उसने बदल लिया है, लेकिन इसका मतलब यह नहीं है कि हमें सबसे अच्छे दोस्त बनना है, हालांकि जहां तक मेरा सवाल है, यह हमारे समय को और अधिक सहने लायक बना देगा। लेकिन मैं इसे मुझको पागल नहीं करने दूँगी। मैं काफी समय से उसके बारे में सोचते हुए बताती हूं और नहीं चाहती कि तुम पर भी वही सब थोप दूं, सिर्फ इसलिए कि मैं इतनी दयनीय दशा में हूं।

रविवार, 12 मार्च, 1944

सबसे प्रिय किटी,

दिन ब दिन यहां हालात अजीब होते जा रहे हैं।

पीटर ने कल से मेरी तरफ नहीं देखा। वह मेरे साथ ऐसा व्यवहार कर रहा है जैसे कि वह मुझसे नाराज हो। मैं पूरा प्रयास कर रही हूं कि मैं उसके पीछे ना जाउ और जितना संभव हो उतना कम उससे बात करूँ, लेकिन यह आसान नहीं है। ऐसा क्या चल रहा है, ऐसा क्या है जो उसे मुझसे एक पल में दूर कर रहा है, और दूसरे पल उसे मेरी तरफ खींच रहा है? शायद मैं यह कल्पना कर रही हूं, यह

जो सच में है, उससे भी बदतर है। शायद वह मेरी तरह ही मूडी है, और कल सब कुछ फिर से ठीक हो जाएगा!

जब मैं बहुत दयनीय और दुखी महसूस करती हूं, सामान्य होने का दिखावा करने की कोशिश में, मेरा सबसे कठिन समय चल रहा होता है। मुझे बात करनी पड़ती है, घर में सब जगह सहायता करनी पड़ती है, दूसरों के साथ बैठना और सबसे ऊपर, हंसमुख होने का नाटक करना पड़ता है। सबसे अधिक मुझे बाहर की याद आती है और एक ऐसी जगह होने की जहां मैं जब तक चाहूँ तब तक अकेली रह सकूं। किटी, मुझे लगता है कि मुझे यह सब चीजें मिश्रित मिल रही है, लेकिन तब मैं पूरे भ्रम में होती हूं : एक तरफ, मैं उसकी इच्छा किए, आधी पागल हूं, मुश्किल से एक ही कमरे में उसे बिना देखे रह सकती हूं, और दूसरी ओर, मुझे आश्चर्य है कि वह मेरे लिए इतना क्यों मायने रखता है, और मैं फिर से शांत क्यों नहीं हो सकती हूं!

दिन और रात, जागे रहने के हर घंटे के दौरान, मैं अपने आप से पूछने के अलावा कुछ नहीं करती, "क्या तुमने उसे अकेले रहने का पर्याप्त मौका दिया है? क्या तुम ऊपर बहुत अधिक समय बिता रही हो? क्या तुम उन गंभीर विषयों के बारे में बहुत अधिक बात करती हो जिनके बारे में वह अभी तक बात करने के लिए तैयार नहीं हैं? हो सकता है कि वह तुम्हें पसंद नहीं करता? क्या यह सब तुम्हारी कल्पना है? लेकिन फिर उसने तुम्हें अपने बारे में इतना क्यों बताया है? क्या उसे खेद है कि उसने बता दिया?" और भी बहुत सारी चीजें।

कल दोपहर मैं बाहर से आई, मैं बाहर मिली दुखद खबर से इतनी टूट चुकी थी कि मैं झपकी लेने के लिए अपने दीवान पर लेट गई। मैं बस सोना चाहती थी और सोचना नहीं चाहती थी। मैं चार बजे तक सोई, लेकिन फिर मुझे पास के कमरे में जाना पड़ा था। माँ के सभी प्रश्नों का उत्तर देना और पिता को मेरी झपकी समझाने का बहाना बनाना आसान नहीं था। मैंने सिर दर्द का बहाना किया, जो कि झूठ नहीं था, जो कि मुझे था... अंदर से !

साधारण लोग, सामान्य लड़कियां, मेरी तरह के किशोर, यह सब आत्म दया को थोड़ा झक्की समझेंगे। लेकिन यह न्याय संगत है। मैं तुम्हें दिल की बातें खुलेआम बता सकती हूँ, और बाकी समय मैं सवालों से बचने और अपने आपको दूसरों के गुस्से से दूर रखने के लिए, जितना संभव हो, मैं दिलेर, हंसमुख और आत्मविश्वासी बनी रहती हूं।

मार्गोट बहुत दयालु है और मुझसे चाहेगी कि मैं उस पर भरोसा करूं, लेकिन मैं उसे सब कुछ नहीं बता सकती। वह मुझे बहुत गंभीरता से लेती है, बहुत गंभीरता से, और अपनी पागल बहन के बारे में सोचने में बहुत समय बिताती है, जब भी मैं अपना मुंह खोलती हूं, मुझे ध्यान से देखते हुए और आश्चर्य करते हुए कि, "क्या वह अभिनय कर रही है, या वह वास्तव में इसके मायने रखती है?"

ऐसा इसलिए है क्योंकि हम हमेशा साथ रहते हैं। मैं ऐसे व्यक्ति को हर समय अपने पास नहीं रख सकती, जिस पर मैं विश्वास करती हूं। मैं अपने अव्यवस्थित विचारों को कब सुलझाऊंगी? मुझे कब फिर से आंतरिक शांति मिलेगी?

तुम्हारी, ऐनी

मंगलवार, 14 मार्च, 1944

सबसे प्रिय किटी,

यह सुनना कि हम आज क्या खाने जा रहे हैं, आपके लिए मनोरंजक हो सकता है। (हालांकि मेरे लिए नहीं) सफाई करने वाली महिला नीचे काम कर रही है, इसलिए इस समय मैं फॉन डान के "मोमजामा से ढके मेज" पर एक सुगंधित युद्ध पूर्व इत्र छिड़के रुमाल से अपनी नाक और मुंह दबा कर बैठी हुई हूं। तुम्हें शायद जरा भी पता नहीं होगा कि मैं किस बारे में बात कर रही हूं, इसलिए मुझे शुरुआत से शुरू करने दे। वह आदमी जो हमें खाद्यान्न कूपन की आपूर्ति करता था, उन्हें गिरफ्तार कर लिया गया है, इसलिए हमारे पास काले बाजार की राशन की पुस्तकें हैं- कूपन, वसा और तेल नहीं है। चूंकि मीप और श्रीमान क्लेमन फिर बीमार हैं, बेप खरीदारी का प्रबंधन नहीं कर सकती। भोजन संकट में है और इसलिए हम भी संकट में है। जैसा कि कल के लिए हमारे पास रत्ती भर भी वसा, मक्खन या मार्जरीन नहीं है। हम नाश्ते में तले हुए आलू नहीं खा सकते हैं (जो हम रोटी पर बचाने के लिए करते रहे हैं) इसलिए हम इसकी बजाय दलिया खा रहे हैं और क्योंकि श्रीमती फॉन डान को लगता है कि हम भूख से मर रहे हैं, हमने थोड़ा दूध और कुछ क्रीम खरीदा है। दोपहर के भोजन में आज मसले हुए आलू और मसालेदार गोभी है। यह रुमाल से किए जाने वाले एहतियाती उपाय बताता है। आपको विश्वास नहीं होगा कि गोभी जब कुछ साल पुरानी हो तो कितना ज्यादा बदबू कर सकती है! रसोई से बेर, सड़े हुए अंडे और नमकीन के खराब मिश्रण की तरह की बदबू आ रही है। ऊह, सिर्फ इस विचार से ही कि यह खाना गंदगी से बना खाना है मैं इसे फेंक देना चाहती हूं!

इसके अलावा, हमारा आलू एक ऐसे अजीब रोग से ग्रसित हो गया कि हर दो में से एक बाल्टी आलू कचरे में हवा हो जाता है। हम यह पता लगाने की कोशिश करते हैं कि उन्हें कौन सी बीमारी है, और हम इस निष्कर्ष पर पहुँचे हैं कि वे कैंसर, चेचक और खसरे से पीड़ित हैं। ईमानदारी से, युद्ध के चौथे वर्ष के दौरान भूमिगत रहना कोई पिकनिक नहीं है। हर जगह केवल बदबूदार गंदगी फैली हुई थी।

तुम्हें सच कहती हूं, भोजन मेरे लिए इतना मायने नहीं रखता, अगर यहाँ जीवन अन्य तरीकों से अधिक सुखद होता। लेकिन यहां विषय सिर्फ यही है कि : यह थकाऊ अस्तित्व हम सभी को अप्रिय बनाना शुरु कर रहा है। वर्तमान स्थिति के बारे में यहां पांच व्यस्कों की सलाह दे रही हूँ (बच्चों को राय देने की इजाजत नहीं है, और एक बार के लिए मैं नियमों से चिपक रही हूँ)

श्रीमती फॉन डान : "मैं बहुत पहले रसोई की रानी बनना बंद करना चाह रही थी। लेकिन बिना किसी प्रयोजन के खाली बैठे रहना उबाऊ था, इसलिए मैं खाना पकाने वापस आ गई थी। तेल के बिना खाना बनाना नामुमकिन है, और उन सभी से इतनी घृणित बदबू आ रही है कि मुझे उबकाई जैसा महसूस होता है। इसके अलावा, मुझे अपने प्रयासों के बदले में क्या मिलता है? कृतघ्न और असभ्य टिप्पणी। मैं हमेशा काली भेड़ हूँ; मुझे हर चीज के लिए दोषी ठहराया जाता है। इससे आगे यह मेरी सलाह है कि युद्ध में प्रगति बहुत कम हो रही है। आखिर में जर्मनी जीत जाएगा। मैं घबरा रही हूं कि हम भूखे मरने जा रहे हैं और जब मैं एक बुरी मनोदशा में होती हूं, मैं उस समय हर किसी को गुस्से में काटने को दौड़ती हूं जो मेरे पास आता है।"

श्रीमान फॉन डान : "मैं तो सिर्फ धूम्रपान और धूम्रपान और धूम्रपान करूँगा। फिर भोजन, राजनीतिक हालात और केली की मनोदशा इतनी बुरी नहीं लगती। केल्ली बहुत प्यारी है। अगर मुझे धूम्रपान करने को नहीं मिला तो मैं बीमार हो जाऊंगा, फिर मुझे माँस खाने की आवश्यकता होती है, जीवन असहनीय हो जाएगा, कुछ भी पर्याप्त रूप से अच्छा नहीं लगेगा। मेरी केली एक मूर्ख है।"

श्रीमती फ्रैंक : "खाद्य पदार्थ बहुत जरूरी नहीं है, लेकिन मुझे इस समय राई की रोटी का एक टुकड़ा भी पसंद आएगा, क्योंकि मुझे बहुत भूख लगी है। अगर मैं श्रीमती फॉन डान होती तो मैंने बहुत पहले ही श्रीमान फॉन डान के धूम्रपान पर रोक लगा दिया होता, लेकिन मुझे अब सिगरेट की सख्त जरूरत है, क्योंकि मुझे चक्कर जैसा महसूस हो रहा है। फॉन डान बहुत खराब लोग हैं; ब्रिटिश बहुत सी गलतियां कर सकते हैं, लेकिन युद्ध प्रगति कर रहा है। मुझे अपना मुंह बंद रखना चाहिए और आभारी होना चाहिए कि मैं पोलैंड में नहीं हूं।"

श्रीमान फ्रैंक : "सब कुछ ठीक है, मुझे किसी चीज की आवश्यकता नहीं है। शांत रहें, हमारे पास बहुत समय है। बस मुझे आलू दे दो, और मैं चुप हो जाऊंगा। मेरे राशन में से कुछ हिस्सा बेप के लिए अलग से निर्धारित करना बेहतर होगा। राजनीतिक स्थिति में सुधार हो रहा है, मैं बेहद आशावादी हूं।"

श्रीमान डसेल : "मुझे अपने लिए निर्धारित किए गए कार्य को पूरा करना चाहिए, सब कुछ समय पर पूरा किया जाना चाहिए। राजनीतिक स्थिति "मनोनुकूल" लग रही है, हमारा पकड़ा जाना "कठिन" है। मुझे, मुझे, मुझे...।'

तुम्हारी, ऐनी

गुरुवार, 16 मार्च, 1944

सबसे प्रिय किटी,

उफ, कुछ पलों के लिए मैं निराशा व उदासी से बाहर निकली हूं! आज मैं जो कुछ भी सुन रही हूं वह यह है : "यदि यह और वह होता है, तो हम परेशानी में पड़ जाएंगे, और यदि अमुक बीमार हो जाता है तो हमें खुद का बचाव करने के लिए छोड़ दिया जाएगा, और यदि ..."

खैर, बाकी आपको पता है, या किसी हद तक मुझे लगता है कि आप उपभवन के निवासियों से काफी परिचित हैं, यह अनुमान लगाने के लिए कि वे किस बारे में बात कर रहे हैं।

सभी "अगर" का कारण यह है कि श्रीमान कुगलर को छह-दिवसीय कार्य विस्तार के लिए बुलाया गया है, बेप बुरी तरह के जुकाम की वजह से सुस्त पड़ी हुई है, और शायद कल घर पर ही रहेगी, मीप का फ्लू खत्म नहीं हुआ है, और श्रीमान क्लेमन के पेट में इतना खून बहा है कि उन्होंने होश खो दिया है। क्या शोकभरी कहानी है!

हमें लगता है कि श्रीमान कुगलर को खराब स्वास्थ्य के एक चिकित्सा प्रमाण पत्र के लिए सीधे एक विश्वसनीय चिकित्सक के पास जाना चाहिए, जो वे हिलवर्सम के सिटी हॉल में दिखा सकते हैं। गोदाम के कर्मचारियों को कल एक दिन की छुट्टी दे दी गई है, इसलिए बेप कार्यालय में अकेली होगी। यदि (यह एक और "अगर" है) बेप को घर पर रहना पड़ा, तो दरवाजा बंद रहेगा और हमें चूहों की तरह शांत रहना होगा, ताकि पीपा कंपनी में हमारी आवाज ना सुनाई दे। यान,

एक बजे आधे घंटे के लिए एक चिड़िया घर के रखवाले की तरह, हम बेचारे पूर्ण परित्यक्त आत्माओं की जांच करने आ जाएगा।

इस दोपहर, उम्र में पहली बार, यान ने हमें बाहरी दुनिया के कुछ समाचार दिए। आपने हमें उसके चारों ओर इकट्ठा होते देखा होगा; यह बिल्कुल एक प्रिंट की तरह लग रहा था : "दादी के घुटने में।"

वह अपने आभारी श्रोताओं को - और क्या? खाना बोलकर दावत देता है। मीप की एक दोस्त, श्रीमती पी, उसका भोजन पका रही है। पिछले दिन के पहले यान ने हरी मटर के साथ गाजर खाया था, पिछले दिन उसने बचा हुआ खाना खा लिया था, आज वह सूखी हरी मटर पका रही है, और आने वाले कल के लिए वह आलू के साथ बचे हुए गाजर मसलने की योजना बना रही है।

हमने मीप के डॉक्टर के बारे में पूछा।

"डॉक्टर?" यान ने कहा। "क्या डॉक्टर? मैंने आज सुबह उसे फोन किया और लाइन पर उसकी रिसेप्शनिस्ट मिली। मैंने एक फ्लू के पर्चे के लिए कहा और मुझे बताया गया था कि मैं उसे कल सुबह आठ और नौ के बीच लेने के लिए आ सकता हूं। अगर आपको फ्लू का एक विशेष रूप से बुरा मामले में देखा गया होता, तो डॉक्टर स्वयं फोन पर आते हैं और कहते हैं" अपनी जीभ बाहर रखो और 'आह' बोलो। "ओह, मैं इसे सुन सकता हूं, आपका गला संक्रमित है। मैं दवा का एक पर्चा लिख दूंगा और आप फार्मेसी से उसे ला सकते हैं। दिन शुभ हो।"और बस वही है। उसे एक आसान कार्य मिल गया है, फोन द्वारा निदान। लेकिन मुझे डॉक्टरों को दोष नहीं देना चाहिए। "आखिरकार, एक व्यक्ति के केवल दो हाथ होते हैं, और इन दिनों रोगी बहुत सारे हैं और डॉक्टर बहुत कम।"

फिर भी, हम सभी यान के फोन कॉल पर अच्छा खासा हंसते थे। एक डॉक्टर का प्रतीक्षालय इन दिनों के कैसा लग रहा होगा, मैं सिर्फ इसकी कल्पना कर सकती हूं। डॉक्टर इस समय मामूली बीमारियों से ग्रसित उन बेचारे रोगियों की तरफ दृष्टि भी नहीं डालते। डॉक्टर अब गरीब रोगियों पर अपनी नाक नहीं घुमाते हैं, लेकिन छोटी बीमारियों वाले लोगों पर। "अरे, तुम यहाँ क्या कर रहे हो?" वे सोचते हैं। "पंक्ति के आखिर में जाओ; असली रोगियों को प्राथमिकता दी जाती है!"

तुम्हारी, ऐनी

गुरुवार, 16 मार्च, 1944

सबसे प्रिय किटी,

मौसम बहुत अच्छा है, इतना खूबसूरत है कि बयान नहीं किया जा सकता; मैं एक पल ऊपर अटारी पर जा रही हूं।

अब मुझे मालूम है कि मैं पीटर की तुलना में इतना अधिक बेचैन क्यों रहती हूं। उसका अपना कमरा है, जहाँ वह काम कर सकता है, सपने देख सकता है, सो सकता है। मुझे लगातार एक कोने से दूसरे कोने में खदेड़ा जाता रहता है। मैं कमरे में कभी अकेले नहीं रहती हूं मैं उसे डसेल के साथ साझा करती हूं, यद्यपि मैं इसके लिए तरसती रहती हूं। एक दूसरी वजह भी है जिसकी वजह से मैं अटारी में शरण लेती हूं। जब मैं वहां, या तुम्हारे साथ होती हूं कम से कम तब थोड़ी देर के लिए, मैं मैं बन सकती हूं। फिर भी, मैं विलाप और कराहना नहीं चाहती। इसके विपरीत, मैं बहादुर बनना चाहती हूं!

भगवान का शुक्र है दूसरे मेरी मन की भावना का कुछ भी संज्ञान नहीं लेते, सिवाय इसके कि हर दिन मैं अधिक से अधिक शांत और माँ के प्रति अधिक तिरस्कारपूर्ण, पिता के प्रति कम स्नेही और मार्गोट के साथ एक भी विचार साझा करने के लिए कम तैयार होती जा रही हूं; मैं एक ड्रम से भी अधिक कस कर बंद होती जा रही हूं। सबसे ऊपर, मैंने अपने आत्मविश्वास की हवा को बनाए रखी है। किसी को पता नहीं होना चाहिए कि मेरा दिल और दिमाग लगातार एक-दूसरे के साथ युद्ध की स्थिति में रहते हैं। अब तक कारण ने हमेशा लड़ाई जीत ली है, लेकिन क्या मेरी भावना मजबूत स्थिति में होगी? कभी-कभी मुझे डर लगता है कि वे होंगी, लेकिन ज्यादातर मैं वास्तव में आशा करती हूं कि वे करेंगे!

ओह, इन चीजों के बारे में पीटर से बात न करना ही बहुत मुश्किल है, लेकिन मुझे पता है कि उसे मुझे ही शुरु करना है; दिन के दौरान अभिनय करना इतना कठिन है जैसे कि मैंने अपने सपनों में जो कुछ भी कहा और किया है वह कभी सच नहीं हुआ! किटी, ऐनी पागल है, लेकिन यह पागलपन का ही समय है और परिस्थितियां भी पागलपन की ही हैं।

सबसे अच्छा हिस्सा, अपने सभी विचारों और भावनाओं को लिखने में सक्षम होना है; अन्यथा, मेरा पूरी तरह से दम घुट जाता। मुझे आश्चर्य है कि पीटर इन सभी चीजों के बारे में क्या सोचता है? मैं सोचती रहती हूं मैं एक दिन उनके बारे में उससे बात करने में सक्षम हो जाऊंगी। उसने मेरे भीतर के बारे में कुछ अनुमान

लगाया होगा, क्योंकि वह संभवत: अब तक ज्ञात बाहरी ऐनी से प्यार नहीं कर सका! पीटर जैसा कोई कैसे हो सकता है, जो शांति और चुप्पी से प्यार करता है, जो संभवतः मेरी हलचल और शोर के साथ खड़ा है? क्या वह पहला और एकमात्र व्यक्ति होगा जो यह देखेगा कि मेरे सख्त मुखौटे के नीचे क्या है? क्या यह उसे दूर तक ले जाएगा? क्या अफसोस के सदृश्य प्यार के बारे में कुछ पुरानी कहावतें नहीं है? क्योंकि अक्सर मुझे उस पर इतनी दया आती थी जितना कि मुझे अपने आप पर इतनी दया आती थी।

मैं ईमानदारी से नहीं जानती कि कैसे शुरू करना है, मैं वास्तव में नहीं जानती हूं, पीटर के लिए जब तक बात करना मुश्किल है तो मैं उससे उम्मीद कैसे कर सकती हूं? यदि मैं केवल लिख सकती, तो कम से कम वह जानता होता कि मैं क्या कहना चाह रही हूँ, क्योंकि इसे ज़ोर से कहना बहुत मुश्किल है!

तुम्हारी, ऐनी एम. फ्रैंक

शुक्रवार, 17 मार्च, 1944

मेरी प्यारी प्रिय

आखिरकार सब कुछ सही हो गया; बेप को फ्लू नहीं सिर्फ गले में एक खराश थी, और श्रीमान कुगलर ने अपने आप को काम विस्तार से बचाने के लिए एक चिकित्सा प्रमाण पत्र प्राप्त कर लिया। पूरे उपभवन ने राहत की सांस ली। यहां सब कुछ ठीक है! सिवाय इसके कि मार्गोट और मैं हमारे माता-पिता की वजह से थक गए है।

मुझे गलत मत समझो। मैं अभी भी पिता से हमेशा की तरह प्यार करती हूं और मार्गोट, पिता और माता दोनों से प्यार करती है, लेकिन जब आप हमारे जितने ही पुराने हैं, आप खुद के लिए उनके अंगूठे के नीचे से बाहर निकलने का कुछ फैसला लेना चाहेंगे। जब भी मैं ऊपर जाती हूं, वे पूछते हैं कि मैं क्या करने जा रही हूं, वह मुझे मेरे भोजन में नमक तक नहीं देंगे, माँ मुझसे हर शाम आठ-पंद्रह पर पूछती है कि क्या यह मेरे लिए अपनी नाइटी बदलने का समय नहीं है, और उन्हें मेरे द्वारा पढ़ी गई हर पुस्तक को अनुमोदित करना है। मुझे स्वीकार करना चाहिए कि वे इस बारे में उतने सख्त नहीं हैं और मुझे लगभग सब कुछ पढ़ने देते हैं, लेकिन मार्गोट और मैं दिन भर उनकी टिप्पणियों और सवालों को सुनकर बीमार और थक गए हैं।

वहाँ कुछ और है जो कि उन्हें खुश नहीं करता है : मैं अब उन्हें सुबह दोपहर व रात को थोड़ा चुंबन देने जैसा नहीं महसूस करती हूं। वे सभी प्यारे उपनाम बहुत बनावटी लगते हैं, और गैस और शौचालय के बारे में बात करना मुझे घिनौना लगता है। संक्षेप में कहूं तो मैं कुछ दिन उनके बिना बिताना पसंद करूंगी। लेकिन वे इस बात को नहीं समझते हैं। ऐसा नहीं है कि मार्गोट और मैंने कभी भी उनसे ऐसी कोई बात नहीं कही है। वे किसी भी तरह नहीं समझेंगे।

मार्गोट ने कल रात कहा, "जो वास्तव में मुझे परेशान करता है वह यह है कि यदि आप अपना सिर अपने हाथों में रखे हुए होते हैं और एक या दो बार आह भरते हैं, तो वे तुरंत पूछते हैं कि क्या आपको सिरदर्द है या कुछ अच्छा नहीं लग रहा है।

करीबी और सामंजस्य पूर्ण परिवार का जरा सा अवशेष के बने रहने का अचानक एहसास होना हम दोनों के लिए काफी बड़ा झटका हो गया है, जिसमें हम घर पर रहते थे। यह ज्यादातर इसलिए है क्योंकि यहां सब कुछ चालु हालत से बाहर है। उससे मेरा मतलब यह है कि बाहरी मामलों में हमारे साथ बच्चों की तरह व्यवहार किया जाता है।

हालांकि मैं केवल चौदह वर्ष की हूं, मुझे पता है कि मुझे क्या चाहिए, मुझे पता है कि कौन सही है और कौन गलत है, मेरी अपनी राय, विचार और सिद्धांत है, और हालांकि यह एक किशोरी से आ रही विचित्रता लग सकती है, मुझे लगता है कि मैं एक बच्चे की तुलना में एक व्यक्ति अधिक लगती हूं - मुझे लगता है कि मैं दूसरों से पूरी तरह से आजाद हूं। मुझे पता है कि मैं माँ की तुलना में बहस करने या चर्चा करने में बेहतर हूं, मुझे पता है कि मैं अधिक उद्देश्यपूर्ण हूं, मैं इतनी ज्यादा अतिशयोक्ति नहीं कर रही हूं, मैं अपने हाथों से बहुत ठीक-ठाक और बेहतर हूं, और उसके कारण मुझे लगता है (इससे आपको हंसी आ सकती है।) कि मैं कई मायनों में उससे बेहतर हूं। किसी से प्यार करने के लिए, मुझे व्यक्ति की प्रशंसा और सम्मान करना होता है, लेकिन मुझे लगता है कि न तो माँ के लिए सम्मान महसूस करती हूं और न ही प्रशंसा!

अगर मेरे पास केवल पीटर होता तो सब कुछ ठीक हो जाता, क्योंकि मैं कई तरीकों से उसकी प्रशंसा करती हूं। वह बहुत भला और चतुर है!

तुम्हारी, ऐनी एम. फ्रैंक

शनिवार, 18 मार्च, 1944

सबसे प्रिय किटी,

मैंने आपको अपने बारे में और अपनी भावनाओं के बारे में किसी जिंदा इंसान से अधिक बताया है तो उसमें सेक्स को क्यों नहीं शामिल करना चाहिए?

माता-पिता, और आम लोग सेक्स की बात करते समय बहुत अजीब होते हैं। बारह साल की उम्र में अपने बेटों और बेटियों को सब कुछ बताने के बजाय, वे बच्चों को कमरे से बाहर भेजते हैं जिस पल यह विषय उठता है और उन्हें अपने दम पर सब कुछ पता लगाने के लिए छोड़ देते है। बाद में, जब माता-पिता ध्यान देते हैं कि उनके बच्चों को किसी तरह उनकी जानकारी मिल गई है, तो वे मान लेते हैं कि वे वास्तव में जितना जानते हैं उससे अधिक तुलना में वे (या कम) जानते हैं। तो क्यों वे उनसे यह पूछकर संशोधन करने की कोशिश नहीं करते कि वह क्या है?

वयस्कों के लिए एक बड़ी बाधा है - हालांकि मेरी राय में यह एक कंकड़ से अधिक नहीं है - उनका यह है कि वे डरते हैं कि उनके बच्चे शादी को पवित्र और शुद्ध के रूप में नहीं देखेंगे, जब उन्हें पता चलता है कि, ज्यादातर मामलों में, यह पवित्रता माल एक बकवास है। जहां तक मेरा सवाल है, एक आदमी के लिए शादी का थोड़ा सा अनुभव प्राप्त करना गलत नहीं है। आखिरकार, शादी करना अपने आप में कुछ भी नहीं है, क्या यह है?

मेरे ग्यारह साल की हो जाने के तुरंत बाद, उन्होंने मुझे मासिक धर्म के बारे में बताया। लेकिन फिर भी, मुझे नहीं पता था कि खून कहां से आया है या यह किसलिए हुआ था। जब मैं साढ़े बारह साल की हो गई थी, मैंने यैक से कुछ अधिक सिखा जो मेरी तरह अनजान नहीं थी। मेरे स्वयं के सहज बोध ने मुझे बताया कि एक पुरुष और एक महिला क्या करते हैं, जब वे एक साथ होते हैं; पहली बार में यह एक पागलपन के विचार की तरह लग रहा था, लेकिन जब यैक ने इसकी पुष्टि की, तो मुझे अपनी समझ से बाहर चीज को जानने पर खुद पर गर्व था!

यह भी यैक ही थी, जिसने मुझे बताया था कि बच्चे अपनी माँ के पेट से बाहर नहीं आते हैं। जैसा कि उसने कहा, "जहां पर कच्चा माल जाता है, वहीं से तैयार माल भी निकलता है" यैक और मुझे यौन शिक्षा की एक पुस्तक से हाइमन और काफी कुछ अन्य विवरणों के बारे में पता चला। मुझे यह भी पता था कि आप बच्चे पैदा करने से बच सकते हैं, लेकिन आपके शरीर के अंदर कैसे काम होता है यह

एक रहस्य बना रहा। जब मैं यहां आई थी, तो पिता ने मुझे वेश्याओं आदि के बारे में बताया, लेकिन इन सबके बाद भी सवाल अभी भी अनुत्तरित हैं।

यदि माताएं अपने बच्चों को यह सब कुछ नहीं बताती हैं, तो वे इसे इधर-उधर से जानकारी लेंगे, जो सही नहीं हो सकती।

भले ही आज शनिवार है, लेकिन मैं बोर नहीं हुई हूं! ऐसा इसलिए है क्योंकि मैं पीटर के साथ अटारी में हूं। मैं वहां अपनी आंखें बंद करके बैठे हुए सपना देख रही थी, और यह अद्भुत था।

तुम्हारी ऐनी फ्रैंक

रविवार, 19 मार्च, 1944

सबसे प्रिय किटी,

कल मेरे लिए बहुत ही महत्वपूर्ण दिन था। दोपहर के भोजन के बाद सब कुछ सामान्य था। पाँच बजे मैंने आलू रख दिए, और माँ ने मुझे पीटर के पास ले जाने के लिए कुछ लाल सॉसेज दी। पहले मैं यह काम नहीं करना चाहती थी, लेकिन आखिरकार चली गई। उसने सॉसेज स्वीकार नहीं किया और मुझे यह डरावना एहसास हुआ कि कहीं यह हमारी अविश्वास के बारे में हुई बहस की वजह से तो नहीं हुआ था। मैं इसे और अधिक नहीं सहन कर सकी और मेरी आँखें आँसुओं से भर गईं। बिना एक और शब्द के, मैंने थाली माँ को लौटा दी और अच्छे से रोने के लिए शौचालय चली गई। बाद में मैंने पीटर के साथ चीजों पर बहस करने का निर्णय लिया। रात के खाने से पहले हम में से चार एक वर्ग पहेली में उसकी सहायता कर रहे थे, इसलिए मैं उसे उस समय कुछ भी नहीं कह सकती थी।

लेकिन जैसे ही हम खाने के लिए बैठे थे, मैंने उससे फुसफुसाते हुए कहा, "क्या तुम आज रात अपने शार्टहैंड का अभ्यास करने वाले हो, पीटर?"

"नहीं," उसका उत्तर था।

"मैं तुमसे बाद में बात करना चाहूंगी"।

वह मान गया।

बर्तन धोने के बाद, मैं उसके कमरे में गई और पूछा कि क्या उसने हमारे पिछले झगड़े की वजह से सॉसेज लेने से मना कर दिया था। सौभाग्य से, वजह वह नहीं थी; उसने सिर्फ यह सोचा था कि इतना उत्सुक दिखाई पड़ना बुरी बात

है। नीचे बहुत गर्मी थी और मेरा चेहरा एक समुद्री झींगे जैसे लाल हो गया था। तो मार्गोट को थोड़ा पानी देने के बाद, मैं कुछ ताजा हवा लेने ऊपर वापस आ गई। दिखावे के लिए, मैं पीटर के कमरे में जाने से पहले फॉन डान की खिड़की के पास जाकर खड़ी हो गई। वह खुली खिड़की के बाईं ओर खड़ा था, इसलिए मैं दाईं ओर चली गई। दिन के उजाले की तुलना में अर्ध अंधेरे में एक खुली खिड़की के बगल में बात करना बहुत आसान है, और मुझे लगता है कि पीटर ने भी ऐसा ही महसूस किया। हमने एक-दूसरे को बहुत कुछ बताया, बहुत बहुत कुछ, इतना कि मैं यह सब नहीं दोहरा सकती। लेकिन यह उपभवन में मेरे आज तक की सबसे शानदार शाम थी। मैं तुम्हें हमारे द्वारा चर्चा किए गए विभिन्न विषयों का एक संक्षिप्त विवरण दूँगी।

पहले हमने झगड़ों के बारे में बात की और मैं इन दिनों उन्हें कैसे एक बिल्कुल अलग दृष्टिकोण से देखती हूं और फिर हम अपने माता-पिता से अलग कैसे दूर हो गए हैं। मैंने पीटर को माँ और पिताजी और मार्गोट और खुद के बारे में बताया। एक बिंदु पर उसने पूछा, क्या तुम हमेशा एक दूसरे को एक शुभरात्रि चुंबन देते हो, नहीं देते हो?"

"एक? दर्जनों। क्या तुम करते हो?"

"नहीं, मैंने वास्तव में कभी किसी को नहीं चूमा है।"

"क्या अपने जन्मदिन पर भी नहीं?"

"हां, अपने जन्मदिन पर किया था।"

हमने इस बारे में बात की कि हम में से कोई भी वास्तव में अपने माता-पिता पर भरोसा नहीं करता है, और कैसे उसके माता-पिता एक-दूसरे से बहुत प्यार करते हैं और चाहते हैं कि वह उन पर विश्वास करें, लेकिन वह यह नहीं। कैसे मैं बिस्तर में फूट-फूटकर होती हूं और वह मचान पर जाकर गाली बकता है। कैसे मार्गोट और मैं, हाल ही में एक दूसरे को जान पाए और फिर भी अभी तक एक दूसरे को थोड़ा-बहुत बताते हैं, क्योंकि हम हमेशा साथ होते हैं। हमने सभी कल्पनीय चीजों, विश्वास, भावनाओं और खुद के बारे में बात की थी। ओह, किटी, वह वैसा ही था जैसा मैंने सोचा था कि वह होगा।

फिर हमने वर्ष 1942 के बारे में बात की, और तब तक हम कितने अलग थे, यहाँ तक कि हम उस समय में अपने आप को नहीं पहचान पाते हैं। कैसे हम पहली बार में एक दूसरे को बर्दाश्त तक नहीं कर सकते थे। उसने सोचा मैं एक शोर मचाने वाली कीड़ा हूं और मैंने तुरंत यह निष्कर्ष निकाला था कि वह कुछ खास नहीं

है। मैं समझी नहीं थी कि उसने मेरे साथ इश्कबाजी क्यों नहीं की थी, लेकिन अब मैं खुश हूं। उसने यह भी उल्लेख किया कि कैसे वह अक्सर अपने कमरे में वापस चला जाया करता था। मैंने कहा कि मेरा शोर और अतिशयोक्ति और उसकी चुप्पी एक ही सिक्के के दो पहलू थे, और यह कि मैं शांति और चुप्पी भी पसंद करती थी, लेकिन मेरी डायरी को छोड़कर, मेरे पास कुछ भी मेरे अकेले के लिए नहीं है, और यह कि श्रीमान डसेल से शुरुआत करते हुए हर कोई मेरी पीठ देखेगा, और यह कि मैं हमेशा अपने माता-पिता के साथ नहीं बैठना चाहती हूं। हमने चर्चा की कि वह कितना खुश है कि मेरे माता-पिता के बच्चे हैं और मुझे खुशी है कि वह यहाँ है। कैसे अब मैं उसके माता-पिता से उसके रिश्ते को हट जाने की आवश्यकता को समझती हूं, और जब वे बहस करेंगे, तब मैं उसकी कितनी सहायता करना चाहूंगी।

"लेकिन तुम हमेशा मेरी मदद करते हो!" उसने कहा।

"किस तरह?" मैंने बहुत आश्चर्य होकर हुआ।

"हंसमुख होकर।"

वह उसकी पूरी शाम में कही हुई बात में सबसे अच्छी बात थी। उसने यह भी कहा कि मेरा उसके कमरे में आना उसे बुरा नहीं लगता था, जैसा वह माना करता था; वास्तव में वह उसे पसंद है। मैंने उसे यह भी बताया कि पिता और माता के प्यार के नाम सब अर्थहीन थे। हमने चीजों को अपने तरीके से करने, डायरी, अकेलापन, सभी के आंतरिक और बाहरी स्वयं, मेरे मुखौटा, आदि के बारे में भी बात की।

यह अद्भुत था। वह मुझे एक दोस्त के रूप में प्यार करने के लिए आया होगा, और, कुछ समय के लिए, यह पर्याप्त है। मैं बहुत आभारी और खुश हूं, मुझे शब्द नहीं मिल रहे हैं। मुझे माफी माँगनी चाहिए, किटी, क्योंकि मेरी शैली मेरे हमेशा के मानक के हिसाब से नहीं थी। मेरे दिमाग में जो कुछ आया, मैंने बस वही लिखा है!

मुझे लगता है कि पीटर और मैं एक रहस्य साझा करते हैं। जब कभी भी, वह उन दो आंखों, उस मुस्कान और उस पलक झपकने के साथ मुझे देखता है, तो ऐसा होता है जैसे मेरे अंदर एक रोशनी हो जाती है। मुझे उम्मीद है कि चीजें इस तरह ही रहेंगी और हमारे पास कई और खुशहाल घंटे एक साथ होंगे।

तुम्हारी आभारी और खुश ऐनी

सोमवार, 20 मार्च, 1944

सबसे प्रिय किटी,

आज सुबह पीटर ने मुझसे पूछा कि क्या मैं एक शाम फिर से आऊंगी। उसने कसम कसम खाई कि मेरी वजह से उसे कोई परेशानी नहीं होगी। और कहा कि जहां एक के लिए जगह थी, वहां दो के लिए जगह है। मैंने कहा कि मैं उससे नहीं मिल सकती थी, क्योंकि मेरे माता-पिता को नहीं लगता कि यह एक अच्छा विचार है, लेकिन उसने सोचा कि मुझे उस चीज से खुद को परेशान नहीं करना चाहिए। इसलिए मैंने उससे कहा कि," मैं किसी शनिवार की शाम आना चाहूंगी और यह भी पूछा कि जब तुम चांद देख सकोगे तो क्या मुझे बता दोगे। "निश्चित रूप से," उसने कहा, "शायद हम नीचे जा पायें और वहां से चंद्रमा को देख पायें।" मैं सहमत हूं; मैं वास्तव में चोरों से इतना डरती नहीं हूं।

इस बीच, मेरी खुशी पर एक अंधेरा छा गया। काफी लंबे समय से मुझे लग रहा था कि मार्गोट पीटर को पसंद करती है। बस कितना मैं नहीं जानती, लेकिन पूरी स्थिति बहुत अप्रिय है। अब हर बार जब मैं पीटर से मिलने जाती हूं, तब न चाहते हुए भी मैं उसे चोट पहुंचा रही हूं। मजेदार बात यह है कि वह ऐसा दिखाती नहीं है। मैं जानती हूं कि मैं तो काफी जलन महसूस करती, लेकिन मार्गोट का कहना है कि मुझे उसके लिए अफसोस नहीं होना चाहिए।

"मेरे ख्याल से यह बहुत बुरा है कि तुम अकेली पड़ गई हो," मैंने कहा।

"मैं इसकी आदी हूं।" कुछ कुछ कड़वाहट के साथ उसने जवाब दिया।

मेरी पीटर को बताने की हिम्मत नहीं हो रही थी, शायद बाद में, लेकिन उसे और मुझे पहले कई अन्य चीजों पर चर्चा करने की आवश्यकता है।

माँ ने पिछली रात मुझे आखिरी चेतावनी भरी थपकी दी, जो मुझे दी जानी थी। मुझे उनके प्रति अपनी उपेक्षा और निंदा को बहुत दूर नहीं ले जाना चाहिए। इन सबके बावजूद मुझे एक बार फिर से दोस्ताना होने और मेरी टिप्पणी खुद तक रखने का प्रयास करना चाहिए।

यहां तक कि पिम भी उतने अच्छे नहीं है जितना वह हुआ करते थे। वह मुझे बच्ची समझ कर व्यवहार करने का प्रयास नहीं कर रहे हैं, बल्कि अब वह बहुत ही भाव शून्य है। हम देखेंगे कि इसके क्या परिणाम निकलते है। उन्होंने मुझे चेतावनी दी है कि यदि मैं अपना बीजगणित नहीं करती हूं, तो मुझे युद्ध के बाद कोई ट्यूशन

नहीं मिलेगा। मैं बस इंतजार कर सकती थी और देख सकती थी कि क्या होता है, लेकिन मैं फिर से शुरू करना चाहूंगी, बशर्ते मुझे एक नई पुस्तक मिले।

अभी के लिए इतना ही काफी है। मैं पीटर पर टकटकी लगाने के अलावा कुछ नहीं करती हूं, लेकिन मैं छलकने की हद तक भरी हुई हूं।

तुम्हारी, ऐनी फ्रेंक

मार्गोट की अच्छाई के साक्ष्य। मुझे यह आज, 20 मार्च, 1944 को प्राप्त हुआ :

ऐनी, कल जब मैंने कहा कि मुझे तुमसे ईर्ष्या नहीं है, मैं पूरी तरह से ईमानदार नहीं थी। स्थिति यह है : मैं ना तो तुमसे और ना ही पीटर से ईर्ष्या करती हूं। मुझे माफ करना। मुझे कोई नहीं मिल सका जिसके साथ मैं अपने विचारों और भावनाओं का साझा करती, और निकट भविष्य में भी संभावना नहीं है। लेकिन इसलिए मैं अपने दिल की गहराइयों से कामना करती हूं कि तुम दोनों एक दूसरे में अपना भरोसा बनाए रखने में सक्षम हो। तुम पहले से ही यहाँ उन काफी कुछ चीजों की कमी महसूस कर रही हो, जिनका अन्य लोग महत्व नहीं समझते हैं।

दूसरी ओर मुझे यकीन है कि मैं कभी भी पीटर के साथ यहां तक नहीं आई होती, क्योंकि मुझे लगता है कि मुझे किसी के साथ अपने विचारों को साझा कर सकने से पहले मुझे उस व्यक्ति के बहुत करीब आने की जरूरत होगी। मैं उस भावना को पाना चाहूंगी कि यदि मैंने कुछ कहा नहीं तो भी वह मुझे पूरी तरह से समझ जाए। इस वजह से, किसी को तो होना था, जो मुझसे बौद्धिक रूप से श्रेष्ठ है, लेकिन पीटर के साथ ऐसा नहीं है लेकिन मैं उसके करीब तुम्हारी भावना की कल्पना कर सकती हूं।

इसलिए तुम्हें अपने आप को फटकारने की कोई आवश्यकता नहीं है, क्योंकि तुम्हें लगता है कि तुम कुछ ऐसा ले रही हो जिस की हकदार मैं थी : और सच से आगे और कुछ भी नहीं हो सकता। तुम्हारे और पीटर के पास अपनी दोस्ती से हासिल करने के लिए सब कुछ है।

मेरा जवाब :

प्रिय मार्गोट,

तुम्हारा पत्र बहुत नम्र था, लेकिन मैं अभी भी इस स्थिति के बारे में पूरी तरह से खुश महसूस नहीं करती हूं और मुझे लगता है कि मैं कभी करूंगी भी नहीं।

फिलहाल, पीटर और मैं एक-दूसरे पर उतना भरोसा नहीं करते जितना तुम सोचती दिखाई दे रही हो। यह सिर्फ इतना है कि जब आप गोधूलि में एक खुली खिड़की के पास खड़े होते हैं, तो आप चमकदार धूप में कहने की तुलना में, वहां एक दूसरे से अधिक कह सकते हैं। छतों से चिल्लाने की तुलना में अपनी भावनाओं को फुसफुसा कर कहना ज्यादा आसान है। मुझे लगता है कि तुमने पीटर के लिए बहन जैसा महसूस करना शुरू कर दिया है और उसकी सहायता करना चाहोगी,बिल्कुल उतना जितना मैं करती हूँ। शायद तुम किसी दिन वह करने में सक्षम होगी, हालांकि यह उस तरह का भरोसा नहीं है जैसा हमारे दिमाग में होता है। मैं विश्वास करती हूं कि भरोसा दोनों तरफ होना चाहिए; मुझे यह भी लगता है कि यही वजह है कि मैं और पिता जी वास्तव में इतने करीब क्यों नहीं आए हैं। लेकिन अब और इसके बारे में बात नहीं करते हैं।

अगर कुछ है जिस पर तुम अभी भी चर्चा करना चाहती हो, कृपया मुझे लिखना, क्योंकि मेरा कहने का क्या मतलब है मेरे लिए कागज पर कहना ज्यादा आसान होता है बजाय आमने सामने बात करने की। तुम जानती हो ना मैं तुम्हारी कितनी प्रशंसा करती हूं और केवल आशा करती हूं कि तुम्हारी और पिता की कुछ अच्छाइयों का प्रभाव मुझ पर पड़ेगा क्योंकि उस अर्थ में आप दोनों बहुत एक जैसे हैं।

तुम्हारी, ऐनी

बुधवार, 22 मार्च, 1944

सबसे प्रिय किटी,

मुझे यह पत्र कल रात मार्गोट से मिला :

प्रिय ऐनी,

कल तुम्हारे पत्र के बाद मुझे यह अप्रिय एहसास होता है कि तुम्हारी अंतरात्मा तुम्हें परेशान करती है, जब भी तुम पीटर के पास किसी काम से या बात करने जाती हो; वास्तव में इसकी कोई वजह नहीं है। मेरे दिल में, मुझे पता है कि कोई ऐसा व्यक्ति है जो मेरे विश्वास का हकदार है (जैसे मैं उसके हूं) और मैं पीटर को उसकी जगह बर्दाश्त नहीं कर पाऊंगी।

हालाँकि, जैसा कि तुमने लिखा, मैं पीटर को भाई जैसा सोचती हूं... एक छोटा भाई; जैसा हम एक दूसरे को अपने एहसास का अंदाजा देते रहे हैं और आने वाले समय में भाई-बहन का स्नेह विकसित हो सकता है। यह निश्चित रूप से अभी तक उस स्तर तक नहीं पहुंचा है। इसलिए तुम्हें मेरे लिए खेद महसूस करने की कोई आवश्यकता नहीं है। अब जब तुम्हें साथ मिल गया है, तो जितना हो सके उतना आनंद लो।

इस बीच, चीजें यहां अधिक से अधिक अद्भुत हो रही हैं। मुझे लगता है, किटी, उपभवन में शायद सच्चा प्यार विकसित हो रहा है। पीटर से शादी करने के बारे में सभी चुटकुले, यदि हम यहां पर्याप्त लंबे समय तक रुके तो आखिरकार नासमझी भरे नहीं साबित होंगे। ऐसा नहीं है कि मैं उससे शादी करने की सोच रही हूं। मुझे यह भी नहीं पता कि जब वह बड़ा होगा तो वह कैसा होगा या कि हम शादी करने के लिए एक दूसरे से पर्याप्त प्यार कर पाएंगे भी।

मुझे अब यकीन है कि पीटर मुझे भी प्यार करता है; मैं अभी नहीं जानती कि किस तरीके से। मैं यह पता नहीं लगा सकती कि क्या वह केवल एक अच्छा दोस्त चाहता है, या वह एक लड़की के रूप में या एक बहन के रूप में मेरे प्रति आकर्षित है।

जब उसने कहा कि मैंने हमेशा उसकी मदद की जब उसने माता-पिता बहस करते थे, तो मैं बहुत खुश हुई; यह उसकी दोस्ती में मेरे विश्वास रखने की ओर एक कदम था। मैंने कल उससे पूछा कि वह क्या करता है, यदि एक दर्जन एनी होती जो उसे देखने के लिए मिलती रहती। उसका जवाब था : "अगर वे सब तुम्हारी तरह होतीं, तो यह इतना बुरा नहीं होता।" वह बेहद ही मेहमाननवाज है, और मुझे लगता है कि वह वास्तव में मुझे देखना पसंद करता है। इस बीच, वह फ्रेंच सीखने पर कड़ी मेहनत कर रहा है, यहां तक कि सवा दस तक बिस्तर में भी अध्ययन करता रहता है।

ओह, जब मैं पिछले शनिवार की रात, हमारे शब्दों, हमारी आवाज़ों के बारे में सोचती हूं, तो मैं पहली बार खुद से संतुष्ट महसूस करती हूं; मेरा मतलब है, मैं अभी भी ऐसा कहूंगी और मैं एक चीज को बदलना नहीं चाहूंगी, जिस तरह से मैं आमतौर पर करती हूँ। वह बहुत ही सुंदर है, चाहे वह मुस्कुरा रहा हो या बस शांत बैठा हो। वह बहुत ही प्यारा, अच्छा और सुंदर है। मुझे लगता है कि मेरे बारे में उसे सबसे ज्यादा आश्चर्य इस बात से हुआ जब उसे पता चला कि मैं बिल्कुल भी सतही नहीं हूं, सांसारिक एनी नहीं हूं जैसी दिखती हूं, बल्कि उसकी तरह मुश्किलों के साथ एक सपना देखने वाली हूं।

कल रात बर्तन धोने के बाद, मैंने उसका इंतजार किया कि वह मुझसे ऊपर रहने के लिए कहे। लेकिन ऐसा कुछ नहीं हुआ;और मैं चली गई। वह डसेल को यह बताने के लिए नीचे आया कि रेडियो सुनने का समय था और थोड़ी देर के लिए बाथरूम के चारों ओर घूमता रहा, लेकिन जब डसेल को बहुत लंबा समय लगा, तो वह वापस ऊपर चला गया। वह अपने कमरे में गया और जल्दी सो गया।

पूरी शाम मैं बहुत बेचैन थी। मैं अपने चेहरे पर ठंडे पानी को छिड़कने के लिए बाथरूम जाती रही। मैं थोड़ा पढ़ी, कुछ और दिन में सपने देखे, घड़ी की ओर देखा और प्रतीक्षा की, पूरे समय उसके कदमों की आहट सुनती रही। थकी हुई मैं बिस्तर पर जल्दी चली गई।

आज रात मुझे स्नान करना है, और कल? कल बहुत दूर है।

तुम्हारी, ऐनी एम. फ्रैंक

मेरा उत्तरः

सबसे प्रिय मार्गोट,

मुझे लगता है कि सबसे अच्छी बात है,बस प्रतीक्षा करना और देखना कि क्या होता है। इसमें ज्यादा समय नहीं लग सकता जब पीटर और मुझे फैसला लेना पड़ेगा कि हम वैसे ही वापस हो जाएंगे जैसे पहले थे। मुझे नहीं पता यह कैसा होगा; मैं अपने बारे में सोचती हूं और मुझे नहीं पता, मेरे लिए क्या अच्छा है।

लेकिन मैं एक बात के बारे में निश्चित हूं : अगर पीटर और मैं दोस्त बन जाते हैं,तो मैं उसे कहने वाली हूँ कि तुम भी उसे पसंद करती हो और उसकी सहायता करने के लिए तैयार हो यदि उसे तुम्हारी आवश्यकता हो तो। मुझे यकीन है, तुम मुझे नहीं करने देना चाहोगी, लेकिन मुझे परवाह नहीं है; मुझे नहीं पता कि पीटर तुम्हारे बारे में क्या सोचता है, लेकिन समय आने पर मैं उससे इसके बारे में पूछूंगी। इसके विपरीत यह निश्चित रूप से कुछ बुरा नहीं है। अटारी में, या जहाँ भी हम हैं, हम में शामिल होने के लिए तुम्हारा स्वागत है। तुम हमें परेशान नहीं करोगी, क्योंकि जब सिर्फ शाम को अंधेरा होता है, हमारा बात करने का एक अनकहा समझौता है।

अपने उत्साह को बनाए रखो। मैं अपना पूरा प्रयास कर रही हूं, हालांकि यह हमेशा आसान नहीं होता है। जितना तुम सोचती हो,तुम्हारा समय उससे और जल्दी आ सकता है।

तुम्हारी, ऐनी

गुरुवार, 23 मार्च, 1944

सबसे प्रिय किटी,

यहां चीजें फिर से करीब-करीब सामान्य हो गई हैं। भगवान का शुक्र है हमारे कूपन लाने वाले आदमी को जेल से रिहा कर दिया गया है।

मीप कल वापस आ गई थी, लेकिन आज बिस्तर पर पड़ने की बारी उसके पति की थी। कंपकंपी और बुखार, फ्लू के सामान्य लक्षण। बीप बेहतर है, हालांकि उसे अभी भी खांसी है, और श्रीमान क्लेमन को लंबे समय तक घर पर ही रहना होगा।

कल आसपास एक विमान दुर्घटनाग्रस्त हो गया। चालक दल समय पर पैराशूट की सहायता से बचने में कामयाब रहा। यह एक स्कूल के ऊपर टकराया, लेकिन सौभाग्य से अंदर बच्चे नहीं थे। एक छोटी सी आग लग गई थी और कुछ लोग मारे गए। जैसे ही विमान चालक पैराशूट से नीचे उतरे, जर्मनों ने उन्हें गोलियों से छलनी कर दिया। एमस्टरडम के लोग जिन्होंने यह सब देखा, सब रोष में हैं। हम महिलाएं भी काफी डर गईं। मुझे गोलियों के आवाज से नफरत है।

अब मेरे बारे में।

मैं कल पीटर के साथ थी और, किसी भी तरह, ईमानदारी से, मैं नहीं जानती कैसे हम बात करते हुए सेक्स पर बात करने लगे। उससे कुछ चीजें पूछने का एक लंबे समय पहले ही मैंने अपना मन बना दिया था। वह सब कुछ जानता है; जब मैंने कहा कि मार्गोट और मुझे बहुत अच्छी तरह से सूचित नहीं किया था, तो वह चकित था। मैंने उसे मार्गोट, मेरे और माता और पिता के बारे में बहुत कुछ बताया और कहा कि हाल ही तक, मैंने उनसे कुछ भी पूछने की हिम्मत नहीं की। उसने मुझे जानकारी देने की पेशकश की, और मैंने कृतज्ञता से स्वीकार कर ली : उसने बताया कि गर्भनिरोधक कैसे काम करते हैं, मैंने उससे बहुत साहस के साथ पूछा कि लड़के कैसे बता सकते हैं कि वे बड़े हो गए हैं। इस बात के बारे में उसे सोचना पड़ा; और उसने कहा कि वह मुझे आज रात बताएगा। मैंने उसे बताया कि यैक के साथ क्या हुआ था, और कहा कि मजबूत लड़कों के खिलाफ लड़कियां असहाय होती है। उसने कहा, "अच्छा, तुम्हें मुझ से डरने की जरूरत नहीं है।"

उस शाम जब मैं वापस आई, उसने मुझे बताया लड़कों के साथ कैसे होता है। थोड़ा शर्मनाक है, लेकिन उसके साथ इस पर चर्चा करने में सक्षम होना बहुत अच्छा है। न तो उसने और न ही मैंने कभी सोचा था कि हम इस तरह के अंतरंग

मामलों के बारे में क्रमशः किसी लड़की या लड़के से इतनी खुलकर बात कर पाएंगे। मुझे लगता है कि मैं अब सब कुछ जानती हूँ। उसने मुझे, जर्मन में गर्भनिरोधकों के बारे में काफी कुछ बताया।

उस रात बाथरूम में मार्गोट और मैं उसके दो दोस्तों ब्रैम एंड ट्रीज़ के बारे में बात कर रहे थे।

आज सुबह एक अप्रिय बात हुई : नाश्ते के बाद पीटर ने इशारे से मुझे ऊपर बुलाया। "यह एक गंदी चाल थी, जो तुम ने मुझ पर चली," उसने कहा। "मैंने सुना कि तुम और मार्गोट कल रात बाथरूम में क्या कह रहे थे। मुझे लगता है कि तुम सिर्फ यह जानना चाहती थी कि पीटर कितना जानता था और फिर मुझ पर खूब हंसना चाहती थी!"

मैं दंग रह गई। मैंने सब कुछ किया उस अपमानजनक विचार से अलग मैं उससे बात कर सकती हूं; मैं समझ सकती हूं,कि उसे कैसा लगा होगा लेकिन यह सच नहीं था।

"ओह नहीं, पीटर," मैंने कहा। "मेरा वह मतलब कभी नहीं था। मैंने तुमसे कहा था तुम मुझसे जो कुछ भी कहोगे, मैं उसे किसी से जाहिर नहीं करूंगी और मैं नहीं करूंगी। उस तरह का एक नाटक खेलना और फिर जान-बूझकर ...नहीं, पीटर, मजाक का इरादा कतई नहीं है। यह उचित नहीं होगा। हकीकत में, मैंने कुछ भी नहीं कहा। क्या आपको मुझ पर विश्वास नहीं है? उसने मुझे आश्वासन दिया कि उसने विश्वास किया था, लेकिन मुझे लगता है कि इस बारे में हम फिर कभी बात करेंगे। मैंने पूरे दिन कुछ नहीं किया है लेकिन इसके बारे में मुझे चिंता है। भगवान का शुक्र है वह ठीक ठाक बाहर निकल आया और उसके मन में जो था, उसने कह दिया। कल्पना कीजिए अगर वह सोच के अनुसार चलता रहता तो, मेरा मतलब कि ऐसा हो सकता था। वह बहुत प्यारा है!

अब मुझे उसे सब कुछ बताना होगा!

तुम्हारी, ऐनी

शुक्रवार, 24 मार्च, 1944

प्रिय किटी,

मैं अक्सर रात के खाने के बाद पीटर के कमरे में जाती हूं ताकि शाम की ताजी हवा में सांस ले सकूं। सूरज की रोशनी के मुकाबले अंधेरे में आप तुरंत सार्थक बातचीत

कर सकते हैं। एक कुर्सी पर उसके बगल में बैठना और बाहर की ओर देखते रहना बहुत आरामदायक और सुखद होता है। जब मैं फॉन डान और डसेल के कमरे से गायब हो जाती हूं, तब वे मूर्खतापूर्ण टिप्पणी करते हैं। "ऐनी का दूसरा घर" वे कहते हैं, या "क्या एक सज्जन के लिए रात में युवा लड़कियों को अपने कमरे में बत्तियां बुझाकर बुलाना उचित है? पीटर के पास इन तथाकथित चुटकुलों पर अद्भुत हाजिर दिमाग है। मेरी माँ भी, बेताबी से भरी हैं और बस यह पूछने के लिए तड़प रही है कि हम किस बारे में बात करते हैं, बस, चुपके से उनके मन में यह डर भी है कि मैं जवाब देने से इनकार कर दूंगी। पीटर कहता है, बड़े लोग जलते हैं. और क्योंकि हम युवा हैं, इसलिए हमें उनकी अप्रिय टिप्पणियों को दिल पर नहीं लेना चाहिए।

कभी-कभी वह मुझसे मिलने के लिए नीचे आता है, लेकिन वह भी अजीब है, क्योंकि उसकी सभी सावधानियों के बावजूद उसका चेहरा चमकदार लाल हो जाता है और वह अपने मुंह से कोई शब्द शायद ही निकाल पाता है। मैं खुश हूं कि मैं शर्माती नहीं हूं; इसे बेहद अप्रिय होना चाहिए।

इसके अलावा, मुझेयह परेशान करता है कि मार्गोट को नीचे अकेले बैठना पड़ता है, जबकि मैं पीटर के साथ आनंद ले रही होती हूं। लेकिन मैं इस बारे में क्या कर सकती हूं? अगर वह आई तो मुझे बुरा नहीं लगेगा, लेकिन वहाँ एक ठेले की तरह बैठे हुए वह बेमेल लगेगी।

मुझे हमारी अचानक हुई दोस्ती के बारे में अनगिनत टिप्पणियां सुनने को मिली है। मैं तुम्हें बता नहीं सकती,कि खाने पर कितनी बार 'उपभवन की शादी' और 'क्या युद्ध को पांच साल तक चलना चाहिए' के बारे में बातचीत हो चुकी है। क्या हम कभी इस पर बिना बात किए एक साथ रहने में सक्षम हो पाएंगे। शायद ही, क्योंकि यह सब इतनी नासमझ है। क्या मेरे माता पिता भूल गए हैं कि वे भी एक बार युवा थे। बेशक वे भूल गए हैं। यदि हम गंभीर होते हैं तो वह हम पर हंसते हैं और हमारा मजाक कर रहे होते हैं और वह गंभीर होते हैं, जब हम मजाक कर रहे होते हैं। मुझे नहीं पता कि आगे क्या होने वाला है या कि हमारे पास कहने के लिए बातों की कमी पड़ जाए, लेकिन यदि यह इसी तरह चलता रहा तो हम अंत में बिना बात किए साथ रहने में सक्षम हो जाएंगे। काश केवल उसके माता-पिता ही इतनी अजीब तरह से अभिनय करना बंद कर देते।

यह शायद इसलिए है क्योंकि वे मुझे इतनी बार देखना पसंद नहीं करते हैं; पीटर और मैं निश्चित रूप से उन्हें कभी नहीं बताते कि हम किस बारे में बात

करते हैं। सोचिए अगर उन्हें पता होता कि हम ऐसी अंतरंग चीजों पर चर्चा कर रहे हैं।

मैं पीटर से पूछना चाहूंगी कि क्या वह जानता है कि लड़कियां कैसी दिखती हैं। मुझे नहीं लगता कि लड़के, लड़कियों की तरह जटिल होते हैं। आप आसानी से लड़कों के नग्न छायाचित्र या तस्वीरों से देख सकती है कि वह कैसे दिखते हैं, लेकिन महिलाओं के साथ यह अलग है। महिलाओं में, जननांगों, या जो कुछ भी उन्हें कहा जाता है, उनके पैरों के बीच छिपे हुए होते है। पीटर ने शायद कभी किसी लड़की को इतने करीब से नहीं देखा। सच कहूं तो मैंने भी नहीं। लड़के बहुत ज्यादा आसान होते है। मैं एक लड़की के शरीर के भागों के बारे में ना जाने कैसे वर्णन करूंगी? मैं उसे बता सकती हूं, जैसे कि उसने कहा कि वह सही सही नहीं जानता कैसे यह सब एक साथ अनुरूप होता है। वह गर्भाशय ग्रीवा के बारे में बात कर रहा था, लेकिन यह अंदर की तरफ है, जहां आप इसे नहीं देख सकते। हम महिलाओं में सब कुछ बहुत अच्छी तरह से व्यवस्थित होता है। जब तक मैं ग्यारह या बारह साल की नहीं हुई थी, तब तक मुझे मुझे यह पता नहीं था कि अंदर लीबिया की एक दूसरी परत होती है, क्योंकि आप उन्हें नहीं देख सकते। यहां तक कि मजेदार बात यह है कि मुझे लगा कि मूत्र भग-शिश्न से बाहर आता है। मैंने माँ से एक बार पूछा कि वह छोटा उभार क्या है, और उन्होंने कहा, वह नहीं जानती है। यदि वे चाहें तो एकदम मूर्ख होने का दिखावा कर सकती हैं।

लेकिन विषय पर वापस जाने के लिए। ना जाने कैसे आप यह सब किसी भी मॉडल के बिना समझायेंगे कि यह किस तरह दिखता है।

क्या मैं फिर से कोशिश करूँ? ठीक है, यह गई!

जब आप खड़े होते हैं, तो सामने से जो देख पाते हैं वो है बाल। आपके पैरों के बीच दो नरम, गद्दीदार वाली चीजें हैं, जो बालों से भी ढकी होती हैं, जो साथ में दब जाती है जब आप खड़े होते हैं, इसलिए आप यह नहीं देख सकते कि अंदर क्या है। जब आप बैठते हैं तो वे अलग हो जाते हैं, और वे अंदर से बहुत लाल और काफी माँसल होते हैं। ऊपरी भाग में, बाहरी लेबिया के बीच, त्वचा की एक फेंट होती है, जो दूसरी पर, एक प्रकार की छाला की तरह दिखती है। वह भगशेफ है। फिर आंतरिक लेबिया आते है, जिन्हें भी एक प्रकार की सलवटो में दबाया जाता है। जब वे खुलते हैं, तो आप एक छोटा माँसल टीला देख सकते हैं, जो मेरे अंगूठे के शीर्ष से बड़ा नहीं होता है। ऊपरी हिस्से में एक जोड़े छोटे छेद होते हैं, जहां से मूत्र बाहर आता है। निचला हिस्सा ऐसा दिखता है जैसे यह सिर्फ त्वचा थी, और

यही योनि होती है। आप इसे मुश्किल से ढूंढ पाते हैं, क्योंकि त्वचा की परतें मुख को छिपाती हैं। छेद इतना छोटा है कि मैं शायद ही सोच पाती हूं कि कैसे एक आदमी वहां प्रवेश कर सकता है, यह बात तो दूर है कि कैसे एक बच्चा वहाँ से बाहर आ सकता है। इसके अंदर अपनी तर्जनी डालना तक मुश्किल है। और फिर भी यह कितनी महत्वपूर्ण भूमिका निभाता है।

तुम्हारी, ऐनी एम. फ्रैंक

शनिवार, 25 मार्च, 1944

सबसे प्रिय किटी,

आप कितना बदल चुके हो, आपको तब तक एहसास नहीं होता जब तक यह ना हो चुका हो। मैं तेजी से बदल गई हूं, मेरे बारे में सब कुछ अलग है : मेरी राय, विचार, महत्वपूर्ण दृष्टिकोण, भीतर, बाह्य रूप से, कुछ भी समान नहीं है। और, मैं सुरक्षित रूप से जोड़ सकती हूं, क्योंकि यह सच है, मैं अच्छे के लिए बदल चुकी हूं। मैंने एक बार तुम को बताया था, सालों प्यार किए जाने के बाद, वयस्कों और फटकार की कठोर वास्तविकता के साथ समायोजन करना मेरे लिए कितना कठिन था। लेकिन मेरे इन सब को सहन करने के लिए पिता और माँ व्यापक रूप से दोषी है। घर पर वे चाहते थे कि मैं जीवन का आनंद लूँ, जो ठीक था, लेकिन यहाँ उनको मुझे उनसे सहमत होने के लिए प्रोत्साहित करना और सिर्फ अपने झगड़े और गपशप नहीं दिखाने चाहिए थे। मेरे यह खोजने से पहले की गलती आधी आधी थी, लंबा समय हो गया था। अब मैं जानती हूं, यहां जवान और बूढ़े लोगों से एक जैसी कई बड़ी भूलें हुई है। फॉन डानों से निपटने में पिता और माता की सबसे बड़ी गलती यह है कि वे कभी भी स्पष्ट और मैत्रीपूर्ण (बेशक, मित्रता को झूठा होना पड़ सकता है) नहीं रहे हैं। इन सबसे ऊपर, मैं शांति बनाए रखना चाहती हूं, और न तो झगड़ा करना चाहती हूं और न ही गपशप करना चाहती हूं। पिता और मार्गोट के साथ यह मुश्किल नहीं है, लेकिन यह माँ के साथ है, यही कारण है कि मुझे खुशी है कि वह मुझे जोड़ों पर कभी-कभी एक थपकी देती रहती है। आप श्रीमान फॉन डान को, उनके साथ सहमत होकर, चुपचाप सुन कर, ज्यादा कुछ ना कहकर, और सबसे अधिक... उनके चिढ़ाने का और आपके खुद के मजाक के साथ, उनके बकवास चुटकुले का जवाब देकर, उन्हें अपने पक्ष में जीत सकते हैं। श्रीमती फॉन डान को उनके साथ खुलकर बात करके और जब आप गलत हो तो स्वीकार करके जीता

जा सकता है। वह स्पष्ट रूप से अपने दोषों को स्वीकार करती है, जो कि कई सारी होती हैं। मैं यह भी अच्छी तरह से जानती हूं कि वह मेरे बारे में उतना बुरा नहीं सोचती, जितनी कि शुरू में सोचा करती थी। और यह केवल इसलिए है क्योंकि मैं ईमानदार हूं और लोगों को तुरंत उनके मुंह पर बता देती हूं कि मैं क्या सोचती हूं, यहां तक कि जब यह बहुत प्रशंसा करने योग्य ना हो तो भी। मैं ईमानदार रहना चाहती हूं; मुझे लगता है कि यह आपको आगे बढ़ाता है और आपको अपने बारे में बेहतर महसूस कराता है।

कल श्रीमती फॉन डान, श्रीमान क्लेमन को दिए गए चावलों के बारे में बात कर रही थी। 'जो सब कुछ हम करते हैं, वो है देना, देना, देना। लेकिन एक निश्चित बिंदु पर मुझे लगता है कि अब बहुत हो गया है। यदि वह बस मुसीबत लेते, तो श्रीमान क्लेमन को अपने खुद के चावल मिल सकते थे। हमें क्यों अपनी सारी आपूर्ति बांटनी चाहिए? हमें भी उनकी उतनी ही बुरी तरह जरूरत है।

"नहीं, श्रीमती फॉन डान," मैंने जवाब दिया। "मैं आपसे सहमत नहीं हूँ। श्रीमान क्लेमन थोड़े से चावल प्राप्त करने में बहुत अच्छी तरह से सक्षम हो सकते हैं, लेकिन उन्हें इसकी चिंता करना पसंद नहीं है। उन लोगों की आलोचना करना जो हमारी सहायता कर रहे हैं, हमारा काम नहीं है। यदि हम संभवत छोड़ सकते हैं, तो हमें उन्हें देना चाहिए जिनकी भी उन्हें जरूरत है। एक सप्ताह में एक प्लेट कम चावल से कोई ज्यादा फर्क नहीं पड़ेगा; हम हमेशा सेम खा सकते हैं।"

श्रीमती फॉन डान ने इसे मेरे तरीके से नहीं देखा, लेकिन उन्होंने कहा कि भले ही वह असहमत थी, वह पीछे हटने को तैयार थी, और यह एक पूरी तरह से अलग मामला था।

खैर, मैं काफी कह चुकी हूं। कभी-कभी मुझे पता होता है कि मेरा स्थान क्या है और कभी-कभी मेरे अपने संदेह होते हैं, लेकिन अंत में मैं वहां पहुंच जाऊंगी जहाँ मैं होना चाहती हूं। मैं जानती हूं कि मैं कर लूंगी! विशेष रूप से अब जब मेरे पास मदद है, क्योंकि पीटर परेशानी में और कठिन समय में मेरी मदद करता है! ईमानदारी से मैं नहीं जानती कि वह मुझसे कितना प्यार करता है और क्या हम कभी भी एक चुंबन तक पहुंच पाएंगे; किसी भी हालत में, मैं इस मुद्दे पर जोर नहीं डालना चाहती हूं! मैंने पिताजी को बताया है कि मैं अक्सर पीटर से मिलने जाती हूं और पूछा कि क्या वह इसकी इजाजत देंगे और बेशक, उन्होंने दे दी!

अब पीटर को वे बातें बताना बहुत आसान है, जो आमतौर पर मैं अपने तक ही रखती हूं; उदाहरण के लिए, मैंने उससे कहा कि यदि मैं एक लेखक नहीं बन सकती, तो अपने काम के अतिरिक्त मैं बाद में लिखना चाहती हूं।

मेरे पास पैसे या सांसारिक संपत्ति के रास्ते में बहुत कुछ नहीं है, मैं सुंदर, बुद्धिमान या चतुर नहीं हूं, लेकिन मैं खुश हूं, और मुझे लगता है कि मेरा इसी तरह से रहने का इरादा है! मैं पैदाइशी खुश हूं, और मैं लोगों से प्यार करती हूं, मेरे पास एक भरोसेमंद स्वभाव है और मैं हर किसी को खुश करना चाहूँगी।

तुम्हारी समर्पित मित्र, ऐनी एम. फ्रैंक
साफ चमकीला दिन भी अगर हो खाली
उसकी चमक भी होगी रात जितनी काली

(मैंने इसे कुछ हफ्ते पहले लिखा था और यह अब सच नहीं है, लेकिन मैंने इसे इसलिए शामिल किया क्योंकि मेरी कविताएँ बहुत कम हैं)

सोमवार, 27 मार्च, 1944

सबसे प्रिय किटी,

छिपकर रहने की हमारी जिंदगी का कम से कम एक लंबा अध्याय राजनीति के बारे में होना चाहिए, लेकिन मैं इस विषय से बच रही हूं, क्योंकि यह मुझे इतना दिलचस्प नहीं लगता, हालांकि, आज, मैं राजनीति के लिए एक पूरा पत्र समर्पित करूंगी।

बेशक, इस विषय पर कई अलग-अलग राय हैं, और युद्ध के समय में अक्सर इस पर चर्चा करते हुए सुनना आश्चर्यजनक नहीं है, लेकिन... राजनीति के बारे में इतनी बहस करना सिर्फ बेवकूफी है! उन्हें हंसने दो, कसमें खाने दो, शर्तें लगाने दो, शिकायत करने दो और जो वह करना चाहें उन्हें करने दो, जब तक कि वे खुद की निराशा और गुस्सा झेलने के लिए अकेले ना रह जाए। लेकिन उन्हें बहस करने न दें, क्योंकि यह केवल चीजों को बदतर बनाता है। बाहर से आने वाले लोग हमारे लिए बहुत सारी खबरें लाते हैं, जो बाद में झूठी साबित होती हैं; हालाँकि, अब तक हमारे रेडियो ने कभी झूठ नहीं बोला। यान, मीप, श्रीमान क्लेमन, बेप और श्रीमान कुगलर अपने राजनीतिक मूड में ऊपर और नीचे जाते हैं, हालांकि यान सबसे कम।

यहाँ उपभवन में भी मूड बदलता रहता है। आक्रमण, हवाई हमले, भाषण आदि पर अंतहीन बरसों को, "इम्पोस्सिबल!", "ईश्वर के लिए" जैसे अनगिनत विस्मयादिबोधक शब्द कहे जाते हैं। यदि वे बस अब शुरू हो रहे हैं, तो यह कब तक रहने वाला है! यह शानदार तरह से, बहुत बढ़िया जा रहा है।"

आशावादी और निराशावादी - यथार्थ वादियों का उल्लेख नहीं है- लगातार ऊर्जा के साथ अपनी राय व्यक्त करते हैं, और वे सभी निश्चित हैं कि सच्चाई पर उनका एकाधिकार है। एक महिला को गुस्सा आता है कि उसके पति को अंग्रेजों पर इतना भरोसा है, और एक पति अपनी पत्नी पर इसलिए हमला करता है, क्योंकि वह उसके प्यारे राष्ट्र के बारे में चिढ़ाती और अपमानजनक टिप्पणी करती है!

और यह सुबह से देर रात तक चलता है; मजेदार बात यह है कि वे कभी भी इससे थकते नहीं हैं। मैंने एक चाल की खोज की है, और प्रभाव जबरदस्त है, जैसे किसी को पिन से चुभाना और उन्हें कूदते हुए देखना।

यह कुछ ऐसे काम करता है : मैं राजनीति के बारे में बात करना शुरू करती हूं। इसमें बस एक सवाल लगता है, एक शब्द या एक वाक्य है, और इससे पहले कि आप इसे जान पाए, पूरा परिवार शामिल हो जाता है!

मानो जर्मन "वेहरमाच खबरें" और अंग्रेजी बीबीसी पर्याप्त नहीं थे, उन्होंने अब विशेष हवाई हमला घोषणाओं को जोड़ दिया है। एक शब्द में, शानदार। लेकिन सिक्के का दूसरा पहलू यह है कि ब्रिटिश वायु सेना दिन रात लगातार काम कर रही है। जर्मन प्रचार मशीन, के विपरीत नहीं जो एक दिन में चौबीस घंटे नीरस तरह से झूठ बोलती है!

रेडियो हर सुबह आठ बजे चालू हो जाता है।(पहले नहीं तो) और हर घंटे,रात में नौ, दस या ग्यारह बजे तक सुना जाता है। यह अभी तक का सबसे अच्छा सबूत है कि वयस्कों में अनंत धैर्य है, लेकिन यह भी कि उनके दिमाग साफ साफ और समझदारी से नहीं सोच पा रहे हैं (मेरा मतलब है, उनमें से कुछ, क्योंकि मैं किसी का अपमान नहीं करना चाहूंगी।) एक प्रसारण,ज्यादा से ज्यादा, पूरे दिन चलते रहने के लिए पर्याप्त होने चाहिए। लेकिन नहीं, वह बूढ़े मूर्ख... कोई बात नहीं, मैं पहले से ही यह सब बता चुकी हूं! काम करते समय संगीत, इंग्लैंड से डच प्रसारण, फ्रैंक फिलिप्स या रानी विल्हेल्मिना, हर एक को एक बारी मिलती है और वे एक इच्छुक श्रोता पाते हैं। यदि वयस्क खाना नहीं खा रहे हैं या सो नहीं रहे हैं, तो वे खाने, सोने और राजनीति के बारे में बात करते हुए रेडियो के आस पास एकत्रित

हो जाते है। वाह! यह बोर कर रहा है, और यही सब है जो मैं खुद को एक नीरस बुढ़ी चुड़ैल बनने से दूर रखने के लिए कर सकती हूं! हालांकि मेरे चारों ओर सब पुराने लोगों के साथ, शायद यह इतना बुरा विचार नहीं हो सकता है!

यहाँ एक चमकदार उदाहरण है, हमारे प्यारे विंस्टन चर्चिल द्वारा दिया गया एक भाषण।

रविवार शाम नौ बजे। एक चायदानी, अपनी टोपी के अंदर, मेज पर है, और मेहमान कमरे में प्रवेश करते हैं। डसेल रेडियो के बाईं ओर बैठता है, श्रीमान फॉन डान इसके सामने और पीटर एक तरफ बैठता है।

माँ श्रीमान फॉन डान के बगल में, उनके पीछे श्रीमती फॉन डान के साथ, उनके पीछे फॉन डान। मार्गोट और मैं अंतिम पंक्ति में बैठे हैं और पिम मेज पर बैठे हैं। मुझे लगता है कि यह हमारे बैठने की व्यवस्था का बहुत स्पष्ट विवरण नहीं है, लेकिन इससे कोई फर्क नहीं पड़ता।

पुरुष धूम्रपान कर रहे हैं, सुनने के तनाव से पीटर की आंखें बंद है, मम्मी ने लंबा काला चोगा पहना हुआ है, श्रीमती फॉन डान विमानों की वजह से कांप रही है, जो भाषण पर कोई ध्यान नहीं देती, बल्कि ऐसेन की ओर बढ़ रही हैं, पिताजी अपनी चाय सुड़कते हुए पी रहे हैं, और मार्गोट और मैं सोती हुई मूशी द्वारा बहनों जैसी शैली में एकजुट हैं जिसने हमारे दोनों घुटने पर कब्जा कर लिया है। मार्गोट के बालों में बाल घुंघराले बनाने वाली नलियां हैं और मेरा रात्रि लिबास बहुत छोटा, बहुत तंग और बहुत कम भी है। यह सब इतना अंतरंग, आरामदायक और शांतिपूर्ण लग रहा है, और एक बार के लिए यह वास्तव में है। फिर भी मुझे भय से भाषण के अंत का इंतजार है। वह एक और बहस शुरू करने के लिए अधीर हो रहे हैं। पुनश्च, एक बिल्ली की तरह, एक चूहे को अपने बिल से बुलाने जैसा, वे दूसरे को झगड़े और असहमति के लिए उकसाते हैं।

तुम्हारी, ऐनी

मंगलवार, 28 मार्च, 1944

मेरी सबसे प्यारी किटी,

मैं चाहे कितना भी राजनीति पर ज्यादा लिखना चाहूं, मेरे पास बाकी बहुत सी बातें बताने को है। सबसे पहले, माँ ने वस्तुतः मुझे पीटर के पास जाने से लगभग मना कर दिया क्योंकि उनके अनुसार, श्रीमती फॉन डान को जलन हो रही है। दूसरा,

पीटर ने मार्गोट को ऊपर हमारे साथ शामिल होने के लिए आमंत्रित किया है। मैं नहीं जानती वह वास्तव में ऐसा चाहता है या सिर्फ विनम्रता के चलते यह कह रहा है। तीसरा, मैंने पिता से पूछा कि क्या उन्हें लगता है कि मुझे श्रीमती फॉन डान की जलन को ध्यान में लेना चाहिए... और उन्होंने कहा कि मुझे ऐसा नहीं करना है।

अब मुझे क्या करना चाहिए? माँ गुस्से में है, मुझे ऊपर नहीं जाने देना चाहती, वह चाहती है कि मैं उस कमरे में अपने होमवर्क को करने के लिए वापस जाऊं जिसे मैं डसेल के साथ साझा करती हूं। पिता जी हमें कुछ घंटे देने में संकोच नहीं करते हैं और मानते हैं कि यह अच्छा है कि हम इतनी अच्छी तरह से घुल मिल गए हैं। मार्गोट भी पीटर को पसंद करती है, लेकिन उसे लगता है कि तीन लोग एक ही चीज के बारे में बात नहीं कर सकते जैसा दो लोग कर सकते हैं।

इसके अलावा, माँ सोचती है कि पीटर मुझसे प्यार करता है। सच कहूं तो काश कि वह करता होता। तो फिर हम एक जैसे होते और एक दूसरे को जान पाना हमारे लिए बहुत आसान होता। उन्होंने यह भी दावा किया कि वह हमेशा मुझे देखता रहता है। खैर, मुझे लगता है कि हम एक दूसरे की ओर कभी-कभी सामयिक रूप से पलक झपकाते रहते हैं। लेकिन यदि वह मेरे गालों के गड्ढों की तारीफ करता है तो मैं इसमें कुछ भी नहीं कर सकती, क्या मैं कुछ कर सकती हूं?

मैं एक बहुत मुश्किल स्थिति में हूं। माँ मेरे खिलाफ है और मैं उसके खिलाफ हूँ। पिता माँ और मेरे बीच के मूक संघर्ष पर ध्यान नहीं देते हैं। माँ दुखी है, क्योंकि वह अभी भी मुझसे प्यार करती है, लेकिन मैं बिल्कुल भी दुखी नहीं हूँ, क्योंकि वह हम अब मेरे लिए कुछ भी नहीं है।

जहां तक पीटर की बात है..., मैं उसे छोड़ना नहीं चाहती। वह बहुत प्यारा है और मैं उसकी बहुत तारीफ करती हूं। वास्तव में उसका और मेरा एक बहुत ही खूबसूरत रिश्ता हो सकता है तो, क्यों बूढ़े लोग फिर से हमारे मामले में टांग अड़ा रहे हैं? सौभाग्य से, मैं अपनी भावनाओं को छुपाने की आदी हूं, तो मैं यह छिपाने में सफल हो जाती हूं कि मैं उसके लिए कितनी पागल हूं। क्या वह कभी कुछ कहने जा रहा है? क्या मैं कभी उसके गाल पर अपने गाल महसूस करने वाली हूं, जिस तरह से मैंने अपने सपने में पीटल के गाल को महसूस किया? ओह, पीटर और पीटल, तुम एक ही व्यक्ति हो। वह हमें नहीं समझते; वह कभी नहीं समझेंगे कि हम एक भी शब्द बोले बिना सिर्फ एक दूसरे के बगल में बैठने से ही संतुष्ट है। उन्हें इस बात का कोई अंदाजा नहीं कि हमें क्या आकर्षित करता है! ओह,

हम कब इन सभी कठिनाइयों पर काबू पाएंगे? और यह अच्छा है कि हमें इन को पार करना है, चूँकि यह अंत बनाता है जो बहुत अधिक सुंदर है। जब वह अपना सिर अपनी बाँहों पर रखता है और अपनी आँखें बंद करता है वह एक बच्चा जैसा लगता है; जब वह मौसी के साथ खेलता है या उसके बारे में बात करता है, वह प्यारा लगता है; जब वह आलू या अन्य भारी सामान उठाता है, वह मजबूत लगता है; जब वह गोलियों को देखने जाता है या चोरों की तलाश के लिए अंधेरे घर में चलता है, वह बहादुर लगता है; और जब वह बहुत अजीब और बेढंगा होता है, वह निराशाजनक रूप से प्रिय होता है। जब मुझे उसको पढ़ाना होता है, उस समय की बजाय, जब वह मुझे कुछ समझाता है, तब वह ज्यादा अच्छा लगता है। काश वह लगभग हर तरह से मुझसे श्रेष्ठ होता!

हम अपनी दो माताओं के बारे में परवाह करते हैं? ओह, काश वह कुछ कहता।

पिता हमेशा कहते हैं कि मैं अभिमानी हूं, लेकिन मैं नहीं हूं, मुझे लगता है मैं केवल व्यर्थ हूं! मेरे पास बहुत से लोग नहीं थे जो मुझे बताते हैं कि मैं बहुत सुंदर हूं, स्कूल में एक लड़के को छोड़कर, जिसने कहा कि जब मैं मुस्कुराती हूं तो बहुत प्यारी लगती हूं। कल पीटर ने मेरी एक सच्ची तारिफ की, और सिर्फ मनोरंजन के लिए मैं आपको हमारी बातचीत का एक मोटा विवरण दूंगी।

पीटर मुझसे कहता है, "मुस्कुराओ!" मुझे लगा कि यह अजीब है, इसलिए कल मैंने उससे पूछा, "तुम मुझे हमेशा मुस्कुराते हुए क्यों देखना चाहते हो?"

"क्योंकि तुम्हारे गालों में खड्डे पढ़ते हैं। तुम यह कैसे करती हो?"

"मैं उनके साथ ही पैदा हुई थी। मेरी ठोड़ी में भी एक है। यह मेरे पास मौजूद सुंदरता का एकमात्र निशान है।"

"नहीं, नहीं, यह सच नहीं है!"

"हाँ यही है। मुझे पता है कि मैं सुंदर नहीं हूं। मैं कभी नहीं रही हूं और कभी नहीं होंगी!"

"मैं सहमत नहीं हूँ. मुझे लगता है कि तुम बहुत सुंदर हो"

"मैं नहीं हूँ।"

"तुम हो और तुम्हें मेरी बात को सच मानना ही होगा !"

जाहिर है मैंने भी उससे उसके बारे में वैसा ही कहा।

तुम्हारी, ऐनी एम. फ्रैंक

बुधवार, 29 मार्च, 1944

सबसे प्रिय किटी,

लंदन से डच प्रसारण पर बोलते हुए कैबिनेट मंत्री, श्रीमान बोल्कश्टाइन ने कहा कि युद्ध के बाद युद्ध से संबंधित वाली डायरी और पत्रों का संग्रह बनाया जाएगा। बेशक हर कोई मेरी डायरी पर झपटा। जरा सोचिए कि अगर मैं गुप्त उप भवन के बारे में एक उपन्यास प्रकाशित करूं तो कितना दिलचस्प होगा।अकेले, शीर्षक से ही लोग सोचेंगे कि यह एक जासूसी कहानी है।

हालांकि, युद्ध के दस साल बाद लोगों को यह पढ़ने के लिए बहुत मनोरंजक लगेगा कि हम कैसे रहते थे, हमने क्या खाया और भूमिगत रहने वाले यहूदियों के रूप में हम किस चीज के बारे में बात करते थे। हालाँकि मैं आपको हमारे जीवन के बारे में बहुत कुछ बता चुकी हूँ, फिर भी आप हमारे बारे में बहुत कम जानते हैं। हवाई हमले के दौरान महिलाएं कैसे भयभीत हो जाती है; उदाहरण के लिए, पिछले रविवार को, जब 350 ब्रिटिश विमानों ने इज्मुइडेन पर 550 टन बम गिराए, जिसके घर हवा में घास के पत्तों की तरह कांप उठे। यहाँ कितनी सारी महामारी फैल रही है।

इन मामलों में आपको कुछ भी नहीं पता होता, और सब के बारे में अंत तक विस्तार से वर्णन करने में मेरा पूरा दिन लग जाएगा। लोगों को सब्जियां और सभी प्रकार के सामान खरीदने के लिए लाइन में खड़ा होना पड़ता है; डॉक्टर अपने मरीजों को देखने उनके पास नहीं जा सकते, क्योंकि उनकी कार और बाइक उनके पीठ फेरते ही पल भर में चोरी हो जाती है; सेंधमारी और चोरी इतनी आम है कि आप खुद से पूछते हैं कि डच लोगों को इतना कुशल बनाने के लिए उनको अचानक क्या मिल गया है। आठ- और ग्यारह साल के छोटे बच्चे, लोगों के घरों की खिड़कियों को तोड़ देते हैं और जो कुछ भी उनके हाथ आता है उसे चुरा लेते हैं। लोग पांच मिनट के लिए भी घर छोड़ने की हिम्मत नहीं करते हैं, क्योंकि जब वे वापस आते हैं तो पाते हैं कि उनके सभी सामान जा चुके हैं। हर दिन समाचार पत्र चोरी के टाइपराइटर, फारसी आसनों, बिजली की घड़ियों, कपड़ों आदि की वापसी के लिए इनाम नोटिस से भरे होते हैं। सड़क के कोनों की बिजली की घड़ियां ध्वस्त कर दी गई है, सार्वजनिक फोन तारों के अंतिम टुकड़े तक चुरा लिए गए हैं।

डच लोगों में मनोबल अच्छा नहीं हो सकता। कृत्रिम कॉफी के अलावा, हर कोई भूखा है; एक सप्ताह के खाद्य पदार्थों का राशन दो दिन तक भी नहीं चलता

है। आक्रमण को आने वाले लंबे समय तक चलना है, पुरुषों को जर्मनी भेज दिया जा रहा है, बच्चे बीमार या कुपोषित हैं, हर कोई फटे पुराने कपड़े और घिस चुके जूते पहने हुए हैं। काले बाजार में एक नए सोल की कीमत 7.50 गिल्डर है। इसके अलावा, कुछ मोची मरम्मत करेंगे, या यदि वे करते हैं, तो आपको अपने जूते के लिए चार महीने प्रतीक्षा करना पड़ सकता है, जो हो सकता है इस बीच गायब हो जाए।

इसमें से एक अच्छी बात सामने आई है : जैसे-जैसे भोजन खराब होता जा रहा है, वैसे वैसे अधिकारियों के खिलाफ तोड़फोड़ की हरकतें बढ़ती जा रही हैं। खाद्य कार्यालय, पुलिस, अधिकारी-वे सभी या तो अपने साथी नागरिकों की मदद कर रहे हैं या उन्हें बदनाम कर रहे हैं और उन्हें जेल भेज रहे हैं। सौभाग्य से, डच लोगों का केवल एक छोटा प्रतिशत गलत साइड है।

तुम्हारी, ऐनी

शुक्रवार, 31 मार्च, 1944

सबसे प्रिय किटी,

जरा सोचो, अभी भी काफी ठंड है और अभी तक ज्यादातर लोग लगभग एक महीने से कोयले के बिना है। यह भयानक लगता है ना? रूसी मोर्चे के बारे में आशावाद की एक सामान्य मनोदशा होती है, क्योंकि उनके बंदूकें बहुत अच्छी है। मैं अक्सर राजनीतिक स्थिति के बारे में नहीं लिखती हूं, लेकिन मुझे आपको बताना होगा कि रूसी इस समय कहां हैं। वे पोलिश सीमा और रोमानिया में प्रुत नदी तक पहुँच गए हैं। वे ओडेसा के करीब हैं, और उन्होंने टेरनोपोल का घेरा डाला हुआ है। हर रात हम स्टालिन से एक अतिरिक्त संवाद की उम्मीद कर रहे हैं।

वे मास्को में इतने सारे सेल्यूट ठोंकते रहते हैं, शहर को दिन भर गढ़गढ़ाते और कांपते रहना होना चाहिए या तो चाहे वह आस-पास लड़ने का नाटक करते हो सकते हैं या उनके पास अपनी खुशी व्यक्त करने का कोई अन्य तरीका नहीं है, मुझे नहीं पता!

हंगरी पर जर्मन सैनिकों का कब्जा है। वहाँ अभी भी एक लाख यहूदी रहते हैं; वे भी बर्बाद हो रहे हैं।

यहां कुछ खास नहीं हो रहा है। आज श्रीमान फॉन डान का जन्मदिन है। उन्हें तम्बाकू के दो पैकेट मिले, एक कॉफी सेवा प्राप्त की, जो उनकी पत्नी बचाने में सफल रही थी, श्रीमान कुगलर, मीप से नींबू पंच, हम से ओउ डे कोलोन,

बकाइन, ट्यूलिप और, अंतिम रास्पबेरी भरा एक केक, आटे की खराब गुणवत्ता और मक्खन की कमी के कारण थोड़ा चिपचिपा लेकिन फिर भी स्वादिष्ट।

पीटर और मेरे बारे में सभी बातें थोड़ा कम हो गई है। वह आज रात मुझे लेने आ रहा है। यहां उसके बारे में बहुत अच्छी बात है, जो आप सोच नहीं सकते, क्योंकि वह इसे करने से नफरत करता रहा है! हम बहुत अच्छे दोस्त हैं। हम एक साथ बहुत समय बिताते हैं और हर कल्पनाशील विषय के बारे में बात करते हैं। जब हम एक नाजुक विषय पर आते हैं, उदाहरण के लिए, हम खून के बारे में बात कर रहे थे और किसी तरह बातचीत मासिक धर्म में बदल गई, वह सोचता है कि हम महिलाओं को खून की कमी का सामना करने में सक्षम होने में काफी मुश्किल होती है, और मुझे भी होती है। मुझे पता नहीं क्यों?

यहां मेरा जीवन बेहतर, ज्यादा बेहतर है। भगवान ने मुझे नहीं छोड़ा है, और वह कभी नहीं छोड़ेंगे।

तुम्हारी, ऐनी एम. फ्रैंक

शनिवार, 1 अप्रैल, 1944

मेरी सबसे प्यारी किटी,

फिर भी सब कुछ अभी भी बहुत मुश्किल है। तुम जानते हो, क्या तुम नहीं जानते मेरा क्या मतलब है? उसे चुंबन करने के लिए मैं तरसती हूं, लेकिन उसमें बहुत वक्त लग रहा है। क्या वह अब भी मुझे दोस्त समझता है? मुझे इससे ज्यादा मतलब नहीं है?

तुम और मैं दोनों जानते हैं कि मैं मजबूत हूं, और सारे बोझ मैं अकेले उठा सकती हूं। मैंने अपनी चिंताओं को कभी भी किसी के साथ साझा नहीं किया है और मैं कभी भी माँ से जुड़ी नहीं रही हूं, लेकिन मैं उनके कंधे पर अपना सिर रखकर बस चुपचाप बैठे रहना पसंद करती हूं।

मैं नहीं कर सकती, मैं बस पीटर के गालों का सपना नहीं भूल सकती हूं! क्या उसकी भी मेरे समान ही लालसा है?

क्या वह सिर्फ यह कहने में शर्माता है कि वह मुझसे प्यार करता है? वह मुझे अपने इतना पास क्यों रखना चाहता है? ओह, वह कुछ क्यों नहीं कहता?

मुझे रुकना होगा, मुझे शांत होना। मुझे फिर से मजबूत होने का प्रयास करना होगा, और यदि मैं धैर्यवान रही, तो बाकी चीजों का भी पालन करना होगा।

लेकिन - यह सबसे खराब हिस्सा है - मैं उसका पीछा करती हुई सी लगती हूं। एक केवल हमेशा मैं ही हूं जो ऊपर जाती हूं; वह कभी भी मेरे पास नहीं आया है। लेकिन वह कमरों की वजह से है, और वह समझता है कि मुझे आपत्ति क्यों है। ओह, मुझे यकीन है कि मुझे जितना लगता है वह उससे भी अधिक समझता है।

तुम्हारी, ऐनी एम. फ्रैंक

सोमवार, 3 अप्रैल, 1944

मेरी सबसे प्यारी किटी,

मेरे हमेशा के जैसे व्यवहार के विपरीत, मैं तुम्हें भोजन की स्थिति का विस्तृत विवरण लिखने जा रही हूं, क्योंकि यह कुछ कठिनाई और महत्व का विषय बन गया है, न केवल यहां उपभवन में, बल्कि पूरे होलैंड में, पूरे यूरोप में, और यहां तक इससे भी परे।

इक्कीस महीनों में, जो हम यहां रहे, हम यहां कई अच्छे भोजन चक्रों से गुजरे हैं - तुम एक पल में समझ जाओगी उस का क्या महत्व है। एक "खाद्य चक्र" एक ऐसी अवधि है जिसमें हमें एक समय में खाने के लिए एक विशेष भोजन या कोई सब्जी मिलती है। लंबे समय तक हमने पत्तेदार सब्जी के अलावा कुछ नहीं खाया। रेत वाली पत्तेदार सब्जी, बिना रेत की पत्तेदार सब्जी, दले हुए आलुओं के साथ सब्जी, दले हुए आलू हांडी और हरी सब्जी। फिर यह पालक था, उसके बाद बंद गोभी, विलायती कचालू, खीरे, टमाटर, गोभी, आदि, आदि।

यह बहुत मजेदार नहीं है, जब आपको हर दिन दोपहर के भोजन और रात के भोजन के लिए गोभी खाने को मिले, लेकिन जब आप पर्याप्त भूखे होते हैं, तो आप बहुत सारी चीजें करते हैं। हालांकि, हम अब तक के सबसे आनंदप्रद दौर से गुजर रहे हैं, क्योंकि इसमें सब्जियां बिल्कुल भी नहीं हैं।

हमारे साप्ताहिक दोपहर के भोजन की व्यंजन सूची में, भूरे सेम, छिले मटर का सूप, पकौड़ी के साथ आलू, आलू कुगेल और, भगवान की कृपा से, शलजम या गाजर, और फिर वापस भूरी सेम है। रोटी की कमी के कारण, हम नाश्ते के साथ शुरू होने वाले हर भोजन में आलू खाते हैं, लेकिन फिर हम उन्हें थोड़ा भूनते हैं।

सूप बनाने के लिए हम भूरी सेम, सफेद सेम, आलू, सब्जी के सूप के पैकेट, चिकन सूप के पैकेट और सेम सूप के पैकेट का इस्तेमाल करते हैं। रोटी सहित

हर चीज में भूरी सेम है। रात के खाने के लिए हमारे पास हमेशा नकली रसे के साथ आलू होते हैं और – भगवान का शुक्र है अभी भी हमारे पास है- चुकंदर का सलाद। मुझे तुम्हें पकौड़ीयो के बारे में जरूर बताना चाहिए। हम उन्हें सरकार द्वारा जारी किए आटे, पानी और खमीर से बनाते हैं। वह इतने चिपचिपी और कड़े होते हैं कि ऐसा लगता हैं जैसे आपके पेट में चट्टानें हो, लेकिन ठीक है!

सप्ताह में एक बार लिवर सॉसेज और बिना मक्खन लगी डबलरोटी पर जैम हमारे खाने की खास चीज है। लेकिन हम अब भी जिंदा है और अधिकतर समय खाना स्वादिष्ट लगता है।

तुम्हारी, ऐनी एम. फ्रैंक

बुधवार, 5 अप्रैल, 1944

मेरी सबसे प्यारी किटी,

लंबे समय से अब मुझे नहीं पता था कि मैं स्कूल का कोई भी काम करने के लिए परेशान क्यों हो रही थी। युद्ध का अंत अभी भी एक परी कथा के जैसे बहुत दूर, बहुत असत्य लग रहा था। यदि युद्ध सितंबर तक खत्म नहीं हुआ, तो मैं वापस स्कूल नहीं जाऊंगी, क्योंकि मैं दो साल पीछे नहीं होना चाहती।

शनिवार की रात तक, जब मुझे बहुत दुख महसूस हो रहा था, और किसी ने नहीं बल्कि पीटर, पीटर के सपने और मेरे विचार ने मेरे दिन के खालीपन को भरा; ओह, यह भयानक था। जब मैं पीटर के साथ थी, मैंने अपने आंसू रोक लिए, जैसे ही हमने नींबू पंच पिया फॉन डान के साथ बहुत ही हंसी ठट्टा किया और हंसमुख और उत्साहित हो गई थी, लेकिन जिस पल मैं अकेली हुई मैं जानती थी कि मैं फूट-फूट कर रोने वाली हूं। मैं अपनी नाइटी में फर्श पर ढेर हो गई और अपनी प्रार्थनाओं को बहुत उत्साह से कहना शुरू कर दिया, तब मैंने अपने घुटनों को अपने सीने की ओर खींचा, अपना सिर अपनी बांहों पर रखा और नंगे फर्श पर सिकुड़ कर बैठे हुए रोई। एक जोर की सिसकी ने मुझे याद दिलाया और क्योंकि मैं नहीं चाहती थी कि कोई भी मुझे सुने, मैंने अपने आंसू पी लिए। फिर बार-बार यह कहते हुए कि मुझे करना चाहिए, मुझे जरूर करना चाहिए, मैंने खुद को समेटने का प्रयास किया... "इस तरह की असामान्य स्थिति में बैठने से मैं अकड़ गई, मैं बिस्तर के किनारे लुढ़क गई और दस तीस से थोड़ा पहले, जब मैं बिस्तर में वापस गई, तब तक संघर्ष करती रही। फिर यह समाप्त हो गया!

और अब यह वास्तव में समाप्त हो गया है। मुझे आखिरकार एहसास हुआ कि अनजान बनने से दूर रहने के लिए, जीवन में आगे बढ़ने के लिए, पत्रकार बनने के लिए, मुझे अपने स्कूल का काम जरूर करना चाहिए! मुझे पता है मैं लिख सकती हूं। मेरी कुछ कहानियाँ अच्छी हैं, गुप्त उपभवन का मेरा वर्णन विनोदी है, मेरी डायरी का अधिकांश भाग उज्जवल और जीवित है, लेकिन... यह देखना बाकी है कि क्या मेरे पास वास्तव में प्रतिभा है।

"ईवा का सपना" मेरी सबसे अच्छी परी कहानी है, और अजीब बात यह है कि मेरे पास यह धुंधला विचार नहीं है कि यह कहां से आया है। "कैडी का जीवन" के हिस्से भी अच्छे हैं, लेकिन कुल मिलाकर यह कुछ खास नहीं है। मैं अपनी सर्वश्रेष्ठ और सख्त से सख्त आलोचक हूं। मुझे पता है कि क्या अच्छा है और क्या नहीं। जब तक आप खुद नहीं लिखते, आप यह नहीं जान सकते कि यह कितना अद्भुत है; मैं हमेशा इस तथ्य पर दुख प्रकट करती थी कि मैं वर्णन नहीं कर पाती, लेकिन अब मुझे बहुत खुशी हुई कि कम से कम मैं लिख सकती हूं। और अगर मेरे पास पुस्तकें या समाचार पत्रों में लेख लिखने की प्रतिभा नहीं है, तो मैं हमेशा अपने लिए लिख सकती हूं। लेकिन मैं इससे ज्यादा हासिल करना चाहती हूं। मैं माँ, श्रीमती फॉन डान और सभी महिलाएं की तरह जीवन जीने की कल्पना नहीं कर सकती, जो अपने काम में लगी रहती है और फिर भूला दी जाती है। मुझे एक पति और बच्चों के अलावा, खुद को समर्पित करने के लिए, किसी और चीज की आवश्यकता है! मैं ज्यादातर लोगों की तरह व्यर्थ बिताई हुए जिंदगी नहीं चाहती हूं। मैं उपयोगी बनना चाहती है, या सभी लोगों के लिए आनंद लाना चाहती हूं, यहां तक कि उन लोगों के लिए भी जिनसे मैं कभी नहीं मिली। मैं अपनी मौत के बाद भी जीवित रहना चाहती हूं! और इसीलिए मुझे यह उपहार देने के लिए मैं भगवान की बहुत एहसानमंद हूं, जिसका इस्तेमाल मैं खुद को विकसित करने और और जो कुछ भी मेरे अंदर है, उसे व्यक्त करने के लिए इस्तेमाल कर सकती हूं!

जब मैं लिखती हूं तो मैं अपनी सारी चिंताओं से पीछा छुड़वा सकती हूं। मेरा दुःख गायब हो जाता है, मेरा जोश फिर से जीवित हो जाता है! लेकिन, यह एक बड़ा सवाल है, कि क्या मैं कभी भी एक पत्रकार या एक लेखक बन पाऊंगी? क्या मैं कभी कुछ बहुत अच्छा लिखने में सक्षम हो पाऊंगी?

मुझे उम्मीद है, और मैं बहुत उम्मीद करती है, क्योंकि लेखन मुझे सब कुछ, मेरे सभी विचारों, आदर्शों और कल्पनाओं को दर्ज करने की इजाजत देता है।

मैंने काफी समय से 'कैडी का जीवन' पर काम नहीं किया है। अपने दिमाग में मैंने बिल्कुल वैसा विस्तार किया है जैसा आगे होता है, लेकिन कहानी बहुत अच्छी तरह से फलती फूलती नहीं दिख रही है। मैं शायद इसे खत्म नहीं कर सकती, यह रद्दी की टोकरी या आग में जाकर खत्म होगी। यह एक भयानक विचार है, लेकिन फिर मैं खुद से कहती हूं, "चौदह साल की उम्र में और इतने कम अनुभव के साथ, आप दर्शनशास्त्र के बारे में नहीं लिख सकते।"

तो आगे, नए सिरे से उत्साह के साथ, इन सब का समाधान हो जाएगा, क्योंकि मैं लिखने के लिए दृढ़ हूं!

तुम्हारी, ऐनी एम. फ्रैंक

गुरुवार, 6 अप्रैल, 1944

सबसे प्रिय किटी,

तुमने मुझसे पूछा कि मेरे शौक और रुचियां क्या हैं और मैं जवाब देना चाहती हूं, लेकिन मेरा तुम्हें चेतावनी देना सही रहेगा कि मेरे बहुत सारे हैं, तो हैरान मत होना।

सबसे पहले : लेखन, लेकिन मैं इसके बारे में एक रुचि के रूप में नहीं सोचती हूं।

नंबर दो : वंशावली चार्ट। मैं हर अखबार, किताब और दस्तावेज में देख रही हूं जिसमें मुझे फ्रेंच, जर्मन, स्पेनिश, अंग्रेजी, ऑस्ट्रिया, रूसी, नॉर्वे और डच शाही परिवारों के वंश वृक्ष मिल सकता है। मैंने उनमें से कई के साथ बहुत प्रगति की है, क्योंकि एक लंबे समय से मैं जीवनी या इतिहास की किताबें पढ़ते हुए नोट्स बना रही हूं। मैं इतिहास के कई लेखांशों की नकल भी करती हूं।

इसलिए मेरा तीसरा शौक इतिहास है, और पिता ने पहले ही मुझे कई पुस्तकें खरीद के दी हैं। मैं शायद ही उस दिन की प्रतीक्षा कर सकती हूं जब मैं सार्वजनिक पुस्तकालय में जा पाऊंगी और अपनी जरूरत की जानकारी खोजने में सक्षम हो पाऊंगी।

चौथा, ग्रीक और रोमन पौराणिक कथाएं हैं। मेरे पास इस विषय पर विभिन्न पुस्तकें भी हैं।

मैं नौ ग्रीक कला की देवियों और ज़ीउस के सात प्यार के नाम बता सकती हूं। मैं हरक्यूलिस की पत्नियां, आदि, आदि, को एकदम सही से समझ गई हूं।

मेरे अन्य शौक फिल्मी सितारों और पारिवारिक तस्वीरें हैं। मैं पढ़ने और किताबों की दीवानी हूं। मैं कला के इतिहास को बहुत पसंद करती हूं, विशेषकर जब इसका सरोकार लेखकों, कवियों और चित्रकारों से होता है, संगीतकार बाद में आते हैं। मैं बीजगणित, ज्यामिति और अंकगणित से नफरत करती हूं। मैं अपने सभी अन्य स्कूल विषयों का आनंद लेती हूं, लेकिन इतिहास मेरा पसंदीदा विषय है!

तुम्हारी, ऐनी एम. फ्रैंक

मंगलवार, 11 अप्रैल, 1944

मेरी सबसे प्यारी किटी,

मेरा सिर घूम रहा है, मैं वास्तव में नहीं जानती कि कहां से शुरू करूं। गुरुवार (पिछली बार जब मैंने तुम्हें लिखा था) सब कुछ हमेशा की तरह था। शुक्रवार दोपहर (गुड फ्राइडे) हमने मोनोपॉली खेला; शनिवार की दोपहर भी। दिन बहुत जल्दी बीत गए। शनिवार को लगभग दो बजे, पुरुषों के अनुसार मशीनगनों से भारी गोलीबारी शुरू हुई। बाकी, सब कुछ शांत था।

रविवार की दोपहर, पीटर मेरे निमंत्रण पर, साढ़े चार बजे मुझे मिलने आया। सवा पांच पर हम सामने अटारी पर गए, जहां हम छः बजे तक रहे। छह से सवा सात बजे तक रेडियो पर मोजार्ट का एक सुंदर संगीत कार्यक्रम था; मैंने विशेष रूप से क्लेन नचटमुसिक का आनंद लिया। मैं शायद ही रसोई में सुनना बर्दाश्त कर सकती हूँ, क्योंकि सुंदर संगीत मुझे मेरी आत्मा की बहुत गहराई तक ले जाता है। रविवार की शाम पीटर अपना स्नान नहीं कर सका, क्योंकि नीचे कार्यालय के रसोई घर का टब, गंदे कपड़ों से भरा हुआ था। हम दोनों एक साथ सामने के अटारी पर गए, और आराम से बैठने में सक्षम होने के लिए, मैं अपने कमरे में से जो एकमात्र तकिया ढूंढ पाई, वह लेकर आ गई। हम सब एक सामान बांधने वाले टोकरे पर बैठ गए। चूंकि टोकरा और कुशन दोनों बहुत छोटे थे, इसलिए हम दो अन्य टोकरे के खिलाफ झुकते हुए काफी करीब बैठे थे; मूशी ने भी हमारा साथ दिया, तो हम बिना संरक्षक के नहीं थे। अचानक, पौने नौ बजे, श्रीमान फॉन डान ने सीटी बजाई और पूछा कि क्या श्रीमान डसेल हमारे साथ है। हम कूद कर तकिए, बिल्ली और श्रीमान फॉन डान के साथ नीचे चले गए। यह तकिया बहुत दुख का साधन था। डसेल गुस्से में थे, क्योंकि मैंने वह ले लिया था जिसका वह तकिए की तरह उपयोग

करते थे, और उन्हें यह डर था कि यह पिस्सुयों से भर सकता है ; उन्होंने इसी वजह से पूरे घर में हाहाकार मचा दिया। इसका बदला लेने के लिए, पीटर और मैंने उसके बिस्तर में दो कड़े ब्रश अटका दिए, लेकिन उन्हें फिर से बाहर निकालना पड़ा, जब डसेल ने अप्रत्याशित रूप से अपने कमरे में जाकर बैठने का निर्णय किया। हम इस छोटे से नाटक पर बहुत हंसे थे।

लेकिन हमारा मज़ा थोड़े ही समय का था। साढ़े नौ पर पीटर ने दरवाजे पर धीरे से दस्तक दी और पिता से ऊपर आने और अंग्रेजी के मुश्किल कठिन वाक्यों में उसकी सहायता करने के लिए पूछा।

"यह गड़बड़ लगता है," मैंने मार्गोट से कहा। "यह स्पष्ट रूप से एक बहाना है। आप बता सकते हैं कि जिस तरह से पुरुष बात कर रहे हैं ऐसा लग रहा था कि कोई ताला तोड़कर घुसा है!" मैं सही थी। गोदाम में उस समय कोई जबरदस्ती घुसा था। पिता, श्रीमान फॉन् डान और पीटर एक पल में नीचे गए। मार्गोट, माँ, श्रीमती फॉन डान और मैंने प्रतीक्षा की। चार डरी हुई महिलाओं को बात करने की आवश्यकता होती है तो हमने भी वही किया, जब तक कि हमने नीचे एक धमाका नहीं सुना। उसके बाद सब शांत हो गया। घड़ी में 9:45 बजे थे। हमारे चेहरे का रंग उड गया था, लेकिन हम शांत बने रहे, हालांकि हम भयभीत है।

आदमी कहां थे? वो धमाका क्या था? क्या वे चोरों से लड़ रहे थे? हम सोच सोच कर बहुत डर गए थे; हम सब बस प्रतीक्षा कर सकते थे।

दस बजे, सीढ़ियों पर कदमों की आहट। मुरझाए और बेचैन, पिता अंदर आए, उनके पीछे श्रीमान फॉन डान तुरंत निकलते हैं, दबे पांव ऊपर जाते हैं, हम पुलिस की उम्मीद कर रहे हैं। भयभीत होने का समय नहीं है।' लाइटें बंद थी, मैंने एक जैकेट पकड़ ली, और हम ऊपर बैठ गए।

"क्या हुआ? हमें जल्दी बताओ!"

हमें बताने वाला वहां कोई उपस्थित नहीं था ;पुरुष वापस नीचे चले गए थे। उनमें से चार लोग दस-दस तक वापस नहीं आए। उनमें से दो पीटर की खुली खिड़की पर नजर रखते थे। लैंडिंग का दरवाजा बंद था, पुस्तकों की अलमारी बंद थी। हमने अपनी रात की रोशनी में एक स्वेटर ओढ़ा, और फिर उन्होंने हमें बताया कि क्या हुआ था : वह लैंडिंग पर था, जब उसने दो जोरदार धमाके सुने। वह नीचे चला गया और देखा कि गोदाम के दरवाजे के बाएं भाग का एक बड़ा फलक गायब था। वह तेजी से ऊपर गया, रक्षा दल को सतर्क किया और उनमें से चार नीचे चले गए। जब वे गोदाम में दाखिल हुए, तो चोर अपने काम में लगे

हुए थे। बिना सोचे-समझे श्रीमान फॉन डान चिल्लाए "पुलिस!" बाहर तेज कदमों की आहट; चोर भाग गए थे। फलक को वापस दरवाजे में लगा दिया गया था ताकि पुलिस का ध्यान खाली स्थान पर ना जा सके, लेकिन फिर बाहर से एक तेज लात ने इसे उड़ाकर फर्श पर गिरा दिया। पीटर और श्रीमान फॉन डान को दोनों ने अपने ऊपर एक जानलेवा गुस्सा आता महसूस किया। श्रीमान फॉन डान ने फर्श पर एक कुल्हाड़ी पटकी, और फिर सब शांत था, एक बार और फलक बदल दिया गया था और एक बार फिर प्रयास को नाकाम कर दिया गया। बाहर, एक आदमी और एक महिला ने पूरे गोदाम में रोशनी करते हुए, खुली जगह से चमकीली टॉर्च चमकाई। "क्या..." उनमें से एक पुरुष बुदबुदाया, लेकिन अब उनकी भूमिका बदल गई है। पुलिसकर्मियों के बजाय, वे अब चोर थे। वे सभी चारों ऊपर की ओर दौड़े। डसेल और श्रीमान फॉन डान ने डसेल की पुस्तकें छीन लीं, पीटर ने रसोई और निजी कार्यालय में दरवाजे और खिड़कियां खोलीं, फोन को जमीन पर फेंक दिया, और उनमें से चार अंत में पुस्तकें की अलमारी के पीछे पहुंचे।

☯ भाग एक का अंत ☯

सभी संभावनाओं में पुरुष और महिला ने टॉर्च से पुलिस को सतर्क कर दिया था। रविवार की रात थी, ईस्टर रविवार था। अगले दिन, ईस्टर सोमवार, कार्यालय बंद होने वाला था, जिसका मतलब था कि हम मंगलवार सुबह तक कहीं आने जाने में सक्षम नहीं होंगे। इसके बारे में सोचो, एक दिन और दो रातों तक इस तरह के आतंक में बैठना! हम कुछ भी सोच नहीं रहे थे, बल्कि बस चोर अंधेरे में बैठे रहे-अपने डर के कारण, श्रीमती फॉन डान ने बत्ती बंद कर दी थी। हम फुसफुसाए, और हर बार जब हमने चरमराहट सुनी, तो किसी ने कहा, "श, श।"

साढ़े दस बजे थे, फिर ग्यारह। जरा भी आवाज नहीं हुई पिता जी और श्रीमान फॉन डान बारी-बारी से हमारे पास ऊपर आए। फिर, ग्यारह-पंद्रह पर, नीचे एक शोर हुआ। वहां ऊपर आप पूरे परिवार को सांस लेते हुए सुन सकते थे। हर कोई पूरी तरह से स्थिर बैठा रहा। घर में, निजी कार्यालय, रसोई, फिर... सीढ़ियों पर पैरों की आहट। सांस लेने की सभी आवाजें बंद हो गईं, आठ दिल धड़के। सीढ़ियों पर पैरों की आहट, फिर किताबों की अलमारी पर बहुत तेज खड़खड़ की आवाज। यह क्षण वर्णन करने योग्य नहीं था।

"अब हम बर्बाद हो गए है," मैंने कहा, और मेरी नजर थी कि उसी रात गेस्टापो द्वारा हम पंद्रह को घसीट कर ले जाया जा रहा था।

किताबों की अलमारी पर और अधिक खड़खड़ की आवाज आने लगी। फिर हमने एक कैन गिरने की आवाज सुनी, और पैरों की आहट कम हो गई। हम अब तक खतरे से बाहर थे! एक कंपकंपी, हर किसी के शरीर से गुजर गई, मैंने दांतों के कई समूहों को किटकिटाते सुना, और किसी ने एक शब्द भी नहीं कहा। हम साढ़े ग्यारह तक ऐसे ही रहे।

घर में कोई ध्वनि नहीं थीं, लेकिन हमारी लैंडिंग पर एक रोशनी चमक रही थी, ठीक किताबों की अलमारी के सामने। क्या यह इसलिए था क्योंकि पुलिस ने इसे इतना संदिग्ध सोचा या वे बस भूल गए थे? क्या कोई वापस आकर इसे बंद करने वाला था? हमें फिर से हमारी बोली मिल गई है? इमारत के अंदर अब और कोई लोग नहीं थे, लेकिन शायद कोई बाहर पहरेदारी कर रहा था। हमने तब तीन चीजें कीं : यह अनुमान लगाने की कोशिश की कि क्या चल रहा था, भय से कांप कर शौचालय गए। चूंकि बाल्टियाँ अटारी में थीं, इसलिए हमारे पास अब बस पीटर की धातु वाली कचरे की टोकरी थी। श्रीमान फॉन डान पहले गए, फिर पिता, लेकिन माँ बहुत शर्मिंदा थी। पिता बाल्टी को लेकर अगले कमरे में ले आए, जहाँ मार्गोट, श्रीमती फॉन डान और मैंने कृतज्ञतापूर्वक इसका इस्तेमाल किया। माँ ने आखिरकार हार मान ली। उस वक्त कागज की बहुत माँग थी, और सौभाग्य से मेरी जेब में कुछ था।

कचरे की टोकरी से बदबू आने लगी, सब कुछ एक कानाफूसी में चला, और हम थक गए थे। आधी रात थी।

"फर्श पर लेट जाओ और सो जाओ!" मार्गोट और मुझे, प्रत्येक को एक तकिया और एक कंबल दिया गया था। मार्गोट भोजन की अलमारी के पास लेट गई, मैंने अपना बिस्तर मेज के पैरों के बीच में बनाया। गंध इतनी बुरी नहीं नहीं लगती जब आप फर्श पर लेट रहे होते हो, लेकिन श्रीमती फॉन डान चुपचाप गई और कुछ ब्लीच पाउडर लाई और आगे एहतियात के तौर पर पॉटी के ऊपर एक चाय तौलिया लपेटा।

बातें, फुसफुसाहट, डर, बदबू, पाद और लगातार बाथरूम में जाते लोग; उसके माध्यम से सोने का प्रयास। ढाई बजे तक, हालांकि, मैं बहुत थकी हुई थी, मेरी आंख लग गई और तीन-तीस तक एक बात नहीं सुनी। मैं जाग गई जब श्रीमती फॉन डान ने अपना सिर मेरे पैरों पर रख दिया।

“भगवान के लिए, मुझे पहनने के लिए कुछ दे दो!” मैंने कहा। मुझे कुछ कपड़े दिए गए थे, लेकिन यह मत पूछो क्या : मेरे पजामे के ऊपर ढीली ऊनी पतलून की एक जोड़ी, एक लाल स्वेटर और एक काले रंग की स्कर्ट, सफेद मोजे और फटे हुए घुटने के मोजे।

श्रीमती फॉन डान कुर्सी पर वापस बैठ गई, और श्रीमान फॉन डान अपने सिर को मेरे पैरों पर रख कर लेट गए। साढ़े तीन के बाद मैं विचार में मगन थी, और अभी भी इतना कांप रही थी कि श्रीमान फॉन डान सो नहीं सके। मैं खुद को पुलिस की वापसी के लिए तैयार कर रहा थी। हम उन्हें बता देंगे हम छिपने की जगह में थे; यदि वे अच्छे लोग हुए, तो हम सुरक्षित होंगे, और यदि वे नाजी समर्थक होते, तो हम उन्हें रिश्वत देने का प्रयास कर सकते थे।

“हमें वायरलेस सेट को छिपाना चाहिए !”श्रीमती फॉन डान ने विलाप किया।

“ठीक है, चूल्हें में,” श्रीमान फॉन डान ने उत्तर दिया, “यदि वे हमें ढूंढ लेते हैं तो वह वायरलेस भी ढूंढ सकते हैं।”

“फिर उन्हें ऐनी की डायरी भी मिल जाएगी,” पिता ने कहा।

“तो इसे जला दो,” समूह के सबसे सब से डरे हुए व्यक्ति ने सुझाव दिया।

यह और किताबों की अलमारी पर शोभायमान पुलिस, यही वे पल थे, जब मैं सबसे ज्यादा डर गई थी। ओह, मेरी डायरी नहीं; अगर मेरी डायरी गई तो मैं भी गई! भगवान का शुक्र है कि पिता ने कुछ और अधिक नहीं कहा।

इतना कुछ कहा गया कि सभी बातचीत को सुनाने का मतलब नहीं है। मैंने श्रीमती फॉन डान को दिलासा दिया, जो बहुत भयभीत थी। हमने गेस्टापो द्वारा पूछताछ की जाने के बारे में बचने, श्रीमान क्लेमन को फोन करने, और साहसी बनने के बारे में बातें की।

“हमें सैनिकों की तरह व्यवहार करना चाहिए, श्रीमती फॉन डान। यदि हमारा समय आ गया है तो तब, यह रानी और देश के लिए, सच्चाई और न्याय के लिए होगा, जैसा कि वह हमेशा रेडियो पर हमें बताते रहते हैं। बुरी बात केवल यह है कि हम अपने साथ-साथ दूसरों को भी नीचे खींच लेंगे।”

एक घंटे के बाद श्रीमान फॉन डान ने अपनी पत्नी के साथ स्थान बदल लिए, और पिताजी मेरे पास आकर बैठ गए। पुरुषों ने एक के बाद एक सिगरेट पी, एक सामयिक आह सुनाई दी, कोई एक बार और पॉटी करने के लिए गया और सब कुछ एक बार फिर से शुरू हो गया।

चार बजे, पाँच बजे, पाँच-तीस बजे। मैं जाकर पीटर के साथ उसकी खिड़की के पास बैठ गई, और सुनने लगी थी, हम इतने पास बैठे थे कि हम एक-दूसरे के शरीर को कांपते हुए महसूस कर सकते थे; समय-समय पर हम एक या दो शब्द ही बोलते थे और गौर से सुनते थे। उन्होंने दरवाजे का ब्लैकआउट स्क्रीन उतार दिया। उन्होंने उन सभी चीजों की एक सूची बनाई जो वे श्रीमान क्लेमन को फोन पर बताने की योजना बना रहे थे, क्योंकि उनका इरादा उन्हें सात बजे बुलाने और किसी और को भेजने के लिए पूछने का था। वे एक बहुत बड़ा खतरा उठाने जा रहे थे, क्योंकि दरवाजे पर या गोदाम में मौजूद पुलिस गार्ड फोन पर उन्हें बुलाते हुए सुन सकते थे, लेकिन वहां इससे भी बड़ा जोखिम था कि पुलिस वापस आ सकती थी। मैं उनकी सूची संलग्न कर रही हूं, लेकिन स्पष्टता के लिए, मैं इसे यहां कॉपी कर दूंगी।

चोरी : इमारत में पुलिस, किताबों की अलमारी तक गई, लेकिन आगे नहीं। चोरों ने स्पष्ट रूप से बलपूर्वक गोदाम के दरवाजे को तोड़ दिया और बगीचे से होकर भाग गए। मुख्य प्रवेश द्वार बंद था; कुगलर को दूसरे दरवाजे से होकर चले जाना होगा।

टाइपराइटर और जोड़ने की मशीन निजी कार्यालय में काली तिजोरी में सुरक्षित थी।

मीप और बेप का धोबीघर रसोई घर में था।

केवल बेप या कुगलर के पास दूसरे दरवाजे की चाबी है; ताला टूटा हुआ हो सकता है।

यान को चेतावनी देने और कुंजी प्राप्त करने की कोशिश की गई, कार्यालय के चारों ओर देखा गया; इसके अलावा बिल्ली को खिलाया गया।

बाकी सब कुछ योजना के अनुसार हुआ। श्रीमान क्लेमन को फोन किया गया था, डंडे को दरवाजों से हटा दिया गया था, टाइपराइटर को वापस तिजोरी में डाल दिया गया था। फिर हम सभी फिर से मेज के चारों ओर बैठ गए और हम या तो जान या पुलिस की प्रतीक्षा करने लगे।

पीटर सोने चला गया था और श्रीमान फॉन डान और मैं फर्श पर लेटे हुए थे जब हमने नीचे कदमों की भारी आवाज सुनी। मैं चुपचाप उठ गई। यह यान है। "नहीं, नहीं, यह पुलिस है।!" उन सभी ने कहा।

हमारी पुस्तकों की अलमारी पर एक दस्तक हुई थी। मीप ने सिटी बजाई श्रीमती फॉन डान के लिए यह बहुत ज्यादा था, जो अपनी कुर्सी में शिथिलता से

धंसी हुई थी, वह कागज की तरह सफेद पड़ गई। अगर तनाव एक और मिनट तक रहता, तो वह बेहोश हो जाती।

यान और मीप अंदर आए। नृत्य करती लड़कियों के खुले एक पेज और जाम और गंदा सिनेमा और थिएटर की एक प्रति, जिसे हम दस्त से निपटने के लिए ले जा रहे थे, जाम के जार, आधा ब्रेड रोल, एक चौथाई ब्रेड रोल, पेक्टिन, एक आईना, एक कंघी, माचिस, राख, सिगरेट, तंबाकू, एक ऐशट्रे, पुस्तकें, एक जोड़ी पेंट, एक टॉर्च, श्रीमती वैफॉन डान की कंघी, टॉयलेट पेपर आदि।

यान और मीप का निश्चित रूप से चीख और आँसू के साथ अभिवादन किया गया। यान ने दरवाजे के बने सेंध पर एक पाइनवुड बोर्ड को जड़ दिया और मीप के साथ पुलिस को सेंधमारी के बारे में फिर से सूचित करने के लिए चला गया। इसके अलावा मीप को गोदाम के दरवाजे के नीचे रात के चौकीदार स्लेजर का एक नोट भी मिला था, जिसने सेंध देखा और पुलिस को चौकन्ना किया था। यान भी स्लीजर्स से मिलने की योजना बना रहा था।

इसलिए हमारे पास आधा घंटा था जिसमें हम घर और अपने आप को सही स्थिति में ला सकते थे। मैंने उन तीस मिनटों में ऐसा बदलाव कभी नहीं देखा। मार्गोट और मैंने बिस्तर तैयार किए, नीचे बाथरूम गए, अपने दांतब्रश किए, अपने हाथ धोए और बाल में कंघी किए फिर मैंने कमरे को थोड़ा ठीक किया और वापस ऊपर चली गई। मेज पहले से ही साफ किया जा चुका था, इसलिए हमने कुछ पानी लिया, कॉफी और चाय बनाई, दूध उबाला और टेबल सेट किया। पिता और पीटर ने हमारी तात्कालिक पॉटी खाली किया और उन्हें गर्म पानी और ब्लीच पाउडर से धोया। सबसे बड़ा वाला एक सीमा से ऊपर तक भरा हुआ था और इतना भारी था कि उनके लिए इसे उठाना बहुत मुश्किल था। चीजों को बदतर बनाने के लिए, यह लीक हो रहा था, इसलिए उन्हें इसे एक बाल्टी में रखना पड़ा।

ग्यारह बजे यान वापस आ गए थे। और मेज पर हमारे साथ शामिल हो गए, और धीरे-धीरे हर कोई तनाव मुक्त शुरू हो गया। यान के पास हमें बताने के लिए निम्नलिखित कहानी थी :

श्रीमान स्लीजर्स सो रहे थे, लेकिन उनकी पत्नी ने यान को बताया कि उनके पति ने अपने दौरे के समय दरवाजे में सेंध देखी थी। उन्होंने एक पुलिसकर्मी को बुलाया, और उन दोनों ने इमारत की तलाशी ली।

श्रीमान स्लीजर्स, चौकीदार के रूप में अपनी क्षमता के साथ, और अपने दो कुत्तों के साथ, अपनी बाइक पर हर रात क्षेत्र में गश्त करता है। उसकी पत्नी ने

कहा कि वह मंगलवार को आएगा और श्रीमान कुगलर को बाकी बात बताएगा। पुलिस स्टेशन में किसी को भी सेंधमारी के बारे में कुछ भी पता नहीं लग रहा था, लेकिन उन्होंने मंगलवार सुबह चीजों पर पहले एक नजर डालने आने के लिए एक नोट बना लिया है।

वापस आते हुए यान श्रीमान फॉन होवेन के पास चले गए, वह आदमी जो हमें आलू की आपूर्ति करते थे, और उन्हें सेंधमारी के बारे में बताया था। "मुझे पता है," श्रीमान फॉन होवेन ने शांति से जवाब दिया। "कल रात जब मैं और मेरी पत्नी आपकी इमारत से गुजर रहे थे, मैंने दरवाजे में एक सुराख देखा था। मेरी पत्नी वहां से चले जाना चाहती थी। लेकिन मैं एक टॉर्च लेकर अंदर दाखिल हो गया, और उसी समय चोर भाग गया होगा। सुरक्षित होने के लिए, मैंने पुलिस को नहीं बुलाया। मुझे लगा कि आप के मामले में यह समझदारी नहीं होगी। मुझे कुछ भी पता नहीं है, लेकिन मुझे अपना संदेह है।" यान ने उसे धन्यवाद दिया और चला गया। श्रीमान फॉन होवेन को स्पष्ट रूप से संदेह है कि हम यहां रह रहे हैं, क्योंकि वह खाने के समय हमेशा आलू की आपूर्ति करता है। एक सभ्य आदमी!

एक बजे गये थे, समय बीतने के साथ यान चले गए और हमने हाथ मुंह धोया। हममें से सभी आठ बिस्तर पर चले गए। मैं 2:15 पर जाग गई और देखा कि श्रीमान डसेल पहले से ही उठ गए थे। मेरा चेहरा, नींद के साथ उनिंदा बना हुआ था, जैसे ही पीटर नीचे आया था, मैं बाथरूम में उसके पास दौड़ गई। हम कार्यालय में मिलने पर सहमत हुए। मुझ में थोड़ी ताजगी आ गई और नीचे चली गई।

"इन सब के बाद, क्या आप अभी भी सामने अटारी में जाना चाहती है?" उसने पूछा। मैंने इनकार में सिर हिलाया, अपने तकिए को इसके चारों ओर लिपटे एक कपड़े के साथ पकड़ा, और हम एक साथ चले गए। मौसम बहुत खूबसूरत था, और भले ही हवाई हमले के सायरन ने जल्दी विलाप करना शुरू कर दिया था लेकिन हम जहां थे, वहीं रुके रहे। पीटर ने अपने हाथ मेरे कंधे के आसपास डाल रखे थे, मैंने अपने हाथ उसके चारों डाल दिए, और हम चार बजे तक चुपचाप ऐसे ही बैठे रहे, फिर मार्गोट हमें कॉफी के लिए बुलाने आई।

हमने अपनी रोटी खाई, अपना नींबू पानी पिया और मजाक किया (हम अंत में फिर से करने में सक्षम थे), और बाकी के लिए सब कुछ सामान्य हो गया था। उस शाम मैंने पीटर को धन्यवाद दिया, क्योंकि वह हम सभी में से सबसे बहादुर था।

हममें से कोई भी उस रात की तरह पहले कभी भी ऐसे खतरे में नहीं पड़ा था। भगवान वास्तव में हम पर दया दिखा रहा था। जरा सोचिए-पुलिस ठीक किताबों

की अलमारी के सामने थी, बत्ती जल रही थी और किसी को अभी भी हमारे छिपने के स्थान की कोई जानकारी नहीं हो सकी थी! 'अब हमारी जानकारी है।' उस पल मैं फुसफुसाई थी, लेकिन एक बार फिर हमें बख्श दिया गया था।

जब आक्रमण होता है और बम गिरने शुरू होते हैं, तब हर आदमी खुद तक सीमित हो जाएगा, लेकिन इस बार हमें उन अच्छे, निर्दोष ईसाइयों के लिए डर था जो हमारी सहायता कर रहे हैं।

"हम बच गए हैं, हमारी रक्षा करते रहो!" यही हम कह सकते हैं।

इस घटना ने बहुत सारे बदलाव को जन्म दिया। जैसे अब डसेल अपने काम बाथरूम में करेंगे और पीटर आठ-तीस और नौ-तीस के बीच घर में गश्त करेगा। पीटर को अब अपनी खिड़की खोलने की अनुमति नहीं है, क्योंकि केग कंपनी के लोगों में से एक ने देखा कि यह खुला था। हम अब रात में नौ-तीस के बाद शौचालय को फ्लश नहीं कर सकते। श्रीमान स्लेजर्स को रात के चौकीदार के रूप में काम पर रखा गया है, और आज रात हमारे सफेद फ्रैंकफर्ट शया के बाहर एक बाड़ा बनाने के लिए तहखाने से एक बढई आ रहा है। उपभवन में दाएं और बाएं कार्यवाहियाँ जारी है। श्रीमान कुगलर ने हमारी लापरवाही के लिए हमें फटकार लगाई। इसके अलावा यान ने यह भी कहा कि अब हमें कभी नीचे नहीं जाना चाहिए। हमें अब यह पता लगाना है कि क्या स्लीजर्स पर यकीन किया जा सकता है, अगर कुत्तों को दरवाजे के पीछे किसी की आहट सुनाई देती है तो वे भौंकेंगे या नहीं, बाड़ कैसे बनाई जाए, इस तरह की बातें।

हमें इस तथ्य की दृढ़ता से याद दिलाई गई है कि हम जंजीरों में बंधे यहूदी है, एक स्थान से बंधे, बिना किसी अधिकार के, लेकिन एक हजार दायित्वों के साथ। हमें अपनी भावनाओं को एक तरफ रखना चाहिए; हमें बहादुर और मजबूत बनना चाहिए, किसी शिकायत के बिना असुविधा को सहन करना चाहिए, अपनी शक्ति के अनुसार जितना भी हो वो करो और भगवान में विश्वास रखो। एक दिन यह भयानक युद्ध खत्म हो जाएगा। वह समय भी आएगा, जब हम फिर से इंसान समझे जाएंगे ना कि सिर्फ यहूदी!

इसे हमारे ऊपर किसने लागू किया है? बाकियों से हमें अलग किसने निर्धारित किया है? हमें इतनी पीड़ा में किसने डाल रखा है? यह भगवान है, जिसने हमारे लिए यह रास्ता बनाया है जिससे हम गुजर रहे हैं, लेकिन यह भी भगवान ही है जो हमें फिर से मुसीबत से निकाल लेंगे, दुनिया की नज़र में, हम बर्बाद हो गए हैं, लेकिन अगर इतने सब दुखों के बाद, अभी भी यहूदी बचे हैं, तो यहूदी लोगों को

एक उदाहरण के रूप में रखा जाएगा। कौन जानता है, शायद हमारा धर्म दुनिया को और उसमें मौजूद सभी लोगों को अच्छाई के बारे में सिखाएगा, और यही कारण है, एकमात्र कारण, कि हम पीड़ित हो रहे हैं। हम कभी भी सिर्फ डच, या सिर्फ अंग्रेज, या जो कुछ भी हो सकते, हम हमेशा यहूदी ही बने रहेंगे। और हम सभी को यहूदी बने रहना होगा, और हम बने रहना चाहते हैं।

बहादुर बनो! अपने कर्तव्य याद रखें और बिना किसी शिकायत के उससे पूरा करें। यही एक तरीका होगा।

भगवान हमारे जैसे लोगो को कभी अकेला नहीं छोड़ेगा। उम्र के साथ-साथ यहूदियों को भुगतान पड़ा करना पड़ा है, लेकिन उम्र के साथ-साथ वे जिंदा रहते रहे और दुख की सदियों ने उन्हें केवल मजबूत ही बनाया है। कमजोर मारे जाएंगे और मजबूत बने रहेंगे और उन्हें पराजित नहीं किया जा सकेगा!

उस रात मुझे सच में लगा कि मैं मरने जा रही थी। मैं युद्ध के मैदान में एक सैनिक की तरह मौत के लिए तैयार थी और मैं पुलिस की प्रतीक्षा कर रही थी। मैं अपने जीवन को अपने देश के लिए खुशी से न्योछावर कर दूंगी। लेकिन अब, जब मुझे बख्शा गया है, तो युद्ध के बाद मेरी पहली इच्छा डच नागरिक बनने की है। मुझे डच से प्यार है, मैं इस देश से प्यार करती हूं, मुझे इस भाषा से प्यार है, और मैं यहां काम करना चाहती हूं और यदि मुझे खुद रानी को लिखने का मौका मिलेगा, तो मैं उसे जाने नहीं दूंगी जब तक कि मैं अपने लक्ष्य तक पहुंच ना चुकी हूं।

मैं अपने माता-पिता से ज्यादा से ज्यादा आजाद होती जा रही हूं। मैं युवा हूं, मैं और अधिक साहस के साथ जीवन का सामना कर रही हूं और माँ की तुलना में न्याय की एक बेहतर और सच्ची भावना रखती हूं। मुझे पता है कि मुझे क्या चाहिए, मेरा एक लक्ष्य है, मेरी अपनी एक राय है, एक धर्म और प्यार है। यदि केवल मैं आत्मनिर्भर हो जाऊंगी, तो मैं संतुष्ट हो जाऊंगी। मुझे पता है कि मैं एक महिला हूं, एक महिला जो आर्थिक रूप से शक्तिशाली और काफी साहसी है!

यदि ईश्वर मुझे जीने देता है, तो मैं माँ से अधिक प्राप्त करूंगी, मैं अपनी आवाज सुना दूंगी, मैं दुनिया में बाहर जाऊंगी और मैं मानव जाति के लिए काम करूंगी।

अब मैं जानती हूं कि सबसे पहले साहस और प्रसन्नता की आवश्यकता होती है।

तुम्हारी, ऐनी एम. फ्रैंक

शुक्रवार, 14 अप्रैल, 1944

प्रिय किटी,

यहां हर कोई अभी भी बहुत तनावपूर्ण है। पिम गुस्से के लगभग चरम बिंदु पर पहुंच गए हैं; श्रीमती फॉन डान जुकाम से ग्रस्त होकर बढ़बढ़ाते हुए अपने बिस्तर में पड़ी है; श्रीमान फॉन डान अपनी सिगरेट के बिना मुरझाए हुए हैं; डसेल, जिन्हें अपने कई आराम त्यागने पड रहे हैं, हर किसी में मीन मेख निकाल रखे हैं आदि, आदि। हमें लगता है जैसे हमारी तकदीर समाप्त हो गई हो। शौचालय में रिसाव हो रहा है, और नल अटक गया है। शुक्र है कि हमारे कई संपर्क है, जिससे हम जल्दी इनकी मरम्मत करवाने में सक्षम हो जाएंगे।

जैसा कि तुम जानती हो कि मैं कभी-कभी भावुक हो जाती हूं, लेकिन समय-समय पर ऐसा होने की मेरे पास कई वजह होती है : पीटर और मैं कबाड़ और धूल के बीच एक कठोर लकड़ी के टोकरे पर एक साथ बैठे हैं, हमारी बांहे एक दूसरे के कंधों पर है, पीटर मेरे बालों की एक लट से खेल रहा है; जब पक्षी बाहर कंपित धवनि में अपने गीत गा रहे होते हैं, पेड़ों में कलियां निकल रही होती है, जब सूरज इशारा कर रहा होता है, और आकाश इतना नीला होता है—ओह ऐसे ही मैं बहुत कुछ की उम्मीद करती हूं!

मैं अपने चारो ओर असंतुष्ट और क्रोधी चेहरे ही देखती हूं, मैं बस आहें और दबी हुई शिकायतें सुनती हूं, तुम सोचोगी हमारे जीवन ने अचानक एक बदतर मोड ले लिया है। ईमानदारी से, चीजें केवल उतनी ही बुरी होती है, जितनी आप उन्हें बनाते हो! यहाँ उपभवन में कोई भी एक अच्छा उदाहरण स्थापित करने के लिए परेशान नहीं होता है। हम में से प्रत्येक को यह पता लगाना होगा कि अपने स्वयं के मूड को बेहतर कैसे बनाएं!

हर दिन तुम सुन सकती हो, 'काश यह सब समाप्त हो जाता'।
काम, प्यार, साहस और आशा,
मुझे अच्छा बनाते हैं और सामना करने में मेरी सहायता करते हैं।

वास्तव में किट, मेरा मानना है कि मैं आज थोड़ी पागल हो गई हूं, और मुझे पता नहीं है कि क्यों! मेरा लेखन उलझ गया है, मैं एक चीज से दूसरी चीज पर कूद रही हूं, और कभी-कभी मुझे गंभीरता से संदेह होता है, कि कोई इस बेहूदा बात में दिलचस्पी लेगा भी, वह शायद इसे 'एक बदसूरत बत्तख के बच्चे का चिंतन'

के नाम से पुकारेंगे। "मेरी डायरी निश्चित रूप से श्रीमान बोल्केस्टीन या श्रीमान गरब्रैंडी के लिए किसी काम की नहीं होगी!

तुम्हारी, ऐनी एम. फ्रैंक

शनिवार, 15 अप्रैल, 1944

सबसे प्रिय किटी,

"एक के बाद एक बुरा होता जा रहा है! यह सब कब खत्म होगा?" निसंदेह तुम यह फिर से कह सकती हो। अनुमान लगाओ अब क्या हुआ था? पीटर सामने के दरवाजे को खोलना भूल गया। परिणामस्वरूप, श्रीमान कुगलर और गोदाम के कर्मचारी अंदर नहीं आ सके! वे पीपा कंपनी में गए, हमारे कार्यालय के रसोई की खिड़की तोड़ी और उस रास्ते से अंदर आए! उपभवन की खिड़कियां खुली थीं, और केग के लोगों ने भी देखा। वे क्या सोच रहे होंगे? और वैन मारन? श्रीमान कुगलर उग्र थे, हम उन पर दरवाजे को मजबूत करने के लिए कुछ भी नहीं करने का आरोप लगाते हैं, और फिर हम इस तरह की एक बेवकूफी की बात करते हैं।

पीटर बहुत परेशान है। मेज पर, माँ ने कहा कि उन्होंने किसी और की तुलना में पीटर के लिए अधिक खेद महसूस किया हैं, और उसने लगभग रोना शुरू कर दिया! हम भी उतने ही जिम्मेदार हैं, क्योंकि हम आमतौर पर हर दिन उससे पूछते हैं कि उसने दरवाजा खोल दिया है या नहीं, और ऐसा ही श्रीमान फॉन डान भी करते हैं। हो सकता है कि मैं बाद में उसे आश्वासन देने जाऊं! मैं उसकी बहुत सहायता करना चाहती हूं!

पिछले कुछ हफ्तों में गुप्त उपभवन में जीवन के बारे में नवीनतम समाचार बुलेटिन हैं :

एक सप्ताह पहले, शनिवार को, बॉश अचानक बीमार हो गया। वह चुपचाप शांत बैठ गया और लार टपकाने लगा। मीप ने तुरंत उसे उठाया, उसे एक तौलिया में लपेटा, अपने खरीदारी थैले में डाला और उसे कुत्ते और बिल्ली के क्लिनिक में ले गई। बॉश को आंतों की किसी तरह की समस्या थी, तो पशु चिकित्सक ने उसे दवा दे दी। पीटर ने समय समय पर दवाई दी, लेकिन बॉश ने जल्द ही खाना पीना छोड़ दिया। मुझे यकीन है कि प्रियसी से प्रेम निवेदन करते हुए वह हार गया था। लेकिन अब उसकी नाक में सूजन है और जब भी आप उसे उठाते हैं तो वह म्याऊँ

करता है - वह शायद खाना चुराने का प्रयास कर रहा था और किसी ने उसे थप्पड़ मार दिया! मूशी ने कुछ दिनों के लिए अपनी आवाज खो दी। लेकिन जब हमने तय किया कि उसे पशु चिकित्सक के पास ले जाना चाहिए, उसने तुरंत ठीक होना शुरु कर दिया।

हम अब हर रात अटारी की खिड़की में एक दरार खुली छोड़ देते हैं। पीटर और मैं अक्सर शाम को वहाँ बैठते हैं।

रबर सीमेंट और तेल पेंट के रंग का धन्यवाद, जिसकी वजह से हमारे शौचालय जल्दी से ठीक किया जा सके। टूटे हुए नल को बदल दिया गया है।

सौभाग्य से, श्रीमान क्लेमन अच्छा महसूस कर रहे हैं। वह जल्द ही एक विशेषज्ञ से मिलने जा रहे हैं। हम केवल यह आशा कर सकते हैं कि उन्हें एक ऑपरेशन की आवश्यकता ना हो।

इस महीने हमें आठ राशन किताबें मिलीं। दुर्भाग्य से, अगले दो हफ्तों के लिए सेम को, जई का आटा या दलिया से बदला गया है। हमारा नवीनतम स्वाद सब्जियों का अचार है। यदि आपकी किस्मत अच्छी नहीं है, तो आपको ककड़ी और सरसों की चटनी से भरा एक जार मिलता है।

सब्जियों का मिलना कठिन है। केवल सलाद, सलाद और सलाद है। हमारे भोजन में आलू और कृत्रिम सोरबा शामिल हैं।

रूसियों ने आधे से अधिक क्रीमिया पर कब्जा कर लिया है। ब्रिटिश कसीनो से आगे नहीं बढ़ रहे हैं। हमें पश्चिमी दीवार पर विश्वास करना होगा। अविश्वसनीय रूप से भारी हवाई हमले किए गए हैं। हेग स्थित केंद्रीय पंजीयन कार्यालय उड़ा दिया गया है! सभी डच लोगों को नए राशन पंजीकरण कार्ड जारी किए जाएंगे।

आज के लिए इतना ही काफी है।

तुम्हारी, ऐनी एम. फ्रैंक

रविवार, 16 अप्रैल, 1944

मेरी सबसे प्यारी किटी,

कल की तारीख याद रखना, क्योंकि यह मेरे लिए एक ऐतिहासिक दिन था। यह हर महिला के लिए एक महत्वपूर्ण दिन नहीं होता है, जब वह अपना पहला चुंबन पाती है? खैर, यह मेरे लिए कम महत्वपूर्ण नहीं है। उस समय ब्रेम ने मेरे दाहिने गाल पर

या श्रीमान वूडस्ट्रा ने मेरे दाहिने हाथ पर मुझे चूमा था, वह गिनती में नहीं आता। मुझे अचानक यह चुंबन कैसे मिला? मैं तुम्हें बताऊंगी।

कल रात आठ बजे मैं पीटर के साथ उनके दीवान पर बैठी हुई थी और ज्यादा समय नहीं गुजरा था जब उसने मुझे बांहों में घेर लिया। (चूंकि यह शनिवार था, इसलिए वह अपना चौका नहीं पहने हुए था।) मैंने कहा," हम थोड़ा खिसकते क्यों नहीं", ताकि मेरा सिर अलमारी से ना टकराए।

वह इतनी दूर खिसक गया कि व्यावहारिक रूप से कोने में पहुंच गया था। मैंने उसके पीछे,उसकी बांह के नीचे अपनी बाह फिसला दी, और उसने अपना हाथ मेरे कंधे के आसपास डाल दिया था कि मैं लगभग उसके द्वारा घिर जाऊं। हम अन्य अवसरों की तरह बैठ गए, लेकिन कभी भी इतने करीब नहीं थे, जितना हम कल रात थे। उसने मुझे उसके खिलाफ मजबूती से पकड़ लिया; मेरा बाया भाग उसकी छाती पर था; मेरा दिल पहले से तेजी से धड़कना शुरू कर चुका था,लेकिन और बहुत कुछ होना बाकी था। जब तक मैंने अपना सिर उसके कंधे पर नहीं रखा और उसने मेरे सिर पर, वह तब तक संतुष्ट नहीं था। मैं लगभग पांच मिनट के बाद फिर से बैठ गई लेकिन थोड़ी देर बाद ही उसने मेरे सिर को अपने हाथों में ले लिया और अपने सिर के पीछे कर दिया! ओह, यह बहुत अद्भुत था। मैं शायद ही बात कर सकती थी, मेरी खुशी बहुत तीव्र थी; उसने अनाड़ीपन से मेरे गाल और बांह को सहलाया, और मेरे बालों के साथ खेला। ज्यादातर समय हमारे सिर आपस में छू रहे थे।

किटी, मैं तुम्हें बता नहीं सकती, वह एहसास जो मुझ से होकर गुजर गया। शब्दों में कहें तो मैं बहुत खुश थी, और मुझे लगता है कि वह भी बहुत खुश था।

साढे नौ बजे हम खड़े हो गए। पीटर ने अपने टेनिस के जूते पहने ताकि वह इमारत के उसके रात्रि दौरे पर ज्यादा शोर न करें, और मैं उसके बगल में खड़ी थी। सही झुकाव मैंने कैसे बनाया मैं नहीं जानती, लेकिन इससे पहले कि हम नीचे जाते, उसने मुझे बालों में चुंबन दिया,मेरे बाएं गाल पर आधा और मेरे कान पर आधा। मैं पीछे देखे बिना तेजी से वापस नीचे भागी और अब मुझे आज का बेसब्री से इंतजार है।

रविवार की सुबह ठीक ग्यारह बजे से ठीक पहले।

तुम्हारी, ऐनी एम. फ्रैंक

सोमवार, 17 अप्रैल, 1944

सबसे प्रिय किटी,

क्या तुम्हें लगता है कि पिता और माँ, दीवान पर बैठी एक मेरी उम्र की लड़की को एक साढ़े सत्रह वर्षीय लड़के को चूमने की इजाजत देंगे? मुझे संदेह है कि वे ऐसा करेंगे,लेकिन मुझे इस मामले में अपने फैसले पर विश्वास करना होगा। उसकी बाहों में पडे रहना और सपने देखना शांतिपूर्ण और सुरक्षित है, उसके गालों को अपने गालों पर महसूस करना बहुत रोमाँचकारी है, यह जानना बहुत अद्भुत है कि कोई मेरी प्रतीक्षा कर रहा है। लेकिन, और एक अन्य 'लेकिन' है, क्या पीटर इसे, उस पर छोड़ना चाहेगा? मैं उसका वादा नहीं भूली हूँ, लेकिन... वह एक लड़का है!

मुझे पता है कि मैं बहुत कम उम्र में शुरू कर रही हूं। पंद्रह भी नहीं और पहले से ही इतना स्वतंत्र – कि अन्य लोगों के लिए इसे समझना थोड़ा कठिन है। मुझे पूरा यकीन है कि मार्गोट कभी भी, शादी या सगाई होने से पहले, किसी लड़के को नहीं चूमेगी। न तो पीटर और न ही मेरी ऐसी कोई योजना है। मुझे यह भी यकीन है कि पिता से मिलने से पहले माँ ने कभी किसी आदमी को नहीं छुआ है। मेरी सहेली या जैक क्या कहेंगे, अगर उन्हें पता चलेगा कि मैं अपना दिल उसकी छाती पर टिकाए, मेरा सिर उसके कंधे पर और उसका सिर और चेहरा मेरे चेहरे के सामने, पीटर की बाहों में लेटी थी।

ओह, ऐनी, कितना चौंकाने वाला है! लेकिन गंभीरता से, मुझे नहीं लगता कि यह सब बिल्कुल भी चौंकाने वाला है; हम यहां दुनिया से कटे हुए कैद है, चिंतित और भयभीत हैं, खासकर अभी। जब हम एक-दूसरे से प्यार करते हैं तो हमें अलग क्यों रहना चाहिए? क्यों हम ऐसे समय में एक दूसरे को चुंबन ना दे? जब तक हम एक उपयुक्त उम्र तक नहीं पहुंच जाते, तब तक हमें प्रतीक्षा क्यों करना चाहिए? हमें किसी की इजाजत क्यों लेनी चाहिए?

मैंने अपने हितों के लिए स्वयं सावधान रहने का निर्णय लिया है। वह कभी भी मुझे चोट नहीं पहुंचाना चाहता या मुझे दुखी नहीं करना चाहता। मुझे वह क्यों नहीं करना चाहिए जो मेरा दिल कहता है और जो हम दोनों को खुश करता है?

फिर भी मुझे एक एहसास है, किटी, कि तुम मेरे शक का अनुभव कर सकती हो। यह अवश्य ही चारों ओर चोरी छुपे देखने के खिलाफ, विद्रोह की ओर बढ़ती मेरी ईमानदारी है। क्या तुम्हें लगता है कि पिता को यह बताना मेरा कर्तव्य है कि मैं क्या करने वाली हूं?

क्या तुम्हें लगता है कि हमारे रहस्य को तीसरे व्यक्ति के साथ साझा किया जाना चाहिए? अधिकतर सुंदरता खो जाएगी, लेकिन क्या यह मुझे अंदर से बेहतर महसूस कराएगा? मैं उसके साथ इसकी चर्चा करूंगी।

ओह, हाँ, मेरे पास उसके साथ चर्चा करने के लिए अब भी बहुत कुछ है, सिर्फ आलिंगन करने से मुझे कोई मतलब नजर नहीं आता। अपने विचारों को एक-दूसरे के साथ साझा करने के लिए बहुत अधिक भरोसे की जरूरत होती है, लेकिन हम दोनों इसके कारण मजबूत हो जाएंगे!

तुम्हारी, ऐनी एम. फ्रैंक

पश्च लेख: हम कल सुबह छह बजे उठे थे, क्योंकि पूरे परिवार ने फिर से ताला तोड़कर घुसने की आवाज़ सुनी। यह हमारे पड़ोसियों में से एक रहा होगा जो कि इस बार पीड़ित था। जब हमने सात बजे जाँच की, तो भगवान का शुक्र है कि हमारे दरवाजे अभी मजबूती से बंद थे !

मंगलवार, 18 अप्रैल, 1944

सबसे प्रिय किटी,

यहां सब कुछ ठीक है। कल रात बढ़ई फिर से दरवाजे के फलकों के ऊपर लोहे की कुछ चादरें लगाने के लिए आया था। पिता ने अभी कहा कि उम्मीद है कि 20 मई से पहले रूस व इटली और पश्चिम में बड़े पैमाने पर कार्रवाई होगी। युद्ध जितना लंबा चलेगा, इस जगह से मुक्त होने की कल्पना करना उतना ही कठिन होगा।

आखिरकार कल पीटर और मैंने अपनी पिछले दस दिनों से स्थगित की जा रही बात से छुटकारा पा लिया। मैंने उसे सबसे अंतरंग मामलों पर चर्चा करने में संकोच किए बिना, लड़कियों के बारे में सब बताया। मुझे यह बात अजीब लगी कि उसे लगता था कि किसी स्त्री के शरीर के प्रवेशद्वार को तस्वीरों में नहीं दिखाया जाता है। वह समझ नहीं पाया कि दरअसल वह उसकी टांगों के बीच होता है। शाम का अंत मुंह के पास एक पारस्परिक चुंबन के साथ हुआ। यह बहुत प्यारा एहसास है!

मैं किसी भी समय अपनी "पसंदीदा उद्धरण नोटबुक" ले जा सकती हूं ताकि पीटर और मैं मामलों में अधिक गहराई से जा सकें। मुझे नहीं लगता हर दिन लगातार एक दूसरे की बाहों में पड़े रहना बहुत संतोषजनक है, और मुझे आशा है कि वह भी ऐसा ही महसूस करेगा।

हल्की सर्दियों के बाद, हमें एक सुंदर वसंत मिल रही है। कभी-कभी हल्की बारिश के साथ अप्रैल शानदार है, ना ज्यादा गर्म और ना ज्यादा ठंडा। हमारे शाहबलूत के पेड़ पर पत्ते आ रहे हैं, और आप यहां और वहां कुछ छोटे छोटे फूल देख सकते हैं।

बेप ने हमें शनिवार को फूलों के गुलदस्ते भेंट किए : मेरे लिए, तीन गुलदस्ते पीले नरगिस के और अंगूर हायसिंथ का एक गुलदस्ता था। श्रीमान कुगलर हमें अधिक से अधिक समाचार पत्रों की आपूर्ति कर रहे हैं।

यह मेरे बीजगणित करने का समय है। किटी, अलविदा!

तुम्हारी, ऐनी एम. फ्रैंक

बुधवार, 19 अप्रैल, 1944

डियरेस्ट डॉर्लिंग,

(यह एक फिल्म का शीर्षक है जिसका मतलब है मेरी सबसे प्यारी! इसमें डोरिट क्रेजलर, ईडा वुस्ट और हारल्ड हाउलजेन थे।)

एक खुली खिड़की के सामने, प्रकृति का आनंद लेते हुए, पक्षियों को गाते हुए सुनना, अपने गालों पर धूप को महसूस और अपनी बाँहों में एक प्यारे लड़के को जकड़ने से ज्यादा अच्छा क्या हो सकता है? उसकी बाहों में मुझे बहुत शांत और सुरक्षित महसूस होता है, यह जानते हुए कि वह पास है, फिर भी कुछ ना कहना; जब यहां मुझे इतना फायदा देता है, तो यह यह बुरा कैसे हो सकता है? ओह, काश, हम कभी भी फिर से परेशान ना हो, यहां तक कि मूशी के द्वारा भी नहीं।

तुम्हारी, ऐनी एम. फ्रैंक

शुक्रवार, 21 अप्रैल, 1944

मेरी सबसे प्यारी किटी,

मैं कल गले में खराश की वजह से बिस्तर में रही, लेकिन चूंकि मैं पहले से ही पहले दोपहर में ऊबी थी, और मुझे बुखार नहीं था, मैं आज उठ गई। मेरे गले का दर्द लगभग 'गायब' हो गया है।

कल, जैसा कि तुम्हें शायद पहले से ही पता चल गया है हमारे फ्यूहर का पचासवाँ जन्मदिन था। आज यॉर्क की मालकिन राजकुमारी एलिजाबेथ का अठारहवाँ जन्मदिन है।बीबीसी ने बताया कि उनकी उम्र की घोषणा अभी तक नहीं हुई, हालांकि आमतौर पर शाही बच्चों की होती है। हम सोच रहे थे कि इस खूबसूरत राजकुमारी की शादी किस राजकुमार से होगी, लेकिन एक उपयुक्त उम्मीदवार के बारे में नहीं सोच पा रहे हैं; शायद उसकी बहन, राजकुमारी मार्गरेट रोज को, बेल्जियम के क्राउन प्रिंस बूदूं मिल सकते हैं!

यहां हम एक आपदा से दूसरी आपदा में जा रहे हैं। जैसे ही बाहर के दरवाजे मजबूत बनाए गए, फॉन मारन ने फिर से अपना सिर उठा लिया। सभी संभावना में वह वही है जिसने आलू का आटा चुराया था, और अब वह बेप पर दोष लगाने का प्रयास कर रहा है। इसमें आश्चर्य नहीं है कि उपभवन एक बार फिर से एक कोलाहल में है। बेप बहुत गुस्से में है। शायद श्रीमान कुगलर को अंत में यह कुत्सित चरित्र पुछलला ही मिलेगा।

बीथोवेनस्ट्राट का मूल्यांकक आज सुबह यहां था। उसने हमारे बड़े संदूक के लिए 400 गिल्डर की पेशकश की; हमारी राय में, अन्य मूल्यांकन भी बहुत कम हैं।

मैं पत्रिका 'द प्रिंस' से पूछना चाहती हूं कि क्या वे मेरी परियों की कहानियों में से बेशक एक छदम के नाम के तहत लेंगे। लेकिन अब तक मेरी सब परियों की कहानियां बहुत लंबी हो चुकी हैं, इसलिए मुझे नहीं लगता कि मेरे पास ज्यादा मौके हैं।

अगली बार तक, प्यार।

तुम्हारी, ऐनी एम. फ्रैंक

मंगलवार, 25 अप्रैल, 1944

सबसे प्रिय किटी,

सिर्फ ताला तोड़कर अंदर घुसने की घटना की वजह से लागू सभी नए सुरक्षा उपायों के कारण पिछले दस दिनों से डसेल और श्रीमान फॉन डान की बोलचाल बंद है। इनमें से एक यह था कि उन्हें अब शाम को नीचे जाने की इजाजत नहीं दी गई है। पीटर और श्रीमान फॉन डान हर रात साढ़े नौ बजेआखिरी चक्कर लगाते हैं,और उसके बाद कोई भी नीचे नहीं जा सकता है। हम रात में आठ बजे या सुबह

आठ बजे के बाद शौचालय में पानी नहीं बहा सकते। खिड़कियां केवल सुबह में खोली जा सकती हैं, जब श्रीमान कुगलर के कार्यालय में रोशनी चालू होती है, और अब रात में एक छड़ी के सहारे उन्हें खोला नहीं जा सकता। यह अंतिम उपाय डसेल के नाराज होने का कारण है। उनका दावा है कि श्रीमान फॉन डान उन्हें डांटते हैं लेकिन इसके लिए केवल वह खुद जिम्मेदार है। वह कहते हैं कि वह बिना हवा भोजन के रहना पसंद करेंगे, और उन्हें बस खिड़कियों को खुला रखने का कोई तरीका निकालना चाहिए।

"मुझे इस बारे में श्रीमान कुगलर से बात करनी होगी," उन्होंने मुझसे कहा।

मैंने उत्तर दिया कि इस तरह के मामलों पर केवल समूह के अंदर ही चर्चा होती है, हमने कभी भी श्रीमान कुगलर से इसकी चर्चा नहीं की है !

"हमेशा सब कुछ मेरी पीठ पीछे होता रहा। मुझे तुम्हारे पिता से इस बारे में बात करनी होगी।"

उन्हें शनिवार दोपहर या रविवार को श्रीमान कुगलर के कार्यालय में बैठने की अब और इजाजत नहीं है, क्योंकि पीपा कंपनी के प्रबंधक पास हो तो, उन्हें सुन सकते हैं। फिर भी डसेल फौरन वहां जाकर बैठ गए। श्रीमान फॉन डान गुस्से में थे,और पिता डसेल से बात करने के लिए नीचे गए, जिन्हें कुछ भयानक बहाना सुझा, लेकिन पिता ने इस बार उन पर आंख मूंदकर भरोसा नहीं किया। अब पिता डसेल के साथ अपने व्यवहार को कम से कम रख रहे हैं, क्योंकि डसेल ने उनका अपमान किया था। हम में से कोई नहीं जानता कि उन्होंने क्या कहा, लेकिन वह बहुत ही खराब रहा होगा।

उस अति दुखी आदमी का जन्म दिन अगले सप्ताह है। जब आप रूठे हुए हो तो आप अपना जन्मदिन का जश्न कैसे मना सकते हैं, आप उन लोगों से तोहफे कैसे स्वीकार कर सकते हैं जिनसे आप बात भी नहीं करते हैं?

वोस्कुइजल तेजी से ढलान पर लुढ़कते जा रहे हैं। दस से अधिक दिनों से उनके शरीर का तापमान एक सौ चार के लगभग बना हुआ है। डॉक्टर ने कहा कि उनकी स्थिति निराशाजनक है; उन्हें लगता है कि कैंसर उनके फेफड़ों में फैल गया है। बेचारे आदमी, हम उनकी सहायता करना चाहते हैं, लेकिन अब केवल भगवान ही उनकी सहायता कर सकते हैं!

मैंने "खोजी ब्लरी" नामक एक मनोरंजक कहानी लिखी है, जो मेरे तीन श्रोताओं के बीच बड़ी हिट हुई।

मुझे भी जुकाम हो गया है और मैंने इसे मार्गोट, साथ ही साथ माँ और पिता को भी बांट दिया है। केवल पीटर को यह नहीं मिला है, उसने एक चुंबन पर जोर दिया, और मुझे अपनी एल डोराडो कहा। आप एक व्यक्ति को यह नहीं बुला सकते, मूर्ख लड़के! लेकिन वह प्यारा है!

तुम्हारी, ऐनी एम. फ्रैंक

गुरुवार, 27 अप्रैल, 1944

सबसे प्रिय किटी,

श्रीमती फॉन डान आज सुबह खराब मूड में थी। उन्होंने शिकायतों का ढेर लगा दिया। पहली शिकायत उनके जुकाम की दवा न मिलने और उनकी हर समय बहती नाक की पीड़ा के बारे में थी। उनकी अगली शिकायत थी कि सूरज चमक नहीं रहा है, आक्रमण शुरू नहीं हुआ था, हमें खिड़कियों से बाहर देखने की इजाजत नहीं थी, आदि, आदि। हम उनकी सहायता नहीं कर सकते, बल्कि उस पर हंस सकते थे, और यह उतना बुरा भी नहीं था, क्योंकि वह भी जल्द ही इसमें शामिल हो गई थी।

प्याज की कमी के कारण संशोधित आलू कुगेल के लिए हमारा नुस्खा छिलका उतार महीन कद्दूकस किए हुए आलू लें और थोड़ा सा सूखा सरकारी आपूर्ति का आटा और नमक मिलाएं। पैराफिन मोम या स्टीयरिन से एक सांचे या ओवनप्रूफ डिश को चिकना करें और ढ़ाई घंटे के लिए बेक करें। गले हुए स्ट्रॉबेरी के मुरब्बे के साथ परोसें (प्याज उपलब्ध नहीं हैं। न हीं सांचे के लिए तेल या आटा!)

फिलहाल मैं एम्परर चार्ल्स पंचम पढ़ रही हूं, जो गोटिंगन विश्वविद्यालय के एक प्रोफेसर द्वारा लिखा गया है; उन्होंने इस पुस्तक पर काम करते हुए चालीस साल बिताए। इसके पचास पेज पढ़ने में मुझे पांच दिन लगे। मैं इससे अधिक कुछ नहीं कर सकती। चूंकि पुस्तक में 598 पृष्ठ हैं, इसलिए आप यह अंदाजा लगा सकते हैं कि मुझे और कितना समय लगेगा। और उसमें दूसरे खंड की गिनती भी नहीं है। परंतु... यह बहुत दिलचस्प है!

एक छात्रा को एक दिन के पाठ्यक्रम में जो चीजें करनी होती है, उसके उदाहरण के रूप में मुझे ले सकते हो। सबसे पहले मैंने नेल्सन के अंतिम लड़ाई पर लिखे एक अनुच्छेद का डच से अंग्रेजी में अनुवाद किया। फिर मैंने पीटर महान, चार्ल्स बारहवे, सशक्त ऑगस्टस, स्टैनिस्लास लेक्ज़िंस्की, मेज़प्पा, वॉन गोरज़,

ब्रैंडेनबर्ग, वेस्टर्न पोमेरेनिया, ईस्टर पोमेरेनिया और डेनमार्क को शामिल करते उत्तरी युद्ध (1700-21) के साथ ही सामान्य तिथियां के बारे में और अधिक पढ़ा। इसके बाद, मैं ब्राजील में उतरी, जहां मैंने बाहिया तंबाकू, कॉफी की बहुतायत, रियो डी जनेरियो, पर्नामबुको और साओ पाउलो और अंतिम, लेकिन न्यूनतम नहीं, अमेज़ॉन नदी के डेढ़ लाख निवासियों के बारे में पढ़ा। फिर नीग्रो, मुलतो, मेस्टिज़ोस, गोरे, निरक्षरता दर – 50 प्रतिशत से अधिक – और मलेरिया के बारे में। चूंकि मेरे पास कुछ समय बचा था, इसलिए मैंने एक वंशावली चार्ट पर नज़र डाली : बूढ़े जॉन, विलियम लुइस, अर्नेस्ट कासिमिर, हेनरी कासिमिर, ठीक छोटी मार्गरीट फ्रांसिसका (1943 में ओटावा में पैदा हुए)तक।

बारह बजे : मैंने अटारी में अपनी पढ़ाई फिर से शुरू की, डीन, पुजारी, मंत्री, पोप और...के बारे में पढ़ना, अरे एक बज गए।

दो बजे बेचारा बच्चा (अहम) काम पर वापस चला गया था। वहाँ पुरानी दुनिया और नई दुनिया के बंदर थे। किटी, मुझे जल्दी से बताओ, एक दरियाई घोड़े के पैर में कितनी अंगुलियां होती है? फिर बाइबल, नूह के सन्दूक, शेम, हाम और यिप्तह आया। उसके बाद, चार्ल्स पंचम। फिर, पीटर के साथ, अंग्रेजी में कर्नल के बारे में ठाकरे की किताब। एक फ्रांसीसी परीक्षण, और फिर मिसिसिपी और मिसौरी के बीच एक तुलना!

आज के लिए पर्याप्त है। विदा!

तुम्हारी, ऐनी एम. फ्रैंक

शुक्रवार, 28 अप्रैल, 1944

सबसे प्रिय किटी,

मैं पीटर शिफ का सपना कभी नहीं भूली (जनवरी की शुरुआत में देखा हुआ)। अब भी मैं अपने गालों पर उसके गाल महसूस कर सकती हूं, और वह अद्भुत चमक जो बाकी सभी के लिए बनी है। एक बार मुझे इस पीटर के साथ भी... पिछली रात तक वहीं भावना महसूस होती थी, लेकिन कभी इतनी तीव्रता से नहीं। हम हमेशा की तरह, एक दूसरे की बाहों में, दीवान पर बैठे थे। अचानक हर रोज़ ऐनी फिसलती चली गई और दूसरी ऐनी उसकी जगह लेती गई। दूसरी ऐनी, जो कभी भी अति आत्मविश्वासी या मनोरंजक नहीं रही है, लेकिन केवल प्यार करना और कोमल होना चाहती है।

मैं उसके साथ चिपकी बैठी थी और अपने ऊपर भावना की एक लहर महसूस कर रही थी। मेरी आंखों से आंसू बह रहे थे; उनकी कुछ बूंदे उसके कपड़ों पर गिर गईं, जबकि वे ठीक मेरी नाक से होकर हवा में टपक रही थी और पहले बगल में टपकी। क्या उसने ध्यान दिया? उसने ऐसी कोई हरकत नहीं की कि उसने इस पर ध्यान दिया है। क्या उसने वैसा ही महसूस किया जैसा मैंने किया? उसने मुश्किल से एक शब्द कहा। क्या उसने महसूस किया था कि उसके बगल में दो एनी थी? मेरा सवाल अनुत्तरित ही रह गया।

आठ-तीस पर मैं उठ खड़ी हुई और खिड़की के पास गई, जहाँ हम हमेशा अलविदा कहते हैं। मैं अभी भी कांप रही थी, मैं अभी भी दूसरी ऐनी थी। वह मेरे पास आया, और मैंने उसकी गर्दन के चारों ओर अपने हाथ लिपटा दिए और उसके बाल गाल चूम लिया। मैं दूसरे गाल को चूमने ही वाली थी जब मेरा मुंह उसके मुंह से मिल गया, और हमने अपने होंठ एक साथ दबायें। मदहोशी के हालत में, हम बार-बार गले लगते रहे, कभी ना रुकने के लिए, ओह!

पीटर को कोमलता की आवश्यकता है। अपने जीवन में पहली बार उसे एक लड़की मिली है; पहली बार उसने देखा कि यहां तक कि सबसे बड़े कीट में भी एक आंतरिक आत्म और एक हृदय होता है, और जैसे ही वे आपके साथ अकेले होते हैं, खुद को पूरी तरह से बदल लेते हैं। अपने जीवन में पहली बार उसने खुद को और अपनी दोस्ती को, किसी अन्य व्यक्ति को दिया है। इससे पहले उसका, लड़का या लड़की, कोई दोस्त नहीं था। हम अब हमने एक-दूसरे को पा लिया है। मैं, उस बात के लिए, उसे जानती भी नहीं थी, मेरे पास कभी कोई नहीं था जिस पर मैं विश्वास कर सकूं और यह यहां तक ले आया...

यही सवाल मुझे परेशान करता रहता है : "क्या यह सही है?" क्या मेरा इतना इतनी जल्दी टूट जाना, बहुत जुनूनी होना, पीटर के जितना जुनून और इच्छा से भरा होना मेरे लिए सही है? क्या मैं, एक लड़की, अपने आप को इस हद तक जाने की इजाजत दे सकती हूँ?

केवल एक ही संभावित उत्तर है : "मैं बहुत तरस रही हूं ...और एक लंबे समय से मैं बहुत अकेली हूं और अब मुझे आराम मिला है!

"सुबह हम सामान्य रूप से कार्य करते हैं,और दोपहर में भी। लेकिन शाम में पूरे दिन की दबी लालसा, खुशी और हर समय का आनंद, तीव्रता से धरातल पर आ जाता है, और हम सिर्फ एक दूसरे के बारे में सोचते हैं। हर रात, हमारे आखिरी

चुंबन के बाद, मेरा मन करता है कि मैं भाग जाऊँ और फिर से उसकी आंखों में कभी ना देखूं। दूर,बहुत दूर अंधेरे में और अकेले!

उन चौदह सीढ़ियों के नीचे कौन मेरी प्रतीक्षा कर रहा है? तेज रोशनी, सवाल और हँसी। मुझे सामान्य रूप से व्यवहार करना है और उम्मीद है कि कुछ भी उनके ध्यान में ना आए।

मेरा दिल अभी भी इस तरह के झटके से, जैसा मुझे कल रात लगा, उबरने में इतनी जल्दी सक्षम होने के लिए बहुत कोमल है। कोमल एनी निराले दिखावे करती है और वहाँ पहुंचने के बाद, वह इतना जल्दी खुद को दरवाजे के बाहर नहीं धकेलने वाली है। पीटर मेरे एक हिस्से तक पहुंच गया है, जहां पहले कोई और कभी नहीं पहुंचा है, मेरे सपने में छोड़ कर! उसने मुझे पकड़ लिया और मुझे अंदर से बाहर उलट कर रख दिया है। क्या हर किसी को, खुद को ठीक हालत में रखने के लिए, थोड़े शांत समय की आवश्यकता नहीं होती? ओह, पीटर, तुमने मेरे साथ क्या किया है? तुम मुझसे क्या चाहते हो?

यह कहां ले जाएगा? ओह, अब मैं बेप को समझती हूं। अब, जब मैं इससे खुद गुजर रही हूं, तो मैं उसके शंकाओं को समझती हूं; अगर मैं बड़ी होती और वह मुझसे विवाह करना चाहता, तो मेरा उत्तर क्या होता? ऐनी, ईमानदार रहो! तुम उससे विवाह करने में सक्षम नहीं होती, लेकिन इसे जाने देना बहुत कठिन है। पीटर के पास अभी भी बहुत कम अच्छा चरित्र, बहुत कम इच्छाशक्ति, बहुत कम साहस और ताकत है। वह अभी भी एक बच्चा है, वह भावनात्मक रूप से मुझसे बड़ा नहीं है; वह जो चाहता है वह है - खुशी और मन की शांति। क्या मैं वास्तव में केवल चौदह साल की हूं? क्या मैं वास्तव में सिर्फ एक मूर्ख छात्रा हूं? क्या मैं सच में हर चीज में बहुत अनुभवहीन हूं? मेरे पास अधिकतर से ज्यादा अनुभव है; मैंने कुछ ऐसा अनुभव किया है जो मेरी उम्र के किसी व्यक्ति ने कभी नहीं किया होगा।

मुझे खुद से डर लगता है, मेरी लालसा मुझे जल्दी हार मान लेने वाला बना रही है। बाद में अन्य लड़कों के साथ यह कैसे सही हो सकता है? ओह, दिल और दिमाग के बीच यह शाश्वत संघर्ष बहुत कठिन है। दोनों के लिए एक समय और एक जगह है, लेकिन मैं यह कैसे सुनिश्चित कर सकती हूं कि मैंने सही समय चुना है?

तुम्हारी, ऐनी एम. फ्रैंक

मंगलवार, 2 मई, 1944

सबसे प्रिय किटी,

शनिवार की रात मैंने पीटर से पूछा कि क्या वह सोचता है कि मुझे पिताजी को हमारे बारे में बताना चाहिए। हमारे इस बात पर चर्चा करने के बाद, उसने कहा कि उसे लगता है कि मुझे बताना चाहिए। मुझे खुशी हुई; यह दिखाता है कि वह समझदार और संवेदनशील है। जैसे ही मैं नीचे आई, मैं पिता के साथ पानी लेने गई। जब हम सीढ़ियों पर थे, मैंने कहा, "पिताजी, मुझे यकीन है कि आप समझ गए हैं कि जब पीटर और मैं एक साथ होते हैं, तो हम कमरे के विपरीत छोर पर नहीं बैठते हैं। क्या आपको लगता है कि यह गलत है?"

पिता जवाब देने से पहले रुक गए : "नहीं, मुझे नहीं लगता कि यह गलत है। लेकिन ऐनी, जब आप एक साथ इतने करीब रह रहे हो, जिस तरह हम रहते हैं, तो आपको सावधान रहना होगा।" उन्होंने इस उद्देश्य से, कुछ दूसरे शब्द कहे, और फिर हम ऊपर चले गए।

रविवार की सुबह उन्होंने मुझे अपने पास बुलाया और कहा, "ऐनी, तुमने जो कहा था, मैं उसके बारे में सोच रहा हूं।" (ओह, मुझे पता था कि उनके मन में क्या आ रहा था!) "यहाँ उप भवन में यह इतना अच्छा विचार नहीं है। मुझे लगा था कि तुम सिर्फ दोस्त हो। क्या पीटर तुमसे प्यार करता है?"

"बिल्कुल नहीं," मैंने जवाब दिया।

"ठीक है, तुम्हें पता है मैं तुम दोनों को समझता हूँ। लेकिन तुम्हें संयम दिखाने वाली होना चाहिए; इतनी बार ऊपर मत जाया करो, जितनी तुम उसकी सहायता कर सकती हो, उससे ज्यादा उसे प्रोत्साहित मत करो। इस तरह के मामलों में, हमेशा सक्रिय भूमिका निभाने वाला पुरुष होता है, और यह सीमा निर्धारित करना महिला के ऊपर निर्भर करता है।

बाहर, जहाँ आप स्वतंत्र हैं, वहाँ चीजें काफी भिन्न हैं। आप अन्य लड़कों और लड़कियों को देख सकते हैं, आप बाहर जा सकते हैं, खेल और सभी प्रकार की गतिविधियों में भाग ले सकते हैं। लेकिन यहाँ, यदि आप बहुत ज्यादा एक साथ रह रहे हो और फिर भाग जाना चाहते हो तो आप यह नहीं कर सकते। आप दिन के हर घंटे एक-दूसरे को देखते हो, वास्तव में ऐनी सावधान रहो, और इसे बहुत गंभीरता से मत लो!

"मैं इसे गंभीरता से नहीं लेती पिता जी, लेकिन पीटर एक सभ्य लड़का है, एक अच्छा लड़का है।"

"हाँ, लेकिन उसमें चरित्र की ज्यादा ताकत नहीं है। वह आसानी से अच्छा करने के लिए प्रभावित हो सकता है, लेकिन बुरा करने के लिए भी। मैं उसके लिए उम्मीद करती हूं कि वह अच्छा रहे, क्योंकि वह मूल रूप से एक अच्छा व्यक्ति है।"

हमने थोड़ी देर और बात की और सहमत हुए कि पिताजी भी उससे बात करेंगे।

रविवार की दोपहर जब हम सामने की अटारी में थे, तब पीटर ने पूछा, "क्या तुमने अपने पिताजी से बात की ऐनी?"

हाँ, "मैंने जवाब दिया", मैं तुम्हें इसके बारे में सब बताती हूँ। उन्हें नहीं लगता कि यह गलत है, लेकिन वह कहते हैं यहां, जहां हम इस तरफ आसपास के कमरों में रह रहे हैं, यह लड़ाई तक ले जा सकता है।

"हम पहले से ही झगड़ा ना करने के लिए सहमत हैं, और मैं अपना वादा निभाने की योजना बना रहा हूं।"

"मेरी भी,पीटर। लेकिन पिताजी को नहीं लगता था कि हम गंभीर हैं, उन्होंने सोचा कि हम सिर्फ दोस्त हैं। तुम्हें क्या लगता है?"

"हां, मुझे लगता है तुम्हें लगता है क्या?"

"मुझे भी लगता है। मैंने पिताजी से यह भी कहा कि मुझे तुम पर विश्वास है। मुझे तुम पर उतना ही विश्वास है, पीटर, जितना मैं पिताजी पर करती हूं। और मुझे लगता है कि तुम मेरे विश्वास के योग्य हो। क्या तुम नहीं हो?"

"मैं उम्मीद करता हूं।" (वह बहुत शर्मा रहा था और वह लाल हो चुका था।)

"मैं तुम पर भरोसा करती हूं, पीटर," मैंने जारी रखा। "मेरा मानना है कि तुम्हारे पास एक अच्छा चरित्र है और तुम इस दुनिया में बहुत आगे जाओगे।"

उसके बाद हमने अन्य चीजों के बारे में बात की। बाद में मैंने कहा, "अगर हम कभी भी यहां से बाहर गए तो तुम मेरी और परवाह नहीं करोगे।"

वह एकदम जोश में आ गया। "यह सच नहीं है, ऐनी। अरे नहीं, मैं तुम्हें मेरे बारे में ऐसा सोचने भी नहीं दूंगा।

बस तभी किसी ने हमें बुलाया।

पिताजी ने उससे बात की, उसने सोमवार को मुझे बताया। उसने कहा "तुम्हारे पिताजी ने सोचा कि हमारी दोस्ती प्यार में बदल सकती है," "लेकिन मैंने उन्हें कहा कि हम खुद को नियंत्रण में रखेंगे।"

पिताजी चाहते हैं कि मैं इतनी बार ऊपर जाना बंद कर दूं, लेकिन मैं ऐसा नहीं चाहती हूँ। सिर्फ इसलिए नहीं कि मुझे पीटर के साथ रहना पसंद है, बल्कि इसलिए क्योंकि मुझे उस पर भरोसा है। और मैं उसे यह साबित करना चाहती हूं, लेकिन अगर मैं अविश्वास से नीचे रहूंगी तो मैं इसमें कभी सक्षम नहीं हो पाऊँगी।

मैं नहीं जा रही।

इस बीच, डसेल का नाटक हल कर दिया गया है। शनिवार शाम को रात के खाने पर उन्होंने सुंदर डच बोलते हुए माफी माँगी। श्रीमान फॉन डान का तुरंत मेल मिलाप कराया गया। डसेल ने अपने भाषण का अभ्यास करने में जरूर सारा दिन बिता दिया होगा।

रविवार, उनका जन्मदिन, बिना किसी प्रसंग के बीत गया। हमने उन्हें 1919 की बनी अच्छी शराब की एक बोतल दी,फॉन डान (जो आखिरकार अब अपने उपहार दे सकते हैं) ने उन्हें पिकालीली का एक जार और रेजर ब्लेड का एक पैकेट उपहार तोहफे में दिया और श्रीमान कुगलर ने उन्हें नींबू सिरप (नींबू पानी बनाने के लिए) का जार दिया, मीप ने एक किताब,लिटिल मार्टिन और बेप ने एक पौधा दिया। उन्होंने हर एक को अंडे की दावत दी।

तुम्हारी, ऐनी फ्रैंक

बुधवार, 3 मई, 1944

सबसे प्रिय किटी,

सबसे पहले साप्ताहिक समाचार! हमें राजनीति से छुट्टी मिल गई।ऐसा कुछ भी, हां कुछ भी नहीं है, जिसे बताया जा सके। मैं धीरे-धीरे यह भी मानना शुरू कर रही हूं कि हमला होगा। आखिरकार, वे रूसियों को सभी गंदे काम नहीं करने दे सकते; वास्तव में, रूस इस समय कुछ भी नहीं कर रहा है।

श्रीमान क्लेमन अब हर सुबह कार्यालय आते हैं। वह पीटर के दीवान के लिए नए स्प्रिंग्स का एक सेट लाए हुए हैं, इसलिए पीटर को गद्दी लगाकर काम करने आना होगा; आश्चर्य की बात नहीं है,वह बिल्कुल भी मूड में नहीं है। श्रीमान क्लेमन बिल्लियों के लिए कुछ पिस्सू पाउडर भी लाए है।

क्या मैंने तुम्हें कभी बताया कि बॉश गायब हो गया? हमने पिछले गुरुवार से उसे नहीं देखा। अगर किसी पशु प्रेमी ने उसे एक स्वादिष्ट व्यंजन में बदल दिया

तो वह शायद पहले से ही बिल्ली के स्वर्ग में हो। शायद कोई लड़की जो इसे खरीद सकती है, वह बॉश के फर से बनी टोपी पहनेगी। पीटर का दिल टूट गया।

पिछले दो हफ्तों से हम शनिवार को ग्यारह-तीस पर दोपहर का भोजन कर रहे हैं; सुबह हमें दलिए के कप से काम चलाना पड़ता है। कल से शुरू करते हुए, हर दिन इसी तरह होगा; इससे हमारे भोजन की बचत होगी। सब्जियां अभी भी बहुत कठिनाई से मिल रही हैं। आज दोपहर हमने बहुत बेकार उबला हुआ सलाद खाया! साधारण सलाद पत्ता,पालक और उबला हुआ सलाद, यहां यही सब है। इसके अलावा बहुत बेकार आलू,और आपके पास है एक राजा के लायक भोजन!

दो महीने से अधिक मेरे मासिक धर्म नहीं आए है, लेकिन यह आखिरकार पिछले रविवार से शुरू हुआ। सारी परेशानी के बावजूद मुझे खुशी है कि उसने मुझे नहीं छोड़ा।

जैसा कि बेशक आप कल्पना कर सकते हैं, हम अक्सर निराशा में कहते हैं, "युद्ध का क्या मतलब है? ओह, लोग शांति से एक साथ क्यों नहीं रह सकते? यह सब विनाश क्यों?"

प्रश्न समझने लायक है, लेकिन अब तक कोई भी संतोषजनक जवाब नहीं मिला है। क्यों इंग्लैंड बड़े और बेहतर हवाई जहाज और बमों का निर्माण कर रहा है और उसी समय पुनर्निर्माण के लिए नए घरों का निर्माण क्यों कर रहा है? हर दिन युद्ध पर लाखों खर्च क्यों किए जाते हैं, जबकि चिकित्सा विज्ञान,कलाकारों या गरीबों के लिए एक पैसा भी उपलब्ध नहीं है? लोगों को क्यों भूखा रहना पड़ता है, जबकि दुनिया के अन्य हिस्सों में भोजन के पहाड़ सड़ रहे हैं? ओह, लोग इतने पागल क्यों हैं?

मेरा मानना है कि युद्ध केवल राजनेताओं और पूंजीपतियों का काम है। अरे नहीं, आम आदमी भी हर तरह से उतना ही दोषी है; अन्यथा, लोग और राष्ट्र ने बहुत पहले विद्रोह कर दिया होता! लोगों में गुस्सा करने, हत्या करने और मारने का एक विनाशकारी आग्रह होता है और जब तक सारी मानवता, बिना किसी अपवाद के, एक कायापलट से होकर नहीं गुजरती, युद्ध छिड़ने जारी रहेंगे, और हर चीज जो सावधानीपूर्वक से बनाई गई, विकसित की गई और बढ़ाई गई, सब केवल फिर से शुरू करने के लिए,कांटकर गिरा दी जाएगी या नष्ट कर दी जाएगी।

मैं अक्सर हताश रहती हूं, लेकिन आशाहीन कभी नहीं। मैं छिपने की जगह में अपने जीवन को खतरे और रोमाँच से भरे, एक दिलचस्प साहसिक कार्य के जैसे देखती हूं और हर अभाव को मेरी डायरी के लिए एक अतिरिक्त मनोरंजन के रूप

में। मैंने अन्य लड़कियों से अलग जीवन जीने के लिए अपना मन बनाया है, न कि बाद में एक साधारण गृहिणी बनने के लिए। मैं यहां जो अनुभव कर रही हूं, वह एक दिलचस्प जीवन की एक अच्छी शुरुआत है और यही वजह है -एकमात्र वजह है– कि मुझे सबसे खतरनाक क्षणों के विनोदी पक्ष पर हंसना पड़ता है।

मैं युवा हूं और मेरे अंदर कई छिपे हुए गुण हैं; मैं युवा और मजबूत हूं और एक बड़े साहसिक काम का अनुभव कर रही हूं; मैं बिल्कुल इसके बीच में हूं और पूरा दिन शिकायत करने में बीता नहीं सकती, क्योंकि इसमें कोई भी मजा करना नामुमकिन है! मुझे कई चीजों का आशीर्वाद है : खुशी, एक हंसमुख स्वभाव और ताकत। हर दिन मैं खुद को परिपक्व होते हुए महसूस करती हूं, मैं आजादी को करीब आता महसूस करती हूं,और अपने आसपास के लोगों की अच्छाई को महसूस करती हूं। हर दिन मुझे लगता है कि यह कितना आकर्षक और मनोरंजक साहसिक कार्य है! उन सब के साथ, मुझे निराश क्यों होना चाहिए?

तुम्हारी, ऐनी एम. फ्रैंक

शुक्रवार, 5 मई, 1944

प्रिय किटी,

पिता मुझसे दुखी हैं। रविवार को हमारी बात के बाद उन्होंने सोचा कि मैं हर शाम ऊपर जाना बंद कर दूंगी। वे इस तरह गले मिलने को पसंद नहीं करेंगे। मैं उस शब्द को सहन नहीं कर सकती। इसके बारे में बात करना काफी बुरा था - वे मुझे भी बुरा क्यों महसूस करवाते है! आज मेरी उनसे बातचीत होगी। मार्गोट ने मुझे कुछ अच्छी सलाह दी है।

यह लगभग वही है, जो मैं कहना चाहती हूं :

मुझे लगता है पिताजी आप मुझ से स्पष्टीकरण की उम्मीद करते हैं, तो मैं आपको एक स्पष्टीकरण दूंगी। आप मुझ से निराश हैं,आपने मुझसे अधिक संयम की उम्मीद की है,एक चौदह वर्षीय से जिसकी उम्मीद की जाती है, आप निसंदेह मुझसे उस तरह का व्यवहार चाहते हैं। लेकिन यहीं पर आप गलत हैं!

जब से हम यहां रह रहे हैं, जुलाई, 1942 से कुछ सप्ताह पहले तक, मेरे लिए आसान समय नहीं रहा है। काश! आप जानते कि रात को मैं कितना रोया करती थी, मैं कितनी दुखी और हताश थी, कितना अकेला महसूस करती थी, तुम

मेरी ऊपर जाने की चाहत को समझोगी! अब मैं उस बिंदु पर पहुँच गई हूं, जहाँ मुझे माँ या किसी और के समर्थन की आवश्यकता नहीं है। यह रातों-रात नहीं हुआ। जितनी स्वतंत्र मैं आज हूं, वैसी बनने के लिए मैंने लंबा और मुश्किल संघर्ष किया है और बहुत आँसू बहाए हैं। तुम हंस कर मेरी बात पर यकीन करने से मना कर सकती हो, लेकिन मुझे परवाह नहीं है। मुझे पता है कि मैं एक स्वतंत्र व्यक्ति हूं, और मुझे नहीं लगता कि मुझे अपने कार्यों के लिए आपको कोई स्पष्टीकरण देने की आवश्यकता नहीं है। मैं आपको यह सिर्फ इसलिए बता रही हूं, क्योंकि मैं नहीं चाहती कि आप सोचें कि मैं आपकी पीठ पीछे चीजें कर रही हूं।लेकिन केवल एक ही व्यक्ति है जिसके प्रति मैं जवाबदेह हूं, और वह मैं हूं।

जब मैं परेशानी में थी, हर किसी ने -और इसमें आप भी शामिल हो- अपनी आंखें और कान बंद कर लिए थे और मेरी सहायता नहीं की थी। इसके विपरीत, जो कुछ भी मुझे मिला, वह थी कोलाहलपूर्ण न होने के लिए उपदेश। मैं हर समय दुखी होने से खुद को दूर रखने के लिए कोलाहलपूर्ण थी। मैं, अपने अंदर की आवाज को सुनने से खुद को रोकने के लिए, अतिआत्मविश्वासी थी। मैं पिछले डेढ़ साल से, हर दिन लगातार एक नाटक कर रही हूं, मैंने कभी कोई शिकायत नहीं की या मुखौटा नहीं हटाया, उस तरह का कुछ नहीं, और अब... अब लड़ाई खत्म हो गई है। मैं जीत गई! मैं स्वतंत्र हूं, शरीर और मन दोनों में। मुझे अब एक माँ की आवश्यकता नहीं है, और मैं संघर्ष से एक मजबूत व्यक्ति के रूप में उभरी हूं।

अब जब यह खत्म हो गया है, अब जब मुझे पता है कि मैंने लड़ाई जीत ली गई है, तो मैं अपने तरीके से चलना चाहती हूं, उस रास्ते का अनुसरण करने के लिए, जो मुझे सही लगता है। मुझे चौदह साल का मत समझो, क्योंकि इन सभी परेशानियों ने मुझे बड़ा बना दिया है; मुझे अपने व्यवहार पर पछतावा नहीं होगा। मैं उसी तरह का व्यवहार करूंगी, जैसा मुझे लगता है कि मुझे करना चाहिए।

आराम से मना करने से मैं ऊपर जाना बंद नहीं करूंगी। आपको या तो उसकी मनाही करनी होगी या फिर मुझ पर पूरा भरोसा करना होगा। आज जो चाहे करें, बस मुझे अकेला छोड़ दें!

तुम्हारी, ऐनी एम. फ्रैंक

शनिवार, 6 मई, 1944

सबसे प्रिय किटी,

कल रात खाने से पहले मैंने अपनी चिट्ठी पिता की जेब में डाल दी। मार्गोट के अनुसार, उन्होंने इसे पढ़ा और बाकी शाम परेशान रहे। (मैं ऊपर कपड़े धो रही थी!) बेचारे पिम, काश मुझे पता होता कि इस तरह के एक पत्र का असर क्या होगा। वह बहुत संवेदनशील है! मैंने तुरंत पीटर से कहा कि वे कोई प्रश्न न पूछें या कुछ और न कहें। पिम ने इस मामले के बारे में मुझसे और कुछ नहीं कहा। वह क्या कहने वाले हैं?

यहां सब कुछ लगभग सामान्य हो गया हैं। हम शायद ही उस पर भरोसा कर सकते हैं जो कीमतों और बाहर के लोगों के बारे में यान, श्रीमान कुगलर और श्रीमान क्लेमन ने हमें क्या बताया,आधा पाउंड चाय 350.00 गिल्डर, आधा पाउंड कॉफी 80.00 गिल्डर,एक पाउंड मक्खन 35.00 गिल्डर, एक अंडा 1.45 गिल्डर में आता है। लोग बल्गेरियाई तंबाकू के लिए एक औंस के 14.00 गिल्डर का भुगतान कर रहे हैं! हर कोई काला बाजार में व्यापार कर रहा है, हर छोटे-मोटे काम करने वाले के पास पेश करने के लिए कुछ है। बेकरी के सामान पहुंचाने वाले लड़के ने हमें रफू करने वाली ऊन की एक छोटी अंटी की आपूर्ति - 90 सेंट में की है - दूधवाला राशन की किताबों को प्राप्त कर सकता है, एक जिम्मेदार व्यक्ति पनीर पहुंचाता है। यहां तक कि पुलिस और रात के चौकीदार भी इस काम में शामिल हो रहे हैं। हर कोई अपने पेट में भोजन रखना चाहता है और क्योंकि वेतन रोक दिए गए हैं, तो लोगो को धोखे का सहारा लेना पड़ रहा है। पुलिस के पास उन लड़कियों, पंद्रह, सोलह, सत्रह और उससे अधिक उम्र की कई लड़कियों को, जो हर दिन गायब बताई जा रही है, ढूँढ निकालने का प्रयास करने के लिए, सिर खुजलाने की भी फुर्सत नहीं है।

मैं परी ऐलेन की अपनी कहानी समाप्त करना चाहती हूं। सिर्फ मनोरंजन के लिए, 'यह' मैं सभी कॉपीराइट के साथ में, पिता के जन्मदिन पर उनको दे सकती हूं।

बाद में मिलते है! (वास्तव में, यह सही वाक्य नहीं है। इंग्लैंड से प्रसारित जर्मन कार्यक्रम में वे "ऑफ वीडरीहॉरना" से समाप्त करते हैं "तो मुझे लगता है कि मुझे कहना चाहिए," जब तक हम फिर लिखते हैं।")

तुम्हारी, ऐनी एम. फ्रैंक

रविवार की सुबह, 7 मई, 1944

सबसे प्रिय किटी,

पिता जी और मैंने कल दोपहर एक लंबी बातचीत की थी। मैं खुलकर रोई और वह भी रोए। तुम जानती हो किटी उन्होंने मुझसे क्या कहा?

मुझे अपने जीवनकाल में कई पत्र मिले हैं, लेकिन किसी ने भी इस तरह से आहत नहीं किया था। तुम,जिसे अपने माता-पिता से इतना प्रेम मिला था। तुम, जिनके माता-पिता तुम्हारी सहायता के लिए हमेशा तैयार रहते है, जिन्होंने हमेशा हर मामले में तुम्हारी रक्षा की है। तुम अपने कामों में हमारा ख्याल नहीं रखने की बात करती हो! तुम्हें लग रहा है कि तुम्हारे साथ बहुत अन्याय हुआ है और अपने हाल पर छोड़ दिया गया नहीं है। नहीं, ऐनी, तुमने हमारे साथ बहुत अन्याय किया है।

शायद तुम्हारा मतलब ऐसा नहीं था, लेकिन तुमने जो लिखा वह यही है। नहीं, ऐनी, हमने इस तरह के तिरस्कार के लायक कुछ नहीं किया है!

ओह, मैं बुरी तरह से असफल रही हूं। यह मेरे अपने पूरे जीवन की सबसे बुरी चीज है। मैंने अपने आँसू का दिखावे के लिए और खुद को महत्वपूर्ण बनाने के लिए उपयोग किया, ताकि वह मेरा सम्मान करें। मेरे पास निश्चित रूप से, दुख का अपना हिस्सा लिया, और माँ के बारे में मैंने जो कुछ भी कहा वह सच है। लेकिन, पिम पर आरोप लगाना जो इतने अच्छे हैं और जिन्होंने मेरे लिए सब कुछ किया है-नहीं, वह शब्दों में भी बहुत क्रूर था।

अच्छा है किसी ने आखिरकार मुझे नीचा दिखा दिया, मेरा अहंकार तोड़ दिया, क्योंकि अभी तक मैं बहुत आत्मसंतुष्ट रही हूं। सब कुछ नहीं, एनी जो करती है,अच्छा है! कोई भी जो जानबूझकर किसी के लिए इस तरह के दुख की वजह बनता है, वे कहते हैं,वे प्यार करते है, वे सबसे नीचे है, नीचे से भी निम्नतर!

जिस तरह से पिता ने मुझे माफ़ किया है, उससे मुझे सबसे ज्यादा शर्म आती है; उन्होंने कहा कि वो पत्र को चूल्हे में फेंकने जा रहे हैं, और अब से वो मेरे लिए और भी अच्छे बनने जा रहे हैं जैसे वो ऐसे थे जिसने कुछ गलत किया है। खैर, ऐनी तुम्हें अभी भी बहुत कुछ सीखना है। तुम्हारे लिए एक नई शुरुआत करने का समय आ गया है, बजाय दूसरों को नीचा दिखाने और हमेशा दोष देने के!

मैंने बहुत सारे दुखों को झेला है, लेकिन मेरी उम्र में किसने नहीं झेला होगा? मैं नाटक कर रही थी और मुझे उसका पता तक नहीं था। मैंने अकेला महसूस

किया है, लेकिन कभी हताश नहीं! पिता की तरह नहीं, जो एक बार चाकू लेकर सड़क पर निकल गए थे ताकि वह परेशानी का अंत कर सकें! मैं कभी उस हद तक नहीं पहुंची।

मुझे खुद पर शर्म आनी चाहिए, और मैं शर्मिंदा हूं। जो हो चुका है, उसे पलटा नहीं जा सकता है, लेकिन कम से कम आप इसे फिर से होने से रोक सकते हैं। मैं सब कुछ फिर से शुरू करना चाहती हूँ, और उसमें कोई ज्यादा कठिनाई नहीं होगी, क्योंकि अब पीटर मेरे साथ है। उसके द्वारा मेरे समर्थन के साथ, मुझे पता है कि मैं यह कर सकती हूं! मैं अब अकेली नहीं हूँ। वह मुझसे प्यार करता है, मैं उससे प्यार करती हूं, मेरे पास मेरी किताबें, मेरा लेखन और मेरी डायरी है। मैं बदसूरत या बेवकूफ नहीं हूं, मेरा एक उज्ज्वल स्वभाव है और मैं एक अच्छा चरित्र विकसित करना चाहती हूं।

हां, ऐनी, तुम अच्छी तरह से जानती थी कि तुम्हारा पत्र निर्दयी और झूठ था, लेकिन तुम्हें तो उस पर गर्व था। मैं पिता की मिसाल लेकर एक बार फिर खुद को बेहतर बनाने की कोशिश करूंगी।

तुम्हारी, ऐनी एम. फ्रैंक

सोमवार, 8 मई, 1944

सबसे प्रिय किटी,

क्या मैंने कभी आपको हमारे परिवार के बारे में कुछ भी बताया है? मुझे नहीं लगता कि मैंने बताया है, इसलिए मैं बताना शुरू करती हूँ। पिता फ्रैंकफर्ट एम में बहुत प्रतिष्ठित और संपन्न माता पिता के घर पैदा हुए थे : माइकल फ्रैंक एक बैंक के मालिक थे और एक करोड़पति बन गए थे, और ऐलिस स्टर्न के माता-पिता प्रसिद्ध और संपन्न व्यक्ति थे। माइकल फ्रैंक शुरू में अमीर नहीं थे; वह एक स्व-निर्मित व्यक्ति थे। अपनी युवावस्था में पिताजी ने एक अमीर आदमी के बेटे का जीवन जिया। हर हफ्ते पार्टियां, बैले, भोज, खूबसूरत लड़कियां, वाल्टजिंग, रात्रिभोज, एक विशाल घर, आदि। दादाजी के मरने के बाद, अधिकांश पैसा खत्म हो गया था, और महान युद्ध और मुद्रास्फीति के बाद उनके पास में कुछ भी नहीं बचा था। युद्ध के समाप्त होने तक कुछ रिश्तेदार अभी भी काफी अमीर थे, तो पिताजी का लालन-पालन अच्छी तरह से होता रहा और कल वह हंस पड़े थे, क्योंकि उनके पचपन साल की उम्र में पहली बार उन्होंने मेज पर फ्राइंग पैन कबाड़ में हटाया।

माँ का परिवार उतना अमीर नहीं था, लेकिन रहन-सहन काफी अच्छा था, और हमने 250 मेहमानों के साथ निजी बैले, रात्रिभोज और सगाई भोज की कहानियों को हक्का-बक्का होकर सुना।

अब हम अमीरी से दूर है, लेकिन मैंने अपनी सारी उम्मीदें युद्ध के बाद पर टिका दी है। मैं तुम्हें भरोसा दिलाती हूं, माँ और मार्गोट के जैसे मैं एक बुर्जुआ जीवन तय नहीं करना चाहती हूं। मैं पेरिस और लंदन में भाषाओं को सीखने और कला के इतिहास का अध्ययन करने में एक साल बिताना चाहती हूं। मार्गोट की तुलना उसके साथ कीजिए, जो फिलिस्तीन में नवजात शिशुओं का लालन पालन करना चाहती है। मैं अभी भी बहुत खूबसूरत कपड़े और आकर्षक लोगों का आभास कर सकती हूं। जैसा कि मैं तुम्हें पहले भी कई बार बताया है, मैं दुनिया को देखना चाहती हूं और सभी प्रकार की रोमाँचक चीजें करना चाहती हूं।

आज सुबह मीप ने अपनी चचेरी बहन की सगाई की पार्टी के बारे में हमें बताया, जिसमें वह शनिवार को गई थी। चाचा-चाची अमीर हैं, और दूल्हे के माता-पिता भी अमीर हैं। मीप परोसे गए खाने के बारे में हमें बता कर हमारे मुंह में पानी ला रही थी : माँस के कोफ्ते के साथ सब्जी का सूप, पनीर, कटे हुए माँस के साथ रोल, अंडे और भुने हुए माँस से तैयार किए गए क्षुधावर्धक, पनीर रोल, क्रीम और फलों से सजा सजाया गया केक, शराब और सिगरेट और आप जितना चाहो उतना खा सकते हो।

मीप ने दस स्नैप्स और तीन सिगरेट पिए थे- क्या यही संयम की हिमायती हमारी मीप थी? यदि मीप ने इतना कुछ किया तो मुझे हैरानी होती है कि उसके पति कितना पी गए रहे होंगे? पार्टी में हर कोई निश्चित रूप से थोड़े बहुत नशे में था। मर्डर स्क्वॉयड के दो अधिकारी भी थे,जिन्होंने शादी के जोड़े की तस्वीरें लीं। तुम देख सकती हो कि हम कभी भी मीप के विचारों से दूर नहीं हैं, क्योंकि उसने तुरंत अपने नाम और पते को नोट कर दिया कि यदि मामले में कुछ भी होता है तो हमें अच्छे डच लोगों के साथ संपर्क की आवश्यकता पड़ेगी।

हमारे मुंह में पानी आ रहा था। हम, जिन्हें नाश्ते में दो चम्मच दलिया के अलावा कुछ भी नहीं मिलता था और बिल्कुल भूखे रह रहे थे; हम, जिन्हें आधा पकाया हुआ पालक (विटामिन के लिए)और हर दिन सड़े आलू के अलावा कुछ नहीं मिलता है; हम, जिनके पास अपने खाली पेट भरने के लिए उबले हुए सलाद, कच्चे सलाद पत्ता, पालक, पालक और अधिक पालक के अलावा और कुछ

भी नहीं है। हो सकता है कि हम अंत में पोपाई के जैसे मजबूत होकर निकलेंगे, हालांकि अब तक मैंने इसका कोई संकेत नहीं देखा है

अगर मीप हमें पार्टी में ले जाती, तो अन्य मेहमानों के लिए कोई रोल नहीं बचता। यदि हम वहां गए होते, तो हमने फर्नीचर सहित सब कुछ खुले आम छीन लिया होता। मैं तुम्हें बता रही हूं, हम व्यावहारिक रूप से ठीक उसके मुंह से निकले शब्दों को ही खींच रहे थे। हम उसके चारों ओर ऐसे इकट्ठे हुए जैसे कि हम सबने अपने जीवन में कभी भी "स्वादिष्ट भोजन या सुरुचिपूर्ण लोगों" के बारे में नहीं सुना हो! और ये प्रतिष्ठित करोड़पतियों की पोते पोतियां हैं। दुनिया वाकई पागलपन भरी जगह है!

तुम्हारी, ऐनी एम. फ्रैंक

मंगलवार, 9 मई, 1944

सबसे प्रिय किटी,

मैंने परी ऐलेन की अपनी कहानी पूरी कर ली है। मैंने बढ़िया कागज पर उसे लिख लिया है, इसे लाल स्याही से सजाया है और पृष्ठों को एक साथ सिल दिया है। सारी चीजें काफी सुंदर लग रही है, लेकिन मुझे नहीं पता कि यह जन्मदिन के उपहार के लिए पर्याप्त है या नहीं। मार्गोट और माँ दोनों के पास लिखित कविताएं है।

इस दोपहर श्रीमान कुगलर समाचार लेकर ऊपर आए कि सोमवार से श्रीमती ब्रोक्स हर दोपहर दो घंटे कार्यालय में बिताना चाहती है। जरा कल्पना कीजिए! कार्यालय के कर्मचारी ऊपर आने में सक्षम नहीं होंगे, आलू की आपूर्ति नहीं की जा सकेगी, बेप को दोपहर को खाने को नहीं मिलेगा, हम शौचालय का प्रयोग नहीं कर सकेंगे, हम चहलकदमी करने में सक्षम नहीं होंगे और अन्य सभी प्रकार की असुविधाएँ होंगी! हमने उनसे छुटकारा पाने के लिए कई तरह के तरीके प्रस्तावित किए। श्रीमान फॉन डान ने सोचा कि उनकी कॉफी में एक अच्छा विरेचक मिला देना एक अच्छी चाल हो सकती है। "नहीं," श्रीमान क्लेमन ने जवाब दिया, "ऐसा मत करना नहीं तो हमें उस दलदल से कभी छुटकारा नहीं मिलेगा।

हँसी की गर्जना। "दलदल?" श्रीमती फॉन डान ने पूछा। "इसका क्या मतलब है?" एक स्पष्टीकरण दिया गया था। "क्या उस शब्द का इस्तेमाल करना सही है?" उसने एकदम मासूमियत भरे स्वर में पूछा। "बस कल्पना करो," बेप

खिलखिला कर हंस पड़ी, "वहाँ आप बिजेनकोर्फ पर खरीदारी कर रहे हैं और आप दलदल जाने का रास्ता पूछते हैं। वे यह भी नहीं जानते होंगे कि आप किस बारे में बात कर रहे थे!"

डसेल अभिव्यक्ति पर उधार लेने के लिए अब हर दिन 12:30 पर 'दलदल' बिंदु पर बैठते हैं। आज दोपहर मैंने साहसपूर्वक गुलाबी कागज का एक टुकड़ा लिया और लिखा :

श्रीमान डसेल की शौचालय समय सारणी

सुबह 7:15 से 7:30 बजे तक

दोपहर 1 बजे के बाद

अन्यथा, केवल आवश्यकतानुसार!

मैंने इसे हरे बाथरूम के दरवाजे पर उस समय चिपका दिया, जब वे अभी भी अंदर ही थे। मैंने शायद अच्छी तरह से जोड़ा "अपराध कारावास के अधीन होंगे!" क्योंकि हमारे बाथरूम को अंदर और बाहर दोनों तरफ से बंद किया जा सकता है।

श्रीमान फॉन डान का नवीनतम मजाक :

एडम और ईव के बारे बाइबल के एक अध्याय के बाद, एक तेरह वर्षीय लड़के ने अपने पिता से पूछा, "पिताजी मुझे बताएं कि मैं कैसे पैदा हुआ था?"

"ठीक है," पिता ने जवाब दिया, "सारस तुम्हें सागर से छीन कर बाहर लाया, माँ के बिस्तर में तुम्हें डाल दिया और उसके पैर में जोर से काट लिया। वह इतनी लहूलुहान हो गई थी कि उसे एक हफ्ते तक बिस्तर में रहना पड़ा।"

लड़का पूरी तरह से संतुष्ट नहीं हुआ,अपनी माँ के पास गया। "माँ, मुझे बताओ," उसने पूछा, "आप कैसे पैदा हुई थी और मैं कैसे पैदा हुआ था?"

उसकी माँ ने उसे वही कहानी सुनाई। अंत में, सटीक बिंदु सुनने की उम्मीद में,वह अपने दादाजी के पास गया। "मुझे बताओ, दादाजी," उसने कहा, "आप कैसे पैदा हुए थे और आपकी बेटी का जन्म कैसे हुआ है?" और तीसरी बार उसे वास्तव में वही कहानी सुनाई गई थी।

उस रात उसने अपनी डायरी में लिखा : "पूरी सावधानी से जांच के बाद, मुझे यह निष्कर्ष निकालना चाहिए कि पिछली तीन पीढ़ियों से हमारे परिवार में कोई यौन संसर्ग नहीं हुआ है!"

पहले से ही तीन बज चुके हैं, और मुझे अभी भी काम करना है।

तुम्हारी, ऐनी एम. फ्रैंक

पश्च लेख : मेरे ख्याल से मैंने तुम्हें एक नई महिला सफाई कर्मचारी के बारे में बताया है। मैं यह बताना चाहती हूं कि वे शादीशुदा हैं, साठ साल की हैं और उन्हें ऊंचा सुनाई देता है। वह इस लिहाज से बहुत सुविधाजनक है कि छिपकर रहने वाले आठ लोग कितनी आवाज कर सकते हैं।

ओह, किट, इतना प्यारा मौसम है। काश, मैं बाहर जा पाती!

बुधवार, 10 मई, 1944

सबसे प्रिय किटी,

कल दोपहर में जब हम अटारी में बैठकर अपना फ्रेंच का काम कर रहे थे, तो अचानक मुझे अपने पीछे पानी छिड़कने की आवाज सुनाई दी! मैंने पीटर से पूछा कि यह क्या हो सकता है। जवाब देने के लिए रुके बिना, उसने मचान के ऊपर धावा बोल दिया और मूशी को सही जगह पर धकेलने लगा।, जो अपने गीले–मल मूत्र के डिब्बे के बगल में बैठी हुई थी। इसके बाद चीखने चिल्लाने की आवाजें आने लगीं। और फिर मूशी, जो तब तक मूत्र त्याग कर चुकी थी, सीधे नीचे भाग गई। अपने डिब्बे जैसी किसी किसी चीज की तलाश में मूशी को लकड़ी की छीलन का एक ढेर मिल गया, जो फर्श की दरार के ठीक ऊपर था। वहां उसका इकट्ठा हुआ मूत्र तुरंत अटारी पर टपकने लगा और किस्मत देखो कि आलू के पीपे के बगल में गिरा। छत टपक रही थी और चूंकि अटारी के फर्श में भी दरारें बन गई है, छोटी पीली बूंदें छत से होकर खाने की मेज पर, मोजे और पुस्तकों के ढेर के बीच टपक रही थी।

मैं हँसी से दोहरी हो गई थी, यह एक अजीब दृश्य था। मूशी एक कुर्सी के नीचे दुबकी हुई थी, पीटर पानी,पाउडर ब्लीच और कपड़े के साथ तैयार था, और श्रीमान फॉन डान हर किसी को शांत करने का प्रयास कर रहे थे। कमरे जल्दी ही ठीक कर दिया गया था, लेकिन यह एक अच्छी तरह से ज्ञात तथ्य है कि बिल्ली के मल पेशाब में बहुत बदबू आती है। आलुओं ने यही साबित किया और लकड़ी की छीलन ने भी। बाद में पिता ने छीलन को एक बाल्टी में इकट्ठा किया और जलाने के लिए नीचे लाए।

बेचारी मूशी! उसे कैसे पता कि उसके डिब्बे के लिए ईंधन लाना नामुमकिन है?

ऐनी

गुरुवार, 11 मई, 1944

सबसे प्रिय किटी,

आपको हंसाने के लिए एक नया चित्रण :

पीटर के बाल काटे जाने थे, और हमेशा की तरह उसकी माँ को नाई बनना था। सात पच्चीस पर पीटर अपने कमरे में गायब हो गया, और सात-तीस बजने पर फिर निकल आया। उसने नीली तैराकी के शॉर्ट्स और एक जोड़ी टेनिस जूते को पहना था।

"क्या आप आ रही हो?" उसने अपनी माँ से पूछा।

"हां, मैं एक मिनट में आ रही हूं, लेकिन मुझे कैंची नहीं मिल रही!"

पीटर ने उसके सौंदर्य प्रसाधन के आसपास तलाशी करने में उसकी सहायता की। "ऐसी गड़बड़ मत करो, पीटर," उसने शिकायत की।

मैंने पीटर के जवाब को नहीं पकड़ा, लेकिन यह ढीठ भरा रहा होगा, क्योंकि उन्होंने उसे हाथ पर थप्पड़ मारा। उसने भी पलट कर उसे वापस थप्पड़ मारा, उसने उसे अपनी सारी ताकत से मुक्का मारा और पीटर ने अपने चेहरे पर नकली डर भरी नजर के साथ उसके हाथ को दूर खींच लिया। "आ जाओ, लड़की!"

श्रीमती फॉन डान अपनी जगह पर खड़ी रह गईं। पीटर ने उन्हें कलाई से पकड़ लिया और उसे कमरे के चारों ओर खींचा। वह हंसी, रोई, डांटा और लात मारी, किसी भी चीज ने उनकी सहायता नहीं की। पीटर अपने कैदी को अटारी की सीढ़ियों तक खींचता ले गया, जहां वह उसे ले जाने के लिए मजबूर करना चाहता था। श्रीमती फॉन डान कमरे में वापस आई और जोर-जोर से सांस लेती हुई एक कुर्सी में ढह गई।

"माँ का अपहरण" मैंने मजाक में कहा

"हाँ, लेकिन उसने मुझे चोट पहुँचाई है।"

मैं देखने गई और पानी से उसकी गर्म, लाल कलाई को ठंडा किया। पीटर, अभी भी सीढ़ियों के पास खड़ा था और उसकी बेताबी फिर से बढ़ रही है, एक शेर के प्रशिक्षक की तरह हाथ में अपने बेल्ट लिए हुए कमरे में लंबे कदमों से चहलकदमी कर रहा था। श्रीमती फॉन डान जरा भी नहीं हिली थी, बल्कि अपनी लिखने की मेज पर टेक लेकर खड़ी होकर एक रुमाल देखती रही। "तुमको पहले माफी माँगनी होनी।"

"ठीक है, मैं इसके लिए अपनी माफी की पेशकश करती हूं, लेकिन केवल इसलिए क्योंकि अगर मैं नहीं करती तो हम आधी रात तक यहीं रह जाएंगे।"

श्रीमती फॉन डान हंस पड़ी। वह उठकर दरवाजे की ओर चली गई, जहाँ उन्होंने हमें एक स्पष्टीकरण देने के लिए बाध्य महसूस किया। (हमें द्वारा मेरा मतलब पिता, माता और मुझे है; हम जहां धुलाई में व्यस्त थे)। "वह घर पर ऐसा नहीं था," उन्होंने कहा। "मैंने उसे इतना पीटा होता कि वह सीढ़ियों से नीचे लुढ़क गया होता। वह इतना ढीठ कभी नहीं रहा है। यह पहली बार नहीं हुआ है। वह एक अच्छी पिटाई का हकदार था। एक आधुनिक परवरिश के आधुनिक बच्चों को क्या हो रहा है। मैंने अपनी माँ को कभी इस तरह नहीं पकड़ा होता। क्या आप अपनी माँ के साथ इसी तरह पेश आते थे, श्रीमान फ्रैंक?" वह बहुत परेशान थी, आगे और पीछे चहलकदमी करते हुए उनके मन में जो कुछ भी आया करती रही और वह अभी भी ऊपर नहीं गई थी। अंत में, आखिरकार,वह बाहर चली गई।

पांच मिनट से भी कम समय के बाद वह आगबबूला हुए सीढ़ियों से नीचे वापस आई, उनका पूरा गाल फूला हुआ था और उन्होंने एक कुर्सी पर अपना एप्रिन फैला दिया। जब मैंने पूछा कि बाहर क्या हुआ था, तो उन्होंने जवाब दिया कि वह नीचे जा रही थी। वह एक बवंडर की तरह सीढ़ियों से नीचे गिर गई शायद सीधे उसकी पुटी की बाहों में।

वह आठ बजे तक फिर नहीं आई थी, इस बार अपने पति के साथ। पीटर को अटारी से घसीट लाया गया था, और अपशब्दों की बौछार के साथ बेरहमी से डांटा गया था : अशिष्ट किसी काम का नहीं शैतान, खराब उदाहरण, एनी ऐसी,मार्गोट वैसी, बाकी मैं नहीं सुन सकी थी।

आज सब कुछ फिर से शांत हो गया लगता है !

तुम्हारी, ऐनी एम. फ्रैंक

पश्च लेख: मंगलवार और बुधवार की शाम हमारी प्यारी महारानी ने देश को संबोधित किया। वह एक छुट्टी पर जा रही है ताकि वह नीदरलैंड में अपने अच्छे स्वास्थ्य के साथ वापसी कर सकें। उन्होंने "जल्द ही, मैं हॉलैंड में वापस आऊंगी," "एक तेज मुक्ति," "वीरता" और "भारी बोझ" जैसे शब्दों का उपयोग किया।"

इसके बाद प्रधान मंत्री शेरब्रूडी द्वारा एक भाषण दिया गया। उनकी आवाज एक छोटे बच्चे की आवाज के जैसी है। माँ ने सहजता से कहा, "ऊह।" एक पादरी, जिन्होंने अपनी आवाज श्रीमान ईडल से उधार होगी, ने बात समाप्त करते

हुए कहा कि ईश्वर सभी यहूदियों की रक्षा करे, जो यातना शिविरों, जेल में हैं और उन सबकी भी, जो जर्मनी में काम कर रहे हैं।

गुरुवार, 11 मई, 1944

सबसे प्रिय किटी,

चूंकि मैं अपना पूरा बेकार वस्तुओं का बक्सा - मेरे फाउंटेन पेन सहित -ऊपर छोड़ चुकी हूं और मुझे वयस्कों को उनके झपकी लेने के समय (ढाई बजे) तक परेशान करने की इजाजत नहीं थी। आपको पेंसिल से पत्र लिख कर काम चलाना पड़ेगा।

मैं इस समय बहुत ज्यादा व्यस्त हूं, और यह अजीब लग सकता है, मेरे पास अपने ढेर सारे काम पूरा करने का पर्याप्त समय नहीं है। क्या मैं तुम्हें संक्षेप में बताऊं कि मुझे क्या करना है? खैर, कल से पहले मुझे गैलीलियो गैलीली की जीवनी का यह पहला खंड पढ़कर समाप्त करना है, क्योंकि इसे पुस्तकालय में वापस करना होगा। मैंने इसे कल पढ़ना शुरू किया और 320 पृष्ठों में से पृष्ठ 220 तक पढ़ लिया है इसलिए मैं इसे समाप्त कर लूंगी। अगले हफ्ते मुझे पैलेस्टाइन ऐट द क्रॉसरोड्स पढ़ना है। इसके अलावा, मैंने कल सम्राट चार्ल्स की जीवनी 'पंचम' का पहला खंड समाप्त किया, और मुझे अभी भी मेरे द्वारा इकट्ठा किए हुए वंशावली चार्ट और लिए गए नोट्स को समझना है। मेरे पास अपनी विभिन्न पुस्तकों से, विदेशी शब्दों के तीन पृष्ठ हैं, जिन सभी को लिखना, याद रखना और जोर से पढ़ना है। नंबर चार : मेरे फिल्मी सितारे एक भयानक अव्यवस्था में हैं और छांटे जाने के लिए तरस रहे हैं, लेकिन चूंकि ऐसा करने में कई दिन लगेंगे और प्रोफेसर ऐनी, जैसा कि उन्होंने पहले ही कहा है,काम में बहुत व्यस्त है, उन्हें थोड़े और ज्यादा समय तक इस अव्यवस्था को सहन करना पड़ेगा। तब तक थेरस, ओडिपस, पेलेस, ऑर्फ़ीयस, जेसन और हरक्यूलिस सब सुलझने की प्रतीक्षा कर रहे हैं, क्योंकि उनके विभिन्न काम, मेरे मनमें एक पोशाक में बहुरंगी धागे की तरह एक दूसरे को काटते हुए चले चल रहे हैं। मीरोन और फिदिअस को भी तत्काल ध्यान देने की आवश्यकता है, अन्यथा मैं पूरी तरह से भूल जाऊंगी, उनके लिए कैसे भी करके समय निकालना है। उदाहरण के लिए, सात साल के युद्ध और नौ साल के युद्ध पर भी यही लागू होता है। अब मुझे सब कुछ मिश्रित मिल रहा है। ठीक है, तुम मेरी तरह की स्मृति के साथ क्या कर सकते हो! जरा सोचिए जब मैं अस्सी की हो जाऊंगी तो मैं कितना भुलक्कड़ होऊंगी!

ओह, एक और बात। बाइबल से जुड़ी। नहाती हुई सुजाना की कहानी तक पहुंचने में मुझे कितना समय लगेगा! इसके अलावा सदोम और गमोरा से उनका क्या मतलब है? ओह, अभी भी पता लगाने और सीखने के लिए बहुत कुछ है। और इस बीच, मैंने शार्लोट और पैलेटिन को मुश्किल हालात में छोड़ दिया है।

तुम देख सकती हो, किटी मैं कितनी अधिक व्यस्त हूं?

और अब कुछ और। तुम बहुत समय से जानती हो कि मेरी सबसे बड़ी इच्छा एक पत्रकार बनने की है, और बाद में, एक प्रसिद्ध लेखक। हमें इंतजार करना होगा और देखना होगा कि क्या ये भव्य भ्रम (या धोखा) हैं!) कभी सच होंगे भी, लेकिन अब तक मुझे विषयों की कोई कमी नहीं हुई है। किसी भी हालत में, युद्ध के बाद मैं गुप्त एनेक्सी नामक पुस्तक प्रकाशित करवाना चाहूंगी। यह देखा जाना बाकी है कि क्या मैं कामयाब होऊंगी, लेकिन मेरी डायरी आधार के रूप में पूर्ति कर सकती है।

मुझे "कैडी की ज़िंदगी "भी खत्म करने की आवश्यकता है।" मैंने बाकी कथावस्तु सोच ली है। अस्पताल में इलाज करवाने के बाद, कैडी घर वापस जाती है और हान्स को लिखती रहती है। यह 1941 है, और नाजी सहानुभूति की खोज करने में उसे लंबा समय नहीं लगता है, और चूंकि कैडी यहूदियों और उसके दोस्त मैरिएन की दुर्दशा से चिंतित है, वह अलग अलग मोड़ लेना शुरू करते हैं। वह मिलते हैं और वापस एक साथ हो जाते हैं, लेकिन संबंध तोड़ लेते हैं जब हान्स एक और लड़की को अपना लेता है। कैडी टूट गई है, और वह एक अच्छी नौकरी करना चाहती है, इसलिए वह नर्सिंग की पढ़ाई करती है। स्नातक स्तर की पढ़ाई के बाद, वह अपने पिता के दोस्तों के आग्रह पर, स्विट्जरलैंड में एक टीबी अस्पताल में एक नर्स के रूप में पद स्वीकार करती है।

अपनी पहली छुट्टी के दौरान वह कोमो झील जाती है, जहाँ वह संयोग से हान्स से मिलती है। वह उसे बताता है कि दो साल पहले उसने कैडी की उत्तराधिकारी से शादी की थी, लेकिन उसकी पत्नी ने अवसाद के एक दौरे में अपनी जान ले ली। अब जब उसने अपनी छोटी कैडी को फिर से देखा, तो उसे पता चला कि वह उससे कितना प्यार करता है, और एक बार फिर शादी के लिए उसका हाथ माँगता है। हालांकि वह खुद उससे कभी उतना ही प्यार करती थी, इसके बावजूद भी कैडी इनकार कर देती है। उसका स्वाभिमान उससे पीछे करता है। हान्स दूर चला जाता है, और वर्षों बाद कैडी को पता चलता है कि वह इंग्लैंड में है, जहां वह घायल होकर बीमार पड़ा है और स्वास्थ्य के लिए संघर्ष कर रहा है।

जब वह सत्ताईस वर्ष की हो जाती है, तो कैडी साइमन नाम के एक अमीर आदमी के साथ विवाह कर लेती है। उसे उससे प्यार हो जाता है, लेकिन हान्स के जितना नहीं। उसकी दो बेटियां और एक बेटा, लिलियन, जुडिथ और निको है। वह और साइमन एक साथ खुश हैं, लेकिन हान्स कहीं ना कहीं उसके दिमाग में तब तक रहता है, जब तक कि एक रात वह उसका सपना देखती हैं और, उसे विदाई दे देती है।

यह भावुक बकवास नहीं है : यह पिता के जीवन पर आधारित है।

तुम्हारी, ऐनी एम. फ्रैंक

शनिवार, 13 मई, 1944

मेरी सबसे प्यारी किटी,

कल पिताजी का जन्मदिन और पिताजी और माताजी की शादी की उन्नीसवीं सालगिरह थी। महिला सफाईकर्मी नहीं आई थी... और सूरज चमक रहा था जितना यह 1944 से पहले कभी नहीं चमका था। हमारा शाहबलूत का पेड़ पूरी तरह खिल चुका है। यह पत्तियों से ढंका हुआ है और पिछले साल की तुलना में अधिक सुंदर है।

पिता को, श्रीमान क्लेमन से लिनियस की जीवनी, श्रीमान कुगलर से प्रकृति पर एक किताब, डसेल से एमस्टरडम की नहरों पर एक किताब, फॉन डान से तीन अंडे, बीयर की एक बोतल, दही का एक जार और एक हरे रंग की टाई से युक्त एक विशाल बॉक्स (इतनी खूबसूरती से लिपटे हुए कि यह एक पेशेवर द्वारा किया गया हो सकता है) मिला। यह हमारे गुड़ के जार को मामूली साबित कर रहा था। मेरे गुलाबों से मीप और बेप के लाल गुलनारों की तुलना में अद्भुत खुशबू आती है। उनके नाज नखरे उठाए गए। सीमोन्स की बेकरी से पेटिफर आए, बहुत स्वादिष्ट थे। पिता ने हमें भी स्पाइस केक, पुरुषों को बीयर और महिलाओं को दही की दावत दी। सब कुछ शानदार था!

तुम्हारी, ऐनी एम. फ्रैंक

मंगलवार, 16 मई, 1944

मेरी सबसे प्यारी किटी,

कुछ अलग करते हुए (कई दिनों से हमने ऐसा नहीं किया) मैं कल रात श्रीमान और श्रीमती फॉन डान के बीच हुई एक छोटी सी चर्चा का उल्लेख करूंगी :

श्रीमती फॉन डान. : "अटलांटिक दीवार को मजबूत करने के लिए जर्मनी के पास बहुत समय पड़ा है, और वे निश्चित रूप से अंग्रेजों को रोकने के लिए अपनी शक्ति के अनुसार सब कुछ करेंगे। यह आश्चर्यजनक है, जर्मनी कितना ताकतवर है!"

श्रीमान फॉन डान. : "ओह, हाँ, अद्भुत है।"

श्रीमती फॉन डान : "हाँ"अद्भुत है!"

श्रीमान फॉन डान : "वे इतने मजबूत हैं,आखिर में उनका जीतना निर्धारित है, आपका क्या यह मतलब है?"

श्रीमती फॉन डान : "हो सकता है, वे जीते। मुझे यकीन नहीं है कि वे नहीं जीतेंगे।"

श्रीमान फॉन डान : "मैं इसका जवाब नहीं दूंगा।"

श्रीमती फॉन डान : "आप हमेशा जवाब देने पर पहुंचते हैं। आप अपने आप को हर बार, हमेशा, उत्तेजित होने देते हैं।"

श्रीमान फॉन डान : "नहीं, मुझे नहीं मालूम। मैं हमेशा अपने जवाबों को अगणनीय रखता हूं।"

श्रीमती फॉन डान. : "लेकिन आपके पास हमेशा एक उत्तर होता है और आपको हमेशा सही होना होता है, आपकी भविष्यवाणियां शायद ही कभी सच होती हैं,आप जानते हैं!"

श्रीमान फॉन डान : "अब तक तो हुई है।"

श्रीमती फॉन डान : "नहीं, वे नहीं हुई है। आपने पिछले वर्ष कहा था, हमला शुरू होने वाला है, फिन्स को अब तक युद्ध से बाहर हो जाना चाहिए था, इटली के अभियान को पिछले सर्दियों तक खत्म हो जाना चाहिए था, और रूसियों को पहले से ही लेम्बर्ग जीत लेना चाहिए था। अरे नहीं, मैं आपकी भविष्यवाणियों को अधिक याद नहीं रख सकती।"

श्रीमान फॉन डान (अपने पैरों को उछालते हुए) : 'क्यों आप अपने चाल में एक बदलाव नहीं करते है) मैं आपको दिखा दूंगा कि कौन सही है; किसी दिन तुम मुझे परेशान करके थक जाओगी। मैं एक मिनट और तुम्हारे रिरियाने को बर्दाश्त नहीं कर सकता। प्रतीक्षा करो, एक दिन मैं तुमसे तुम्हारी गलती मनवाऊंगा'

(पहले भाग का अंत)

वास्तव में, मैं मंद मंद मुस्कुराए बिना नहीं रह सकी। माँ भी नहीं और यहाँ तक कि पीटर भी अपनी हंसी रोकने के लिए अपने होंठ काट रहा था। ओह, वे बेवकूफ बड़े लोग। युवा पीढ़ी के बारे में इतनी सारी टिप्पणियां करने से पहले उन्हें कुछ चीजें सीखने की आवश्यकता है!

शुक्रवार से हम रात को फिर से खिड़कियां खोल कर रख रहे हैं।

तुम्हारी, ऐनी एम. फ्रैंक

हमारे उपभवन परिवार की दिलचस्पी किसमें है
(पाठ्यक्रम और पाठ्य सामग्री का एक व्यवस्थित सर्वेक्षण)

श्रीमान फॉन डान : कोई पाठ्यक्रम नहीं; कन्नूर के विश्वकोश और शब्दकोश में कई चीजें देखते हैं; रोमाँचक या तुच्छ, जासूसी कहानियों, चिकित्सा पुस्तकों और प्रेम कहानियों को पढ़ना पसंद करते हैं।

श्रीमती फॉन डान : अंग्रेजी में एक पत्राचार पाठ्यक्रम; जीवनी उपन्यास और कभी-कभी अन्य प्रकार के उपन्यास पढ़ना पसंद करती है।

श्रीमान फ्रैंक : अंग्रेजी (डिकेंस!) और लैटिन सीख रहे हैं; कभी उपन्यास नहीं पढ़ते, लेकिन लोगों और स्थानों के गंभीर, ज्यादा शुष्क विवरण पसंद करते हैं।

श्रीमती फ्रैंक : अंग्रेजी में एक पत्राचार पाठ्यक्रम जासूसी कहानियों को छोड़कर सब कुछ पढ़ती हैं।

श्रीमान डसेल : बिना किसी उल्लेखनीय परिणाम के साथ अंग्रेजी, स्पेनिश और डच सीख रहे हैं; सब कुछ पढ़ते हैं; बहुमत की राय के साथ चलते जाते हैं।

पीटर फॉन डान : अंग्रेजी, फ्रेंच सीख रहे हैं (पत्राचार पाठ्यक्रम), डच, अंग्रेजी और जर्मन में शार्टहैंड, अंग्रेजी, बढ़ईगीरी, अर्थशास्त्र और कभी-कभी गणित में वाणिज्यिक पत्राचार; भूगोल शायद ही कभी पढ़ते हैं।

मार्गोट फ्रैंक : अंग्रेजी, फ्रेंच और लैटिन में पत्राचार पाठ्यक्रम, अंग्रेजी, जर्मन और डच में शार्टहैंड, त्रिकोणमिति, ठोस ज्यामिति, यांत्रिकी, भौतिक विज्ञान, रसायन विज्ञान, बीजगणित, ज्यामिति, अंग्रेजी साहित्य, फ्रेंच साहित्य, जर्मन साहित्य, डच साहित्य, बहीखाता, भूगोल, आधुनिक इतिहास, जीव विज्ञान, अर्थशास्त्र; अधिमानतः धर्म और चिकित्सा पर सब कुछ पढ़ती है।

ऐनी फ्रैंक : फ्रेंच, जर्मन, अंग्रेजी, और डच में शार्टहैंड, ज्यामिति, बीजगणित, इतिहास, भूगोल, कला इतिहास, पौराणिक कथाओं, जीव विज्ञान, बाइबिल इतिहास, डच साहित्य; आत्मकथाएँ, सुस्त या रोमाँचक जीवनी और इतिहास की किताबें (कभी-कभी उपन्यास और थोड़ा बहुत पढ़ना) को पढ़ना पसंद करती हैं।

शुक्रवार, 19 मई, 1944

सबसे प्रिय किटी,

मुझे कल बहुत गंदा लगा। उलटी (वह भी मुझे!), सिरदर्द, पेट दर्द और जिसकी भी तुम कल्पना कर सकती हो। मैं आज बेहतर महसूस कर रही हूं। मैं भूखी हूं, लेकिन मुझे लगता है कि मैं रात के खाने में खाई जाने वाली भूरे रंग की फलियों को छोड़ दूंगी।

पीटर और मेरे बीच सब कुछ ठीक चल रहा है। बेचारे लड़के को, जितना मैं करती हूं, उससे और अधिक नरमी की आवश्यकता है। वह अभी भी हर शाम जब अपना शुभ रात्रि चुंबन पाता है तो शरमाता है, और फिर दूसरे के लिए विनती करता है। क्या मैं केवल बॉश का एक बेहतर विकल्प हूं? मुझे कोई परेशानी नहीं है। वह यह जानकर बहुत खुश है कि कोई उससे प्यार करता है।

मेरी श्रमसाध्य विजय के बाद, मैंने खुद को इस स्थिति से थोड़ा दूर कर लिया है, लेकिन तुम्हें ऐसा बिल्कुल नहीं सोचना चाहिए कि मेरा प्यार ठंडा हो गया है। पीटर बहुत प्यारा है, लेकिन मैंने अपने अंदर स्वयं खुद पर दरवाजा बंद कर लिया है; यदि वह कभी भी ताले को फिर से जबरदस्ती खोलना चाहता है, तो उसे एक और मजबूत लोहदंड का इस्तेमाल करना होगा!

तुम्हारी, ऐनी एम. फ्रैंक

शनिवार, 20 मई, 1944

सबसे प्रिय किटी,

कल रात जब मैं अटारी से नीचे आई, तो जिस क्षण मैंने कमरे में प्रवेश किया, मैंने देखा कि गुलनार का प्यारा फूलदान गिर गया था। माँ नीचे अपने हाथों और घुटनों पर बैठी पानी पोंछ रही थी और मार्गोट फर्श से मेरे कागजों को फर्श से उठा रही थी। "क्या हुआ?" मैंने उत्सुक पूर्वाभास के साथ पूछा, और इससे पहले कि वे जवाब दे पाते, मैंने कमरे में एक सिरे से दूसरे सिरे तक नुकसान का आकलन किया। मेरी पूरी वंशावली फ़ाइल, मेरी अभ्यास पुस्तकें, मेरी किताबें, सब कुछ तैर रही थी। मैं लगभग रो पड़ी, और मैं इतनी परेशान थी कि मैंने जर्मन बोलना शुरू कर दिया। मुझे एक शब्द याद नहीं है, लेकिन मार्गोट के अनुसार मैंने "बेहिसाब नुकसान, अपूरणीय, डरावना, भयानक" और ऐसे बहुत कुछ बडबड़ाई। पिताजी की हंसी फूट पड़ी। और माँ और मार्गोट भी उसमें शामिल हो गए, लेकिन मेरा रोने का मन कर रहा था, क्योंकि मेरे सारे काम और विस्तृत नोट खो गए थे।

सौभाग्य से, मैंने करीब से देखा तो "अतुलनीय नुकसान" उतना बुरा नहीं था जितनी मैंने उम्मीद की थी। अटारी में मैंने ध्यान से एक साथ चिपके कागज के पेजों को एक दूसरे से अलग किया, और फिर उन्हें सूखने के लिए अलगनी पर लटका दिया। यह इतना अजीब दृश्य था कि मुझे भी हंसना पड़ा। चार्ल्स पंचम, ऑरेंज के विलियम और मैरी एंटोनेट के साथ मारिया डे मेडिसी के साथ सूख रहे थे।

"यह जातिगत शुद्धता के विपरीत है," श्रीमान फॉन डान ने मजाक किया।

पीटर की निगरानी में अपने कागजात सौंपने के बाद मैं वापस नीचे चली गई।

"कौन सी पुस्तकें बर्बाद हो गई हैं?" मैंने मार्गोट से पूछा, उन्हें कौन पूरा कर रहा है। "बीजगणित," मार्गोट ने कहा। लेकिन जैसा किस्मत में था, मेरी बीजगणित की पुस्तक पूरी तरह से बर्बाद नहीं हुई थी। काश यह बिल्कुल फूलदान में गिर गया होता। मैंने कभी इतनी घृणा किसी और पुस्तक से नहीं की जितनी उस पुस्तक से की है। सामने के कवर के अंदर कम से कम बीस लड़कियों के नाम हैं जिनके पास मुझसे पहले यह किताब थी। यह पुरानी, पीली पड़ी हुई, लिखावटों से भरी हुई, काटे हुए शब्दों और पुनर्लेखन से भरी है। अगली बार जब मैं बुरे मूड में हुई तो मैं उसके टुकड़े कर दूंगी।

तुम्हारी, ऐनी एम. फ्रैंक

सोमवार, 22 मई, 1944

सबसे प्रिय किटी,

20 मई को पिता अपनी शर्त हार गए और उन्हें श्रीमती फॉन डान को दही के पांच जार देने पड़े : हमला अभी भी शुरू नहीं हुआ है। मैं सुरक्षित रूप से कह सकती हूं कि पूरा एम्स्टर्डम, पूरा हॉलैंड, वास्तव में यूरोप के पूरे पश्चिमी तट, पूरी तरह से स्पेन तक, दिन-रात हमले के बारे में बात कर रहे हैं, बहस कर रहे हैं, दांव लगा रहे हैं, और ...उम्मीद कर रहे हैं।

असमंजस उत्तेजना के चरम तक बढ़ रहा है; किसी भी तरह से, हर किसी ने, जिन्हें हम 'अच्छे' डच लोग मानते हैं, ब्रिटिश में अपना भरोसा रखा है, हर कोई सोचता है, ब्रिटिश रूखापन एक उत्कृष्ट रणनीतिक कदम है। ओह नहीं, लोग काम चाहते हैं – महान नायकों वाले काम।

कोई भी खुद से ज्यादा किसी के बारे में नहीं सोच सकता है, कोई भी इस तथ्य को नहीं सोचता है कि ब्रिटिश अपने ही देश और अपने ही लोगों के लिए लड़ रहे हैं; हर कोई सोचता है कि जितनी जल्दी हो सके, हॉलैंड को बचाना इंग्लैंड का फर्ज है। ब्रिटिश का हमारी ओर क्या दायित्व है? डच ने उदार सहायता के योग्य क्या किया है जो वे इतने स्पष्ट रूप से आशा करते हैं? अरे नहीं, डच बहुत गलत हैं। ब्रिटिश, उनके झांसे के बावजूद, निश्चित रूप से अन्य बड़े और छोटे सभी देशों की तुलना में युद्ध के लिए दोषी नहीं हैं, जो अब जर्मनों के कब्जे में हैं। ब्रिटिश अपने बहाने की पेशकश करने वाले नहीं हैं; यह सच है, वे वर्षों से सो रहे थे जब जर्मनी खुद को फिर से संगठित कर रहा था, लेकिन अन्य सभी देश, विशेष रूप से जर्मनी की सीमा पर, भी सो रहे थे। ब्रिटेन और बाकी दुनिया ने यह पता लगाया है कि मुसीबतों से आंखें मूंद लेना काम नहीं करता है, और अब उनमें से प्रत्येक, विशेष रूप से इंग्लैंड, को अपनी शुतुरमुर्ग नीति के लिए भारी कीमत चुकानी पड़ रही है।

कोई भी देश बिना किसी वजह के अपने लोगों का बलिदान नहीं करता है और निश्चित रूप से दूसरे के हितों में नहीं और ब्रिटेन कोई अपवाद नहीं है। आक्रमण, मुक्ति और स्वतंत्रता किसी दिन आ; फिर भी ब्रिटेन, ना कि कब्जा किए गए क्षेत्र गतिविधि का चयन करेगा।

हमने सुना है, हमारे बहुत अधिक दुःख और निराशा से, कई लोगों ने हम यहूदियों के प्रति अपना रवैया बदल दिया है। हमें बताया गया है कि सामी

विरोधी गुट सामने आए हैं जहां यह एक बार सोचना भी अकल्पनीय हो गया होता। इस तथ्य ने हम सभी को बहुत गहराई से प्रभावित किया है। घृणा की वजह समझने लायक है यहां तक कि मानवीय, लेकिन वह इसे सही नहीं बनाता है। ईसाइयों के अनुसार, यहूदी, जर्मनी के लिए अपने रहस्य के भेद खोल रहे हैं,अपने सहायकों के बारे में खबर देकर और उनके उस भयानक भाग्य का और दंड की वजह बन कर, जिसे पहले ही इतने सारे लोगों को दिया जा चुका है। यह सब सच है। लेकिन जैसा सब के साथ हैं, उन्हें दोनों पक्षों की बात पर ध्यान देना चाहिए : क्या ईसाई अलग ढंग से कार्य करते, यदि वह हमारी हमारे स्थान पर होते? क्या कोई इस बात पर ध्यान दिए बिना कि वह यहूदी या ईसाई है, जर्मन दबाव का सामना करने में चुप रह सकता था? हर कोई जानता है कि यह व्यावहारिक रूप से असंभव है, तो वे यहूदियों के लिए क्यों असंभव पूछते हैं?

भूमिगत हलकों में कहा जा रहा है कि युद्ध से पहले हॉलैंड में रहने वाले जर्मन यहूदी अब पोलैंड चले गए है और उन्हें यहां लौटने की इजाजत नहीं दी जानी चाहिए। उन्हें हॉलैंड में शरण लेने का अधिकार दिया गया था, लेकिन एक बार हिटलर चला गया तो, उन्हें जर्मनी वापस जाना चाहिए।

जब आप यह सुनते हैं,तो आप आश्चर्यचकित होने लगते हैं कि हम इस लंबे और कठिन युद्ध से क्यों लड़ रहे हैं। हमें हमेशा बताया जा रहा है कि हम स्वतंत्रता, सच्चाई और न्याय के लिए लड़ रहे हैं! युद्ध अभी समाप्त नहीं हुआ है, और पहले से ही वहाँ मतभेद है और यहूदियों को तुच्छ प्राणी के रूप में माना जाता है। ओह, यह दुख की बात है, बहुत दुख की बात है इस पुरानी कहावत की कई बार पुष्टि हो गई है कि : "एक ईसाई जो करता है वह उसकी अपनी जिम्मेदारी है, लेकिन जो एक यहूदी करता है, वह सभी यहूदियों पर प्रतिबिंबित होता है।"

मैं ईमानदारी से यह नहीं समझ पाती कि कैसे एक अच्छा, बेहद ईमानदार, और सच्चे लोगों का राष्ट्र हमारे प्रति घृणा का भाव रखता है। हम, पूरी दुनिया में सबसे अधिक उत्पीड़ित, अभागे और दयनीय लोग हैं।

मुझे केवल एक ही उम्मीद है कि यह यहूदी-विरोधी भावना सिर्फ क्षणिक और गुजरी बात साबित होगी। डच अपनी ईमानदारी दिखाएंगे, वह अपने दिल से कभी भी न्याय के रास्ते से नहीं भटके, अब भी वह इस अन्याय के कारण कभी डगमगाएंगे नहीं।

और अगर वे कभी इस भयानक खतरे को अंजाम देते हैं, तो हॉलैंड में अभी भी बचे मुट्ठी भर यहूदियों को जाना होगा। हमें भी अपने भार को अपने कंधे पर

उठाना होगा और इस खूबसूरत देश से दूर आगे बढ़ना होगा, जिसने एक बार दया करके हमें अपने अंदर ले लिया है और अब हमें इसे वापस करना है।

मुझे हॉलैंड से प्यार है। मुझे उम्मीद है कि यह मेरे लिए एक जन्मभूमि बन जाएगा, क्योंकि मैं अपनी खुद की जन्मभूमि खो चुकी थी और मुझे अभी भी इसकी उम्मीद है!

तुम्हारी, ऐनी एम. फ्रैंक

गुरुवार, 25 मई, 1944

सबसे प्रिय किटी,

बेप की सगाई हो गई!यह खबर कोई आश्चर्य की बात नहीं है, हालांकि हममें से कोई भी विशेष रूप से प्रसन्न नहीं है। बेरतुस एक अच्छा, स्थिर,एथलेटिक जवान युवक है, लेकिन बेप उसे प्यार नहीं करती और मुझे लगता है कि उससे विवाह करने के खिलाफ उसे राय देने की काफी वजह हैं।

बेप दुनिया में आगे बढ़ने का प्रयास कर रही है, और बेरतुस उसे वापस खींच रहा है; किसी रुचि या खुद के बारे में कुछ करने की किसी भी इच्छा के बिना वह एक मजदूर है, और मुझे नहीं लगता कि वह बेप को खुश रख पाएगा। मैं समझ सकती हूं कि बेप अपने अनिर्णय को समाप्त करने की इच्छा रखती है; चार हफ्ते पहले उसने उसे इस बारे लिखने का फैसला किया, लेकिन फिर उसे बुरा महसूस हुआ तो उसने उसे एक पत्र लिखा और अब उसकी सगाई हो गई हैं।

इस सगाई में कई कारक शामिल हैं। सबसे पहले, बेप के बीमार पिता, जो बेरतुस को बहुत ज्यादा पसंद करते हैं। दूसरा, वह वुश्कल परिवार की लड़कियों में सबसे बड़ी है और उसकी माँ उसे अविवाहित होने का ताना मारती हैं। तीसरा, वह अभीअभी चौबीस साल की हुई है, और वह बेप के लिए बहुत मायने रखता है।

माँ ने कहा कि यह बेहतर होता अगर बेप का बेरतुस के साथ चक्कर चल रहा होता। मुझे नहीं पता, मुझे बेप के लिए खेद है और मैं उसके अकेलेपन को समझ सकती हूं। किसी भी स्थिति में, वे केवल युद्ध के बाद ही शादी कर सकते हैं, क्योंकि बेरतुस भूमिगत है। इसके अलावा, उनके पास उनके नाम से एक पैसा नहीं है और दहेज में भी उन्हें कुछ मिलने वाला नहीं है। बेप के लिए कितनी अफसोसजनक

स्थिति है। मुझे केवल आशा है कि बेरतुस उसके प्रभाव में आकर कुछ सुधार करेगा, या कि बेप को कोई और लड़का मिल जाएगा, जो उसकी सराहना करना जानता हो!

तुम्हारी, ऐनी एम. फ्रैंक

उसी दिन

हर दिन कुछ न कुछ हो रहा है। आज सुबह श्रीमान फॉन होवेन को गिरफ्तार कर लिया गया था। उन्होंने अपने घर में दो यहूदियों को छिपाया हुआ था। यह हमारे लिए एक भारी झटका है, न केवल इसलिए कि वे बेचारे यहूदी नर्क फिर से नर्क के कगार पर हैं, बल्कि इसलिए क्योंकि यह श्रीमान फॉन होवेन के लिए भयानक है।

दुनिया उलट-पुलट कर दी गई है। सबसे सभ्य लोगों को एकाग्रता शिविरों, जेलों और एकांत कैद में भेजा जा रहा है, जबकि घटिया से घटिया लोग युवा और बूढ़े, अमीर और गरीब पर शासन कर रहे हैं। एक कालाबाजारी के लिए पकड़ा जाता है, तो एक अन्य यहूदियों या अन्य दुर्भाग्यपूर्ण आत्माओं को छिपाने के लिए। जब तक आप एक नाजी नहीं हैं, आप नहीं जान सकते कि एक दिन से अगले दिन के बीच आपके साथ क्या होने वाला है।

श्रीमान फॉन होवेन हमारे लिए भी एक बहुत बड़ी क्षति है। बेप संभवतः इतनी बड़ी मात्रा में आलू यहां किसी की भी तरह एकत्रित नहीं कर सकती थी ना ही वह कर सकेगी इसलिए हमारे पास उनकी खपत कम करना ही एक मात्र विकल्प बच रहा है। मैं तुम्हें बताती हूं कि हमारे मन में क्या है, लेकिन यह निश्चित रूप से जीवन को यहां किसी भी तरह अधिक स्वीकार्य बनाने नहीं जा रहा है। माँ कहती है हम सुबह का नाश्ता नहीं करेंगे, दोपहर के भोजन के लिए दलिया और रोटी खाएंगे और रात के खाने में तले हुए आलू और, यदि संभव हो तो, सप्ताह में एक या दो बार सब्जियां या सलाद खाएं। यही सब वहां है। हम भूखे रहेंगे, लेकिन पकड़े जाने से बुरा कुछ नहीं है।

तुम्हारी, ऐनी एम. फ्रैंक

शुक्रवार, 26 मई, 1944

मेरी सबसे प्यारी किटी,

अंत में, लंबे समय तक, मैं खिड़की के फ्रेम में दरार के सामने मेज पर बैठकर तुम्हें सब कुछ लिख सकती हूं, वह सब कुछ जो मैं कहना चाहती हूं।

मैं महीनों से जितना दुखी हूं उससे ज्यादा अभी दुखी महसूस करती हूं। ताला तोड़कर अंदर घुसने की घटना के बाद भी मैंने अंदर और बाहर पूरी तरह से टूटा महसूस नहीं किया था। एक ओर, श्रीमान फॉन होवेन, यहूदी के प्रश्न (घर में हर किसी के द्वारा जिसकी विस्तार से चर्चा की जाती है) हमला, (लंबे समय से चला आ रहा है) बहुत बुरा खाना, तनाव, दयनीय वातावरण, पीटर में मेरी निराशा, के बारे में खबर है। दूसरी ओर, बेप की सगाई, विटसन स्वागत, फूल, श्रीमान कुगलर का जन्मदिन, केक और कैबरे, फिल्मों और संगीत के कार्यक्रमों के बारे में कहानियां है। वह अंतर,वह भारी अंतर हमेशा रहा है। एक दिन हम इस गुप्त स्थान में जीवन के हास्यपद पक्ष पर हंस रहे हैं, और अगले दिन (और ऐसे कई दिन हैं) हम भयभीत हैं। भय, तनाव और निराशा हमारे चेहरे पर पढ़ी जा सकती है।

मीप और श्रीमान कुगलर हमारे लिए और छिपने के स्थान में रहने वाले उन सभी के लिए सबसे बड़ा बोझ सहन करते हैं - मीप कर काम करके उसे उठा रही है और मि कुगलर हम आठों की जिम्मेदारी लेकर यह काम कर रहे हैं। कभी-कभी इतनी ज्यादा होती है कि वह शायद ही दबी हुई थकान और तनाव से बात कर सकते। श्रीमान क्लेमन और बेप भी हमारी बहुत अच्छी देखभाल करते हैं, लेकिन वे उपभवन को अपने दिमाग से बाहर निकालने में सक्षम हैं, भले ही यह केवल कुछ घंटों या कुछ दिनों के लिए हो। उनकी अपनी चिंताएँ हैं, श्रीमान क्लेमन की अपनी सेहत और बेप की सगाई, जो इस समय बहुत आशाजनक नहीं लग रहा है।

लेकिन उनके अपने बाहर के दौरे हैं, दोस्तों के साथ मिलना, उनका आम लोगों की तरह रोजमर्रा का जीवन, इससे कभी-कभी तनाव से थोड़े समय के लिए राहत मिल जाती है, जबकि हमें कभी नहीं मिलती है, कभी नहीं मिली है, जब से हम यहां हैं, उन दो सालों में कभी नहीं और कितने लंबे समय तक यह बढ़ता हुआ दमनकारी, असहनीय वजन, हमें नीचे दबाता रहेगा?

नालियां फिर से रुक गई है। हम पानी नहीं चला सकते हैं, या यदि हमने चलाया तो बस बहुत कम माला में; हम शौचालय को फ्लश नहीं कर सकते हैं, इसलिए हमें एक शौचालय ब्रश का प्रयोग करना पड़ता है; और हम एक बड़े मिट्टी

के बने जार में अपना गंदा पानी डाल रहे हैं। हम आज का प्रबंधन कर सकते हैं, लेकिन यदि प्लंबर इसे ठीक नहीं कर सका तो क्या होगा? वे मंगलवार तक नालियों को चालू करने नहीं आ सकते है।

मीप ने हमें शीर्ष पर लिखी "हैप्पी विटसन" के साथ एक किशमिश रोटी भेजी है। यह लगभग ऐसा है जैसे वह हमारा मजाक उड़ा रही हो, क्योंकि हमारे मूड और ध्यान खुशियों से कोसों दूर है।

हम सभी फॉन होवेन घटना के बाद से ज्यादा डर गए हैं। एक बार फिर से आप सब "मैं" पक्षों से 'श श' सुनते हैं और हम हर चीज अधिक चुपचाप कर रहे हैं और पुलिस ने वहां दरवाजे को जबरदस्ती खोला था; वे यहां भी उतनी ही आसानी से कर सकते हैं! हम क्या करेंगे यदि कभी... नहीं मुझे लगता है, मुझे यह बिल्कुल नहीं लिखना चाहिए। लेकिन आज सवाल खुद को दिमाग में पीछे नहीं धकेलने देगा; इसके विपरीत, मैंने जो भी डर महसूस किया है, वह सब पूरे दहशत के साथ मेरे सामने मंडरा रहा है।

मुझे बाथरूम का इस्तेमाल करने के लिए आज शाम आठ बजे अकेले नीचे जाना पड़ा था, नीचे कोई नहीं था, क्योंकि वे सभी रेडियो सुन रहे थे। मैं बहादुर बनना चाहती थी, लेकिन यह मुश्किल था। मैं हमेशा उस खामोश मूक घर की तुलना में ऊपर अधिक सुरक्षित महसूस करती हूं;

जब मैं ऊपर आने वाली उन रहस्यमय दबी हुई आवासों और सड़क के हार्न बजने की आवाज के साथ अकेली होती हूं, मुझे कँपकँपी रोकने के लिए खुद को जल्दी से याद दिलाना पड़ता है कि मैं कहां हूं।

मीप पिता के साथ अपनी बात के बाद से, हमारे साथ बहुत अच्छी तरह से व्यवहार कर रही है। लेकिन मैंने तुम्हें अभी तक उसके बारे में नहीं बताया है। मीप एक दोपहर गुस्सा होकर ऊपर आई और पिता से सीधा पूछा कि कहीं हमें तो नहीं लगता कि वे भी यहूदी विरोधी भावनाओं से ग्रस्त हैं। पिता हैरान रह गए और जल्दी से इस विचार पर बहस की, लेकिन मीप के मन में थोड़ा संदेह बना रहा।

वे अब हमारे लिए और अधिक काम कर रहे हैं और हमारी परेशानियों में अधिक दिलचस्पी दिखा रहे हैं, हालांकि हमें निश्चित रूप से उन्हें अपने संकटो से परेशान नहीं करना चाहिए। ओह,वे इतने अच्छे, नेक लोग हैं!

मैंने अपने आप से बार-बार पूछा कि क्या यह बेहतर नहीं होता, यदि हम छिपने के स्थान में नहीं गए होते, अगर हम अब तक मर चुके होते तो हमें इस दुख से नहीं गुजरना पड़ता, खासकर ताकि दूसरों को बोझ से बख्शा जा सके। लेकिन

हम सभी इस विचार से सहम कर पीछे हट जाते हैं। हम अभी भी जीवन से प्यार करते हैं, हम अभी तक प्रकृति की आवाज को नहीं भूले हैं, और हम आशा करते हैं ... हर चीज की आशा करते रहते हैं।

जल्दी ही कुछ होने दो, भले ही एक हवाई हमला ही हो। इस चिंता से ज्यादा कुछ दमित करने वाला नहीं हो सकता। भले ही क्रूर हो, अंत आने दो; कम से कम तब हमें पता चलेगा कि हम जीतनेवाले हैं या हारने वाले है?

तुम्हारी, ऐनी एम. फ्रैंक

बुधवार, 31 मई, 1944

सबसे प्रिय किटी,

शनिवार, रविवार, सोमवार और मंगलवार को इतनी गर्मी थी कि मैं अपना फाउंटेन पेन भी नहीं पकड़ सकती थी, इसलिए मैं तुम्हें लिख नहीं पाई। शुक्रवार को नालियां रुकी हुई थी। शनिवार को सही कर दी गई। श्रीमती क्लेमन दोपहर में मिलने आई और हमें योपी के बारे में बहुत कुछ बताया कि वह और जैक फॉन मार्सन एक ही हॉकी क्लब में हैं।

रविवार को बेप यह सुनिश्चित करने के लिए आई कि ताला तोड़कर घुसने की कोई वारदात नहीं हुई है और नाश्ते के लिए रुकी। व्हिट मंडे यानि पवित्र आत्मा के सोमवार के दिन श्रीमान गिएस ने उपभवन के चौकीदार के रूप में सेवा की और आखिरकार मंगलवार को हमें खिड़कियां खोलने की इजाजत दे दी गई। हमें शायद ही कभी इतना व्हिट सप्ताहांत मिला होगा जो सुंदर और गर्म था। या हो सकता है गर्म इसके लिए बेहतर शब्द हो। गर्म मौसम उपभवन में भयानक होता है। तुम्हें कई शिकायतों का ज्यादा अंदाजा देने के लिए, मैं इन तपते दिनों का संक्षेप में वर्णन करूंगी।

शनिवार : "अद्भुत, क्या शानदार मौसम है," सुबह में हम सभी ने कहा। दोपहर में जब हमें खिड़कियां बंद करनी पड़ी, हमने कहा, 'काश यह अधिक गरम नहीं होता।'

रविवार : "गर्मी असहनीय हैं, मक्खन पिघल रहा है, घर में कहीं भी एक ठंडा स्थान नहीं है, रोटी सूख रही है, दूध खट्टा हो रहा है, खिड़कियों को खोला नहीं जा सकता। हम बहिष्कृत बेचारे घुट कर रह रहे हैं जबकि बाकी सब उनकी व्हिटसन छुट्टी का मजा ले रहे हैं"। (श्रीमती फॉन डान के अनुसार)

सोमवार : "मेरे पैर दर्द करते हैं, मेरे पास पहनने के लिए ठंडा कुछ भी नहीं है, मैं इस गर्मी में कपड़े नहीं धो सकती।" सुबह जल्दी से लेकर देर रात तक बड़बड़ाना। यह बहुत बुरा था।

मैं गर्मी बर्दाश्त नहीं कर सकती। मुझे खुशी है कि आज हवा आ रही है, लेकिन सूरज अभी भी चमक रहा है।

तुम्हारी, ऐनी एम. फ्रैंक

शुक्रवार, 2 जून, 1944

प्रिय किटी,

यदि तुम अटारी पर जा रही हो, तो एक छतरी, हो सके तो एक बड़ी सी छतरी लेकर जाना! इससे तुम "घर से आने वाली बौछारों" से सुरक्षित रहोगी। "एक डच कहावत है :" पानी से बाहर, पूरी तरह से सुरक्षित, "लेकिन यह स्पष्ट रूप से युद्ध के समय में (बंदूकें) और छिपकर रह रहे लोगों पर लागू नहीं होता है। मूशी को कुछ अखबार या फर्श में पड़ी दरारों पर मूत्रत्याग की आदत पड़ गई है, तो इसलिए छींटों और उससे भी बदतर गंध से डरने का हमारे पास पर्याप्त कारण है। गोदाम में नई गोर्ते की भी यही समस्या है। कोई भी जिसके पास कभी एक बिल्ली रही हो, जो प्रशिक्षित ना हो, तो वह काली मिर्च और अजवाइन के अलावा किसी अन्य गंध की कल्पना कर सकती है, जो घर में फैली है।

मेरे पास गोलीबारी से घबराने बचने का एकदम नया तरीका है : जब गोलीबारी तेज हो जाए, पास की सीढ़ियों की तरफ भागो, कम से कम एक बार ठोकर खाना सुनिश्चित करके, कुछ एक बार ऊपर नीचे भागो। खरोंच और दौड़ने और गिरने के शोर की वजह से आप गोलियों की आवाज सुनने में भी समर्थ नहीं होंगे, उससे चिंतित होना तो दूर की बात है। तुम्हारी अपनी दोस्त ने इस जादुई तरीके को कामयाबी के साथ अपनाया है।

तुम्हारी, ऐनी एम. फ्रैंक

सोमवार, 5 जून, 1944

सबसे प्रिय किटी,

उप भवन में नई समस्याएं हैं। मक्खन के विभाजन पर डसेल और फ्रैंक्स के बीच एक झगड़ा हो गया है। डसेल ने हार मान ली है। श्रीमती फॉन डान के बीच घनिष्ठ मिलता, इश्कबाज़ी, चुंबन और छोटी दोस्ताना मुस्कानें। डसेल को महिला साथी की चाहत होने लगी है।

फॉन डान यह नहीं देखते हैं कि हमें श्रीमान कुगलर के जन्मदिन के लिए एक मसाला केक सेंकना चाहिए, जबकि हम खुद के लिए ही एक नहीं कर सकते। बहुत घटिया बात है। ऊपर का मूड : श्रीमती फॉन डान को जुकाम है। डसेल शराब बनाने वाली खमीर की गोलियों के साथ पकड़े गए, जबकि हमें कोई भी नहीं मिली।

पांचवीं सेना ने रोम पर कब्जा कर लिया है। ना तो शहर नष्ट किया गया और ना ही बमबारी की गई। हिटलर का बहुत बड़ा प्रचार!

बहुत कम आलू और सब्जियां। पाव रोटी की एक खेप फफूंदीदार थी।

शर्मिकेल्टजे (गोदाम की नई बिल्ली का नाम) काली मिर्च सहन नहीं कर सकती। वह कूड़े के बक्से में सोती है और लकड़ी की छीलन में अपना नित्यकर्म करती है। उसे रखना नामुमकिन है।

खराब मौसम। पद कैले और फ्रांस के पश्चिमी तट पर लगातार सतत बमबारी हो रही है। कोई भी डॉलर नहीं खरीद रहा है। सोना और भी कम दिलचस्प है। हमारे धन के काले बक्से का तल नजर आ रहा है। अगले महीने हमारा गुजारा कैसे होगा!

तुम्हारी, ऐनी एम. फ्रैंक

मंगलवार, 6 जून, 1944

मेरी सबसे प्यारी किटी,

बीबीसी ने बारह बजे घोषणा की, "यही खास दिन है," । "यही वह दिन है" हमला शुरू हो गया है!

आज सुबह आठ बजे ब्रिटेन ने कैले, बुलन, लाव और शेबूर के साथ साथ पद कैले पर (सामान्य की तरह) भारी बमबारी की सूचना दी। इसके अलावा,

कब्जे वाले क्षेत्रों में उन लोगों के लिए एहतियाती उपाय के रूप में, तट से बीस मील की दूरी के एक क्षेत्र के भीतर रहने वाले हर किसी को बमबारी की तैयारी के लिए चेतावनी दी गई थी। जहां संभव हो, ब्रिटिश समय से एक घंटे पहले पर्चे गिरा देंगे।

जर्मन समाचार के अनुसार, ब्रिटिश छतरीधारी सैनिक फ्रांस के तट पर उतर चुके हैं। बीबीसी के अनुसार, "ब्रिटिश सपाट तल वाले नौसैनिक पोत, जर्मन नौसेना इकाइयों के साथ लड़ाई में लगे हुए हैं।

नौ बजे नाश्ते के समय उपभवन द्वारा निष्कर्ष पर पहुंचा गया : दिएप्पे में दो साल पहले की गई लैंडिंग की तरह ही यह एक तरह की एक परीक्षण लैंडिंग है।

दस बजे, जर्मन, डच, फ्रेंच और अन्य भाषाओं में बीबीसी का प्रसारण : हमला शुरू हो गया है! तो यह "वास्तविक" हमला है। ग्यारह बजे जर्मन में बीबीसी का प्रसारण : सुप्रीम कमाँडर जनरल ड्वाइट आइजनहावर का भाषण।

बीबीसी अंग्रेजी में प्रसारित : "यह डी डे है।" जनरल आइजनहावर ने फ्रांसीसी लोगों से कहा : "कड़ी लड़ाई अब आएगी,लेकिन इसके बाद जीत होगी। वर्ष 1944 पूर्ण जीत का वर्ष है। भाग्य तुम्हारे साथ हो!"

एक बजे अंग्रेजी में बीबीसी प्रसारण : 11,000 विमान आगे और पीछे हो रहे हैं या दुश्मन के क्षेत्र में सैनिकों और बमों को गिराने के लिए तैयार खड़े हैं; 4,000 सपाट तलवाले नौसैनिक पोत और छोटी नौकाएं लगातार शेरबूर और लाव के बीच के क्षेत्र में पहुँच रही हैं। अंग्रेजी और अमेरिकी सैनिक पहले से ही भारी लड़ाई में लगे हुए हैं। गेरब्रैंडी, बेल्जियम के प्रधान मंत्री, नॉर्वे के राजा हॉकोन, फ्रांस के द गॉल, इंग्लैंड के राजा और अंत में चर्चिल, के भाषण हो रहे हैं।

उप भवन में एक विशाल हंगामा! क्या यह वास्तव में लंबे समय से प्रतीक्षित मुक्ति की शुरुआत है? जिस मुक्ति के बारे में हम सभी ने बहुत बात की है, जो अभी भी बहुत अच्छी लगती है, जो एक परी कथा की तरह है क्या कभी पूरी होगी? क्या इस साल, 1944, हमें जीत दिलाएगा? हम अभी तक नहीं जानते हैं, लेकिन जहां आशा है,वहां जीवन है। यह हमारे अंदर ताजा साहस भरता है और हमें फिर से मजबूत बनाता है। हमें कई आशंकाओं,कठिनाइयों और आने वाले दुखों को सहन करने के लिए बहादुर होने की जरूर होगी। अब यह शांत और स्थिर रहने, धैर्यवान होने और अपना दुख दर्द जाहिर नहीं होने देने की बात है! फ्रांस, रूस, इटली और यहां तक कि जर्मनी, दर्द में चिल्ला सकते हैं, लेकिन हमें अभी तक वह हक नहीं है!

ओह, किटी, हमले के बारे में सबसे अच्छा हिस्सा मुझे यह लगता है कि दोस्त आने वाले हैं। इन भयानक जर्मनों ने इतने लंबे समय से हमें दबाया और धमकाया है कि दोस्त और मुक्ति का ख्याल भी हमारे लिए सब कुछ हैं! अब यह केवल यहूदियों का ही नहीं, बल्कि हॉलैंड और सभी कब्जे वाला यूरोप का भी है। मार्गोट का कहना है कि हो सकता है कि मैं अक्टूबर या सितंबर में स्कूल वापस जा सकती हूं।

तुम्हारी, ऐनी एम. फ्रैंक

पश्च लेख: मैं तुम्हें नवीनतम समाचारों से अवगत करूंगी!

आज सुबह और कल रात, पुआल और रबर की बनी कठपुतलियां, जर्मन लाइनों के पीछे हवा से गिराई गई और वह मैदान को छूने के साथ ही फट गई। बहुत से छतरीधारी सैनिक भी अपने चेहरे को काला किए उतरे थे ताकि उन्हें अंधेरे में देखा ना जा सके। फ्रांसीसी तट पर रात के दौरान 5,500 टन बमों के साथ बमबारी की गई थी, और फिर, सुबह छह बजे, पहला सपाटतल वाला नौसैनिक पोत तट पर आया था। आज कार्रवाई में 20,000 हवाई जहाज थे। जर्मन तटीय बैटरी भी उतरने से पहले नष्ट कर दी गई थी; एक छोटी सी मोर्चाबंदी का पहले ही गठन किया गया है। खराब मौसम के बावजूद सब कुछ ठीक चल रहा है। सेना और लोग "एक इच्छा और एक आशा हैं।"

शुक्रवार, 9 जून, 1944

सबसे प्रिय किटी,

हमले की अच्छी खबर! मित्र राष्ट्रों ने फ्रांस के तट पर स्थित बेयू नाम के एक गाँव हथिया लिया है और अब कॉन के लिए लड़ रहे हैं। वे स्पष्ट रूप से प्रायद्वीप को काटना चाह रहे हैं, जहां शेरबूर स्थित है। हर शाम युद्ध संवाददाता, कठिनाइयों, साहस और सेना की लड़ाई की भावना पर रिपोर्ट देते हैं। अपनी कहानियों को प्राप्त करने के लिए, वे सबसे अद्भुत कारनामों को सामने ला रहे हैं। कुछ घायलों ने रेडियो पर बात की थी, जो पहले से ही इंग्लैंड में वापस आ चुके हैं। खराब मौसम के बावजूद, विमान लगन से आगे-पीछे उड़ रहे हैं। हमने बीबीसी पर सुना कि चर्चिल डी डे पर सैनिकों के साथ उतरना चाहते थे, लेकिन आइजनहावर और अन्य जनरल उन्हें ऐसा करने के लिए मनाने में सफल रहे। जरा सोचो, वह कम से कम सत्तर वर्ष के हैं। इस तरह के एक बूढ़े आदमी में इतना साहस!

यहाँ उत्साह कुछ हद तक धीरे-धीरे थम गया है ; फिर भी, हम सभी उम्मीद कर रहे हैं कि युद्ध आखिरकार इस वर्ष के अंत तक समाप्त हो जाएगा। यह समय के ऊपर है! श्रीमती फॉन डान का लगातार शिकायती लहजा अब बर्दाश्त के बाहर हो गया है। अब वे हमें हमले की बात से पागल नहीं कर सकती, तो वह खराब मौसम के बारे में पूरे दिन विलाप और कराहती रहती है। काश हम उन्हें मचान पर ठंडे पानी की बाल्टी में पटक सकते!

श्रीमान फॉन डान और पीटर को छोड़कर एनेक्सी में हर किसी ने हंगरी धुन रचना लयी, संगीतकार, पियानो गुणी और विलक्षण बच्चे, फ्रांज लिज्ट की जीवनी पढ़ी है। यह बहुत दिलचस्प है, हालांकि मेरी राय में महिलाओं पर थोड़ा बहुत ज्यादा जोर दिया गया है; लिज्ट न केवल अपने समय का सबसे बड़ा और सबसे प्रसिद्ध पियानोवादक था, बल्कि वह सत्तर साल की उम्र में भी सबसे बड़ा महिलावादी था। उनके प्रेम संबंध काउंटेस मैरी डी 'एगुल्ट, राजकुमारी कैरोलिन स्यन- विट्गेन्स्टाइन, नर्तकी लोला मोंटेज़, पियानोवादक एग्नेस किंगवर्थ, पियानोवादक सोफी मेंटर, सर्कसियन राजकुमारी ओल्गा जेनिना, बैरोनेस ओल्गा मेयेन्डोर्फ, अभिनेत्री लीला, क्या नाम है, आदि, आदि, और इसका कोई अंत नहीं है। संगीत और अन्य कलाओं से संबंधित हिस्से और अधिक दिलचस्प हैं। जिन लोगों का उल्लेख किया गया है उनमें से कुछ शूमैन, क्लारा विएक, हेक्टर बर्लियोज़, जोहान्स ब्रहम, बीथोवेन, जोआचिम, रिचर्ड वैगनर, हंस वॉन बुलो, एंटोन रुबिनस्टीन, फ्रेडरिक चोपिन, विक्टर ह्यूगो, होनोर डी बाल्ज़ाक, हिलर, विल्म, कज़र्नी, रॉसिनी, चेरुबिनी, पगनिनी, मेंडेलसोहन, आदि, आदि हैं।

लिज्ट एक सभ्य आदमी, बहुत उदार और विनम्र, हालांकि वह असाधारण रूप से खोखले हैं। उन्होंने दूसरों की सहायता की, कला को बाकी सब से ऊपर रखा, शराब और महिलाओं के लिए बेहद शौकीन थे, आँसू देखना बर्दाश्त नहीं कर सकते थे, एक सज्जन व्यक्ति थे, किसी को मना नहीं कर सकते थे, पैसे में कोई दिलचस्पी नहीं थी और धार्मिक स्वतंत्रता और दुनिया के बारे में परवाह करते थे।

तुम्हारी, ऐनी एम. फ्रैंक

मंगलवार, 13 जून, 1944

सबसे प्रिय किट,

एक और जन्मदिन बीत गया है और अब मैं अब पंद्रह साल की हो गई हूँ। मुझे काफी तोहफे मिले : स्प्रिंगर के कला के इतिहास की किताब के पांच-खंड।, अंडरवियर का एक सेट, दो बेल्ट, एक रूमाल, दही के दो बर्तन, जाम का एक जार, दो शहद बिस्कुट (छोटा।) पिता और माँ से बॉटनी की पुस्तक, मार्गोट से सोने के कंगन, फॉन डानों से एक स्टिकर एल्बम, डसेल से बायोमाल्ट और मीठे मटर, मीप से मिठाई, बेप से मिठाई और व्यायाम पर पुस्तकें, और सबसे बड़ी बात : श्रीमान कुगलर से पुस्तक मारिया थेरेसा और पूर्ण क्रीम पनीर के तीन स्लाइस। पीटर ने मुझे पीओनीज का एक सुंदर गुलदस्ता दिया; बेचारे लड़के ने एक तोहफे को ढूंढने की बहुत कोशिश की, लेकिन कुछ हो नहीं पाया।

खराब मौसम - बारिश,आंधी तूफान और गहरे समुद्र के बावजूद हमला अभी भी जोरदार ढंग से चल रहा है।

कल चर्चिल, स्मट्स, आइजनहावर और अर्नोल्ड ने उन फ्रांसीसी गांवों का दौरा किया, जिन पर ब्रिटिश सेनाओं ने कब्जा कर और आजाद कर दिया है। चर्चिल एक टारपीडो नाव पर थे जो कि तट पर बमबारी कर रहा था। अधिकतर पुरूषों की तरह वे डर को नहीं जानते लगे—एक जलन करने योग्य गुण।

यहां उपभवन किलेबंदी में हमारी स्थिति से, डच के मूड को भांपना मुश्किल है। इसमें कोई संदेह नहीं है कि लोगों को अत्यंत खुशी हुई है आलसी (!) ब्रिटिश सेनाओं ने आखिरकार उनकी गुलामी का अंत कर दिया है और काफी कामयाबी प्राप्त की है। जो लोग दावा करते रहते हैं कि वे अंग्रेजों द्वारा कब्जा किया जाना नहीं चाहते थे, उन्हें एहसास नहीं है कि वे कितना गलत कर रहे हैं। उनकी तर्क की रेखा नीचे की तरफ फूटती है : हालैंड और कब्जा किए गए दूसरे देशों को मुक्त कराने के लिए ब्रिटेन को लड़ना, संघर्ष करना और अपने बेटों को बलिदान करना चाहिए। उसके बाद ब्रिटिश को हॉलैंड में नहीं रहना चाहिए : कब्जा कर लिए गए सभी देशों से उन्हें अपनी सबसे गौर क्षमा याचना की पेशकश करनी चाहिए, डच ईस्ट इंडीज को उसके वास्तविक हकदार को बहाल करना और फिर लौटा देना चाहिए, ब्रिटेन को कमजोर और गरीब बना देना चाहिए। क्या बेवकूफ लोग हैं और अभी तक, जैसा कि मैंने पहले ही कहा है,कई डच लोगों को उनके पद में गिना जा सकता है। अगर इंग्लैंड ने जर्मनी के साथ शांति संधि पर हस्ताक्षर किए

होते, जैसा कि उसके पास ऐसा करने का पर्याप्त मौका था? तो हॉलैंड और उसके पड़ोसी देशों का क्या हुआ होता? हॉलैंड जर्मन बन गया होगा,और वहीं इसका अंत हो गया होता!

जो डच लोग अब भी ब्रिटिशों को नीचा देखते हैं, ब्रिटेन,उसकी सरकार, उसके बूढ़े कुलीनों का मजाक उड़ाते हैं, उन्हें कायर बोलते हैं। फिर भी जर्मनों से नफरत करते हैं, उन्हें अच्छी तरह हिलाना चाहिए, जैसे कि तकिये में हवा भरते हैं। हो सकता है कि इससे उनके गड़बड़ दिमाग सीधे हो जाएंगे।

शुभकामनाएं, विचार, इल्जाम और फटकार मेरे सिर में घूम रहे हैं। मैं वास्तव में उतनी घमंडी नहीं हूं जैसा कई लोग सोचते हैं; मैं अपने विभिन्न दोष और कमियों को किसी और से बेहतर जानती हूं, लेकिन एक अंतर है : मुझे यह भी पता है कि मैं बदलना चाहती हूं, बदल जाऊँगी और पहले से ही बहुत बदल गई हूं!

मैं अक्सर अपने आप से पूछती हूं, ऐसा क्यों है कि हर कोई अभी भी सोचता है कि मैं अति महत्वाकांक्षी और अपने आप को सर्व ज्ञाता समझने वाली हूं? क्या मैं वास्तव में ऐसी घमंडी हूं? क्या मैं एक अभिमानी हूं या फिर वे है? मुझे पता है यह मूर्खतापूर्ण लगता है, लेकिन मैं उस अंतिम वाक्य को पार नहीं करने जा रही हूं, क्योंकि यह उतना बचकाना नहीं है जितना लगता है। श्रीमती फॉन डान और डसेल, मेरे ऊपर मुख्य आरोप लगाने वाले पूरी तरह से मूर्ख होने और इसके एक बिंदु से सटीक रूप से न रखने के लिए जाने जाते हैं। सिर्फ सादे "बेवकूफ"! मूर्ख लोग आमतौर पर इसे सहन नहीं कर सकते हैं जब दूसरे लोग उन की तुलना में कुछ बेहतर कुछ करते हैं; इसका सबसे अच्छा उदाहरण वे मूर्ख व्यक्ति, श्रीमती फॉन डान और डसेल हैं। श्रीमती फॉन डान को लगता है कि मैं बेवकूफ हूं, क्योंकि मैं इस बीमारी से इतनी पीड़ित नहीं हूं जितना वह है, वह सोचती है कि मैं महत्वाकांक्षी हूं, क्योंकि वह भी अति महत्वाकांक्षी है, वह सोचती है मेरे कपड़े बहुत छोटे हैं, क्योंकि उनके भी छोटे हैं और वह सोचती है मैं अपने आप को सर्वज्ञाता मानती हूं, क्योंकि वह उन विषयों के बारे में जिनके बारे में वह कुछ नहीं जानती,वह मेरी तुलना में दो गुना ज्यादा बार बात करती है। यही बात डसेल के लिए भी लागू होती है, लेकिन मेरी पसंदीदा कहावतो में से एक है "जहां आग है वही धुआं है," और मैं आसानी से मानती हूं कि मैं सब कुछ जानती हूं।

मेरे व्यक्तित्व के बारे में बहुत कठिन चीज यह है कि मैं खुद को किसी और की तुलना में बहुत डांटती और फटकार लगाती हूं; अगर माँ अपनी राय देती है, तो उपदेश की ढेरी काफी मोटी हो जाती है जिससे मैं हमेशा उनसे निराश ही होती हूं

तो मैं वापस बात करती हूं और पुरानी परिचित एनी के अनिवार्य रूप से फिर से पैदा होने तक हर किसी का विरोध शुरु कर देती हूं "कोई भी मुझे नहीं समझता है!"

यह वाक्यांश मेरा एक हिस्सा है और इसके जैसा प्रतीत होने की संभावना है, इसमें सच में एक अंतर्निहित तत्व है। कभी-कभी मैं आत्म-निंदा में इतनी गहराई में दफन हो जाती हूं कि मुझे दिलासे के बोल की जरूरत होती है, ताकि मैं खुद को बाहर निकाल सकूं। काश केवल कोई एक मेरे पास ऐसा होता जो मेरी भावनाओं को गंभीरता से लेता। मैं अभी तक उस इंसान से नहीं मिली हूं इसलिए खोज जारी रहनी चाहिए।

मुझे पता है कि आप पीटर के बारे में सोच रहे हैं, क्या आप नहीं कर रहे हैं, किट? यह सच है, पीटर मुझे एक प्रेमिका के रूप में नहीं, बल्कि एक दोस्त के रूप में प्यार करता है। उसका स्नेह दिन-प्रतिदिन बढ़ता है, लेकिन कुछ रहस्यमय ताकते हमें पीछे खींच रही हैं, और मुझे नहीं पता कि वह क्या है।

कभी-कभी मुझे लगता है कि उसके लिए मेरी घोर लालसा अतिरंजित थी। लेकिन यह सच नहीं है, क्योंकि अगर मैं एक या दो दिन के लिए उसके कमरे में जाने में असमर्थ होती हूं, तो मैं उसके लिए इतनी आशाहीन होकर इच्छा करती हूं, जितनी की कभी मैने की है। पीटर दयालु और अच्छा है, फिर भी मैं इस बात से मना नहीं कर सकती कि उसने मुझे कई तरीकों से निराश किया है। मैं विशेष रूप से उसकी धर्म के प्रति अरुचि, उसकी भोजन संबंधित बातें और उसी प्रकार की विभिन्न बातों की परवाह नहीं करती हूं। फिर भी, मैं दृढ़ता से आश्वस्त हूं कि हम कभी भी झगड़ा ना करने के अनुबंध से चिपके रहेंगे। पीटर शांतिप्रिय, सहिष्णु और बेहद मस्त है। वह मुझे खुद से बहुत सी बातें कहने देता है जो वह अपनी माँ से कभी स्वीकार नहीं करता है। वह अपनी कॉपीबुक से धब्बों को हटाने के लिए और अपने वस्तुएं व्यवस्थित रखने का दृढ़ कोशिश कर रहा है। फिर भी अपने अंतरतम को वह स्वयं से क्यों छुपाता है और मुझे वहां पहुंचने की कभी इजाजत नहीं देता है? बेशक वह मेरी तुलना में बहुत अधिक संकीर्ण है, लेकिन मैं (भले ही मुझे लगातार सिद्धांत में, व्यवहार में नहीं, जो भी जानने के लिए है, का ज्ञान होने के लिए दोषी ठहराया जाता है।) अनुभव से जानती हूं कि समय आने पर सबसे अधिक अल्पभाषी प्रकार का व्यक्ति भी, किसी पर विश्वास करने की और भी अधिक इच्छा करेगा।

पीटर और मैंने दोनों ने अपने चिंतनशील वर्ष उपभवन में बिताए हैं। हम अक्सर भविष्य, अतीत और वर्तमान के बारे में चर्चा करते हैं, लेकिन जैसा कि मैंने

तुम्हें पहले ही बता दिया था, मुझे वास्तविक चीज की कमी महसूस होती है और मुझे पता है, यह अभी तक मौजूद हैं।

क्या ऐसा इसलिए है क्योंकि मैं इतने लंबे समय से बाहर नहीं गई हूं, या कि मैं प्रकृति के बारे में बहुत पागल हो गई हूं? मुझे वह समय याद है जब शानदार नीला आकाश, चहकते पक्षी, चांदनी और नवोदित फूल मुझे मोहित नहीं करते थे। मेरे यहां आने के बाद से चीजें बदल गई हैं। उदाहरण के लिए, पेंटेकोस्ट की छुट्टी के दौरान एक रात, जब बहुत गर्मी थी, मैंने साठे ग्यारह तक अपनी आँखें खुली रखने के लिए संघर्ष किया, ताकि मैं एक बार के लिए चांद को बहुत अच्छे से देख सकूं। हाय! मेरा बलिदान बेकार गया, क्योंकि बहुत ज्यादा चमक थी और मैं खिड़की खोलने का जोखिम खतरा नहीं ले सकती थी। कई महीने पहले एक रात मैं ऊपर थी, जब खिड़की खुली हुई थी, जब यह फिर से बंद नहीं हुई तब तक मैं वापस नीचे नहीं गई थी। अंधेरा, बरसाती शाम, हवा, दौड़ते बादल, ने मुझे मंत्रमुग्ध कर दिया था; यह डेढ़ साल में पहली बार था, जब मैंने रात को आमने-सामने देखा था। उस शाम के बाद इसे फिर से देखने की मेरी लालसा मेरे चोरों के, काले चूहों से भरे अंधेरे घर या लूटपाट के भय से ज्यादा बढ़ गई थी। मैं अपने आप नीचे चली गई और रसोई और निजी कार्यालय में खिड़कियों को देखा।

बहुत से लोग सोचते हैं कि कुदरत खूबसूरत है। बहुत से लोग समय-समय पर तारो भरे वाले आकाश के नीचे सोते हैं, और अस्पतालों और जेलों में कई लोग उस दिन की इच्छा करते हैं जब वे कुदरत का आनंद लेने के लिए आजाद हो जाएंगे, लेकिन कुछ लोग इतने अलग और कटे हुए होते हैं जितने हम कुदरत के आनंद से, जिसे अमीरों और गरीबों द्वारा समान रूप से साझा किया जा सकता है।

यह सिर्फ मेरी कल्पना नहीं है - आकाश, बादल, चांद और सितारों को देखना मुझे वास्तव में शांत और आशावान बनाता है। वेलेरियन या ब्रोमाइड की तुलना में काफी बेहतर दवा है। कुदरत मुझे विनम्रता और साहस के साथ हर झटके का सामना करने के लिए तैयार करती है।

किस्मत का खेल है, मैं केवल सक्षम हूं-कुछ दुर्लभ अवसरों को छोड़कर- कुदरत को गंदगी- जमी खिड़कियों पर टांग के हुए धूल भरे परदों से देखने के लिए; यह देखने में आनंद लेता है। प्रकृति ऐसी चीज है जिसका कोई विकल्प नहीं है!

कई सवालों में से एक जो मुझे अक्सर परेशान करता है, वह यह है कि महिलाएं क्यों पहले भी और अभी भी पुरुषों से हीन मानी जाती हैं। यह कहना

आसान है कि यह गलत है, लेकिन यह मेरे लिए पर्याप्त नहीं है; मैं वास्तव में इस महान अन्याय का कारण जानना चाहूँगी!

पुरुष अपनी अधिक शारीरिक शक्ति के कारण शुरू से ही महिलाओं पर हावी रहे; पुरुष जो जीविका कमाते हैं,बच्चों के जनक होते हैं, और जैसा वे चाहते हैं वैसा करते हैं... कुछ समय पहले तक, महिलाएं चुपचाप यह सब सहन करती रहीं, जो कि बेवकूफी थी,क्योंकि जितनी देर तक उसे कायम रखा जाएगा, वह उतनी ही गहरी जड़ें जमाता रहेगा।

सौभाग्य से शिक्षा,कार्य और प्रगति ने महिलाओं की आँखें खोल दी हैं। कई देशों में उन्हें समान अधिकार दिए गए हैं; बहुत से लोग, खासकर से महिलाएं, बल्कि पुरुष भी, अब महसूस करते हैं कि इस स्थिति को इतने लंबे समय तक सहन करना कितना गलत था। आधुनिक महिलाएं पूरी तरह से आजाद होने का हक चाहती है!

लेकिन यह सब सही नहीं है। महिलाओं का भी सम्मान किया जाना चाहिए! आम तौर पर, दुनिया के सभी हिस्सों में पुरुषों को बहुत सम्मान दिया जाता है, तो महिलाओं को अपना हिस्सा क्यों नहीं मिलना चाहिए? सैनिकों और युद्ध नायकों को सम्मानित और स्मरण किया जाता है, खोजकर्ताओं को अमर प्रसिद्धि दी जाती है, शहीद श्रद्धेय होते हैं, लेकिन कितने लोग महिलाओं को भी सैनिकों के रूप में देखते हैं?

'मेन अगेन्स्ट डेथ' पुस्तक में मुझे इस तथ्य ने बहुत हैरान कर दिया कि अकेले प्रसव में, महिलाओं को आमतौर पर किसी भी युद्ध नायक की तुलना में अधिक दर्द, बीमारी और तकलीफ का सामना करना पड़ता है। यह सब दर्द को सहन करने के लिए उसका इनाम क्या है? जन्म देने से विकृत हुए शरीर के चलते हुए उन्हें एक तरफ धकेल दिया जाता है, उसके बच्चे जल्दी उसे छोड़ देते हैं, उसकी सुंदरता खत्म हो जाती है। महिलाएं, जो संघर्ष करती हैं और मानव जाति की निरंतरता सुनिश्चित करने के लिए दर्द झेलती हैं, वे महिलाएं, एक साथ उन सभी बड़े मुंह वाले स्वतंत्रता-लड़ने वाले नायकों की तुलना में बहुत ज्यादा मजबूत और अधिक साहसी सैनिक बनती हैं!

मेरा मतलब यह नहीं है कि महिलाओं को बच्चे पैदा करना बंद कर देना चाहिए; इसके विपरीत, कुदरत उनसे यही चाहती है, और इसे इसी प्रकार से होना चाहिए। मैं जिस बात की निंदा करती हूं, वह हमारे मूल्यों की प्रणाली है और जो पुरुष स्वीकार नहीं करते हैं कि समाज में महिलाओं की हिस्सेदारी कितनी महान, कठिन, लेकिन अंततः सुंदर है।

मैं पॉल डी क्रूफ़ जो इस किताब के लेखक है, के साथ पूरी तरह सहमत हूं, जब वह कहते हैं कि पुरुषों को यह सीखना चाहिए कि दुनिया के उन हिस्सों में, जिन्हें हम सभ्य मानते हैं, 'जन्म' अब और अनिवार्य और अपरिहार्य विचार नहीं रह गया है। पुरुषों के लिए बात करना आसान है - उन्हें ना सहन करना पड़ता है और ना ही उन सबसे कभी गुजारना पड़ेगा जो महिलाओं को सहना पड़ता है!

मेरा मानना है कि अगली सदी के दौरान यह धारणा कि बच्चे पैदा करना महिलाओं का फर्ज है, बदल जाएगा,सभी महिलाओं के सम्मान और प्रशंसा के लिए रास्ता बनाएगा, जो बिना किसी शिकायत या गर्वित करने वाले शब्दों के अपने बोझ सहन करती है!

तुम्हारी, ऐनी एम. फ्रैंक

शुक्रवार, 16 जून, 1944

सबसे प्रिय किटी,

नई समस्याएं : श्रीमती फॉन डान परेशान हैं। वह गोली लगने, जेल में डाले जाने,फांसी पर लटका दिए जाने और आत्महत्या के बारे में बात कर रही हैं। वह जलन करती हैं कि पीटर मुझ पर भरोसा करता है, ना कि उनमें, और वह इस बात से नाराज हैं कि डसेल उनकी इश्कबाज़ी का पर्याप्त रूप से जवाब नहीं देते हैं और उन्हें डर है कि उनके पति फर कोट के सारे पैसे तंबाकू पर गंवाने वाले हैं। वह झगड़ती हैं, कोसती हैं, रोती हैं, खुद के लिए खेद महसूस करती हैं, हंसती हैं और फिर से पूरा दौर चलता है।

आप मानवता के ऐसे मूर्खतापूर्ण, रिरियाने वाले नमूने को कैसे सहन कर सकते हैं? कोई भी उसे गंभीरता से नहीं लेता है,उनके पास चरित्र की कोई ताकत नहीं है, वह सभी से शिकायत करती है,और तुम्हें यह देखना चाहिए कि वह कैसी दिखती हैं, जैसे कि अपनी उम्र से कम दिखना चाहती हों। इससे भी बदतर, पीटर ढीठ बन रहा है, श्रीमान फॉन डान चिड़चिड़े और माँ मीनमेख निकालने वाली। हां, सब लोग काफी बढ़िया हालत में है! केवल एक नियम है जिसे आपको याद रखने की आवश्यकता है : हर चीज पर हंसें और हर किसी को भूल जाएं! यह घमंड भरा लगता है, लेकिन यह वास्तव में आत्म-दया से पीड़ित लोगों के लिए एकमात्र इलाज है।

श्रीमान कुगलर को काम के लिए चार हफ्ते के लिए अल्कमार जाना है। एक डॉक्टर के प्रमाण पत्र और ओपेकटा से एक पत्र से,वह इससे बचना चाहते हैं। श्रीमान क्लेमन अपने पेट की शल्य चिकित्सा की जल्दी आशा कर रहे हैं। कल रात से सभी निजी फोन काट दिए गए।

तुम्हारी, ऐनी एम. फ्रैंक

शुक्रवार, 23 जून, 1944

सबसे प्रिय किटी,

यहां कुछ खास नहीं हो रहा है। अंग्रेजों ने शेरबूर पर तगड़ा हमला शुरू कर दिया है। पिम और श्रीमान फॉन डान के अनुसार, हम 10 अक्टूबर से पहले आजाद हो जाएंगे। रूस अभियान में भाग ले रहा है; कल उन्होंने विटेबस्क के पास अपना आक्रमण शुरू कर दिया, ठीक उसी दिन से, तीन साल पहले जिस दिन जर्मनी ने रूस पर हमला किया था।

बेप का उत्साह पहले से कहीं ज्यादा कम हो गया है। हमारे पास आलू लगभग नहीं है; पर अब से,हम हर किसी के लिए आलू गिन गिन कर निकाल रहे हैं, तब वे उनके साथ जो करना चाहे कर सकते हैं। सोमवार से मीप एक हफ्ते की छुट्टी ले रही है। श्रीमान क्लेमन के डॉक्टरों को एक्सरे में कुछ नहीं मिला है। वे आपरेशन करवाने और हालात को समय पर छोड़ने के बीच फंसे हैं।

तुम्हारी, ऐनी एम. फ्रैंक

मंगलवार, 27 जून, 1944

मेरी सबसे प्यारी किटी,

मूड बदल गया है,अब सब कुछ बहुत अच्छा चल रहा है। शेरबूर, विटेबस्क और ज़्लोबिन ने आज सरेंडर कर दिया। वे बहुत सारे पुरुषों और उपकरणों को कब्जे में कर लेने के बारे में सुनिश्चित हैं। पांच जर्मन जनरल शेरबूर के पास मारे गए, दो को बंदी बना लिया गया। अब जब उन्हें एक बंदरगाह मिल गया है, ब्रिटिश, जो किनारे पर चाहते हैं, उन्हें ला सकते हैं। आक्रमण के तीन सप्ताह बाद ही पूरे कॉटेंटिन प्रायद्वीप पर कब्जा कर लिया गया है! क्या करतब है!

डी - दिन से तीन हफ्तों में, न तो यहां और न ही फ्रांस में, बारिश और तूफान के बिना एक दिन भी नहीं गया है, लेकिन इस बुरी किस्मत ने ब्रिटिश और अमेरिकियों को अपनी ताकत दिखाने से नहीं रोका है। कैसे! बेशक, जर्मनी ने अपने आश्चर्यजनक हथियार का इस्तेमाल किया, लेकिन उसके जैसे छोटे पटाखे से कुछ खास नहीं हुआ। बस, इंग्लैंड में किसी छोटे नुकसान और जेरी यानि जर्मन अखबारों में चीखती सुर्खियों के। वैसे भी,जब जेरीलैंड यानि जर्मनी में पता चलेगा कि बोलशेविक वाकई नजदीक आ रहे हैं तो वे पत्ते की तरह कांपने लगेंगे।

सभी जर्मन महिलाओं को, जो सेना के लिए काम नहीं कर रही हैं, अपने बच्चों के साथ, तटीय क्षेत्रों से गेल्डरलैंड ग्रोनिंगन, और फ्राइसलैंड के प्रांतों में ले जाया जा रहा है। मुसेर्ट ने घोषणा की है कि यदि आक्रमण हॉलैंड तक पहुंच जाता है तो वह सहयोग प्राप्त करेगा। क्या वह मोटा सुअर लड़ने की योजना बना रहा है? वह अब से बहुत पहले रूस में ऐसा कर सकता था। फिनलैंड ने कुछ समय पहले एक शांति प्रस्ताव को ठुकरा दिया था, और अब वार्ता फिर से टूट गई है। वे बेवकूफ है, अब पछताएंगे।

तुम्हारे ख्याल से 27 जुलाई तक हम कितनी दूर होंगे!

तुम्हारी, ऐनी एम. फ्रैंक

शुक्रवार, 30 जून, 1944

सबसे प्रिय किटी,

एक से तीस जून तक खराब मौसम का सिलसिला लगातार बना हुआ है।

मैंने कितनी अच्छी तरह यह लिखा, है न! मैं पहले से ही थोड़ी अंग्रेजी जानती हूं; बस यह साबित करने के लिए मैं एक शब्दकोश की मदद से एन आइडियल हज्बेंड पढ़ रही हूं! युद्ध शानदार चल रहा है : बोब्रीस्क, मोगिलेव और ओशा हार गए हैं, बहुत से लोग बंदी बनाए गए हैं।

यहाँ सब कुछ ठीक है। हमारे हौसले पहले से बेहतर हैं हमारे महा आशावादी बहुत खुश हैं, फॉन डान परिवार चीनी गायब कर रहा है। बेप ने अपने बाल बदल दिए हैं, और मीप ने एक सप्ताह की छुट्टी ली है। यही नवीनतम समाचार है!

तुम्हारी, ऐनी एम. फ्रैंक

पश्च लेख: बासेल बंर्ड का समाचार मिला, उसने मिना फॉन बार्नहेल्स में सराय वाले की भूमिका निभाई थी। माँ कहती हैं, उसका कलात्मक झुकाव है।

गुरुवार, 6 जुलाई, 1944

सबसे प्रिय किटी,

जब पीटर अपराधी या सट्टेबाज बनने की बात करता है तो मैं डर जाती हूं; बेशक,वह मजाक कर रहा है, लेकिन मुझे अभी भी लग रहा है कि वह अपनी कमजोरी से डरता है। मार्गोट और पीटर हमेशा कहते रहते हैं, यदि मुझमें तुम्हारे जैसा साहस और ताकत होती, यदि मुझ में तुम्हारे जितनी सहज प्रवृत्ति और लगातार ऊर्जा होती, तो मैं सकती...!

क्या खुद को दूसरों से प्रभावित न होने देना, वास्तव में ऐसा सराहनीय गुण है? क्या मैं अपने विवेक का पालन करने में सही हूं?

सच कहूं तो,मैं कल्पना नहीं कर सकती कि कोई भी कैसे कह सकता है "मैं कमजोर हूं" यदि आपको अपने बारे में यह मालूम है, तो इससे लड़ते क्यों नहीं, क्यों अपने चरित्र का विकास नहीं करते? उनका जवाब हमेशा से रहा है : "क्योंकि यह न करना बहुत आसान है!" यह उत्तर मुझे हतोत्साहित करने वाला लगता है। यह आसान है? क्या उसका मतलब है कि छल और आलस्य का जीवन भी आसान है? अरे नहीं, यह सच नहीं हो सकता कि लोग तुरंत आसानी से आकर्षित हो जाते हैं कि... और पैसे से। मैंने बहुत सोचा है कि मेरा जवाब क्या होना चाहिए, कैसे मुझे पीटर को खुद पर भरोसा कराना चाहिए और सबसे अधिक उसे बेहतर करने के लिए उसको कैसे बदलूं। मुझे नहीं पता कि मैं सही रास्ते पर हूं या नहीं।

मैंने अक्सर सोचा था कि कितना अच्छा होता यदि कोई मुझे अपने सारे रहस्य बताता। लेकिन अब जब यह उस बिंदु पर पहुंच गया है, तो मुझे एहसास हुआ कि किसी दूसरे के नजरिए से सोचना और सही उत्तर खोजना कितना कठिन है। खासकर जब से "आसान" और "पैसा" मेरे लिए नई और पूरी तरह से विदेशी अवधारणाएं हैं।

पीटर मुझ पर आश्रित रहने की शुरुआत कर रहा है, और मैं किसी भी परिस्थिति में नहीं ऐसा नहीं चाहती। अपने दो पैरों पर खड़ा होना काफी कठिन है,लेकिन जब आपको अपने चरित्र और आत्मा के प्रति सच्चे बने रहना है, फिर यह और भी अधिक कठिन होता है।

मैं समुद्र पर चारों ओर घूमती रही हूं, "आसान", इस भयानक शब्द के लिए एक प्रभावी तनाव मुक्ति की खोज में दिन गुजारे है। "मैं उसे यह कैसे स्पष्ट कर सकती हूं, जबकि यह आसान और अद्भुत लग सकता है, यह उसे एक गहराई में नीचे खींच ले जाएगा, एक ऐसी जगह पर जहां उसे अब दोस्त,समर्थन या सुंदरता नहीं मिलेगी, इतना नीचे कि वह शायद कभी भी सतह पर नहीं आ सके।

हम सभी जीवित हैं, लेकिन हम नहीं जानते कि क्यों और किस लिए; हम सभी खुशी की खोज कर रहे हैं; हम सभी जीवन जी रहे हैं जो अलग-अलग है और फिर भी एक ही है। हम तीन परिवार में अच्छे परिवारों में पले बढ़े हैं, हमारे पास शिक्षा प्राप्त करने और खुद को कुछ बनाने का अवसर है। हमारे पास खुशी की उम्मीद करने की कई वजह हैं, लेकिन... हमें इसे अर्जित करना होगा। और वह एक ऐसी चीज है, जिसे आप आसान तरीका निकालकर हासिल नहीं कर सकते। खुशी अर्जित करने का अर्थ है अच्छा करना और काम करना, अटकलें ना लगाना, और ना आलसी बनना। आलस्य आमंत्रित करता लग सकता है, लेकिन केवल काम आपको सच्ची संतुष्टि देता है।

मैं ऐसे लोगों को नहीं समझ सकती जो काम करना पसंद नहीं करते हैं, लेकिन यह पीटर की समस्या भी नहीं है। उसके पास बस एक लक्ष्य नहीं है, साथ ही वह इतना बेवकूफ और निम्न है कि कभी कुछ भी हासिल नहीं कर सका। बेचारा लड़का, वह कभी नहीं जानता कि किसी और को खुश करना कैसा लगता है, और मुझे डर है कि मैं उसे कभी नहीं सिखा सकती हूं। वह धार्मिक नहीं है, यीशु मसीह का मखौल उड़ाता है और व्यर्थ में प्रभु का नाम लेता है, हालांकि मैं रूढ़िवादी नहीं हूं, मुझे हर बार दर्द होता है जब मैं उसे इतना अकेला, तिरस्कारपूर्ण, अत्यंत दुखी देखती हूं।

जो लोग धार्मिक हैं, उन्हें खुश होना चाहिए, क्योंकि हर कोई उस उच्च आदेश में भरोसा करने की क्षमता को पाकर धन्य नहीं होता है। तुम्हें उस शाश्वत दंड के भय में भी नहीं जीना है; पाप मोचन स्थान की अवधारणा, स्वर्ग और नरक की अवधारणाएं स्वीकार करना कई लोगों के लिए कठिन हो जाता है, फिर भी स्वयं धर्म, कोई भी धर्म, एक व्यक्ति को सही रास्ते पर रखता है।

भगवान का डर नहीं, लेकिन सम्मान की अपनी भावना को बनाए रखना और अपने विवेक का पालन करना। हर कोई कितना महान और अच्छा हो सकता है,अगर प्रत्येक दिन के अंत में, वे अपने स्वयं के व्यवहार की समीक्षा करें और अधिकारों और सही और गलत को समझाने का प्रयास करें। वह अपने

हर नए दिन की शुरुआत में बेहतर करने की कोशिश करते हैं और एक समय के बाद अवश्य एक बड़ा काम पूरा करते। हर किसी का इस नुस्खे में स्वागत है; इसकी कुछ भी लागत नहीं है और निश्चित रूप से उपयोगी है। जो लोग नहीं जानते हैं, उन्हें अनुभव से पता लगाना होगा कि "एक शांत विवेक आपको ताकत देता है!"

तुम्हारी, ऐनी एम. फ्रैंक

शनिवार, 8 जुलाई, 1944

सबसे प्रिय किटी,

श्रीमान ब्रोक बेवरविज्क में थे और उपज की नीलामी में स्ट्रॉबेरी पर कब्जा पाने में सफल रहे थे। वे यहां मिट्टी और रेतसे भरी हुई, लेकिन बड़ी माला में पहुंची। कार्यालय और हमारे लिए चौबीस बक्से से कम नहीं थे। उसी शाम हमने पहले छह जार को डिब्बाबंद किया और जाम के आठ जार तैयार कर दिए। अगली सुबह मीप ने कार्यालय के लिए जाम बनाना शुरू कर दिया।

बारह-तीस पर बाहर के दरवाजे बंद कर दिए गए थे, पीटर के साथ, पिता जी और श्रीमान फॉन डान मिलकर ठोकरें खाते हुए, बक्से सीढ़ियों से ऊपर रसोई में घसीट लाए थे। ऐनी ने वॉटर हीटर से गर्म पानी लिया, मारमोट एक बाल्टी लेने चली गई, थोड़े समय में बहुत अधिक काम किया गया। अपने पेट में एक अजीब भावना के साथ, मैंने भीड भरे कार्यालय की रसोई में प्रवेश किया। मीप, बेप, श्रीमान क्लेमन, यान, पिता, पीटर : एनेक्सी दल और आपूर्ति वाहिनी, सभी एक साथ और दिन के बीच में मिल गए! पर्दे और खिड़कियां खुली हुई थी, दरवाजे को पीटने की जोर से आवाज आई - मैं उत्तेजना से कांप रही थी। मैं सोचती रही, "क्या हम वास्तव में छिप रहे हैं।?" यह कैसा लगता है जब आप अंत में दुनिया में फिर से बाहर जा सकते हैं। तसला भरा हुआ था, इसलिए मैं ऊपर गिर पड़ी, जहां परिवार के बाकी लोग रसोई घर की मेज के चारों ओर बैठकर स्ट्रॉबेरी छील रहे थे। कम से कम उन्हें वही करते हुए होना चाहिए था, लेकिन अधिकांश टोकरी की जगह उनके मुंह में जा रहा था। वे जल्द ही एक और बाल्टी की जरूरत के लिए बाध्य हो गए। पीटर नीचे की ओर चला गया, लेकिन फिर दरवाजे की घंटी दो बार बजी। बाल्टी जहां थी, वहीं छोड़कर, पीटर ऊपर की ओर भाग चला और अपने पीछे किताबों की अलमारी को बंद कर दिया।

हम बेसब्री से अपनी एड़ी को पटकते बैठे हुए थे; स्ट्रॉबेरी धूली जाने की प्रतीक्षा कर रहे थे, लेकिन हम घर के नियम से बंधे हुए थे : जब तक कोई अजनबी नीचे है, "पानी नहीं बहाना है - वे नालियों की आवाज सुन सकते हैं।"

उसी समय जान हमें बताने आया कि वह डाकिया था। पीटर फिर जल्दी से नीचे गया। डिंग-डोंग... दरवाजे की घंटी एक बार फिर बजी। मैंने किताबों की अलमारी से ठीक पहले, उसके बाद सबसे ऊपर की सीढ़ी पर खड़े होकर सुनने का प्रयास किया कि कोई आ तो नहीं रहा है। अंत में पीटर और मैं रेलिंग के सहारे झुके हुए चोरों के एक जोड़े के जैसे नीचे से आने वाली आवाज सुनने के लिए अपने कान खड़े किए हुए थे। कोई अपरिचित आवाज नहीं। पीटर पंजे के बल चलता हुआ सीढ़ियो से आधे रास्ते नीचे उतर गया और बोला, "बेप!" एक बार और : "बेप" उसकी आवाज रसोईघर से उठे कोलाहल में डूब गई थी तो वह नीचे रसोई घर की तरफ भागा जबकि मैं घबराई हुई ऊपर ही नजर रख रही थी। "पीटर, अभी तुरंत ऊपर आओ, यहां लेखाकार है, तुम्हें छुट्टी मिल गई है!" यह श्रीमान कुगलर की आवाज थी। आहें भरते हुए, पीटर ऊपर आया और किताबों की अलमारी बंद हुई।

श्रीमान कुगलर आखिरकार एक-तीस पर आए थे। अरे बाप रे, पूरी दुनिया स्ट्रॉबेरी में बदल गई। मुझे नाश्ते में स्ट्रॉबेरी मिली थी। यान को वह दोपहर के भोजन में मिला था, क्लेमन ने उन्हें नाश्ते के रूप में खाया था, मीप उन्हें उबाल रही है, बेप उनका छिलका उतार रही है, और मैं उन्हें हर जगह सूंघ सकती हूं। उन सब से दूर जाने के लिए मैं ऊपर आ गई और मैं क्या देखती हूं? लोग स्ट्रॉबेरी धो रहे हैं।"

बाकी स्ट्रॉबेरी को डिब्बा बंद कर दिया गया था। उस शाम : दो जार खोल दिए गए। पिताजी ने जल्दी से उनका जाम बना लिया। अगली सुबह : दो और ढक्कन; और उसी दोपहर : चार ढक्कन खुल गए। जार जब तक स्टरलीस किया गया था श्रीमान फॉन् डान को वह पर्याप्त गर्म नहीं मिला था। इसलिए पिता ने हर शाम जाम बनाकर उन्हें समाप्त कर दिया। हमने स्ट्रॉबेरी के साथ दलिया, स्ट्रॉबेरी के साथ छाछ, स्ट्रॉबेरी के साथ रोटी, खाना खाने के बाद स्ट्रॉबेरी, चीनी के साथ स्ट्रॉबेरी-रेत के साथ स्ट्रॉबेरी खाया। दो दिनों के लिए स्ट्रॉबेरी, स्ट्रॉबेरी, स्ट्रॉबेरी के अलावा कुछ भी नहीं था, और फिर या तो हमारी आपूर्ति खत्म हो गई थी या जार में, सुरक्षित रूप से ताला और चाबी के अंदर बंद कर दी गई।

"अरे, ऐनी," मार्गोट ने एक दिन कहा, "श्रीमती फॉन होवेन ने हमें कुछ बीस पाउंड मटर दिए हैं!"

"वह उनकी बहुत अच्छी बात है," मैंने जवाब दिया। और वह निश्चित रूप से था, लेकिन यहाँ बहुत काम है... ओह!

"शनिवार को, आप सभी को फलीदार मटर मिल गई है," माँ ने मेज पर घोषणा की...

और आज सुबह नाश्ते के बाद पर्याप्त विश्वास हो गया, हमारी सबसे बड़ी तामचीनी पैन मटर से पूरी भरी हुई मेज पर दिखाई दी। यदि आपको मटर छीलना उबाऊ काम लगता है,तो आपको भीतरी अस्तर निकालने की कोशिश करनी चाहिए। मुझे नहीं लगता कि कई लोग महसूस करते हैं कि एक बार जब आप अस्तर बाहर खींच लेते हैं, तो फली नरम, स्वादिष्ट और विटामिन से भरपूर हो जाती है। लेकिन इससे भी बड़ा फायदा यह है कि जब आप सिर्फ मटर खाते हैं, उसकी तुलना में आपको लगभग तीन गुना यह सब मिल रहा होता है।

फली अलग करना एक सटीक और सावधानीपूर्वक काम है जो पांडित्य दंत चिकित्सकों या नकचढ़े मसाला विशेषज्ञों के अनुकूल हो सकता है, लेकिन यह मेरे जैसे अधीर किशोरी के लिए एक डरावना कार्य है। हमने नौ-तीस पर काम शुरू किया; मैं दस-तीस पर बैठ गई, ग्यारह बजे फिर से उठ गई, ग्यारह-तीस पर फिर से बैठ गई। मेरे कानों में यह सब गूंज रहे थे : छोर को काटो, फली छिलो, सूत खींचो, फली पेन में, छोर को काटो, फली छिलो, सूत खींचो, फली पेन में, आदि, आदि। मेरी आँखें तैर रही थीं : हरे, हरे, कृमि, रेशे, सड़ी हुई फली, हरी, हरी। बोरियत से बचने के लिए और कुछ करने के लिए, मैं पूरी सुबह बकबकाती, जो कुछ भी दिमाग में आता कहती रहती और हर किसी को हँसाती रहती हूँ। एकरसता मुझे मार रही थी। हर रेशा जो मैं खींचती मुझे कुछ अधिक दृढ़ बनाता कि मैं कभी भी, सिर्फ एक गृहिणी नहीं बनना चाहती हूं!

आखिरकार बारह बजे हमने नाश्ता किया, लेकिन बारह-तीस से एक-पंद्रह तक हमें फिर से फली छीलना था। जब मैंने बंद किया, मैं थोड़ा बीमार महसूस कर रही थी और इसलिए इसे दूसरों ने किया। मैंने चार बजे तक झपकी ली, फिर भी मटर की वजह से अजीब सा महसूस कर रही थी।

तुम्हारी, ऐनी एम. फ्रैंक

शनिवार, 15 जुलाई, 1944

सबसे प्रिय किटी,

पुस्तकालय से हमें व्हाट डू यू थिंक ऑफ द मॉर्डन यंग गर्ल शीर्षक से एक चुनौतीपूर्ण पुस्तक मिली है। मैं आज इस विषय पर चर्चा करना चाहती हूं।

लेखिका सिर से पैर तक "आज के युवाओं" की आलोचना करती है, हालांकि उन सभी को "निराशाजनक मामलों" के रूप में खारिज नहीं करती है।" इसके विपरीत, उनका मानना है कि उनके भीतर एक बड़ी, बेहतर और अधिक सुंदर दुनिया बनाने की शक्ति है, लेकिन यह कि वे असली सुंदरता पर विचार किए बिना, खुद पर सतही बातों को कब्जा कर लेने देते हैं। कुछ अंशों में मुझे यह महसूस हुआ कि लेखिका मुझ पर अपनी अस्वीकृति का निर्देश दे रही थी,यही कारण है कि मैं अंत में अपनी आत्मा को खुद पर खाली करना और इस हमले के खिलाफ खुद का बचाव करना क्यों चाहती हूं।

मेरे पास एक उत्कृष्ट चरित्र विशेषता है जो ऐसे किसी को भी स्पष्ट होना चाहिए जो मुझे लंबे समय से जानता है : मेरे पास आत्म-ज्ञान का एक बड़ा अंश है। मैं जो कुछ भी करती हूं, उसमें मैं खुद को देख सकती हूं जैसे कि मैं एक अजनबी थी। मैं हर रोज़ ऐनी में सब जगह खड़ी हो सकती हूं और, पक्षपाती हुए बिना या बहाने बनाए बिना, वह क्या कर रही है, देखते हुए, अच्छे और बुरे दोनों को। यह आत्म-जागरूकता मुझे कभी नहीं छोड़ती है, और हर बार जब मैं अपना मुंह खोलती हूं, तो मुझे लगता है, "तुम्हें उसे अलग तरीके से कहना चाहिए था।" या "यह इस रास्ते से यह सही है।" मैं अपने आप की इतनी तरीकों से निंदा करती हूं कि मुझे पिता की इस कहावत की सच्चाई का एहसास होने लगा है : "प्रत्येक बच्चा खुद आगे बढ़ता है।" माता-पिता केवल अपने बच्चों को सलाह दे सकते हैं या उन्हें सही दिशा में इंगित कर सकते हैं। अंत में, लोग को अपने चरित्र को खुद ही आकार देना होता है। इसके अलावा, मैं एक असाधारण मात्रा में साहस के साथ जीवन का सामना करती हूं। मैं बोझधारण करने में बहुत मजबूत और सक्षम, युवा और स्वतंत्र महसूस करती हूं। जब मुझे पहली बार यह एहसास हुआ, तो मुझे खुशी हुई, क्योंकि इसका मतलब है कि जीवन के संचय में प्रवाह का मैं और अधिक आसानी से सामना कर सकती हूं।

लेकिन मैंने इन चीजों के बारे में बहुत बार बात की है। अब मैं "पिताजी और माताजी मुझे नहीं समझ पाते" अध्याय को शुरू करना चाहती हूं "मेरे माता-गिता

ने हमेशा मुझे सड़ा हुआ बेकार बनाया है, मेरे साथ दयालुता का व्यवहार किया, फॉन डान के खिलाफ मेरा बचाव किया और वह सब किया है जो माता पिता कर सकते हैं। और फिर भी सबसे लंबे समय तक मैंने बेहद अकेला, छोड़ दिया गया,उपेक्षित और गलत समझा गया, महसूस किया। पिता ने मेरी विद्रोही भावना पर अंकुश लगाने के लिए वह सब कुछ किया, लेकिन यह किसी काम का नहीं है। अपने व्यवहार को प्रकाश में धारण करके और यह देखकर कि मैं क्या गलत कर रही थी, मैं अपने आप ही ठीक हो गई।

पिता ने मेरे संघर्ष में मेरा समर्थन क्यों नहीं किया था? जब उन्होंने मुझे एक सहायता के हाथ की पेशकश करने का प्रयास किया, तब वह छोटे क्यों पड़ गए थे? जवाब है : उन्होंने गलत तरीकों का इस्तेमाल किया। उन्होंने हमेशा मुझसे ऐसे व्यवहार किया जैसे मैं एक मुश्किल समय से गुजर रही एक बच्ची थी। यह बचकानापन लगता है क्योंकि केवल पिता ही एक ऐसे हैं जिन्होंने मुझे आत्मविश्वास की भावना दी है और मुझे ऐसा महसूस कराया जैसे मैं एक समझदार व्यक्ति हूँ।

लेकिन उन्होंने एक बात को नजरअंदाज कर दिया : वह यह देखने में विफल रहे कि मेरी कठिनाइयों पर विजय पाने के लिए यह संघर्ष मेरे लिए किसी भी चीज़ से ज्यादा महत्वपूर्ण था। मैं "विशिष्ट किशोर समस्याओं," या "अन्य लड़कियों" या "आपको इससे बाहर निकल जाना होगा", नहीं सुनना चाहती थी। "मैं सभी-अन्य-लड़कियों के समान व्यवहार नहीं करना चाहती थी बल्कि एनी को उसके खुद के अस्तित्व के रूप में व्यवहार किया जाना चाहती थी, और पिम को वह समझ नहीं आया। इसके अतिरिक्त मैं तब तक किसी पर भी भरोसा नहीं कर सकती,जब तक कि वे खुद के बारे में मुझे बहुत कुछ ना बता दे और क्योंकि मैं उसके बारे में बहुत कम जानती हूं, मैं एक और अधिक घनिष्ठ स्तर पर नहीं मिल सकती हूं। पिम हमेशा एक बुजुर्ग पिता के जैसे काम करते रहे हैं, जिनकी एक बार समान क्षणभंगुर आवेग रहे थे, लेकिन जो अब एक दोस्त के रूप में मेरे लिए संबंधित नहीं किए जा सकते, चाहे वह कितनी भी कोशिश कर ले। नतीजतन,मैंने जीवन पर अपने दृष्टिकोण या मेरे लंबे समय से सोचे सिद्धांतों को किसी के साथ साझा नहीं किया, सिवाय मेरी डायरी और एक बार मार्गोट के साथ। मैंने पिता की तरफ से मेरे साथ होने वाले कुछ को भी छुपाया है,उनके साथ अपने आदर्शों को कभी साझा नहीं किया,जानबूझकर खुद को उनके अलग कर लिया।

मैं इसे किसी अन्य तरीके से नहीं कर सकती थी। मैंने खुद को अपनी भावनाओं से पूरी तरह से निर्देशित होने दिया है। यह अहंकारी था, लेकिन मैंने

वही किया जो मेरे मन की शांति के लिए सबसे अच्छा था। यदि काम के आधी अवधि में ही मैं आलोचना का विषय बनी होती, तो मैं उसे खो देती, साथ ही अपना आत्मविश्वास जिसे पाने के लिए मैंने बहुत मेहनत की है। यह थोड़ा कठोरता भरा लग सकता है, लेकिन मैं पिम द्वारा भी आलोचना स्वीकार नहीं कर सकती हूं, क्योंकि न केवल मैं अपने अंतरतम विचारों को उसके साथ साझा करती हूं, बल्कि मैंने आगे चिड़चिड़ी होकर उन्हें अपने से बहुत दूर भी धकेल दिया है।

इसी बिंदु पर मैं अक्सर सोचती रहती हूं : ऐसा क्यों है कि पिम कभी-कभी मुझे इतना क्रोध दिलाते हैं? मैं शायद ही उनके सिखाने को बर्दाश्त कर सकती हूं और उनका स्नेह मुझे मजबूरी का लगता है। मैं अकेली रहना चाहती हूं और मुझे अच्छा लगेगा यदि वह मुझे थोड़ी देर के लिए नजर अंदाज करें, जब तक कि मैं उनसे बात करते समय और विश्वस्त नहीं हो जाती हूं! मैं अभी उस घृणित पल के बारे में अपराध बोध से अशांत हूँ, जो मैंने उन्हें अपने उदासी के समय में लिखा था। ओह, हर तरह से मजबूत और बहादुर होना मुश्किल होता है!

फिर भी, यह मेरी सबसे बड़ी निराशा रही है, नहीं मैं पिता की तुलना में पीटर के बारे में बहुत ज्यादा सोचती हूं। मैं अच्छी तरह जानती हूं कि वह मेरी विजय थी, न कि मेरी हार। मैंने अपने दिमाग में उसकी एक छवि बनाई, उसे एक शांत, प्यारे, संवेदनशील लड़के के ऐसे रूप में चित्रित किया, जिसे दोस्ती और प्यार की बुरी तरह से आवश्यकता थी। एक जीवित व्यक्ति से अपने दिल की बात खुलेआम कहने की आवश्यकता थी। मुझे एक दोस्त चाहिए था जो मुझे फिर से अपना रास्ता खोजने में सहायता करें। मैंने वह पूरा किया जो मैंने करने के लिए निर्धारित किया और उसे धीरे-धीरे लेकिन निश्चित रूप से, अपनी ओर आकर्षित किया। जब मैंने आखिरकार उसे अपना दोस्त बना लिया, तो यह स्वतः ही एक अंतरंगता में विकसित हो गया, जब मैं इसके बारे में सोचती हूं तो यह हैरान कर देने वाली लगती है। हमने सबसे निजी चीजों के बारे में बात की, लेकिन हमने अभी तक मेरे दिल के सबसे करीब बातों को छुआ तक नहीं है।

मैं अभी भी पीटर को नहीं समझ सकती हूं। क्या वह सतही है, या यह शर्म है कि वह मेरे साथ भी अपने आप को भी रोक कर रखता है? लेकिन उस सब को एक तरफ रखते हुए, मैंने एक गलती की : मैंने उसके करीब आने के लिए अंतरंगता का इस्तेमाल किया, और ऐसा करने में, मैंने दोस्ती के अन्य रूपों को खारिज कर दिया। वह प्यार करने के लिए तरसता है, और मैं देख सकती हूं कि वह मुझे हर गुजरते दिन के साथ पसंद करने लगा है। हमारा साथ साथ समय बिताना उसे संतुष्ट

कर देता है, लेकिन मुझे सब फिर से शुरू करने की चाहत देता है। मैं कभी भी उन विषयों की चर्चा नहीं करती, जिन्हें मैं प्रकट करने की उम्मीद करती हूं। मैं पीटर को अपने पास लाने के लिए उसके एहसास से भी ज्यादा, मजबूर करती हूं, और वह अब प्रिय जीवन को संभाल कर रखता है। मुझे ईमानदारी से उससे भागने और अपने दो पैरों पर वापस लाने का कोई प्रभावी तरीका नहीं दिख रहा है। मुझे जल्द ही एहसास हुआ कि उसमें एक आत्मीय भावना कभी नहीं हो सकती है, लेकिन फिर भी उसे अपनी संकीर्ण दुनिया से बाहर निकालने और अपने युवा क्षितिज का विस्तार करने में सहायता करने का प्रयास किया।

"मन ही मन, जवान लोग बूढ़े लोगों की तुलना में ज्यादा अकेले हैं।" मैंने इसे एक किताब में कहीं पढ़ा है और यह मेरे दिमाग में अटका हुआ है। जहां तक मैं बता सकती हूं, यह सच है।

यदि तुम हैरान हो रही हो कि यहां, बच्चों की तुलना में व्यस्कों के लिए ज्यादा कठिन है, तो इसका जवाब निश्चित रूप से नहीं है। पुराने लोगों की हर चीज के बारे में एक राय होती है और वे अपने और अपने कार्यों के बारे में सुनिश्चित होते हैं। हम युवा लोगों के लिए एक समय में अपनी सलाह को पकड़े रहना दुगुना कठिन है, जब आदर्श तोड़े और नष्ट किए जा रहे हो, जब मानव प्रकृति का सबसे बुरा पक्ष हावी हो जाता है और हर कोई सच न्याय और ईश्वर पर संदेह करने के लिए आ गया हो।

जो कोई भी दावा करता है कि उप भवन में समय बूढ़े लोगों के लिए ज्यादा कठिन है, उन्हें यह एहसास नहीं है कि समस्याओं का हम पर अधिक प्रभाव है। हम इतने युवा है कि इन समस्याओं से निपट नहीं सकते हैं, लेकिन वे खुद हम पर तब तक जोर देते रहते हैं, जब तक कि हम एक समाधान के बारे में सोचने के लिए मजबूर नहीं हो जाते हैं, हालांकि अधिकांश समय हमारे समाधान तथ्यों का सामना करके चूर-चूर हो जाते हैं?

यह इस तरह के समय में कठिन है : आदर्श, सपने और संजोई उम्मीदें हमारे भीतर बढ़ती हैं, केवल गंभीर वास्तविकता से कुचल जाने के लिए हमारे अंदर उठती हैं। यह एक आश्चर्य है कि मैंने अपने सभी आदर्शों को नहीं छोड़ा है, वे इतने बेतुके और अव्यवहारिक लगते हैं। फिर भी मैं उनसे चिपकी हूं क्योंकि हर बात के बावजूद मुझे अब भी भरोसा है, लोग दिल से वास्तव में अच्छे होते हैं।

अव्यवस्था, पीड़ा और मृत्यु की नींव पर अपना जीवन बनाना मेरे लिए पूरी तरह से असंभव है। मैं देख रही हूं कि दुनिया धीरे-धीरे जंगल में बदल रही है, मैं आने वाली उस गड़गड़ाहट को सुनती हूं जो एक दिन हमें भी नष्ट कर देगी, मुझे

लाखों लोगों की पीड़ा महसूस होती है। और फिर भी, जब मैं आकाश को देखती हूं, पता नहीं क्यों महसूस करती हूं कि सब सुधर जाएगा, कि यह क्रूरता भी समाप्त हो जाएगी, कि अमन और शांति एक बार फिर से वापस आ जाएगी। इस बीच, मुझे अपने आदर्शों पर कायम रहना चाहिए। शायद वह दिन आएगा जब मैं उनका एहसास करने में सक्षम हो जाऊंगी!

तुम्हारी, ऐनी एम. फ्रैंक

शुक्रवार, 21 जुलाई, 1944

सबसे प्रिय किटी,

मैं आखिरकार आशावादी हो रही हूं। अब, आखिर में चीजें अच्छी तरह से हो रही है! वह वास्तव में हो रही है! बहुत अच्छी खबर! हिटलर की हत्या की कोशिश हुई है और अबकी बार यहूदी कम्युनिस्टों या अंग्रेजी पूंजीपतियों द्वारा नहीं, लेकिन एक जर्मन जनरल द्वारा जो न केवल एक कुलीन जन है बल्कि एक युवा भी है। अन्यायी नेता अपने जीवन के लिए "पवित्र परमात्मा" का शुक्रगुजार है : वह केवल कुछ मामूली जलन और खरोंच के साथ दुर्भाग्य से, भाग निकले। आस-पास खड़े हुए कई अधिकारी और जनरल मारे गए या घायल हो गए। साजिशकर्ता को गोली मार दी गई।

यह अब तक का सबसे अच्छा प्रमाण है कि कई अधिकारी और जनरल युद्ध से तंग आ चुके हैं और हिटलर को एक अथाह गड्ढे में डूबते देखना चाहेंगे, ताकि वे एक सैन्य तानाशाही स्थापित कर सके, मित्र राष्ट्रों के साथ शांति बना सके, खुद को फिर से हथियार बंद कर सके और, कुछ दशकों के बाद, एक नया युद्ध शुरू कर सके। शायद भगवान जानबूझकर छिप कर रहने वालों से छुटकारा पाने के लिए सही मौके की खोज में है, क्योंकि मित्र राष्ट्रों के लिए लुटिहीन जर्मनों को एक-दूसरे को मारने देना बहुत आसान और सस्ता है। यह रूसियों और ब्रिटिश के लिए कम काम करता है, और यह उतना ही ज्यादा जल्दी उनके अपने शहर के पुनर्निर्माण को शुरू करने की इजाजत देता है।

लेकिन हम अभी तक उस बिंदु पर पहुंचे हैं और मुझे गौरवशाली घटना का अनुमान लगाने से नफरत है। फिर भी, तुमने शायद ध्यान दिया होगा कि मैं सत्य कह रही हूं, पूरा सत्य और कुछ नहीं बल्कि सत्य। अबकी बार, मैं उच्च आदर्शों के बारे में बकवास नहीं कर रही हूं।

इसके अलावा हिटलर ने आज अपने वफादार समर्पित लोगों को यह घोषणा करके दया दिखाई कि आज, सभी सैन्य कर्मी गेस्टापो के आदेश के अधीन हैं, और जो कोई भी सैनिक जानता है कि उसका कोई वरिष्ठ अधिकारी, अन्याई नेता के जीवन पर इस कायरतापूर्ण प्रयास में शामिल था, तो वह सैनिक उसे देखते ही गोली मार सकता है!

वह बहुत मुश्किल हालात होंगे। छोटे जॉनी के पैर एक लंबे कदम ताल के बाद दर्द कर रहे हैं और उसका कमाँडिंग ऑफिसर उस पर चिल्लाता है। जॉनी ने अपनी राइफल पकड़ ली, और चिल्लाता है, "तुमने फ्यूहरर को मारने की कोशिश की। ये लो!" एक गोली, और घमंडी अधिकारी जिसने उसे फटकारने की हिम्मत की, वह अनंत जीवन (या अनंत मृत्यु का?) हिस्सा हो जाता है। आखिरकार, हर बार जब एक अधिकारी एक सैनिक को देखता है या कोई आदेश देता है, तो वह व्यावहारिक रूप से अपनी पैंट को गीला कर देगा, क्योंकि सैनिकों के पास उसके कहने की तुलना में अधिक इजाज़त है।

क्या तुम उसका पालन करने में सक्षम रही, या फिर मैं एक विषय से दूसरे पर भाग रही थी? मैं इसमें कुछ नहीं कर सकती,अक्टूबर में स्कूल वापस जाने की संभावना तार्किक रूप से मुझे खुश कर रही है! ओह प्रिय, क्या मैंने तुम्हें अभी बता कर नहीं समझाया कि मैं घटनाओं का पहले से अनुमान नहीं लगाना चाहती थी? मुझे माफ कर दो, किटी, वे मुझे विरोधाभासों का एक बंडल ऐसे ही नहीं कहते हैं!

तुम्हारी, ऐनी एम. फ्रैंक

मंगलवार, 1 अगस्त, 1944

सबसे प्रिय किटी,

"विरोधाभासों का एक बंडल" मेरे पिछले पत्र का अंत था और इस पत्र की शुरुआत है। क्या तुम मुझे बता सकती हो कि "विरोधाभासों का एक बंडल" क्या है? "विरोधाभास" का क्या अर्थ है? इस तरह के और कई शब्दों की व्याख्या दो तरीकों से की जा सकती है : बाहर से आरोपित विरोधाभास और भीतर से अंदर से आरोपित विरोधाभास। पूर्व का अर्थ है अन्य लोगों की राय को स्वीकार नहीं करना, हमेशा सबसे अच्छा जानना, अंतिम शब्द लेना; संक्षेप में, वे सभी अप्रिय लक्षण जिनके लिए मुझे जाना जाता है। बाद वाला, जिसके लिए मैं नहीं जानी जाती हूं, मेरा अपना रहस्य है।

जैसा कि मैंने तुम्हें कई बार बताया है, मैं दो में विभाजित हूं। एक पक्ष में मेरी अत्यधिक प्रसन्नता, मेरा ओछापन, जीवन में मेरी खुशी और सबसे बढ़कर, चीजों के हल्के पक्ष की सराहना की क्षमता शामिल है। उस से मेरा मतलब है कि इश्कबाज़ी, एक चुंबन, एक आलिंगन, एक धृष्ट मजाक में कुछ भी गलत नहीं ढूंढना। मेरा यह पक्ष आम तौर पर दूसरे पक्ष पर घात लगाकर आक्रमण करने के लिए इंतजार में पड़ा रहता है, जो बहुत शुद्ध, गहरा और महीन होता है। कोई भी एनी के पक्ष को बेहतर नहीं जानता है, और इसीलिए अधिकांश लोग मुझे बर्दाश्त नहीं कर सकते। ओह, मैं एक दोपहर के लिए एक मनोरंजक जोकर हो सकती हूं, लेकिन उसके बाद हर कोई मुझे पर्याप्त ले चुका होता है कि यह एक महीने तक चल सकता है।

वास्तव में, मैं वही हूं, जो एक गहन विचारक के लिए रोमाँटिक फिल्म होती है - एक मात्र मोड़, एक हास्य अंतराल, कुछ ऐसा जो जल्द ही भुला दिया जाता है : यह बुरा नहीं है, लेकिन विशेष रूप से अच्छा भी नहीं है। मुझे तुम्हें यह बताने से नफरत है, मुझे यह क्यों नहीं स्वीकार करना चाहिए? जब मुझे पता है कि यह सच है? मेरा अधिक सतही हल्का पक्ष हमेशा मेरे गहरे पक्ष से आगे निकल जाता है और हमेशा जीतता है। तुम कल्पना नहीं कर सकती हो कि मैंने कितनी बार इस ऐनी को दूर करने की कोशिश की है - उसे मार मार के तोड़ देने के लिए, उसे छुपाने के लिए, जो उस एनी की आधी है, जो एनी के रूप में जानी जाती है। लेकिन यह काम नहीं करता है, और मुझे पता है कि क्यों।

मुझे डर है कि जो लोग मुझे मेरे आमतौर के रूप में जानते हैं, वे ढूंढ लेंगे कि मेरा एक और पक्ष है, एक बेहतर और उत्कृष्ट पक्ष है। मुझे डर है कि वे मेरा मजाक उड़ाएंगे, सोचेंगे मैं हास्यास्पद और भावुक हूं और मुझे गंभीरता से नहीं लेंगे। मैं गंभीरता से नहीं लिए जाने की आदि हूं, लेकिन सिर्फ प्रसन्नचित्त एनी इसकी आदी है और इसे सहन कर सकती है ; "गहरी" ऐनी बहुत कमजोर है। अगर मैं अच्छे ऐनी को पंद्रह मिनट के लिए भी रोशनी के दायरे में आने के लिए बाध्य करती हूं तो, जिस क्षण उसे बोलने के लिए बुलाया जाता है, वह बड़ी सीपी की तरह बंद हो जाती है, और ऐनी नंबर एक को बात करने देती है। मेरे जानने से पहले वह गायब हो जाती है।

अच्छी ऐनी कभी साथ में नहीं दिखाई देती। उसने कभी एक भी उपस्थिति नहीं दी है, हालांकि जब मैं अकेली होती हूं तो वह लगभग हमेशा संभाल लेती है। मुझे पता है कि हकीकत में, मैं कैसे बनना चाहूंगी ...मैं भीतर से कैसी हूं। लेकिन दुर्भाग्य से मैं केवल अपने साथ ऐसी ही हूं। और शायद इसीलिए-नहीं, मुझे यकीन

है कि यही कारण है कि - इसलिए मैं अंदर से खुश होती हूं और दूसरे लोगों को लगता है मैं बाहर से खुश हूं। मैं भीतर शुद्ध ऐनी द्वारा निर्देशित होती हूं लेकिन बाहर की दुनिया में मैं और कुछ नहीं, अपनी रस्सी को झटके से खींचने वाली एक जिंदादिल छोटी बकरी हूं।

जैसा कि मैंने तुम्हें बताया है, जो मैं कहती हूं वह वो नहीं है, जो मैं महसूस करती हूं, यही कारण है कि मेरी प्रतिष्ठा लड़कों का पीछा करने वाली, चुहलबाज, होशियार और रोमाँटिक कहानियां पढ़ने वाली लड़की की है। खुश-भाग्यशाली ऐनी हँसती है, हँसती है, छिछोरा जवाब देती है, कंधे उचकाती है और ऐसा दिखावा करती है कि वह किसी को गलत नहीं कहती है। शांत ऐनी ठीक विपरीत तरीके से प्रतिक्रिया करती है। यदि मैं पूरी तरह से ईमानदार हो रही हूं, तो मुझे यह स्वीकार होगा कि यह मेरे लिए मायने रखता है, कि मैं खुद को बदलने के लिए बहुत कोशिश कर रही हूं, लेकिन मैं हमेशा एक अधिक शक्तिशाली दुश्मन के खिलाफ रही हूं।

मेरे अंदर एक आवाज़ रोती है," आप समझ सकते हैं कि आपको क्या हो गया है। आप नकारात्मक राय, निराशाजनक और मजाकिया चेहरों और आपको नापसंद करते हुए लोगों से घिरे हुए हैं,और यह सब इस वजह से क्योंकि आप अपने खुद के अर्धांगिनी की सलाह नहीं सुनते हैं।' मेरा भरोसा करो, मैं सुनना चाहूंगी लेकिन यह काम नहीं करता है, क्योंकि मैं शांत और गंभीर हूं, हर कोई सोचता है कि मैं एक नया नाटक कर रही हूं और मैं एक मजाक से खुद का बचाव करती हूं और फिर मैं भी,अपने परिवार के बारे में बात नहीं कर रही हूं, जो मानते हैं कि मुझे बीमार होना चाहिए, जो मुझे एस्पिरिन और सीडेटिव चीजे देता है, मेरा तापमान देखने के लिए मेरी गर्दन और मेरे सिर को छूता है, मेरे मल त्याग के बारे में पूछता है और खराब मूड में होने के कारण मुझे फटकारते हैं। जब मैं अब और सब्र नहीं रख सकती हूं, क्योंकि जब हर कोई मुझ पर मंडराना शुरू कर देता है,तो मैं चिढ़ जाती हूं, फिर उदास हो जाती हूं, और अंत में अपने दिल को पूरी तरह से उलट देती हूं।, बुरे हिस्से को बाहर और अच्छे हिस्से को अंदर कर देती हूं और वह तरीका खोजने की कोशिश करती हूं, जिससे वैसे बन सकूं जैसा कि मैं चाहती हूं और जैसी मैं हो सकती हूं... अगर दुनिया में कोई अन्य लोग नहीं थे।

तुम्हारी, ऐनी एम. फ्रैंक

ऐनी की डायरी यहां समाप्त होती है।

उपसंहार

4 अगस्त, 1944 की सुबह दस और दस-तीस के बीच किसी समय एक कार 263 प्रिन्सेंग्राच पर रुकी। कई आकृतियां उभरीं : एक एसएस हवलदार, कार्ल योजफ सिल्बरबावर पूरी वर्दी में, और सुरक्षा पुलिस के कम से कम तीन डच सदस्य, सशस्त्र लेकिन सादे कपड़ों में। किसी ने उन्हें सूचना दे दी होगी।

उन्होंने उपभवन में छिपे आठ लोगों साथ ही साथ उनके दो सहायकों, विक्टर कुगलर और योहान्स क्लेमन को गिरफ्तार किया। हालांकि मीप गीज और एलिजाबेथ (बेप) वुश्कल को नहीं पकड़ा गया। उपभवन में बरामद सभी कीमती चीजों व नकदी को भी ले लिया गया।

गिरफ्तारी के बाद, कुगलर और क्लेमन को एम्स्टर्डम की एक जेल में ले जाया गया। 11 सितंबर, 1944 को किसी सुनवाई के बिना उन्हें आमर्शफूर्त (हॉलैंड) के एक शिविर में स्थानांतरित कर दिया गया था। क्लेमन को खराब स्वास्थ्य के कारण 18 सितंबर, 1944 को रिहा कर दिया गया। वह 1959 में अपनी मृत्यु तक एम्स्टर्डम में बने रहे।

कुगलर 28 मार्च, 1945 को, अपने कारावास से उस समय भागने में सफल रहे, जब उन्हें और उनके साथी कैदियों को जबरन मजदूरों के रूप में जर्मनी भेजा जा रहा था। उन्होंने 1955 में कनाडा में शरण ली और 1989 में टोरंटो में उनकी मृत्यु हो गई।

एलिजाबेथ (बेप) वुश्कल की 1983 में एम्स्टर्डम में मृत्यु हुई।

मीप गीज की मृत्यु 2010 में हुई। उनके पति यान का निधन 1993 में हुआ।

पकड़े जाने के बाद उपभवन के आठ निवासियों को पहले एम्स्टर्डम की एक जेल में लाया गया और फिर हॉलैंड के उत्तर में यहूदियों के लिए पारगमन शिविर वेस्टरबर्क में स्थानांतरित कर दिया गया। 3 सितंबर, 1944 को वेस्टरबर्क से जाने वाली आखिरी सवारी में उन्हें रवाना किया गया और वे तीन दिन बाद ऑशवित्ज (पोलैंड) पहुंचे।

ओटो फ्रैंक के कथन के अनुसार, हरमन वैन पेल्स (फॉन डान) को ऑशवित्ज़ में विषैली गैस से मार डाला गया, इसके कुछ ही दिन बाद इन गैस चैम्बर्स को तोड़

दिया गया। अगस्टे वैन पेल्स (पेट्रोनेला फॉन डान) को ऑशविट्ज़ से बर्गेन-बेलसेन ले जाया गया था, वहाँ से बुचेनवाल्ड, फिर अप्रैल 1945 को थेरेसिएन्स्टेड और उसके बाद एक और यातना शिविर में ले जाया गया। यह निश्चित है कि वह जिंदा नहीं बची थी, हालांकि उसकी मौत की तारीख ज्ञात नहीं है

पीटर वैन पेल्स (फॉन डान) को 16 जनवरी, 1945 कोऑशविट्ज़ से माउटहाउजन (ऑस्ट्रिया) तक मौत की परेड में भाग लेने के लिए विवश किया गया। जहां शिविर को आजाद कराए जाने से केवल तीन दिन पहले 5 मई, 1945 को उनकी मृत्यु हो गई।

फ्रिट्ज़ फ़ेफ़र (अल्बर्ट डसेल) की मृत्यु 20 दिसंबर, 1944 को नोयनगामे के यातना शिविर में हुई थी, जहाँ उन्हें बूखनवाइल्ड या जैक्सनहाउजन से ले जाया गया था।

एडिथ फ्रैंक की मृत्यु 6 जनवरी, 1945 को भूख और थकावट से ऑशवित्ज-बिरकेनौ में हुई।

मार्गोट और ऐनी फ्रैंक को ऑशवित्ज से ले जाया गया और अक्टूबर के अंत में बेर्गन-बेलसेन के बंदी शिविर में ले जाया गया। 1944-45 की सर्दियों में भयानक गंदगी के कारण टाइफस महामारी फैल गई, जिससे हजारों बंदियों की मौत हो गई। उनमें मार्गोट भी थी, उसके कुछ समय बाद ऐनी की भी मौत हो गई। फरवरी के अंत या मार्च की शुरुआत में उसकी मृत्यु हो गई होगी। दोनों लड़कियों के शवों को शायद बेर्गन-बेलसेन की सामूहिक कब्रों में दफनाया गया होगा। इस शिविर को अप्रैल, 1945 को ब्रिटिश सैनिकों द्वारा मुक्त कराया गया।

उन आठ लोगों में ओटो फ्रैंक ही एकमात्र ऐसे व्यक्ति थे, जो बंदी शिविरों से जीवित बच पाए। ऑशवित्ज शिविर को रूसी सैनिकों द्वारा मुक्त किए जाने के बाद, ओडेसा और मार्सिले के माध्यम से उन्हें एम्सटर्डम में वापस लाया गया था। वह 3 जून, 1945 को एम्सटर्डम पहुंचे और 1953 तक वहीं रहे, जब वह बासल (स्विट्जरलैंड) चले गए, जहां उनकी बहन और बहन का परिवार था और बाद में उनका भाई भी वहीं रहने लगा। उन्होंने मूल रूप से वियना के एल्फ्रीडा मार्कोविट्स गीरिंगर से शादी की, जो ऑशविट्ज़ से बच गई थी और मौटहॉसन में पति और एक बेटे को खो दिया था। 19 अगस्त, 1980 में मृत्यृ होने तक ओटो फ्रैंक बासल के बाहर बिर्सफेडन में रहे, जहां अपनी बेटी की डायरी के संदेश को समूची दुनिया से साझा करने के काम के प्रति उन्होंने खुद को समर्पित कर दिया।

अनुवादक के बारे में

डॉ. अंकिता जैन पूर्व पत्रकार और वर्तमान में असिस्टेंट प्रोफ़ेसर हैं।

पढ़ना-लिखना, अनुवाद, प्रिंट एवं डिजिटल मीडिया के विज्ञान लेखन, और विश्लेषण करना उन्हें अच्छा लगता है। भोपाल में रहते हुए, वर्ष 2009 में अपने सफ़र की शुरुआत की, जो अब भी जारी है।

उन्होंने वर्ष 2009 में माखनलाल चतुर्वेदी विश्वविद्यालय, भोपाल से पत्रकारिता में डिग्री तथा वर्ष 2020 में नानाजी देशमुख विश्वविद्यालय (ग्रामोदय), चित्रकूट से पत्रकारिता में पीएचडी हैं।

अंकिता, हिन्दी व अंग्रेजी दोनों भाषाओं में समान अधिकार रखती हैं। विभिन्न ज़िम्मेदारियों के बीच भी वह काम के प्रति जुनूनी दिखाई देती हैं।

वह ईमानदारी से महसूस करती हैं कि कलम की समाज में ज्ञान फैलाने में बहुत महत्त्वपूर्ण भूमिका है। कला एवं संस्कृति में रुचि के चलते वह विशेषज्ञों के कई शोधकार्यों से लंबे समय तक जुड़ी रही हैं।

विश्व प्रसिद्ध पुस्तक *'सोचो और अमीर बनो'*, *'वॉर ऑफ आर्ट'* का सफल अनुवाद उनके खाते में दर्ज है।

मूल रूप से मध्य प्रदेश के गुना जिले में जन्मी अंकिता, यूं तो घुमंतू हैं, लेकिन वर्तमान में इंदौर उनका बसेरा है।

लेखक के बारे में

एनेलिस मैरी फ्रैंक (ऐनी फ्रैंक) का जन्म 12 जून, 1929 को फ्रैंकफर्ट, जर्मनी में हुआ था। ऐनी विश्व प्रसिद्ध पुस्तक **"द डायरी ऑफ ए यंग गर्ल"** की लेखिका हैं। जर्मन—डच उनकी भाषा थी। वैसे तो यह उनकी व्यक्तिगत डायरी है, जिसे उन्होंने द्वितीय विश्व युद्ध के दौरान लिखा। जर्मनी में उस समय यहूदी नरसंहार चल रहा था, जिसकी शिकार वह और उनका परिवार हुआ। इस डायरी में यहूदी नरसंहार का बखूबी चित्रण किया गया है, जो आगे चलकर कई नाटकों और फिल्मों का आधार बनी।

हालाँकि यह डायरी नुमा पुस्तक 1947 में प्रकाशित हुई, और अफ़सोस है कि अपनी इस प्रसिद्धि को देखने के लिए वह दुनिया के बीच नहीं रहीं।

LIST OF TITLES WITH ISBN NO.

ISBN	TITLE
9788194914129	1984
9789390575220	1984 & Animal Farm (2In1)
9789390575572	1984 & Animal Farm (2In1): The International Best-Selling Classics
9789390575848	35 Sonnets
9789390575329	A Clergyman's Daughter
9789390575923	A Study In Scarlet
9789390896097	A Tale Of Two Cities
9789390896837	Abide in Christ
9789390896202	Abraham Lincoln
9789390896912	Absolute Surrender
9789390896608	African American Classic Collection
9789390575305	Aldous Huxley: The Collected Works
9789390896141	An Autobiography of M. K. Gandhi
9789390575886	Animal Farm
9789390575619	Animal Farm & The Great Gatsby (2In1)
9789390575626	Animal Farm & We
9789390896158	Anna Karenina
9789390575534	Antic Hay
9789390896165	Antony & Cleopatra
9789390896172	As I Lay Dying
9789390896226	As You like it
9789390575671	At Your Command
9789390575350	Awakened Imagination
9789390575114	Be What You Wish
9789390896233	Believe In yourself
9789390896998	Best of Charles Darwin: The Origin of Species & Autobiography
9789390896684	Best Of Horror : Dracula And Frankenstein
9789390575503	Best Of Mark Twain (The Adventures of Tom Sawyer AND The Adventures of Huckleberry Finn)
9789390896769	Black History Collection
9789390575756	Brave New World, Animal Farm & 1984 (3In1)

9789390896240	Brother Karamzov
9789390575053	Bulleh Shah Poetry
9789390575725	Burmese Days
9789390896257	Bushido
9789390896066	Can't Hurt Me
9788194914112	Chanakya Neeti: With The Complete Sutras
9789390896042	Crime and Punishment
9789390575527	Crome Yellow
9789390575046	Down and Out in Paris and London
9789390896844	Dracula
9789390575442	Emersons Essays: The Complete First & Second Series (Self-Reliance & Other Essays)
9789390575749	Emma
9789390575817	Essential Tozer Collection - The Pursuit of God & The Purpose of Man
9789390896578	Fascism What It Is and How to Fight It
9789390575688	Feeling is the Secret
9789390575190	Five Lessons
9789390575954	Frankenstein
9789390575237	Franz Kafka: Collected Works
9789390575282	Franz Kafka: Short Stories
9789390575060	George Orwell Collected Works
9789390575077	George Orwell Essays
9789390575213	George Orwell Poems
9788194914150	Greatest Poetry Ever Written Vol 1
9788194914143	Greatest Poetry Ever Written Vol 1
9789390896301	Gulliver's Travel
9789390575961	Gunaho Ka Devta
9789390575893	H. P. Lovecraft Selected Stories Vol 1
9789390575978	H. P. Lovecraft Selected Stories Vol 2
9789390896059	Hamlet
9789390575022	His Last Bow: Some Reminiscences of Sherlock Holmes
9789390896134	History of Western Philosophy
9789390575121	Homage To Catalonia

9789390896219	How to develop self-confidence and Improve public Speaking
9789390896295	How to enjoy your life and your Job
9789390575633	How to own your own mind
9789390896318	How to read Human Nature
9789390896325	How to sell your way through the life
9789390896370	How to use the laws of mind
9789390896387	How to use the power of prayer
9789390896028	How to win friends & Influence People
9788194824176	How To Win Friends and Influence People
9789390896103	Humility The Beauty of Holiness
9789390896653	Imperialism the Highest Stage of Capitalism
9789390575084	In Our Time
9789390575169	In Our Time & Three Stories and Ten poems
9789390575145	James Allen: The Collected Works
9789390896189	Jesus Himself
9789390575480	Jo's Boys
9789390896394	Julius Caesar
9789390575404	Keep the Aspidistra Flying
9789390896400	Kidnapped
9789390896424	King Lear
9789390575824	Lady Susan
9789390896455	Law of Success
9789390896264	Lincoln The Unknown
9789390575565	Little Men
9789390575640	Little Women
9788194914174	Lost Horizon
9789390896462	Macbeth
9789390896929	Man Eaters of Kumaon
9789390896523	Man The Dwelling Place of God
9789390896349	Man The Dwelling Place of God
9789390575909	Mansfield Park
9788194914136	Manto Ki 25 Sarvshreshth Kahaniya
9789390896509	Marxism, Anarchism, Communism
9789390575664	Mathematical Principles of Natural Philosophy

9788194914198	Meditations
9789390575800	Mein Kampf
9789390575794	Memory How To Develop, Train, And Use It
9789390896486	Mind Power
9789390896585	Money
9789390575039	Mortal Coils
9789390575770	My Life and Work
9789390896035	Narrative of the Life of Frederick Douglass
9789390575152	Neville Goddard: The Collected Works
9789390575985	Northanger Abbey
9789390896530	Notes From Underground
9789390896547	Oliver Twist
9789390575459	On War
9789390575541	One, None and a Hundred Thousand
9789390896554	Othelo
9789390575435	Out Of This World
9789390575015	Persuasion
9789390575510	Prayer The Art Of Believing
9789390575091	Pride and Prejudice
9789390896561	Psychic Perception
9789390575381	Rabindranath Tagore - 5 Best Short Stories Vol 2
9789390575367	Rabindranath Tagore - Short Stories (Masters Collections Including The Childs Return)
9789390575374	Rabindranath Tagore 5 Best Short Stories Vol 1 (Including The Childs Return
9789390896622	Romeo & Juliet
9789390896127	Sanatana Dharma
9789390575596	Seedtime & Harvest
9789390896639	Selected Stories of Guy De Maupassant
9789390575206	Self-Reliance & Other Essays
9789390575176	Sense and Sensibility
9789390575299	Shyamchi Aai
9789390896738	Socialism Utopian and Scientific
9789390896646	Success Through a Positive Mental Attitude
9789390575428	The Adventures of Huckleberry Finn

9789390575183	The Adventures of Sherlock Holmes
9789390575343	The Adventures of Tom Sawyer
9789390896691	The Alchemy Of Happiness
9789390575862	The Art Of Public Speaking
9789390896288	The Autobiography Of Charles Darwin
9788194914181	The Best of Franz Kafka: The Metamorphosis & The Trial
9789390575008	The Call Of Cthulhu and Other Weird Tales
9789390575107	The Case-Book of Sherlock Holmes
9789390896110	The Castle Of Otranto
9789390896745	The Communist Manifesto
9789390575589	The Complete Fiction of H. P. Lovecraft
9789390575497	The Complete Works of Florence Scovel Shinn
9789390896820	The Conquest of Breard
9789390896813	The Diary of a Young Girl
9789390896332	The Diary of a Young Girl The Definitive Edition of the Worlds Most Famous Diary
9789390575701	The Great Gatsby, Animal Farm & 1984 (3In1)
9789390575312	The Greatest Works Of George Orwell (5 Books) Including 1984 & Non-Fiction
9789390575992	The Hound of Baskervilles
9789390896707	The Idiot
9789390896714	The Invisible Man
9789390575657	The Knowledge of the holy
9789390575558	The Law & the Promise
9789390896721	The Law Of Attraction
9789390896776	The Leader in you
9789390896363	The Life of Christ
9789390896196	The Man-Eating Leopard of Rudraprayag
9789390896783	The Master Key to Riches
9789390575268	The Memoirs Of Sherlock Holmes
9789390896479	The Midsummer Night's Dream
9789390575466	The Mill On The Floss
9789390896790	The Miracles of your mind
9789390896660	The Mutual Aid A Factor in Evolution
9789390896448	The Origin of Species

9789390896905	The Peter Kropotkin Anthology The Conquest of Bread & Mutual Aid A Factor of Evolution
9789390896806	The Picture of Dorian Gray
9789390896271	The Picture of Dorian Gray
9789390575275	The Power Of Awareness
9789390896356	The Power of Concentration
9788194824169	The Power of Positive Thinking
9789390575411	The Power of the Spoken Word
9788194914105	The Power Of Your Subconscious Mind
9789390896899	The Power of Your Subconscious Mind
9789390896417	The Principles of Communism
9789390575787	The Psychology Of Mans Possible Evolution
9789390896615	The Psychology of Salesmanship
9789390575732	The Pursuit of God
9789390575398	The Pursuit of Happiness
9789390896851	The Quick and Easy Way to effective Speaking
9789390575947	The Return Of Sherlock Holmes
9789390575138	The Road To Wigan Pier
9789390896981	The Root of the Righteous
9789390575855	The Science Of Being Well
9788194914167	The Science Of Getting Rich, The Science Of Being Great & The Science Of Being Well (3In1)
9789390896011	The Screwtape Letters
9789390896073	The Screwtape Letters
9789390575336	The Secret Door to Success
9789390575695	The Secret Of Imagining
9789390896868	The Secret Of Success
9789390896431	The Seven Last Words
9789390575930	The Sign of the Four
9789390896004	The Sonnets
9789390896516	The Souls of Black Folk
9789390896875	The Sound and The Fury
9789390575244	The State and Revolution
9789390896882	The Story of My Life
9789390896936	The Story Of Oriental Philosophy

9789390896752	The Strange Case of Dr. Jekyll and Mr. Hyde
9789390896943	The Tempest
9789390575916	The Valley Of Fear
9789390575879	The Wind in the willows
9789390896080	The Wind in the willows
9789390575763	Their eyes were watching gofd
9789390575831	Three Stories
9789390896950	Twelfth Night
9789390896592	Twelve Years a Slave
9789390896677	Up from Slavery
9789390896974	Value Price and Profit
9789390896967	Wake Up and Live
9789390896493	With Christ in the School of Prayer
9789390575602	Your Faith is Your Fortune
9789390575473	Your Infinite Power To Be Rich
9789390575251	Your Word is Your Wand
9789390575718	Youth
9789391316099	A Christmas Carol
9789391316105	A Doll's House
9789391316501	A Passage to India
9789391316709	A Portrait of the Artist as a Young Man
9789391316112	A Tale of Two Cities
9789391316747	A Tear and a Smile
9789391316167	Agnes Gray
9789391316174	Alice's Adventures in Wonderland
9789391316136	Anandamath
9789391316181	Anne Of Green Gables
9789391316754	Anthem
9789391316198	Around The World in 80 Days
9789391316013	As A Man Thinketh
9789391316242	Autobiography of a Yogi
9789391316266	Beyond Good and Evil
9789391316761	Bleak House
9789391316778	Chitra, a Play in One Act
9789391316310	David Copperfield

9789391316075	Demian
9789391316785	Dubliners
9789391316051	Favourite Tales from the Arabian Nights
9789391316235	Gitanjali
9789391316068	Gravity
9789391316150	Great Speeches of Abraham Lincoln
9789391316662	Guerilla Warfare
9789391316839	Kim
9789391316822	Mother
9789391316211	My Childhood
9789391316846	Nationalism
9789391316327	Oliver Twist
9789391316853	Pygmalion
9789391316334	Relativity: The Special and the General Theory
9789391316389	Scientific Healing Affirmation
9789391316341	Sons and Lovers
9789391316587	Tales from India
9789391316372	Tess of The D'Urbervilles
9789391316396	The Awakening and Selected Stories
9789391316402	The Bhagvad Gita
9789391316303	The Book of Enoch
9789391316228	The Canterville Ghost
9789391316907	The Dynamic Laws of Prosperity
9789391316006	The Great Gatsby
9789391316860	The Hungry Stones and Other Stories
9789391316433	The Idiot
9789391316440	The Importance of Being Earnest
9789391316297	The Light of Asia
9789391316914	The Madman His Parables and Poems
9789391316457	The Odyssey
9789391316921	The Picture of Dorian Gray
9789391316464	The Prince
9789391316938	The Prophet
9789391316945	The Republic
9789391316518	The Scarlet Letter

9789391316143	The Seven Laws of Teaching
9789391316525	The Story of My Experiments with Truth
9789391316532	The Tales of the Mother Goose
9789391316549	The Thirty Nine Steps
9789391316594	The Time Machine
9789391316600	The Turn of the Screw
9789391316983	The Upanishads
9789391316617	The Yellow Wallpaper
9789391316426	The Yoga Sutras of Patanjali
9789391316990	Ulysses
9789391316624	Utopia
9789391316679	Vanity Fair
9789391316020	What Is To Be Done
9789391316686	Within A Budding Grove
9789391316693	Women in Love

www.ingramcontent.com/pod-product-compliance
Lightning Source LLC
LaVergne TN
LVHW041453170726
843492LV00005B/1208